Stranica	Napomena

Biblioteka Oslobađanje
Knjiga 3
Urednik biblioteke
Denis Kotlar

Armin Risi:
SVJETLOST NE STVARA SJENU
DUHOVNO-FILOZOFSKI PRIRUČNIK
S njemačkog prevela: Ivana Beker
Pripremio za tisak: Denis Kotlar
Slika naslovnice: Papar d.o.o.

---

1. izdanje, Zadar 2012.
Vlastita naklada, Denis Kotlar
Neograničena naklada (tisak po narudžbi)
Tisak: Createspace.com, USA

ISBN 978 9535698951
Ostala izdanja: PDF ISBN 978 9535698968, EPUB ISBN 978 9535698975
**CIP zapis dostupan u računalnome katalogu Znanstvene knjižnice Zadar
pod brojem 52 12**
Naslov izvornika: *Licht wirft keinen Schatten - Ein spirituell-philosophisches Handbuch*,
Govinda-Verlag, Neuhausen – Jestetten, 2004.
Copyright © Govinda-Verlag GmbH
Nosioc prava za hrvatski prijevod: (cc) 2012, oslobadjanje.com

Napisano i priređeno za tisak u *OpenOffice.org Writer 3.3*
Priprema korica za tisak u *Scribus 1.4.0*

Stranica	Napomena

Armin Risi

SVJETLOST NE STVARA SJENU

duhovno-filozofski priručnik

S njemačkog prevela: Ivana Beker

1. izdanje

Zadar, 2012.

SADRŽAJ

"Ne bojte ih se, dakle. Ta ništa nije skriveno što se neće otkriti, ni tajno što se neće doznati. Naprotiv, sve što u tami rekoste, na svjetlu će se čuti; i što ste po skrovištima u uho šaputali, propovijedat će se po krovovima."
(Mt 10, 26; Lk 12, 3)

Uvod

Filozofija, ideologija i mitologija

Svjetonazori, filozofije i vjerovanja posvuda su zastupani; od znanstvenika, političara i financijskih magnata, od tajnih loža, religija i ezoterika, od masovnih medija i škola, od "najviših" do "najnižih". Od svakoga. I svi vjeruju da su u pravu. Jesu li jedni više u pravu od drugih? Može i smije li se praviti razlika? Ili je sve relativno? Je li svejedno što vjerujemo? Jesmo li uspostavili filozofsku, odnosno ideološku samovolju bez kriterija i mjerila prema kojima bismo ustanovili što je istina? Postoji li uopće nešto kao istina?

Kad odgovaramo na ova pitanja, mi, dajući odgovor, zauzimamo stajalište koje ovisi o onome što nazivamo "znanjem". Što "znamo", ovisi o tome što vjerujemo. Čovjek vjeruje u ono što vidi, a vidi uglavnom ono u što vjeruje!

Vjerujem da je moguće sve različite poglede na svijet postaviti u jedan viši međuodnos i razlučiti "svjetlost" od "tame".

Jer svjetlost ne stvara sjenu.

U ovoj knjizi riječ je o predstavljanju svjetonazora, a ne o predstavljanju i ocjenjivanju određenih grupa ili osoba. (Rasprava o "tajnom znanju", "ezoteriji", "okultizmu", "sektama" i "guruima" – od objektivnih do polemičkih – ima već dovoljno).

U svojim dosad objavljenim knjigama upustio sam se, iz različitih aspekata, u razmatranje pitanja teističkoga, ateističkoga i materijalističkoga svjetonazora: Odakle dolaze? Što su njihovi sadržaji, motivi i posljedice? Tko ih zastupa i gdje nalazimo njihove tragove u prošlosti i sadašnjosti, u aktualnim svjetskim zbivanjima? Iako se ova pitanja rijetko postavljaju, ona su od osnovnog značaja i ovdje ih želim ponovno obuhvatiti. Međutim, ovaj put ne toliko iz perspektive "multidimenzionalnoga kozmosa", već kao temelj jedne duhovno-filozofske analize. Što god čovjek čini, određeno je "filozofijom"; svjetonazorima, motivima, ciljevima. Ono što ljudi vjeruju, čine i čemu teže, uglavnom ne proizlazi iz *slobodne* volje, nego iz mnogih drugih činilaca, posebice vanjskih okolnosti, osobnih razmišljanja,

11

sklonosti i odbojnosti. Ovi činioci su izraz osobne "rezonancije", od-nosno vlastite unutarnje motivacije i usmjerenja svijesti. Ljudi vrlo malo biraju neposredno slobodnom voljom; većina toga u životu posljedice su drugih uzroka ...

Posljednjih godina na predavanjima sam ove teme uvijek iznova iznosio drukčijim riječima, objedinjujući osnovne točke koje sam već iznio u knjigama. Za publiku je to bilo nadahnjujuće i uzbudljivo, a za autora izazovno i poučno. Kroz taj kreativni stil predavanja, i povratni odjek od publike, mogao sam produbiti teme, preispitivati ih i proširivati, i tijekom vremena iskristalizirala se jedna "duhovno-filozofska" sistematika koja omogućuje predočiti mnoštvo međuodnosa na obuhvatan i životno blizak način. Kad sam sve to odlučio napisati u jednoj knjizi, u prirodi stvari leži da ću morati obuhvatiti određene teme o kojima je već bilo riječi u drugim knjigama. Međutim, time ne dolazi do doslovnih ponavljanja i osobnih citata, jer ova knjiga nije "The best of" – izbor iz dosadašnjih. Ako nekada odjeknu teme iz prethodnih knjiga, događa se to u okviru novih međuodnosa i s potpuno novim stavovima.

Ponavljanje važnog sadržaja je važno, kaže se, posebice kada na taj način dolazi do rasvjetljavanja tema s više strana – u idealnom slučaju rasvjetljavanja sa svih strana. Kod ovdje postojećih tema sigurno je od pomoći "isto" čuti drugim riječima – pa i svjetovne teme stalno se ponavljaju u novim varijacijama. Svaki dan i svaki sat masovni mediji šalju u eter svoje "strahovijesti". Neprestano nam prenose sasvim određena stajališta, poput: *terorizam je najveći problem današnjice, svi moramo zaraditi novac, čovjek nikada nije bio tako napredan kao danas, naši su prvobitni preci bili primitivni,* i naposljetku, *život je nastao iz materije.* Sva ova stajališta proizlaze iz sasvim određenih svjetonazora, imaju određene posljedice i služe određenim interesima. To nisu jedina moguća stajališta i svakako nisu najprihvatljivija.

Ove teze i antiteze pratit će nas kroz cijelu knjigu i ona prije svega treba biti jedan priručnik, jer sve knjige, mudrosti i teorije u konačnici su valjane onoliko koliko su u stanju prenijeti praktičnih impulsa.

Sjedim sada u svom spisateljskom utočištu, započetom s četiri tjedna boravka u planinama Berner Oberlanda, i pokušavam, koliko je moguće "slobodnih ruku", opisati put do vrhunca ljudske spozna-

je i božanske objave – put, kojim svi mi već duže vrijeme koračamo.
Taj put je šetnja po hrptu planine, jer se s obje strane puta strme planinske litice obrušavaju u oblacima zaklonjene dubine: u materijalizam i nihilizam s jedne, u apsolutizam i dogmatizam s druge strane. Ljudi se često daju zavesti i odreknu se svoga puta. Oni klize prema dolje, neki čak padnu u ponore ekstrema, sa znanom svjetskom poviješću i sadašnjim stanjem u svijetu kao rezultatom. Danas imamo mogućnost baciti pogled na jednu dugu vremensku tračnicu, tako da put napokon bude prepoznatljiv sve do pravog cilja. Ako ne danas, kad onda? Ako ne mi, tko onda? Danas, na obećanoj "prekretnici", možemo, smijemo i trebamo rečeni vrhunac držati na oku i čuvati u srcu. Put je cilj. Ništa drugo. U najmanju ruku, nije neposredno. Zaobilaznice i pogrešni putovi možda također vode k cilju, ali samo ako ih kao takve prepoznamo i svjesno promijenimo smjer.

Sam za sebe pronaći taj put spoznaje – to je cilj filozofije. U prošlim vremenima, počevši u Staroj Grčkoj, filozofija se nazivala "kraljicom svih znanosti" – i ona bi to trebala biti i danas; jer svaki oblik znanosti treba služiti stvaranju znanja, a znanje treba voditi k spoznaji istine. "Ljubav prema istini (mudrosti)" na grčkom se zove *philo-sophia.*

"Filozofija" je, dakle, više nego puki školski predmet. Međutim, danas je filozofija, ne previše neopravdano, na glasu kao beskrajna, suhoparna misaona igra, smatra se dosadnom i nepotrebnom, nešto što, kako se čini, nema neke praktične vrijednosti. Zbog toga ne čudi da ljudi više nemaju vremena za filozofiju.

Kako će se u nastavku pokazati, filozofija nije luksuz, nego sredstvo koje nam može pomoći da postignemo jasnu sposobnost razlikovanja, kako bi pronašli vlastitu istinu i odgovornost. Nadalje će također postati jasno kako mnogo toga što se danas naziva "filozofijom" uopće to nije, već ideologija – premda oboje izvana mogu izgledati slično:

• **Filozofija**: Pokušaj da čovjek sam, razumom i logikom, shvati postojanje i pronađe odgovor na ključna pitanja – Tko sam ja? Odakle dolazim? Zašto sam ovdje?
• **Ideologija**: Sustav pogleda na svijet, od svojih zastupnika instrumentaliziran kao "jedina" ili "najbolja" istina, uglavnom u

obliku političkih i/ili religijskih programskih djelovanja. Ideologija je instrumentalizirana filozofija.

Filozofija, čak i još neprevedena u ideologiju, ima slabu točku – oslanja se samo na razum i logiku, ograničen i nesavršen alat. Kako bi to filozof trebao s takvim sredstvima odgovoriti na ključna pitanja? Koji je smisao filozofije, ako ona svoj samopostavljeni cilj ne može dosegnuti? Ne pokazuje li sadašnje stanje u filozofiji da je ona bankrotirala? Otprije dvije i pol tisuće godina inteligentni ljudi se trude utvrditi smisao i cilj našeg postojanja, ali, tragično, čini se da su pomutnja i nesigurnost danas veće nego ikad ranije.

Filozofija sama nije dostatna.

Zbog toga ova knjiga nije samo filozofski sastavak, nego duhovno-filozofski. Oba stajališta su nužna, u protivnom se čovjek gubi u jednostranosti, što kod hodanja po hrptu planine može biti vrlo kobno. Čovjek padne: filozof sam, a "religijski" i politički ideolozi još povuku i druge sa sobom. Naša spoznaja se ne treba oslanjati isključivo (jednostrano) na razum i logiku. Da bi pri hodanju ostali u ravnoteži nužne su nam dvije istovrijedne, međusobno dopunjujuće polovice. Filozofi Stare Grčke imali su za to dva odgovarajuća pojma – *mythos* i *logos* – koji nam i danas stoje na raspolaganju kako bi opisali dvije temeljne kategorije ljudskog znanja.

- **Logičko** je ono što čovjek može spoznati vlastitim razumijevanjem kroz razmišljanje, istraživanje i iskušavanje; empirijski shvatljiva, horizontalna, linearna slika svijeta.
- **Mitsko** je ono što se odnosi na razine stvarnosti koje nisu neposredno dostupne osjetilnoj spoznaji; nadosjetilno, koje se samo iznutra "vidi" i može se spoznati kroz "otkrivenje"; vertikalna, multidimenzionalna slika svijeta.

Mitsko i logičko su dvije polovice koje se međusobno dopunjuju, usporedive s *yinom* i *yangom*, ili u anatomskoj analogiji s lijevom i desnom polovicom mozga, gdje je lijeva polovica zadužena za intelekt (logičko), a desna za intuiciju (mitsko). Logičko je jednako tako nužno kao i mitsko, jer jedno bez drugoga završava uvijek u jednostranosti: u naivnom, od stvarnosti udaljenom idealizmu ili pragmatičnom, destruktivnom materijalizmu.

Posljednje se danas utvrdilo diljem svijeta. Jednostranom "znanošću" pokušava se sve ono što upućuje na nešto nadosjetilno (ljudska svijest, život nakon smrti, finomaterijalno tijelo, postojanje viših dimenzija, povezanost događaja itd.), odgonetnuti materijalističkim metodama i uklopiti u vladajuću "logičku" sliku svijeta. Logičko želi samovlast i suzbija mitsko, diskreditira ga kao praznovjerje i nastoji ga odstraniti iz svijeta.

Dok je svijet jurio i napredovao u tom pravcu, čovječanstvo se našlo na rubu samouništenja!

Međutim, izlaz nije u zaokretu u drugu krajnost, mitsku odnosno religijsku jednostranost koja vodi vjerovanju da je "Bog" na našoj strani i da će uskoro intervenirati na Zemlji kako bi sve "druge" pokorio ili uništio. Ova krajnost u međuvremenu je dosegla prijeteće razmjere, jer su mnogi vjernici sigurni da će u budućnosti biti jedna "Božja država" pod njihovim vodstvom. Lako je uočiti da rješenje može biti samo iznalaženje sveobuhvatnog poimanja svijeta, a ono počiva na sintezi logičkog i mitskog, na mito-logičkom.

Definicija logičkog pokazuje njegovu usku povezanost s filozofijom. Od njezinoga postanka u kulturnoj sferi Stare Grčke, filozofija je bila uglavnom "logička", jer je taj novi pravac razmišljanja nastao kao reakcija na *mythos* koji je postao jednostran, i do danas se uglavnom shvaća na taj način – do iskvarenosti: praznovjerje, kasnije kao apsolutizirana vjera temeljena na knjigama.

Kada, nasuprot tome, pokušamo mitsko dohvatiti logički, bez odbacivanja, otvara nam se jedan *multidimenzionalni* pogled na svijet koji kao takav djelomično odgovara modernoj materijalističkoj misli, jer on nije samo logički, već mito-logički!

"Mitologija" se uglavnom smatra zajedničkim nazivnikom antičke verzije znanstvene fantastike – divlje priče s ratovima bogova kao arhaična forma "Ratova zvijezda". Međutim, ova kombinacija riječi izvorno je imala mnogo dublje značenje, naime sintezu mitskog i logičkog. Mito-logičko povezuje se multidimenzionalnim pogledom na svijet i našim postojanjem. Zemlja se ne promatra kao izolirana lopta materije u gotovo praznom Svemiru, već kao živući organizam u svijetu koji je načinjen od različitih svjetova – svjetova čije materijalne manifestacije imaju različitu gustoću; ostvarenih i oblikovanih od nematerijalnih, duhovnih bića. U ovom smislu je izraz "duhovno-filozofski" zapravo sinonim za mito-logički.

Kada je znanje samo *logos*, ograničava se na "znanost" i "filozofiju". Čak i kad filozofi govore o Bogu, ljubavi i najvišoj spoznaji, sve ostaje – bez osobnog mitskog doživljaja – samo teorija i vodi, u najbolju ruku, u umišljene "unutarnje spoznaje" koje nikada ne mogu biti zadovoljavajuće. Dakle, *logos* može biti označen kao "znanje", filozofija kao "znanje duha", a *mythos* kao "mudrost", odnosno kao prepoznato i proživljeno znanje. To prepoznavanje i proživljavanje (oplođenje *mythosa* i *logosa*) ne može se iznuditi nikakvim intelektualnim naporom. To je "poklon neba", odnosno "višeg Ja", može se također nazvati "otkrivenjem" ili "milošću" ili "religijom" i "mistikom". Religije bi po ovoj definiciji bile mito-logičko upravljanje prema Bogu, a mistika mitsko-individualno proživljena religija.

Sintezom *mythosa* i *logosa* moguće je sjediniti znanje i mudrost: teoretski i kroz unutarnji, konkretan doživljaj. Čovjek zna o čemu se radi, čak i kad o tome šuti. Zna što vjeruje! Tako je *philo-sophia* što je izvorno i bila, i što uvijek jest – izraz života i unutarnjeg doživljaja, dakle, ljubav prema istini, ljubav prema životu i ljubav prema Bogu. Hrabrost za rasvijetliti tamu. Oslonim li se na ovu sintezu, ova knjiga ne bi trebala biti filozofska ili tematska knjiga, već *priručnik*, svakako ne u smislu "*Tečaj u 50 lekcija*". Ovo je duhovno-filozofski priručnik, što znači da on preko "analize" i "filozofije" vodi do pitanja autorefleksije i do uputa za stvarnu preobrazbu, ali bez propagiranja određenih formi meditacije i metoda prosvjetljenja. To nije zbog suzdržljivosti, nego praktičnih posljedica predstavljenih saznanja. Na razini analize, ovaj priručnik sadrži sažetke središnjih tema iz svjetske povijesti i današnjih svjetskih događanja, iz filozofije i znanosti, sve do pitanja podrijetla i određenja čovjeka – sve teme koje su mozaički kamenčići jedne veće slike. S ovim mnogostranim temeljnim informacijama čitatelj je dobro opremljen za daljnje samostalno istraživanje, kako bi se s onim što treba doći suočio kritički, ali s pouzdanjem.

Svojstveno je vremenu u kojem živimo da se značajna pitanja, naime filozofska, rijetko koriste, a to je zato što su neekonomična, "ne donose ništa" (Mudrošću se, izgleda, ne postiže profit).

Ipak, upravo danas imamo mogućnost dobiti opširne odgovore; prilika koja još nikad na ovaj način nije ponuđena. Duhovno znanje je danas opće dobro, čak i kad čovječanstvo toga nije svjesno ili ponudu ne prepoznaje. Ranije se ono prenosilo samo u školama misterija i malim krugovima izabranih, jer je okružje bilo iznimno neprijateljsko; k tome je postojala opasnost od pogrešnog razumijevanja i zloupotrebe – što postoji i danas u području ezoterije, modernom "utočištu" duhovnog znanja.

Iznenađujuće, danas u ezoteriji jedva postoji knjiga koja samokritički promatra vlastitu "scenu" – pri čemu se mora naglasiti da je mnogo više toga u našem svijetu ezoterijsko i okultno nego što se općenito pretpostavlja.

Kad radim kritičke analize, time ne želim ezoteriju paušalno osuđivati ili čak sotonizirati, kao što to čine "bibliokršćanski" kritičari. Naprotiv, činjenica da je nekad tajno znanje danas slobodno dostupno pokazuje da živimo u fazi prevratničkog razvoja. Mnogi posvećeni koji su se već ranije bavili ezoterijom i misterijima danas su se opet inkarnirali na Zemlji i bude se prema svojoj višoj svijesti koja široko nadilazi iskustva sadašnjeg života. U ovom širokom kontekstu filozofija više nije nešto jednostrano i teoretsko, već mito-logička spoznaja koja obuhvaća i intelektualno znanje i intuitivni, unutarnji doživljaj. Mistika i božanska objava danas više nisu ograničeni samo na nekoliko "svetaca" i pustinjaka. Svi mi možemo iskusiti Boga i živjeti u toj svijesti sada i ovdje, a ne za deset godina ili nakon smrti kad "pođemo u nebo". Pustinjaci i filozofi u svakom slučaju mogu biti u stanju to doseći, no ključ koji nam danas stoji na raspolaganju puno je univerzalniji i konkretniji. U Bibliji (Mt 18, 20) nalazimo jednu neposrednu uputu: *"Gdje su dvojica ili trojica sabrani u moje ime, tu sam i ja među njima."*

Kada bih morao reći koja je najvažnija rečenica u mojoj knjizi, bila bi to gore navedena, jer ona također otkriva odakle je potekla inspiracija za knjigu.

Armin Risi, ljeto 2004.

Sažetak

- Nije svejedno što vjerujemo i zato mora biti moguće pronaći kriterije po kojima možemo razlikovati istine i poluistine, "svjetlost" i "sjenu".
- Put prema spoznaji i otkrivenju je hodanje po hrptu planine, s obje strane okružen strminama.
- Filozofija (isto tako i "religija") danas je uglavnom samo ideologija.
- Tragika težnji ka spoznaji: sredstva te težnje – osjetilna spoznaja i moć razmišljanja – od prirode su ograničena. Kad se filozofija i znanost samo jednostrano oslanjaju na ova sredstva, ni veliki duhovni napori nisu dovoljni da bi se odgovorilo na osnovna pitanja čovječanstva; ni na opća, ni na ona o vlastitom životu.
- Sveobuhvatno povezivanje *mythosa* i *logosa* omogućuje jasno definiranje filozofije, znanosti, duhovnosti, religije i mistike, omogućuje identificirati svaku ideologiju kao jednu od mnogih mogućih izvedenica jednostranosti.
- Multidimenzionalna slika svijeta nije samo logička, već mito-logička i uzdiže filozofiju u veći, duhovni kontekst, koji također obuhvaća i sva pitanja našega materijalnog postojanja. Jedan takav sveobuhvatni pogled je temelj ove knjige, jer je ona po strukturi i postavljenom cilju "duhovno-filozofski priručnik". Sadrži filozofske analize i sažete prikaze različitih osnovnih pitanja, od dualnosti do duhovnosti.
- Unutarnji doživljaj božanske spoznaje i ljubavi je zajednički cilj *mythosa* i *logosa*, i ne može se doseći samo kroz intelektualne napore i vanjske aktivnosti. Otkriva se u odgovarajućem duhovnom okružju kojeg svaki čovjek može otkriti i njegovati kao ispunjenje prethodnih inkarnacija. Posredovanje inspiracije u takvoj praktičnoj preobrazbi je ono na što se ova knjiga naslanja.

1. DIO:

Iz sjene ne nastaje svjetlost

1. POGLAVLJE

Doba tame i sadašnje vrijeme preokreta

Već stoljećima pojavljuju se uvijek iznova ljudi koji su sigurni da je upravo *njihova* generacija pozvana doživjeti veličanstveno: apokaliptički prevrat, početak novog doba, ili pojavu "njihovog" mesije ili svjetskog učitelja.

Već u Isusovo vrijeme njegovi suvremenici željeli su vidjeti čudo i čeznuli su za nadčovjekom koji će ih osloboditi svakog zla, prije svega Rimljana. Zar Isus nije rekao da će "naraštaj *ovaj*" (Mt 24, 34) doživjeti sve prorečeno? Jesu li to bila lažna obećanja? Je li jedan lažni prorok budio u ljudima lažne nade? Zašto su inače, unatoč svim obećanjima da će biti bolje, nasilje, ratovi i uništavanja u sljedećih dvije tisuće godina postali ekstremni?

Tko danas govori o vremenu preokreta, mora sebi postaviti sljedeća pitanja: Jesmo li mi samo sljedeća generacija koja se nada nekoj čudesnoj promjeni? Činimo li isto što i mnoge generacije prije nas, vjerujemo u "neposredno predstojeću" Božju intervenciju, koja se neće dogoditi? Je li sve to (bilo) puko samozavaravanje? Bijeg od stvarnosti? Apokaliptička histerija? Skretanje pogleda s pravih problema?

Koji su motivi iza takvog iščekivanja vremena preokreta? Strah? Rezignacija zbog opasnosti i prijetnji sadašnjice? Nada da će netko drugi moći riješiti probleme za nas?

Sva ova pitanja su opravdana i iziskuju više nego površni ili sarkastični komentar, a ako su postavljena moguće je doći do diferencirane procjene situacije. Kada se želi ići od A do B, mora se poznavati vlastita ishodišna točka – posebice kada se put od A do B proglašava kvantnim skokom.

Četvrto doba, Četvrti svijet

Najkasnije od Alberta Einsteina moderni čovjek zna da su prostor i vrijeme međusobno ovisni fenomeni koji se ne mogu doista odvojiti. Stoga je Einstein za ovu temeljnu fizikalnu datost smislio novi izraz, "vrijemeprostor".

Mito-logički promatrano, saznanje da prostor i vrijeme nikad nisu odvojeni govori nešto revolucionarno, naime: kako se mijenja vrijeme, tako se mijenja i prostor! U prošlosti su na Zemlji vladali drukčiji prostorno-vremenski odnosi, a u budućnosti će vladati opet drukčiji. "Vrijeme" je, dakle, nešto više od linearno ulančanoga tijeka događaja. Vrijeme je dinamična stvaralačka energija koja leži u temelju svake promjene oblika. U indijskim sanskrtskim tekstovima stvaranje i rastvaranje Univerzuma zamišljeno je kao udisanje i izdisanje Boga (Višnua).

Na temelju ritmičkih, stvaralačkih impulsa vrijeme ne teče linearno, već ciklički – i s njim također razvoj materije unutar kozmičkog "vrijemeprostora". Stvaranje se odvija preko multidimenzionalne vremensko-prostorne spirale, pri čemu veliki ciklusi (spiralne zavojnice) sadrže mnoge podcikluse. Kozmički "vrijemeprostor" projicira se stepenicu po stepenicu, odnosno zavojnicu po zavojnicu, od viših razina na niže, gdje se prvotni vremensko-prostorni obrazac "kopira" u odgovarajućem komprimiranom obliku. U majanskom kalendaru govori se o "vremenskim fraktalima", u sanskrtskim tekstovima o "yugama", što ne znači samo "vrijeme", već i "prostorvrijeme", jer u svakom ciklusu vladaju drugi vremensko-prostorni obrasci.

U svakoj yugi Zemlja izgleda drukčije, i to tako temeljito drukčije da američki prastanovnici govore o različitim "svjetovima". Sad živimo u Četvrtom svijetu, koji je po svojoj geografskoj, geološkoj i fizikalnoj strukturi potpuno drukčiji od prethodnih svjetova. Kad se sadašnji fizikalni odnosi projiciraju u prošlost i iz toga izvlače zaključci o prapovijesti čovječanstva, dobiju se – iz perspektive yuga – potpuno krive predodžbe.

Prijelaz iz jednog svijeta u drugi događa se uvijek u vidu kvantnog skoka, nastalog kroz reakciju jednog određenog stvaralačkog elementa. Prijelaz iz Trećeg u Četvrti svijet dogodio se kroz vodu, a prijelaz iz Četvrtog u Peti trebao bi se dogoditi kroz "vatru".

Sadašnji Četvrti svijet Indijanaca odgovara četvrtoj yugi kod Indijaca, Kali-yugi koja je počela prije pet tisuća godina. Izraz Kali-yuga odnosi se na veliki galaktički ciklus, te na njegov fraktal kroz koji se on zrcali na Zemlju. Na galaktičkoj razini Kali-yuga opisuje ciklus od 432 000 godina. Kako ovaj, iz perspektive današnjih ljudi relativno veliki vremenski raspon djeluje na Zemlju, nakon tek 5 000 godina još se ništa ne može reći sa sigurnošću.

U svim tradicijama nalazimo pretkazanja koja upućuju na to da u sadašnjem vremenu predstoji izuzetan raskol i prijelaz. Nastaje pitanje: Što je tipično obilježje sadašnje Kali-yuge, koje se može prevladati samo prijelazom u sljedeći "Svijet"?

Kali-yuga: Doba raskola

Riječ *kali* sadrži korijen glagola *kal* – raskoliti; graditi logor; progoniti. Konsonanti *k-l* nalaze se još u modernim indoeuropskim jezicima, kao u njemačkoj riječi *Keil* i engleskoj *cleave* (i hrvatskoj *klin*, op. prev.). Kali je sila koja pokušava zabiti klin među ljude, narode, nacije, rase i spolove. U tom značenju, sinonim za "kali" koji mnogo govori jest "dijabolično", izvedeno iz grčkog *dia* – kroz, u, na, duž, preko, iza itd. i *ballein* – baciti, gurati, ili doslovno: sila koja jedno drugo odbija. Riječ "dijabolično" znači također i "đavolsko" i tako otkriva kakav duh vremena vlada u Kali-yugi.

Uistinu, ljudi su od početka sadašnjeg vremena sve više i više sudjelovali u ratovima, počevši s lokalnim pokoljima pa sve do dva svjetska rata, koja su trajala "samo" četiri, odnosno šest godina, ali su prouzročili više od sto milijuna poginulih. Žrtvovanje ljudi nije prestalo 1945. Statistika pokazuje da je u prošlim desetljećima dnevno kroz ratove i nasilje izgubilo život više ljudi nego u jednom prosječnom danu za trajanja svjetskih ratova. K tome, otprije više desetljeća 30 do 40 tisuća ljudi (pretežno djece) *dnevno* umire zbog gladi, dok je drugdje ubijeno milijune životinja i stotine tisuća tona hrane uništeno samo da bi se "održala cijena".

Ovih nekoliko primjera za aktualnu Kali-yuga situaciju upućuje na jedan manje očit učinak raskolničkog duha. Raskol ne djelu-

23

je samo izvan, nego i unutar čovjeka i utječe na njegov moralni i etički stav. Raskol, koji odgovara ovoj Kali-yugi i čini njezin temelj, u prvom redu je suptilno-fizikalni. On ima učinak koji se na prvi pogled čini bezazlenim, naime, *mogućnost da vrijeme i prostor vidimo odvojeno.*

Prostor i vrijeme nikada nisu odvojeni, pa ni u Kali-yugi, ali u ovom dobu nastaje privid razdvojenosti. To ima strašne posljedice koje su za nas uočljive prije svega ako našu situaciju u sadašnjem vremenu usporedimo s postojanjem u višim dimenzijama, gdje međuodnos prostora i vremena još uvijek ima neposredni učinak. U duhovnim svjetovima duhovni impulsi (misli) nisu vremenski odvojeni od vanjskog uobličenja, jer tamo ne postoji kategorička razlika između vanjskog i unutarnjeg svijeta kao na Zemlji u Kali-yugi. Misli su u duhovnim svjetovima neposredna stvarnost – a to su također i za današnje ljude, jer oni još uvijek jesu duhovna bića, unatoč zgusnutom okružju. Isto tako, misli grade na duhovnim razinama duhovnu "stvarnost", samo što je na zemaljsko-fizikalnoj ravni potrebno određeno *vrijeme* dok se one uobliče u vanjskom prostoru.

Duhovna bića na višim razinama imaju, dakle, veliku odgovornost da svaku misao svjesno biraju, jer svaka misao ima neposredan učinak i svaka postaje neposredna stvarnost. Kada se duhovna bića utjelove kao ljudi, ona imaju jednaku odgovornost, s tom razlikom što njihove misli nemaju neposredan vanjski učinak. To ima svoje prednosti i nedostatke.

Prednost je u tome što se ima vremena razmisliti i odlučiti želimo li neku misao zaista pretočiti u stvarnost. Imamo vremena za razmišljanje! Zamislimo da su sve naše misli i misaone slike (inducirane kroz vlastite predodžbe i kroz vijesti, filmove, računalne igre itd.) izvana vidljive i djelotvorne kao bjelodana stvarnost! Svaki krimić, horror-zabava, svaki ispad, suparnička ili mrziteljska misao – neposredna stvarnost! Bio bi pakao na Zemlji! Ne zaboravimo da su na duhovnoj razini sve ove slike – unatoč vremenu za razmišljanje na fizičkoj razini – također i za nas stvarnost.

Prednost, dakle, nije neograničeno pozitivna, nedostatak još manje. U Kali-yugi misli se više ne mogu spoznati izvana. To znači: čovjek može misliti jedno, a drugo reći. Može se sakriti iza fasade vlastitog lica. Može lagati ...

I to je tipično svojstvo Kali-yuge: nudi mogućnost laganja! U prijašnjim vremenima nisu lagali ni oni od Boga odvraćeni, jer bi to za tadašnje vidovite ljude odmah bilo očito. Kada je netko želio simulirati neistinu, za to je trebao znatan utrošak energije na finomaterijalnoj razini, a za to je bilo sposobno samo nekoliko "crnomagičara", kao npr. Ravana iz indijskog epa *Ramayana*. Ni danas neistine ne mogu ostati skrivene. Pronicljivi ljudi, sada kao i nekada, sposobni su prepoznati kada netko laže, čak i kad se to događa na distanci, npr. na TV-u. Energetske blokade također mogu biti prepoznate metodama kao što su kineziologija, *bio-feedback*, ili mjerenjem otpora kože ("Tijelo nikad ne laže"). Oni koji svjesno lažu ne podvrgavaju se tim metodama, a čovječanstvo nije više vidovito, pa je danas moguće lagati i jedno određeno vrijeme održavati varku. Zbog toga se "Kali-yuga" često prevodi kao "doba nesloge i licemjerja", jer u našem govoru trebamo dva izraza kako bi opisali vanjski i unutarnji oblik dijaboličnog djelovanja.

Peta dimenzija: Kraj raskola

"Prostor" obuhvaća tri dimenzije fizikalnog svijeta, s "vremenom" kao četvrtom dimenzijom. Prijelazom u sljedeće razdoblje će raskol, koji za sobom povlači fizikalno kompresiju, biti završen. Ovaj prijelaz u ezoteriji je nazvan "petom dimenzijom", što je istoznačno s "Petim svijetom" indijanskih proročanstava. Naznake nalazimo i u Novom zavjetu u kojem je najavljen "kraj vremena", što znači: vrijeme u kojem će doći do kraja "vremena" kakvo danas poznajemo, da bi se prešlo u jedan novi ciklus. Svi simptomi koji su spomenuti za ovaj kraj vremena, poput ratova i širom svijeta rasprostranjene gladi (što je u Isusovo vrijeme bilo nezamislivo – Mt 24,7), danas se ubrajaju u uobičajene dnevne vijesti, pri čemu se mnogi od njih i ne spominju, jer više nisu "ništa novo".

Da smo danas dosegli prijelazno područje na prostorno-vremenskoj zavojnici, ukazuje nam jedan drugi, izravni simptom, naime *način na koji vrijeme djeluje*. Prijelaz u petu dimenziju znači da vanjska razdvojenost prostora i vremena sve više nestaje. Razdvojenost prostora i vremena je sve manja i puno ljudi ima dojam da vrijeme prolazi brže, do kulminacije "Nemam vremena!" – najčešćeg razloga koji suvremenici danas spominju kad objašnjavaju zašto se ne mogu posvetiti duhovnim temama. Prividno sve brži tijek vremena može se usporediti s polaskom vlaka. Kad netko trči uz vlak koji polazi, stječe se dojam da se vlak pokreće sve brže – sve dok čovjek više ne može držati korak, pa zaostane. Međutim, ovaj dojam je samo relativan i netko tko se nalazi u vlaku ga nema. Dok jedan mora trčati sve brže i gubi korak, drugi se sasvim prirodno privikne na rastuću brzinu i može se opustiti.

Slično se događa s promjenom datog vrijemeprostora koje neko vrijeme prividno stagnira, kao što vlak neko vrijeme stoji na kolodvoru. Odjednom se prividno razdvojeni činioci, prostor i vrijeme, ponovno približavaju, što znači da sve "manje vremena" stoji na raspolaganju za donošenje planova ("misli"). Vrijeme za razmišljanje je sve kraće, sve postaje neposrednije. Čovjek zapada u stres i nervozu i ne primjećuje da vlak kreće.

Međutim, tko to primijeti i uđe u polazeći vlak, pokazuje spremnost napustiti prividno sigurno tlo kolodvora i iskusiti promjenu dimenzije, ne kao stres već kao rastući mir i neposrednost. Tko može "držati korak" s promjenom brzine, doživjet će vrijeme sve manje kao linearnu pojavu, spoznajući *sinkronicitet* prostora i vremena. Tada želje vrlo brzo postaju stvarnost, ali zaživjet će samo one čije je ispunjenje već sadržano u energetskom polju sadašnjosti. U potpunom smislu riječi čovjek ide "ukorak s vremenom", kao što putnik u vlaku ide "ukorak s vlakom" bez poduzimanja posebnog napora.

"Ukorak s vremenom" doslovno glasi *syn-chron*! Sinkroni doživljaj je prividna posljedica odgovarajuće svjesnosti. Tko je s tom sviješću u rezonanciji, primijetit će da i zastranjenja vrlo brzo ostvaruju reakciju; puno brže nego prije. Prije svega, čovjek sve manje može sebi dopustiti neistine – prema sebi i prema drugima. Poštenje je već sada potaknuto privlačnom snagom novog vremena. Nepoštenje i samoobmana mogu još profitirati od krajnje zgusnutosti Kali-atmosfere. U sadašnjoj fazi obje mogućnosti stoje otvorene.

Zavodnik svega svijeta

Za pronicljive i dalekovidne ljude prošle yuge iduće vrijeme na prostorno-vremenskoj zavojnici ukazalo se kao taman odsječak u kojem bi život ljudi bio obilježen raskolom, jednostranošću i uništavanjem. Pri tome *jedna* okolnost posebno "upada u oči", naime, globalna prisutnost prijevare i laži! Zbog toga su govorili o Kali-yugi, vremenu nesloge i licemjerja.

Isto govori i Biblija, posebice *Otkrivenje* ("Apokalipsa"), koje je Ivan primio na Patmosu, otprilike pedeset godina od Isusova raspeća. U toj viziji Ivan je vidio rat na nebu između arhanđela Mihaela i *"velikog ognjenog Zmaja"* (12, 3). *Otkrivenje* sadrži mnoge simbole koje je teško protumačiti. Ipak, ne trebamo dugo nagađati što predstavlja Zmaj. Ivan je vidio i napisao nedvosmisleno: *"Zbačen je Zmaj veliki, Stara zmija – imenom Đavao, Sotona, zavodnik svega svijeta."* (12, 9).

Tipično obilježje koje je spomenuto je *"zavodnik svega svijeta"*! Isto je rečeno o djelovanju obiju "Zvijeri" koje je ovlastio Zmaj:

"Sva se zemlja, začuđena, zanijela za Zvijeri i svi se pokloniše Zmaju, koji dade takvu vlast Zvijeri [...]. Čini znamenja velika ... tako zavodi pozemljare znamenjima koja joj je dano činiti u nazočnosti Zvijeri." (Otk 13,3 - 4/14)

Ivan je vidio kako su se svi ljudi čija imena nisu zabilježena u "Knjizi života" dali prevariti (13, 8); odlučujući impuls ovakvog razvoja je "ognjeni Zmaj" ili, kako je to izrekao Isus, *Otac svih laži* koji je *čovjekoubojica od početka*. (Iv 8, 44).

Razna pretkazanja upućuju na to da je naše doba jedno "mračno doba". To praktički znači da u svakom području ono što prevladava dolazi od strane "mračnih sila": u području ekonomije, religije, medicine, psihologije, ezoterije itd. Mnogo toga na kraju vremena dolazi s mračne strane; naročito ono što se najviše propagira potvrđuje ovo proročko ukazivanje. To je teška tvrdnja koja se ne smije uzimati olako. K tome, ovo upozorenje potiče nas da zastanemo, budemo pažljivi i uvijek provjerimo iz kakvog duha proizlazi neko učenje ili propaganda.

Je li točno da živimo u dobu u kojem su prevladavajuće sile koje varaju "cijeli svijet"?

U nastavku će se dati nekoliko primjera koji mogu pomoći odgovoriti na ovo pitanje.

Primjer 1: Lažna čarolija

U scenariju *Otkrivenja* "Zmaj" djeluje pomoću raznih produženih ruku, posebno dviju "Zvijeri" i "babilonske bludnice". Ovo otprilike dvije tisuće godina staro pretkazanje sadrži konkretne opise koji danas – i to tek danas – otkrivaju goruću aktualnost.

Babilon *grad je veliki, što kraljuje nad kraljevima zemaljskim,* (Otk 17, 18). Simboliziran je ženom pijanom od krvi, koja jaše na skrletnoj zvijeri. *Na čelu joj je napisano ime – tajna: Babilon veliki, mati bludnica i gnusoba zemaljskih.* Ovakav opis podsjeća na prethodno navedeni Isusov citat (Iv 8, 44). Izgleda da rečena "mati" s "ocem svih laži" ima nešto zajedničko, predstavljajući se kao "veliki Babilon" i zavodeći "kraljeve zemaljske". U 17. i 18. poglavlju *Otkrivenja* opetovano se ističe globalni učinak te sile: *... s njom su bludničili svi kraljevi zemaljski, a trgovci se zemaljski obogatiše od silna raskošja njezina.*

Kraljevi i trgovci zemaljski: očito je riječ o globalnoj političkoj i ekonomskoj moći, što u 1. stoljeću nakon Krista još nije bila tema. Danas je, međutim, "globalizacija" omiljena riječ kojom su čovječanstvu dana mnoga obećanja. Globalizacijom bi sve trebalo postati bolje, djelotvornije i pravednije. Postavlja se pitanje: Ne daje li ovdje možda "zavodnik svega svijeta" s "velikim Babilonom" lažna obećanja koja ljude vabe u sasvim određenom smjeru?

Uz "globalizaciju", ovo staro pretkazanje daje nam još jednu "vruću šifru": *"Jer trgovci tvoji bijahu velikaši zemlje i čaranja tvoje zavedoše sve narode."* (18, 3). U reformiranoj ciriškoj Bibliji prijevod glasi ovako: *"Tvoji trgovci bijahu, naime, velikaši zemlje, tvojom čarolijom svi narodi bijahu zavedeni.",* a u prijevodu antropozofa Emila Becka: *"Tvoji trgovci bijahu velikaši zemlje, tvojim čarobnim napitkom zavedeni su svi narodi."*

Prevoditelji su se mučili pronaći odgovarajuću riječ: čaranje, čarolija, čarobni napitak ... Što je to čime su "trgovci, velikaši zemlje," zaveli sve narode? Riječ u grčkom originalnom tekstu glasi *pharmakiai* ... Ipak, treba biti oprezan s interpretacijom. Ovaj dio teksta ne smije se upotrijebiti da bi se farmaceutska industrija paušalno sotonizirala. Kao sve na ovom svijetu, ona također ima svoje dobre i loše strane. Međutim, mnoga kritička izvješća pokazuju da je farmaceutska industrija već počinila i čini stvari koje podsjećaju upravo na ovo biblijsko pretkazanje. Kad se u budućnosti zabrane određena prirodna ljekovita sredstva i rad ljudi koji prakticiraju prirodno liječenje, svakako se treba prisjetiti ovog upozorenja.

Primjer 2: Napredak u znaku "Zvijeri"

Široko područje u kojem se mora računati s lažima i skrivenim namjerama je tehnološki napredak. Je li slučajnost što je takozvani tehnološki napredak udario upravo putem kojim danas ide? Zašto se potiču tehnologije koje se temelje na pljački, iscrpljivanju i zagađivanju okoliša? Zašto se potiskuju i potajno suzbijaju tehnologije i polja znanosti koja otvaraju alternativne i neprofitabilne mogućnosti?

Ivanovo *Otkrivenje* daje jasan odgovor i istovremeno daje ključ koji pokazuje na koje se vrijeme odnosi ovaj scenarij kraja vremena – naime, upravo na naše sadašnje vrijeme, a ne na vrijeme prije 50 ili 100 godina ili na vrijeme za 50 ili 100 godina. Taj ključ je broj 666.

"Ona (Zvijer) postiže da se svima – malima i velikima, bogatima i ubogima, slobodnjacima i robovima – udari žig na desnicu ili na čelo, i da nitko ne mogne kupovati ili prodavati osim onog koji nosi žig s imenom Zvijeri ili s brojem imena njezina. U ovome je mudrost: u koga je uma neka odgoneta broj Zvijeri. Broj je to jednog čovjeka, a broj mu je šest stotina šezdeset i šest." (*Otk* 13, 16-18).

Broj 666 pojavljuje se u kontekstu "rata na nebu", koji dovodi do toga da Zmaj s njegovim anđelima bude zbačen na Zemlju. Istovremeno, čovječanstvo dobiva upozorenje da bude pažljivo jer je Đavo vrlo gnjevan, znajući da ima malo vremena (12, 12). Potom se pojavljuju dvije Zvijeri. Prva dobiva svoju moć neposredno od Zmaja, a druga uvodi obožavanje prve diljem svijeta. Prva Zvijer je diktator, a druga utjelovljuje njegovu propagandu i ponekad se naziva "Antikrist" ili "lažni prorok". Ujedinjenjem svjetovne moći, religioznog obožavanja i globalne tehnologije, Zmaj postiže vlast nad svim ljudima, "bogatima i ubogima". Ta vlast zapečaćena je znakom 666 koju svaki čovjek mora nositi ili na desnoj ruci ili na čelu. Kupovati i prodavati mogu samo oni koji taj znak nose.

Kad se broj 666 pojavi diljem svijeta, kako proriče *Otkrivenje*, mora se računati da će i ostatak vizionarski prikazanog scenarija postati stvarnost.

Broj 666 u biblijskim jezicima, grčkom i hebrejskom, piše se *Hi-Ksi-Stigma*, odnosno *Samech-Resch-Taw-Waw*. U latinskom treba još i više slova: DCLXVI. Međutim, danas se u svijetu koriste arapski brojevi i apokaliptički broj se pojavljuje kao trostruka šestica. Pošto je u *Bibliji* opisana globalna moć, pretpostavlja se da je diljem svijeta primijenjen način pisanja značajan. Zaista, vidljivo je da je broj 666 danas, u svojoj tehnomagičnoj simbolici kao trostruka šestica, bez obzira na brojčanu vrijednost, globalno prisutan.

U međuvremenu više nije sasvim nepoznato da www, prema Kabali, ne znači ništa drugo nego 6-6-6 i da je broj skriven u bar-kodu. Ljudi ovo drže slučajnošću ili krivim tumačenjem te upozorenja ne uzimaju ozbiljno. Smatraju da su mišljenja oko broja 666 samo srednjovjekovno praznovjerje i protu-napredno razmišljanje. Tako ova tema nailazi na nevjericu ili čak agresivno odbijanje. Druga tendencija je da se biblijsko upozorenje učini smiješnim, primjerice u filmu *666 – ne vjeruj onom s kim spavaš* (2001.). Reklamni tekst: *Turbulentna komedija zavjere o jednom paktu s vragom!*

Vidljivo je kako se broj 666 često i nepromišljeno koristi, postao je "salonski" i još jedva da izaziva sumnju.

Razne financijske, telekomunikacijske i osiguravajuće tvrtke sadrže u svojim telefonskim brojevima i spisima 666; susrećemo taj broj u ekonomiji, u reklamama, na pop-sceni i u okultnim krugovima, da se ne spominje gdje je sve skriven ovaj broj: u slovnim kodovima, u brojčanim sumama, u geometrijskim simbolima i logotipima firmi, a pogotovo u www i bar-kodovima.

Je li 666 "loš broj"?

Sve u Univerzumu je titranje i svako se titranje može izraziti brojevima ili brojčanim odnosima. U tom smislu ne postoji loš ili negativan broj. Također, ni 666 nije "loš" broj i nije "broj Sotone". Otkrivenje kazuje da je "Zmaj" ovaj broj zloupotrijebio i primijenio. Budući da je izabran upravo taj broj, pretpostavlja se da ima posebnu snagu. I ima je. On je, između ostalog, jedan od temeljnih činilaca našeg postojanja u svijetu materije!

Svi mi imamo tijela od organske tvari, a temeljna supstanca organske tvari je ugljik (C), redni broj šest. Jedan atom ugljika ima šest protona, šest neutrona i šest elektrona. Naše tijelo u unutarnjoj nuklearnoj strukturi sastoji se tako iz 6-6-6 frekvencije titranja! To nije ništa loše. Naprotiv, 6-6-6 je jedan od božanskih brojeva kreacije, temeljni broj našeg postojanja. Ovaj broj koji je tako temeljan "Zmaj" je upotrijebio kao žig svoje vlasti. To što je zaplijenio upravo ovaj broj, ukazuje da je njegovim načinom "civilizacije" želio svijet ljudi ograničiti na materiju, i to je ono što čini opasnim cijeli razvitak.

Dakle, broj nije opasan, već moć koja broj psihološki i tehnomagijski zloupotreblja-va.

Ako netko ima trostruko šest u telefonskom broju ili na autotablicama, to samo po sebi nije znak loše sreće ili zavjere sa Sotonom. Međutim, tko se namjerno "igra" ovim brojem, igra se vatrom. Ako su biblijska pretkazanja točna, svaka moć koja ovaj broj zloupotrijebi donijet će ljudima mnogo boli i nevolje.

Uvijek se preporučuje imati realan i nehisteričan oprez, pa tako i ovdje, kod teme "tehnološki napredak".

Ukupno gledajući, ovaj broj ima prevladavajuću prisutnost u ekonomiji i sve manji broj ljudi bez njega može kupovati i prodavati. Kada bi, recimo, kukasti križ bio toliko u opticaju, ljudi bi s pravom digli buku i prosvjedovali. Biblijsko pretkazanje kaže da će događaji povezani s pojavom broja 666 biti gori od svega što je čovječanstvo do sada doživjelo (Mt 24, 21).

O čemu se konkretno radi?

Danas, na početku 21. stoljeća, imamo dovoljno tehničkog znanja kako bi stvorili predodžbu o onome što je Ivan u 1. stoljeću vidio. Vizija da čovjek još samo sa znakom 666 može kupovati i prodavati u sadašnjem govoru znači: *Jedno bezgotovinsko društvo s jednim centraliziranim računalnim sustavom, s kojim je svaki čovjek povezan preko znaka koji se očitava skenerom. Kako bi se spriječilo gubljenje, krađa i zloupotreba, svaki bi čovjek taj znak morao nositi na vidljivom dijelu tijela, dakle na nadlanici ili na čelu.*

Ova slika budućnosti može zvučati nevjerojatno, ali činjenica je da je tehnička infrastruktura u međuvremenu stvorena. "Kraljevi i trgovci zemlje" rade svjesno i donekle grozničavo na tom cilju. Odlučujući korak će biti povlačenje gotovine, provedeno vjerojatno kroz inscenirani burzovni slom. Taj će se slom dogoditi kada tehnička infrastruktura za bezgotovinski promet bude postojala diljem svijeta. Za taj cilj, od početka 2000. godine, velikim investicijama političara ("kraljeva"), multinacionalnih koncerna i banaka ("trgovaca zemlje"), čak i od Svjetske banke, potiče se www-računalno umrežavanje. Službeni razlog koji se spominje glasi: To bi trebalo djelovati na smanjenje siromaštva u svijetu. Biblijski scenarij, a isto tako i kritičko promatranje, otkrivaju da su pravi razlozi sasvim drukčiji.

Startni pucanj za ovu etapu, s odgovarajućim investicijama, ispaljen je na međunarodnom gospodarskom susretu (WWF, *World Fondation Forum*) u siječnju 2000. u Davosu. Tadašnji američki predsjednik, Bill Clinton, osobno je otputovao u Davos i održao globalno preneseni govor koji je trajao otprilike sat vremena i uglavnom je bio lobiranje za internet. Vlasnik Microsofta Bill Gates, koji također nije propustio susret u Davosu, puhao je, naravno, u istu trubu.

Kada određene sile nešto hoće, potrebni milijuni nabavljaju se "preko noći". Samo dva tjedna nakon WFF-a u Davosu, sljedeća vijest objavljena je u dnevnim novinama:

> "**Internet za siromašne**: Jedna kći Svjetske banke utemeljila je, skupa s japanskom računalnom firmom Softbank Corp, 150 milijuna dolara vrijednu "Joint Venture" za poticanje novih internet firmi u oko 100 zemalja u razvoju. Cilj je smanjiti "globalni digitalni ponor" između bogatih i siromašnih zemalja i što je brže moguće poboljšati pristup internetu. "Za 4,8 milijardi ljudi iz siromašnih zemalja", pojasnio je jučer predsjednik Svjetske banke J. Wolfensohn, "to bi bio početak globalizacije obrazovanja i početak globalizacije interneta."

Tako glasi izvješće u švicarskim dnevnim novinama *20 Minuten*, 15. veljače 2000. Jedan primjer praktične primjene tog programa objavljuju iste novine 02. ožujka 2000.:

"Oko 30 000 siromašnih kućanstava u Singapuru dobit će besplatno računalo i pristup internetu, kao i odgovarajuće školovanje. Time bi se prevladao ponor između siromašnih i bogatih u svrhu demokratizacije informacijskog društva. Kako je vlada jučer izvijestila, u taj program investirala je 23 milijuna franaka."

Od povijesnog susreta u Davosu, www-napredak ubrzava korak pred očima svijeta, i unatoč tome uglavnom nezapaženo. Početkom travnja 2000. u Bijeloj kući sreli su se Bill Clinton i Bill Gates na ekonomsko-političkom zasjedanju. *"Bill Gates i Bill Clinton, najbogatiji i najmoćniji čovjek na svijetu [...]. Clinton je na zasjedanju rekao da će zahvaljujući računalu i internetu u budućnosti biti moguće brzo izvući više ljudi iz siromaštva nego ikada prije."* (*Metropol*, 6. travnja 2000.).

Računalom i internetom otkloniti siromaštvo? Kako to zamišljaju najbogatiji i najmoćniji čovjek na svijetu, u ovom izvješću nije rečeno. Ali zvuči dobro.

Dok se globalno umrežavanje munjevito širi, paralelno se intenzivno potiče bezgotovinski promet.

U međuvremenu građanke i građani nose sa sobom gomile kartica: kreditne kartice, debitne kartice, kartice zdravstvenog osiguranja, osobne iskaznice, telefonske kartice, potrošačke bonus-kartice itd. K tome još i papirnati i kovani novac. Imajući u vidu ovo obilje kartica, nastojanja su usmjerena da se dosadašnji novčani promet (kartice, čekovi, gotovina) obuhvati jednom jedinom karticom. Projekt već ima i ime: *Smart card* s mikročipom.

Sljedeći korak u tom pravcu je i identifikacija osoba putem tijela, "biometrijska identifikacija". Već su u primjeni sustavi čip-kartica koje više ne funkcioniraju pomoću šifre, odnosno PIN koda, već preko otisaka prstiju ili šarenice.

Uskoro bez šifre! – Pod ovim naslovom u švicarskom dnevniku Metropol od 5. svibnja 2000. objavljena je vijest internacionalne novinske agencije:

"Među biometrijskim metodama na posebno pozitivan odjek naišlo je prepoznavanje otisaka prstiju. Ovaj rezultat prezentirao je sudionik u jednoj radionici, koja se odvijala u sklopu završnice pred-faze Bio-Trust-Projects. Biometrijske metode, kao prepoznavanje otisaka prstiju, lica ili boje glasa trebale bi u budućnosti zamijeniti dosadašnje zaporke ili PIN-ove."

Ovdje opisani oblici biometrijske identifikacije osoba su, obzirom na raznolikost čip-kartica, bez sumnje samo prijelazno rješenje. Magazin *GEO* objavio je već u 1996. godini sljedeće dosljedno razmatranje:

"A-card, Air Plus Card, Go Card, Pay-Card, P-Card, Vital Card: benzinske crpke, aviokompanije, supermarketi, knjižnice i udruge žele svojim klijentima i članovima upravljati još racionalnije putem plastike i čipova. U Engleskoj i Japanu nova generacija kartica već je u upotrebi: optička kartica sa ogromnim kapacitetom, na kojoj ima mjesta i za rendgenske i ultrazvučne slike. I onda? Gomile kartica? Gomile tajnih brojeva? Ili jedna jedina kartica koju čovjek nikako ne smije izgubiti, jer su na njoj spremljene sve važne informacije? 'Najjednostavnije bi bilo' misli jedan od referenata na sajmu kartica za vrijeme stanke, 'svakoj bebi odmah po rođenju upucati u guzu jedan čip.' Posjetnica otkriva tog čovjeka kao šefa marketinga jednog svjetskog koncerna ...!"

U studenom 1998. svijet je obišla vijest da je engleski profesor Kevin Warwick sebi dao ugraditi transponder-čip. Švicarske novine *Tages Anzeiger* objavile su (u izdanju od 04. studenog 1998.) napis preko cijele stranice s dva paralelna naslova: "*Čovjek i stroj međusobno povezani*" ... "*S ispravom ispod kože, sigurne od krivotvoritelja.*"

Posljednje se ne odnosi na ljude, već na životinje, kod kojih se već događa da im se pod kožu ubrizgava "isprava sigurna od krivotvorenja". "*40 000 životinja u Švicarskoj opskrbljeno je transponderom*", kaže *Der Stand* u studenom 1998. U međuvremenu je čip-identifikacija širom EU postala uobičajena ili čak obvezna.

U navedenom članku je, naravno, postavljeno i pitanje opasnosti od zloupotrebe, na što prof. Warwick kaže:

Kao kod svakog pionirskog razvoja postoji opasnost od zlouporabe." Tako on uobičajenim riječima pravda svoj eksperiment; ne pronalazak sam po sebi, bio on dobar ili loš, već ponajprije primjenu. [...] "Hoće li potpuni nadzor postati stvarnost" kaže Warwick, "ne odlučujemo ni vi ni ja. To će biti kao kod interneta. Možemo se kao pojedinci isključiti, ali mi ga ne možemo ugasiti."

Jedva da je prof. Warwick probio led u javnosti, a već su uslijedile nove vijesti, ovaj put o komercijalnoj upotrebi mikročipova za ljude. Uvijek iznova naglašava se da je to bezopasno i kod kućnih ljubimaca već duže u primjeni.

Focus u izdanju 52/1999. navodi sljedeće:

> "Implantirani čip trebao bi pomoći locirati izgubljenu djecu [...] Američka telekomunikacijska firma Applied Digital Solutions razvila je mikroodašiljač koji se implantira pod kožu, a napaja se pokretima mišića. 'Globalni policijski ili pozicijski? sustav (GPS) otkriva u svakom trenutku gdje potomak luta. Sustav je sposoban ući u trag izgubljenim joggerima ili otetim diplomatima', propagira ta firma."

Ova vijest je globalno raširena preko medija. U prvom tjednu mjeseca siječnja pojavila se također i u švicarskom tjedniku *Weltwoche* s nekoliko dodatnih detalja:

> "Jedna američka firma razvila je čip za implantiranje koji u svakom trenutku pokazuje gdje se njegov vlasnik nalazi. Proizvođač svoju napravu naziva "Digital Angel" i nada se u sljedećih nekoliko godina napraviti milijardski posao [...] Čipovi te vrste u stočarstvu se koriste već neko vrijeme [...]"

Implantiranje jednog čipa nije vrlo skupo, oko 100 eura po osobi. "Upada u oči" da je spomenuto ostvarivanje zarade u milijardama. Da bi se došlo do jedne milijarde, čip se mora ugraditi u 100 milijuna ljudi, ili više. Takvom formulacijom proizvođač otkriva kako se nada da će u "sljedećih nekoliko godina" moći ugraditi čip većini stanovništva u industrijskim zemljama!

Paralelno s ovom viješću WEF je objavio spomenute novogodišnje namjere o internetu – umrežavanju širom svijeta. Od tada provođenje ovog plana ne miruje. Umrežavanje je u međuvremenu postalo globalno, kao što kratica www i obećava. Istovremeno su svuda u svijetu izgrađene GPS i mobilne mreže, odnosno infrastruktura za bežičnu komunikaciju koja dozvoljava i bežičnu www komunikaciju. Pomoću sadašnje računalne tehnologije bilo bi, bez problema, moguće podatke svih ljudi obuhvatiti u jednom centraliziranom sustavu i učiniti ih dostupnima preko odgovarajućih "biometrijskih metoda". Jedan patent govori o nekoj vrsti bar-koda za ljude koji se sastoji od 18 znamenki. Kao što se standardni bar-kod za trgovačke artikle sastoji od 12 znamenki podijeljenih u dvije grupe po šest, tako bi bar-kod za ljude bio podijeljen u tri grupe po šest: kod od 6+6+6 brojeva!

U ovom kontekstu, krajem travnja 2004. sljedeća vijest je obišla svijet:

"**NEC: Scanner za nadlanice**
Tokio – Sada postoji alternativa za skeniranje šarenice. Ona se zove VeinSign i najnovija je biometrijska naprava za prepoznavanje elektronskog koncerna NEC. Tko zatraži pristup nekoj osiguranoj zgradi, ubuduće će trebati svoje nadlanice postaviti pod napravu i bit će identificiran na temelju individualnog uzorka vena. Prema NEC-u, napravi za to treba samo pola sekunde. Mogućnost pogreške je 0,0001%."

Mikročip-obveza za životinje, mikročip za ljude, globalno širenje www-a, mobilno umrežavanje, bezgotovinski promet, biometrijsko skeniranje desne nadlanice – svaki od ovih tehničkih postignuća je praktično i ima svoje prednosti, ali također i svoje "nuspojave", posebno postavljanje tisuća odašiljača za mobilne telefone. Prijetnja nije u mikročip-identifikaciji životinja, spomenut ću relativno bezopasan primjer, nego gdje takav razvoj može odvesti – upravo do onoga na što upozorava *Otkrivenje: "Ona [Zvijer] postiže da se svima [...] udari žig na desnicu ili na čelo i da nitko ne mogne kupovati ili prodavati osim onog tko nosi žig ..."*

Ovo upozorenje iz 1. stoljeća je iznenađujuće točno i danas djeluje uznemirujuće, prije svega obzirom na činjenicu da se paralelno s tehničkom 666-infrastrukturom preko masmedija raspiruje atmosfera straha. Hoće li kroz strah nastati otpor ljudi prema 6-6-6 sustavu? Kome "sigurnost" nije važnija od "slobode"?

Primjer 3: Propagandna laž pred Prvi zaljevski rat

"Svaki rat počinje s laži", glasi jedna poslovična izreka. Vrijedi li to za svaki rat, trebalo bi dokazati. Međutim, ona sasvim sigurno vrijedi za Prvi zaljevski rat, koji je počeo 17. siječnja 1991. kao "Operacija pustinjska oluja". Tko se još sjeća pretpovijesti?

SAD i njegova međunarodna društva-kćeri isporučivala su iračkom režimu B i C oružje kojim je Saddam Hussein od 1980. do 1988. vodio brutalni rat protiv države ajatolaha, američkog neprijatelja Irana. 16. svibnja 1988. Hussein je naredio bombardiranje vlastitog stanovništva nervnim plinom: preko 5 000 žrtava samo u tom danu, i svi su umrli u mukama. SAD, koji je tada podržavao i ljude poput Bin Ladena i Miloševića, nije prosvjedovao.

Saddam Hussein pao je u nemilost kada su iračke trupe zaposjele Kuvajt, početkom kolovoza 1990. Hussein je od strane SAD-a prozvan oličenjem zla, a predsjednik Bush stariji zahtijevao je vojnu intervenciju Amerike. Javnost ga nije podržala budući da su Bushovi naftni interesi bili previše očiti. 1. rujna 1990. predsjednik je održao "vatreni" govor u kojem je prvi put pred svjetskom javnošću govorio o "Novom svjetskom poretku".

Nakon tog govora, američka spremnost na rat bila je u granicama. To se promijenilo tek kada je mjesec kasnije, 10. listopada 1990., jedna petnaestogodišnja djevojčica iz Kuvajta dovedena pred Odbor za ljudska prava američkog kongresa. Djevojčica, predstavljena samo kao Nayirah, izvijestila je da je, radeći dobrovoljno u jednoj kuvajtskoj bolnici, vidjela iračke vojnike kako otimaju bebe s prsiju i bacaju ih na pod. Predsjednik Bush ponavljao je ovu priču rado i često, spominjući brojku od 312 djece koja su na ovaj način zlostavljana. *Amnesty International* povjerovao je ovoj predstavi i objavio je u svojem izvješću 19.12.1990.

Nakon što je spremnost za rat izazvana na ovaj način, u siječnju 1991. Zaljevski rat mogao je početi.

Kritički novinari su slijedili trag tajanstvene Nayriah, koja se sa svojom pričom pojavila u pravo vrijeme. I zaista: to je bila varka! Pokazalo se da je neko tu djevojčicu pred Kongres doveo pod lažnim imenom i pustio je da govori neistinu, a Nayriah je identificirana kao kći tadašnjeg kuvajtskog veleposlanika u Americi! U travnju 1991. *Amnesty International* demantirao je tu jezivu priču.

Ta kasna informacija iz pozadine u novinama je objavljena samo usputno, kratkom viješću, ili uopće nije, jer se rat bližio kraju. Također, u reportažama CNN-a nije se moglo vidjeti krvoproliće koje su počinile američke borbene snage. 250 000 ljudi je poginulo u napadima, među njima najmanje 150 000 civila, uključujući žene i djecu. Primjerice, nenaoružani ljudi i izbjeglice većinom su pogođeni iz zraka ili raskomadani bombama. Bivši ministar obrane Ramsey Clark piše o tome u svojoj knjizi *Desert Storm: "To je bio genocid [...]. Napad na Irak bio je od samog početka ratni zločin koji obuhvaća tisuće kriminalnih počinitelja."*

Clark je protiv predsjednika Busha podigao optužnicu za ratni zločin od 19 točaka, no ta je inicijativa potisnuta i od medija naširoko prešućena.

Tijekom Drugog zaljevskog rata kratko su zaplamsale iskre sjećanja u zaživjeloj propagandi, primjerice u jednoj maloj agencijskoj vijesti krajem ožujka 2003.:

"Izvješća predsjednika SAD-a Georgea W. Busha o zvjerstvima Iračana sve su drastičnija [...]. Promatrači pretpostavljaju da se iza toga krije povećani pritisak s obzirom da rastući broj američkih žrtava tek treba opravdati. Slične priče pred Prvi zaljevski rat naknadno su se pokazale netočnima, a bile su iskorištene kao povod za rat." (*ZürichExpress*, 31.03.2003.)

Riječ je o skandalu koji je mnogo gori od npr. *Watergate* afere koja nije izazvala smrt (ali je dovela do odstupanja predsjednika), nasuprot ratu koji je počeo pričom "koja se kasnije pokazala netočnom."

Ipak, čovjek u vrijeme licemjerja i prijevare može sebi dopustiti i takvu ogoljenost!

Primjer 4: 9/11 – Inscenirani teror

O incidentu od 11. rujna 2001. najvjerojatnije nikada nećemo dobiti zadovoljavajuće odgovore na sva pitanja; slično kao kod ubojstva J. F. Kennedyja. Kod kritičkog promatranja nameće se ova usporedba, jer u oba slučaja postoji sličan obrazac: očiti apsurdi i manjkavi odgovori. Naravno, ovaj obrazac može se pronaći i u dosta drugih slučajeva, ali ova dva su nesumnjivo najpoznatija.

Službeno, oba su slučaja rasvijetljena. Zaključna izvješća prigodnih istražnih povjerenstava potvrdila su tijek događaja točno po verziji koju su odmah poslije napada objavili mediji: Lee Harvey Oswald bio je neovisni, samostalni počinitelj; četiri aviona oteli su Bin Ladenovi ljudi da bi izvršili izvanrednu akciju mržnje protiv SAD-a.

U slučaju Kennedy izabrano je istražno povjerenstvo, tzv. *Warrenova komisija*, čije zaključno izvješće do danas vrijedi kao službena i konačna istina. Izvješće kaže da je 24-godišnji Lee Harvey Oswald ubojica J. F. Kennedyja, kao neovisni samostalni počinitelj, na vlastitu inicijativu; svaka teorija zavjere je neosnovana.

Danas, 40 godina kasnije, znamo da Oswald nije usamljeni počinitelj. Proturječnosti i nemogućnosti u službenom prikazu ubojstva mnogo su puta opisane i objavljene.

Najvjerojatnije Oswald nije bio ni ubojica ni strijelac, već samo podmetnuti sudionik, "žrtveni jarac", kako je on to sam izrekao. Za naše pitanje je nebitno je li Oswald pucao ili ne. Bitna je samo činjenica da Oswald *nije jedini počinitelj*, jer samo to ne znači ništa manje nego da je službeno istražno povjerenstvo u mnogo pogleda lagalo i skrivalo činjenice! Šef ovog sedmočlanog povjerenstva bio je Earl Warren, viši sudac i bivši guverner Kalifornije. Ostali poznati članovi bili su primjerice, bivši šef CIA-e, Allen Dulles i kasniji američki predsjednik Gerald Ford. Najmanje u ovom jednom slučaju znamo da je "službeno povjerenstvo" lagalo i ublažilo istinu.

Vrijedi li ovo i za "Nacionalno povjerenstvo za terorističke napade na Sjedinjene Države" (*National Commision on Terrorist Attacks upon the United States*), koja je u srpnju 2004. obznanila svoje zaključno izvješće?

Nije nikakvo čudo, imajući u vidu mnogo otkrivenih "službenih" neistina, da se nameće ovo pitanje. Ako je od izabranoga povjerenstva mogla biti ublažena pozadina Kennedyjeva ubojstva (koje je npr. za sobom povuklo rat u Vijetnamu s više od milijun vojnih i civilnih žrtava), ako je čak jedan kongresni odbor bez razmišljanja propustio lažnu priču o zlostavljanju beba (što je imalo za izravnu posljedicu Zaljevski rat 1991.: preko 250 000 poginulih), tada se nameće neugodno pitanje: nije li "netko tko povlači konce", također bio spreman žrtvovati samo 3 000 ljudi? Toliko je ljudi, prema službenim podacima, izgubilo život u napadima 11.09. (američki način pisanja je 9/11).

Postoji li uopće "netko tko povlači konce", sposoban za takve ubojite manevre i prijevare? To je gotovo nezamislivo, dapače potpuno isključeno, i time se od samog početka zatvara ova mogućnost.

U zaključnom izvješću desetočlanog povjerenstva kaže se kako je glavni razlog što je napad 9/11 došao u priliku dogoditi se – "*nedostatak sposobnosti predviđanja*". Svi su jedinstveni: američke vlasti i tajne službe su zakazale i podcijenile opasnost. Smatrali su da će otmice aviona ostati u dotad poznatim okvirima, naime da će otmičari jednostavno samo postavljati zahtjeve, da bi dobili otkupninu ili ucjenjivali vlasti. Govori se o "kolektivnoj nesposobnosti prepoznavanja nadolazeće opasnosti". Pripravna samokritika priznaje pogreške na svim razinama, i to tako upadljivo da se mora pitati je li to istina.

Slučajno ili ne, ova priznanja učinila su, prije svega, da se dotadašnji teror-scenarij nekritički prihvati i zacementira. Ako nešto ne bi bilo u redu sa službenim scenarijem, ostali scenariji koji bi se tada pojavili bili bi još više zastrašujući i nezamislivi. Ipak, neosporna je činjenica da se bez događaja od 11. rujna ne bi mogao dogoditi novi Zaljevski rat i rat u Afganistanu. Islamisti napadima ništa nisu dobili, naprotiv, napadi su stvorili munjevitu solidarnost i naklonost prema SAD-u i pružili "omraženom neprijatelju" priliku za provođenje dugo planiranih ratova (i zakonskih promjena).

Vlada li i u odnosu na mračnu pozadinu 9/11 "nesposobnost prepoznavanja nadolazeće opasnosti"? Ili je dirljiva samokritika trebala odvratiti pažnju od zaista sumnjivih dimenzija događaja 11. rujna? Jer u službenom zaključnom izvješću mnoga važna i očita pitanja nisu odgovorena; nisu čak ni postavljena! U tom izvješću nije riječ o istraživanju tijeka događaja pri napadu, već uglavnom o analiziranju; tko je prije samog događaja propustio priliku da napade spriječi. Scenarij kakav je na početku "službeno" objavljen i preko CNN-a raširen, u izvješću je *unaprijed postavljen* kao neosporna i samorazumljiva činjenica.

Brojna kritička i očita pitanja postavljena na širokoj pozadini nezavisnih istraživača i autora, možda su i odgovorena. Njihove publikacije su, međutim, jasno ignorirane ili predstavljene kao djela teoretičara zavjere koja omalovažavaju teror. To je sumnjivo. Ovdje se radi o 3 000-strukom ubojstvu. Trebao bi se ipak uzeti za ozbiljno svaki mogući trag ili korisni naputak ... Zapanjujuće je kod napada od 11. rujna da su "nekoliko terorista s noževima, rezačima tapeta i paprenim sprejevima četiri aviona stavili pod svoju vlast."*

Slično kao kod Kennedyjeva ubojstva, pri nepristranom promatranju činjenica brzo dolazi do sudara s mnogim besmislicama. Je li moguće da u službenom SAD i CNN-prikazu ponešto nije istinito?

Pitanje postavljeno u okviru 1. poglavlja glasi: Koji su primjeri za "duh laži" koji vlada u Kali-yugi? Je li se također i u slučaju napada od 11. rujna koristilo prijevarama i neistinama?

U nastavku su obuhvaćene najveće besmislice izložene u određenim tekstovima:

Različiti kutovi udara i vatrena žarišta: Kod napada na WTC postoji jedan detalj koji dokazuje da udari aviona nisu mogli prouzročiti kolaps obaju tornjeva. Prvi avion letio je u ravnoj liniji izravno u sjeverni toranj, tako da je kerozin izgorio unutar zgrade. Drugi avion doletio je postrance i morao je letjeti u luku da bi pogodio južni toranj, tako da je kerozin pri udaru u zgradu koja je stajala pod pravim kutom eksplodirao uglavnom *izvan* nje. To je ona slika s ogromnom vatrenom loptom koju je cijeli svijet doživio *live*.

Prema službenom tumačenju, gorući kerozin prouzročio je taljenje čeličnih nosača u oba tornja, zbog čega su gornji dijelovi tornjeva pali dolje te je pod takvom težinom došlo do kolapsa. Na tele-

---

* Kad se propituje službeni teror-scenarij, pri tome ne treba dovoditi u sumnju zaista postojeću terorističku mrežu. Za 11. rujan postavlja se pitanje do kada će takve spletke biti ignorirane, odnosno tolerirane, ili čak instrumentalizirane.

viziji bezbroj puta prikazana snimka pokazuje, međutim, da su avi-
oni udarili u tornjeve i da je kod prvog kerozin izgorio unutar, a kod
drugog izvan zgrade. K tome je dio zgrade iznad zone udara kod juž-
nog tornja dvostruko veći nego kod sjevernog (30 katova prema
15). Tako imamo različite kutove udara, različita vatrena žarišta i
različite težine. Unatoč tome, oba tornja kolabirala su na isti način.
To se protivi svim zakonima statike. U najmanju ruku, kod postran-
ce udarenog južnog tornja gornji dio zgrade morao se i srušiti *pos-
trance*. Ali kod oba tornja su dijelovi pali okomito, točno pod pravim
kutom, kao da je na cijelom području "tepih pod nogama" munjevi-
to povučen, odnosno raznesen.

Taljenje čeličnih nosača: Kod konstrukcije WTC tornjeva u statič-
kim izračunima uzeti su u obzir i udari aviona. U ZDF-ovoj emisiji
Pakao na nebu – zašto se srušio WTC od 23. kolovoza 2002., Lee Ro-
bertson, suvlasnik ureda za statiku koji je sudjelovao u konstrukciji
WTC-a, pojasnio je:

> "Računali smo s udarom tada najvećeg aviona, Boeinga 707.
> Radilo se o tome da jet može udariti u zgradu i uništiti velike
> dijelove konstrukcije, a da toranj unatoč tome stoji."

Kod statike uzet je u obzir "udar potpuno natovarenog Boein-
ga 707 punog goriva", a taj objekt je mnogo teži od Boeinga 757 ili
767!

WTC tornjevi imali su 47 debelih unutrašnjih čeličnih nosača
("osnovnih stupova") i 236 vanjskih. Čelični nosači bili su zaštićeni
azbestnim slojem otpornim na vatru. Može li uopće gorući kerozin
doseći točku taljenja čelika, mnogo se raspravljalo. Ali kratka vatra
eksplodirajućih aviona, čak i pri postizanju dovoljne temperature,
nije dostatna da omekša čelične nosače na cijeloj razini, jer je nakon
udarne eksplozije kerozin brzo izgorio. U 8.46 prvi avion udario je u
sjeverni toranj, u 9.03 drugi avion u južni toranj. Slika drugog napa-
da pokazuje da je samo 17 minuta nakon prvog udara u sjevernom
tornju vatra jedva gorjela. Gdje je bilo vatreno žarište koje je prouz-
ročilo taljenje 47 unutrašnjih čeličnih stupova zaštićenih od vatre?
Južni toranj kolabirao je u 9.50, sjeverni u 10.29. Ako u sjevernom
tornju već u 9.03 nije bilo vatrene stihije, što je onda sat i pol kasnije
pri jenjavajućoj vatri "rastalilo" čelične stupove? Da se ne spominje

južni toranj, gdje je većina kerozina izgorjela izvan zgrade.

Brzi kolaps *tri* WTC zgrade: Daljnji dokaz da WTC tornjevi nisu mogli kolabirati samo zbog vlastite težine je brzina urušavanja, kada su se – 103, odnosno 57 minuta nakon udara – iznenada pojavili oblaci eksplozije. Svaki od tornjeva urušio se sam u sebe za osam do deset sekundi u velikim oblacima prašine! Južni toranj nakon osam sekundi ležao je na tlu kao hrpa ruševina. Tih nekoliko sekundi odgovara vremenu koje je potrebno da bi *slobodnim padom* neki objekt dospio na tlo s 320m visine, što prilično točno odgovara visini gdje je eksplozija otpočela. Dakle, to znači da su se tornjevi srušili u slobodnom padu. Kada bi sama težina gornjih dijelova zgrade bila uzrok urušavanja, gornji bi katovi naišli na otpor niže konstrukcije i cijelo urušavanje trajalo bi puno duže.

Isto tako, azbestna prašina, a prije svega betonska prašina, koja se u centimetarski debelim slojevima slegla na cijelo okružje, vrlo je sumnjiva. Kada bi se tornjevi srušili zbog težine gornjih dijelova, onda bi pri urušavanju djelovale samo mehaničke sile, što bi za posljedicu imalo velike komade ruševina s relativno malo prašine. Kod WTC tornjeva je, međutim, začuđujuće puno prašine i manjih komada ruševina. (Kakva sila je potrebna da se tvrdi beton pretvori u prašinu?).

Sasvim usputno, navečer 11. rujna također je priopćeno da se još jedna zgrada potpuno urušila. Bila je to zgrada broj 7. Urušila se na jednak način kao oba WTC tornja i isto se raspala u šut i prašinu – jedino što u zgradu 7 nije udario nijedan avion! Između sjevernog tornja i zgrade 7 nalazi se zgrada 6 i jedna ulica. Kod urušavanja sjevernog tornja nekoliko njegovih dijelova doletjeli su tamo i izazvali beznačajna oštećenja. K tome, ta zgrada se urušila u 17.25, dakle sedam sati nakon WTC tornjeva. Zračni snimci ruševine imaju karakteristike tipičnog rušenja zgrade eksplozivom: prvo su kolabirali unutarnji dijelovi, tako da su vanjski pali prema unutra.

Uklanjanje čeličnih nosača prije istrage: Zbog čega su se oba WTC-tornja mogla srušiti na isti način unatoč različitim kutovima udara i vatrenim žarištima? Razumno objašnjenje glasi: zbog sinkronizirano izvedenog rušenja eksplozivom pomoću najmodernije tehnike.

Na nekoliko snimaka filmski zabilježenog urušavanja vidljivo je da su s različitih katova oblaci prašine šiknuli iz zgrade vodoravno, i to do 70 i više metara (WTC-tornjevi bili su široki 63m). Na pitanje jesu li čelični nosači rastaljeni ili rušenjem pomoću eksploziva *razmrskani,* lako se moglo odgovoriti ispitivanjem čeličnih nosača.

Iznenađujuće, ali čelične nosače je, čim je to bilo moguće, unajmljena tvrtka žurno razrezala i odvezla – još prije nego što je kakva istraga i započela! Je li i ovdje vlada naprosto zakazala? Ili se iza toga krije namjera? Autori kao Haufschmid i Wisnewski opširno su se bavili ovom temom. Početkom ožujka 2002. pred *House Science Committee* održano je saslušanje. Priopćeno je da su istrage bile višestruko ometane: otezanjima, malom količinom raspoloživog novca i, prije svega, "uništavanjem značajne količine čelika, uključujući one koje je *House Committee* označila kao "kritične dijelove", primjerice ojačani čelični konopac i unutarnje potporne stupove, kako je američka obavještajna služba priopćila 5. ožujka 2002.

O ovim skandaloznim okolnostima izvijestio je i *Fire Engineering Magazine,* američke vatrogasne novine. U izdanju od listopada 2002. glavni urednik William A. Manning negodovao je zbog ove "farse" od istrage:

"Od napada na WTC sada je prošlo više od godine, ali jedina pomna istraga, kakva je kod tornjeva nakon napada obaju Boeinga izostala, upravo tek počinje. Da, dobro ste čuli: najveće strukturalno i vatrom uzrokovano rušenje zgrada u povijesti koje je dovelo do najvećeg gubitka života na američkom tlu od građanskog rata, tek se mora istražiti."

A. Manning je više puta zahtijevao: *"Uništavanje dokaza odmah mora prestati."*

Ali nije prestalo. Čelik je odvezen na Daleki Istok, ponajprije u Kinu, gdje se ubrzo preradio u čeličanama.

Neslaganja oko Pentagona: Rupa u zidu Pentagona ukazuje da je prodirući predmet morao ravno uletjeti unutra. Da je to bila velika Boeing mašina, morala bi letjeti na samo par centimetara visine, paralelno s tlom. Ali rupa je premala za jedan Boeing. Na mjestu udara ne vide se nikakvi ostaci aviona, a niti ostaci krila. To se može provjeriti na svakoj slici na kojoj se vidi mjesto udara. Avion je od udarca i eksplozije većinom "smrvljen", odnosno "ispario", glasi službeno objašnjenje. To bi, dakle, trebalo opravdati nedostatak olupine na vidiku! Slike pokazuju da su vatrogasci gasili vodom, što bi u slučaju kerozina imalo kobne posljedice. Nigdje nema tragova gorenja, a rasvjetni stupovi u blizini pogođenoga zida nisu polomljeni! Kada bi avion, nevjerojatno teškim pilotskim manevrom, na razini zemlje uletio u zid, ovi bi jarboli bili zbrisani. (Prvo mjesto udara u Pentagon bila je samo jedna rupa, pet do šest metara široka, pri eksploziji koja je uslijedila nastao je prolom 19m širok. Raspon krila aviona iznosi 38m, a na krilima su se nalazili pogonski uređaji, stabilizirajući dijelovi aviona. Ali, nigdje ni traga ostacima aviona. Kako je ova rupa nastala i gdje je putnički avion?).

Nemoguća superizvedba navodnih terorističkih pilota: Prema službenom prikazu, devetnaest Bin Ladenovih pilota oteše četiri aviona i sami sjedoše za upravljač, da bi kao kamikaze poletjeli prema ciljanim objektima. Ovo zvuči jednostavno i prihvatljivo i uglavnom je prihvaćeno kao "nekako izvodljivo", jer oni su to uspjeli. Ali, kako izgleda stvarnost?

Otete naprave bili su avioni tipa Boeing 757 i 767. Profesionalni piloti smiju upravljati njima tek nakon dugogodišnjeg iskustva na drugim avionima. Teroristi, dokazano, nikada nisu upravljali takvim avionima. Poznato je koje su lekcije škole letenja apsolvirali, naime samo nekoliko sati u malim avionima. Boeinzi su tijekom napada letjeli bez pomoći radara, morali su biti upravljani *ručno* i samo *odoka*. Pogodili su sjeverni toranj pri brzini od 750 km/h i to bez poznavanja terena, da se ne govori o savršenom luku (pri 950 km/h) kod južnog tornja, što nadilazi čak i sposobnosti profesionalnih pilota koji s tim tipovima aviona imaju već tisuće sati iskustva, kako je ustvrdilo nekoliko pilota Boeinga u TV-raspravi uživo, ubrzo poslije napada.

Koliko je vjerojatno da polaznik autoškole samo čitanjem naputka za uporabu može postati sposoban upravljati teškim teretnim vozilom ili Formulom 1, i to bez ikakvoga krivudanja i kolebanja, skoro bolje i od dugogodišnjeg profesionalca? Upravo se to dogodilo 11. rujna i to približno četiri puta. Sve četiri mašine bile su izvrsno upravljane i to bez vanjske pomoći, samo rukom – ako je službeni scenarij točan.

Promjene transponderskih kodova: Jedan zanimljiv detalj spominje, u službeni scenarij potpuno uvjeren, *Der Spiegel* u članku o "propasti Amerike", ali sasvim usputno, kao da bi to bilo razumljivo: *"U 8.47 United Airlines 175 (koji je udario u južni toranj) promijenio je transponder-kod, a da to nitko nije primijetio; nekoliko minuta kasnije kod je iznova promijenjen."* Ako netko nikada nije sjedio u kokpitu nekog Boeinga, nemoguće je da zna kako promijeniti transponder-kod. Nevjerojatno je da nitko u kontrolnom tornju to nije primijetio. Razni autori, prije svih Gerhard Wisnewski u svojoj knjizi *Operation 9/11*, istraživali su točan tijek tih tajanstvenih promjena koda. Činjenica je da se to dogodilo kod sva četiri oteta aviona. Njihove točke nestale su s radara, a kratko nakon toga pojavile su se nove točke s drugim transponder-kodovima. Izvodi se zaključak da su to bili isti avioni, samo s drugim kodovima. Ali to nije dokazano. Wisnewski dosljedno prati ove tragove i iznosi odgovarajuće pokušaje rasvjetljavanja.

Hitna optužba bez istrage: Ni pola sata nakon drugog WTC-napada (još uvijek prije napada na Pentagon!) predsjednik Bush obznanio je da će teroristi i zemlja koja im je pružila utočište biti oštro kažnjeni. K tome, tvrdio je kako zna da su počinitelji Osama Bin Laden i njegove snage iz afganistanskog uporišta. U to vrijeme još nije počela ni najmanja istraga, a predsjednik je već objavio konačan zaključak, koji je značio ništa drugo nego rat. Smije li jedan predsjednik to sebi dopustiti? Ili je jednostavno samo jedan već pripremljeni plan došao u fazu ostvarenja?

Sumnjivo idealni "dokazni materijal": Kratko nakon napada i iznenađujuće brzo pronađeni su idealni "dokazi": jedan *Kuran* i avionski naputak na arapskom. Gdje su te stvari pronađene, nije sasvim jasno. Jednom se tvrdi da su pronađene u torbi koja slučajno nije čekirana (slučajno baš torba terorista), zatim u ostavljenom automobilu, a jednom je spomenut i pretinac za prtljagu. Bi li zaneseni teroristi koji znaju da lete u smrt svoj *Kuran* ostavili da leži u automobilu ili ostane u torbi koja bi išla u prostor za prtljagu?

Sumnjivi događaji na burzi prije napada: Između 6. i 10. rujna 2001. na američkim burzama volumen *put*-opcija određenih firmi naglo je porastao deset puta, i više. Put-opcije su pretpostavke na padajući trend akcija, a firme koje su igrale na to bile su upravo one koje su 11. rujna pretrpjele štetu: aviokompanije *American Airlines* i

United Airlines, kao i desetci firmi WTC-a. Andreas von Bülow, bivši njemački ministar, dobiti ovih burzovnih kretanja procijenio je na 15 milijardi dolara (*Tagesspiegel*, Berlin, 13.01.2003.).

Nadležan za istraživanje ovog vrućeg traga počinitelja bio je SEC, *Securities and Exchange Commision*, burzovna nadzorna služba SAD-a. Predsjedavajući u SEC-u, Harvey Pitt, pojasnio je, krajem rujna 2001., da je njegova služba kupce put-opcija pronašla tamo "gdje su uvijek i bili" (*Spiegel Online*, 21.01.2001.) Tada je Pitt ipak povučen s dužnosti, a zamijenio ga je investicijski bankar William H. Donaldson koji je ranije bio tajnik Henryja Kissingera, a izabrao ga je predsjednik Bush osobno. *New York Times*, 11.12.2002., piše da je Donaldson "iskušani pomagač najuže povezan s obitelji Bush". Nakon toga se o vrućem burzovnom tragu više ništa nije čulo, kao ni u zaključnom izvješću.

Bin Ladenovo navodno priznanje: Nakon napada, Osama Bin Laden je više puta demantirao bilo kakvu vezu s njima. Kod drugih napada koji su mu se pripisivali uvijek je preuzimao odgovornost i slao u svijet odgovarajuće poruke. Zašto će opovrgnuti svoje "najgenijalnije" djelo kojem se pripisuje njegovo autorstvo? Trebalo mu je već unaprijed biti jasno da će jednim takvim činom izazvati gnjev Amerikanaca i dati im idealan povod za rat.

Ipak, pojavila se video vrpca koju su američki vojnici u prosincu 2001. "slučajno pronašli" u Afganistanu. Na njoj se može čuti i vidjeti navodni Osama Bin Laden. Hvali se kako je porazio Amerikance poslavši u SAD svoga vođu akcije Mohammeda Attu i njegovo ljudstvo. Iz sigurnosnih razloga supočinitelji nisu znali ništa o planu. Tek neposredno pred početak akcije upućeni su u konkretne planove. Ono što zvuči kao genijalna organizacija u stvarnosti je još jedan daljnji dokaz o neizvedivosti akcije, jer ova opcija još jednom potvrđuje da su navodni teroristi zasjeli u Boeinge bez poznavanja terena i prethodnog uvježbavanja.

Međutim, ovaj video možda otkriva ponešto o pravoj prirodi napada, naime da umiješani arapski aktivisti i teroristi možda nisu znali za kakav posao su zapravo upregnuti. Možda su samo slijedili naputke koje su stigle s više instance i našli se (slično kao Oswald) u unaprijed određeno vrijeme na određenim strateškim mjestima. Kada su primijetili što se zaista događa, bilo je suviše kasno.

Ovaj scenarij je spekulativan, ali činjenica jest da je Mohammed Atta bio agent pakistanske tajne službe ISI, a ona se neslužbeno smatra ogrankom CIA-e. U listopadu 2001. bilo je poznato da je direktor ISI-e, general Ahmed Mahmud, u lipnju 2001. prebacio 100 milijuna dolara na Attin bankovni račun u Americi. Ova informacija pojavila se u svjetskom tisku i nikad nije opovrgnuta. Uskoro nakon toga, general Mahmud se povukao. M. Atta imao je također dubiozne veze s tajnim službama (vidi: Daniel Hopsicker, *Welcome to Terror Land – Mohammed Atta und seine amerikanischen Helfer*).

Tko je profitirao? Na ovo pitanje nije teško odgovoriti. Bez 11. rujna afganistanski i drugi irački rat ne bi se mogli dogoditi, također ne bi moglo biti uvedeno mnogo novih sigurnosnih i antiterorističkih zakona u SAD-u. "Preporučuju" se i daljnje "reforme", naročito od strane *9/11 Commission Report*:

> "Izvješće istražnoga povjerenstva '11. rujna' osvjetljuje niz propuštenih prilika za pravodobno otkrivanje Al Kaidinih terorističkih planova. Povjerenstvo predlaže dubinske institucionalne reforme, među ostalim imenovanje nacionalnog ravnatelja tajnih službi sa širokim ovlastima".
> (*Neue Zuercher Zeitung*, 23.06.2004.)

Uz mnoga samokritička priznanja onih koji su zakazali, poruka je jasna: mora se intenzivirati umrežavanje tajnih službi i uvesti strože sigurnosne zakone. Ali, kako je rekao Thomas Kean, voditelj 9/11– povjerenstva, time se sigurnost neće povećati. Završna rečenica u spomenutom *Spiegelovom* članku govori sama za sebe:

> "Unatoč svim obuhvatnim prijedlozima reformi, ostaje neugodan osjećaj da se to [ranjivost na terorističke napade] neće moći promijeniti tako brzo. / 'Jedan još strašniji napad je moguć, čak i vjerojatan', rekao je predsjednik povjerenstva Kean."

Obzirom na puno sumnjivih trenutaka vezano uz napad 11. rujna, mora se postaviti pitanje što će se dogoditi sljedeće. Kean je jasno rekao da će "vjerojatno" biti još strašnije. Možemo sebi lako predočiti što će "službeno povjerenstvo" tada reći i učiniti ...

Kali-yuga: Kraj na vidiku?

Kako navedeni primjeri pokazuju, nije bilo pretjerivanja kad su drevni vidovnjaci, imajući u vidu naše vrijeme, govorili o "Kali-yugi" kao vremenu raskola i laži. Tek kada toga postanemo svjesni možemo spoznati kakve dubinske promjene donosi prijelazno vrijeme. Ono će nas uvesti u novi svijet, "Peti svijet", u kojem više neće biti moguće lagati i suzbijati istinu. *Otkrivenje* (21, 1) govori o "novom nebu" i "novoj zemlji".

Ne živimo u zdravom svijetu. Premda su vladari ovog mračnog vremena već stvorili mnogo strahota, dno još nije dotaknuto. "Pravi", također i inscenirani teror, i dalje će se nametati kao sredstvo za postizanje moći. Sukobi će se proširiti i izazvati socijalne nemire. Ekonomske krize i 666-šahovski potezi ubrzat će "novi svjetski poredak". Pojavit će se nove bolesti, doći će do poremećaja u prirodi. Ovo nije pesimizam, već realno viđenje svjetske situacije.

Upravo zbog očitih vanjskih prijetnji, vrlo je razumljivo da se ljudi koji nisu posljednji u ezoterijskim krugovima nadaju svjetskom učitelju ili nekom čudu koje će one koji su skrenuli vratiti na pravi put. Budući da takve nade štete jasnom razlikovanju, nastaje opasnost od lažnih obećanja, te se miješaju s *istinskim svijetlim perspektivama*.

Primjer gdje se mora napraviti razlika između lažnih i pravih obećanja nalazi se u jednom od najvećih ezoterijskih *bestsellera* današnjice, knjizi *Razgovori s Bogom*. Tu vidimo kako "Bog" odobrava i propagira poimence predsjednika Busha i njegov *new world order*.

"Dakle, kratkoročno rješenje, u odnosu na takve dileme, bila bi jedna nova socijalna struktura – novi svjetski poredak. / Bilo je među vama rođenih vođa dovoljno sposobnih i hrabrih da predlože takav novi poredak. Vaš predsjednik George Bush, kojeg će povijest ocijeniti kao čovjeka koji je pokazao više mudrosti, suosjećanja i hrabrosti nego što su njegovi suvremenici željeli ili bili sposobni prepoznati, bio je takav vođa. [Spominju se također Gorbačov i Carter] ... svaki od njih je u svoje vrijeme sačuvao svijet od ponora rata [...] Kaže se da nitko nije prorok u vlastitoj zemlji. U slučaju ova tri čovjeka,

to je bio razlog što su oni sa svojim vizijama bili miljama ispred svog naroda koji je želio vidjeti samo svoje ograničene, sitnokarijerističke interese i mogli su zamisliti samo gubitke ako bi slijedili veće vizije."
(N. D. Walsch, *Razgovori s Bogom 2*)

Otkuda potječe "Novi svjetski poredak" kojeg zahtijeva George Bush? Jesu li svi koji su kritični zaista oni koji nisu "željni ili sposobni" vidjeti "veće vizije"? Jesu li oni koji su prosvjedovali protiv Bushovog Zaljevskog rata i otkrivali njegove laži samo slijedili "ograničene, sitnokarijerističke interese"? Tko su "hrabri": oni koji kritičke istine iznose na svjetlo dana ili oni koji surađuju s osnivačima nove svjetske vlade? Je li "Bogu" bilo potrebno da gospodare rata nekritički propagira kao uzorne "rođene vođe" i donositelje mira i proziva one koji su kritični?

Obzirom na navedene Kali-yuga primjere, ne trebamo se bojati sačuvati zdravu skepsu, unatoč glasovima koji nas žele uvjeriti da ne živimo u Kali-yugi i sve ono što se sada događa neposredno služi novom vremenu. Kao i uvijek, dobar je savjet podsjetiti se na pravilo: *"Sve provjeravajte: dobro zadržite."* (1 Sol 5, 21)

Zašto ljudi bezuvjetno žele da se određena iskušenja ne dogode, primjerice pojava "Zvijeri"? Ne trebamo to zazivati, ali ni ignorirati ili odbijati. Iza zazivanja sretnog svijeta krije se često ništa drugo do strah. Tko s naivnim ili agresivnim optimizmom ne želi čuti ništa o upozorenjima i pretkazanjima, vjerujući da se neće obistiniti, trebao bi preispitati svoje motive. Ne možemo dosegnuti svjetlost ako zatvaramo oči pred tamom!

Izvan tame svjetlost je prisutna, i otuda dolazi pravo svjetlo: božanska pomoć i inspiracija. Samo iz te perspektive možemo tamu prepoznati i sagledati, slobodni od straha i pesimizma. Novo vrijeme će otkloniti tamu, tu nastaju svi razlozi za nadu i radost. Žalosno je kad se ljudi daju zavesti lažnim obećanjima i nadama, te ostaju ovisni o "najboljima".

"Pazite da vas tko ne zavede!" (Mt 24, 4)
"Svi će vas zamrziti zbog imena mojega. Ali tko ustraje do svršetka, bit će spašen." (Mk 13, 13)

Koliko je ljudi to prepoznalo? Treba li doći do novih zavođenja i prijevara?" ... *zavodnik svega svijeta ... Tako zavodi pozemljare znamenjima koje joj je dano činiti u nazočnosti Zvijeri ...*" (Otk 13, 14) Pretkazanja koja su točno predvidjela pojavu 666-tehnologije, u tom kontekstu, spominju i vrijeme patnje od dva puta po tri i pol godine (42 mjeseca, odnosno 1260 dana). Rečeno je da će u prvoj polovici jedna ili čak dvije trećine čovječanstva umrijeti (Otk 6, 8; 8, 7-12; 9, 18). U ekstremnom slučaju bile bi na Zemlji još samo dvije do tri milijarde ljudi. Bio bi tragičan nastavak života na Zemlji; dvije do tri milijarde nije malo. Kada je zadnji put na Zemlji bio toliki broj ljudi? Nije tako davno, oko 1950.! Čovječanstvo bi se vratilo na stanje od prije pedeset godina, a tada nitko nije imao utisak da je Zemlja premalo naseljena.

Ne znamo hoće li do toga doći: katastrofe i bolesti, 666-diktature, itd. Moguće je da svjetska povijest doživi drukčiji obrat. Što ako bi se ovaj scenarij ostvario? Bi li bili spremni? Ako bi se unatoč svim meditacijama i molitvama tama (kratkoročno) još više zgusnula i napala glasnike svjetlosti, tko bi reagirao?

Do okončanja ovog pitanja ne vodi nijedan put. Ako smo dovoljno jaki suočiti se s jednom "Zvijeri" i njezinim prijetnjama, sposobni smo ukinuti ovaj scenarij te za nas i našu djecu izabrati drukčiji put.

Bojkot računala i www-a?

Na prethodnim stranicama izrečene su mnoge kritike današnje tehnologije, prije svega www-a. Znači li to da bi se trebali držati podalje od računala i interneta? Povezujemo li se sa "Zvijeri" čim upotrijebimo računalo, ili ako imamo *website* i šaljemo *e-mail*?

Da i ne. Znanje o 666-scenariju treba nas potaknuti na oprez, ali ne treba biti razlog za histeriju ili paranoju. Biblijsko pretkazanje ne kaže da se ne smijemo služiti današnjom tehnologijom. Naprotiv, ono kaže: "*I propovijedat će se ovo evanđelje kraljevstva po svem svijetu za svjedočanstvo svim narodima. Tada će doći svršetak.*" ili "*Najprije će dobra vijest biti objavljena cijelom svijetu da bi svi ljudi čuli poziv u Božji novi svijet. Tek tada će doći kraj.*"(Mt 24, 14.)

Otkrivenje (14, 6) spominje da na kraju vremena "*jedan anđeo leti posred neba s evanđeljem vječnim da ga proglasi svim pozemljari-*

ma, svakom narodu i plemenu i jeziku i puku."

Širenje podataka cijelim svijetom trenutno je moguće samo pomoću današnje tehnologije. Brzi tehnički razvoj ide svojim tijekom i pitanje je kako *mi* koristimo te mogućnosti. "Napredak" kao takav ljudi kao vi i ja ne mogu zaustaviti, i postavlja se pitanje moramo li mi to? Jedino što mi "moramo" jest biti jaki, da se ne prepustimo rezignaciji, ne damo se potresti čak i ako dođe do toga da prevladavajuća većina slavi "Zvijer" i njegova prividna čuda; slično kao što sad cijeli svijet žudi za računalima i mobilnim telefonima.

Slaveća većina može se činiti prevladavajućom, ali trebamo imati pred očima da ona čini samo 2% stanovništva, odnosno nešto više od sto milijuna ljudi! Nastaje nada da će "naša" manjina obuhvatiti mnogo više od 2%.

Dakle, kako bi oživljene poruke postale dostupne što je moguće većem broju ljudi, možemo bez problema koristiti računalo i ostala *high-tech* sredstva, primjerice tiskarstvo. Računalo i internet nisu problem, nego oni koji tu infrastrukturu mogu zloupotrijebiti.

Nepristajanje na 666

Ako bi 666-pretkazanje bilo ostvareno, moglo bi postati neizbježno da dođe do točke u kojoj je nužno nepristajanje.

Mnogo ljudi intuitivno osjeća da taj znak nikako ne žele na svome tijelu. Zašto bi prihvaćanje 666-znaka (možda u obliku implantiranog mikročipa ili nevidljive laserske tetovaže) bilo tako sudbonosno? Zašto toliko mnogo upozorenja u Otkrivenju?

Odgovarajuća mjesta u Otkrivenju govore jasnim jezikom:

"Ode prvi (anđeo) i izli svoju čašu na zemlju. I pojavi se čir, koban i bolan, na ljudima što nose žig Zvijeri i klanjaju se kipu njezinu." (16, 2)

"Za njima eto i trećeg anđela koji viče iza glasa: 'Tko god se klanja Zvijeri i kipu njezinu te primi žig na čelo ili ruku [...] bit će udaren na muke u ognju i sumporu [...] dim muke njihove izbija u vijeke vjekova. Ni danju ni noću nemaju počinka oni koji se klanjaju Zvijeri i kipu njezinu i tko god primi žig s imenom njezinim." (14, 9-11)

Ono što je ovdje rečeno starovjekovnim jezikom ne ostavlja mnogo mjesta za interpretaciju. Svakako, ovo je drastično upozorenje koje je važno, a do kojeg je je čovječanstvu došlo prije dvije tisuće godina. "Muke u ognju" su simbol za strašno stanje, astralno zarobljeništvo. Kad netko prihvati znak "Zvijeri", znači da je u astralno zarobljeništvo dospio iz straha, priključivši sebe toj vladavini. Astralno zarobljeništvo čini se vječnim, dok god se čovjek u njemu nalazi. Nije uzaludno jasno upozorenje o "lovcima na duše".

Božanska zaštita

Bez "znaka" čovjek neće moći ni kupovati ni prodavati. To ne znači da bez znaka neće više moći *živjeti*.

Ako se ovaj apokaliptički scenarij konkretizira, svjetska situacija nesumnjivo će izgledati sasvim drukčije nego danas. Prema opisima iz pretkazanja, u jednoj hipotetičkoj fazi ratni sukobi, bolesti i katastrofe uzet će svoj danak, a zbit će se i nerazjašnjivi događaji, primjerice ono što se naziva "uklanjanje". Drugim riječima, situacija će biti kaotična i možda neće biti moguće znati tko je živ. U takvoj situaciji nova vlast može uvesti odredbu da se svi preživjeli nanovo registriraju i označe znakom. Tko se ne odazove, neće biti uključen u centralizirani računalni sustav i bit će nepoznat. Kako god budućnost izgledala, smijemo vjerovati da ćemo dobiti odgovarajuću duhovnu pomoć.

"Ta dat ću vam usta i mudrost kojoj se neće moći suprotstaviti ni oduprijeti nijedan vaš protivnik." (Lk 21, 15)

U to vrijeme, rečeno je, dogodit će se ono što se još nikada nije dogodilo, niti će se ikad više dogoditi (Mt 24, 21). Sudeći po tome, božanska pomoć i čuda uzet će oblike kakvi dosad nisu viđeni.

Čuda su se uvijek događala, osobito u vidu čudesnih iscjeljenja, nazvanih i spontanim izlječenjima. Događaju se kada se duhovnim snagama, kroz ispravni unutarnji stav, omogući da neposredno djeluju na materiju. Tada se povezuju individualna moć iscjeljenja s univerzalnim stvaralačkim snagama, tako da tijelo odjednom, kao "samo od sebe", opet uspostavlja prvotni, zdravi red. Kombinacija individualne i univerzalne snage je ono što veliki iscjelitelji nazivaju

53

"božanskim iscjeliteljskim strujanjem".

Djelovanje moći samoiscjeljenja ne može se postići voljom ega. Zbog toga je rečeno "Vjera te je tvoja ozdravila". Imajući u vidu "kraj vremena", ova perspektiva je od životne važnosti, prije svega kad se pojave nove bolesti ili "vlast babilonska" bude nudila samo vlastite "čarobne napitke", zabranivši prirodna ljekovita sredstva. Ako se to dogodi, dobar je savjet ne biti gnjevan na zabranjivače i protiv nadmoći ne jurišati u prosvjede. Takav diktatorski čin bio bi znak da ne trebamo više ovisiti o vanjskim lijekovima, pa ni onima homeopatskima, već je došlo vrijeme da se potpuno oslonimo na Božju pomoć i iscjeljujuće strujanje. (To, naravno, ne znači da već danas treba prekinuti s lijekovima. Navedene su samo hipotetičke zamisli o scenariju "kraja vremena" koji se možda uopće neće dogoditi.)

Često se postavlja pitanje kako će biti moguće živjeti ako čovjek bez "znaka" neće moći ni kupovati ni prodavati. Ovdje je čin vjere i pouzdanja životno važan. Primjerice, može se dogoditi – kako je i predviđeno – da se naša fizička tijela transformiraju i u kratkom roku postignu sposobnost življenja od "svjetlosti i ljubavi" (sanskrt. *prana*). U toj fazi živjeti bez fizičke hrane neće biti omogućeno samo nekolicini svetih.

Kada je naša svijest ispunjena božanskom inspiracijom, moguć je toliki utjecaj na tijelo da čak ni bolesti, glad i katastrofe ne mogu naškoditi.

Vrijeme preokreta: "Neće uminuti naraštaj ovaj"

Vratimo se na početak poglavlja: Je li se Isus prevario kad je rekao da će još ova generacija vidjeti "kraj"?

"Tako i vi kad sve to ugledate, znajte. Blizu je, na vratima! Zaista, kažem vam, ne, neće uminuti naraštaj ovaj dok se sve to ne zbude. Nebo će i zemlja uminuti, ali riječi moje ne, neće uminuti." (Mt 24, 33-35)

Ovo govoreći, Isus nije mislio na vrijeme u kojem je on živio, već na jedno daleko vrijeme u kojem će simptomi koje navodi postati vidljivi: ratovi diljem svijeta, prenapučenost, glad, potresi, pojave lažnih proroka koji dolaze u ime Isusa (ili mira), oskvrnuće jeruzalemskog Hrama. Zanimljivo je da je Isus predvidio uništenje tada novog, drugog jeruzalemskog Hrama nedugo prije nego što se dogodilo, i tada spominje da će na "kraju vremena" tamo stajati jedan hram. Kad se sve to dogodi, još isti naraštaj će doživjeti "kraj" dotadašnjeg svijeta.

Predviđajući uništenje Hrama, Isus je mislio na svoj naraštaj:

"Zaista, kažem vam, sve će to doći na ovu generaciju! [...] Jeruzaleme, Jeruzaleme, koji ubijaš proroke i kamenuješ one što su tebi poslani! [...] Evo, napuštena vam kuća." (Mt 23, 36-38).

Isus je izrekao ovo pretkazanje oko 30. godine. Drugi jeruzalemski Hram uništili su Rimljani 77. godine. To je Isusova generacija još mogla doživjeti.

Kraj Drugog svjetskog rata i osnivanje države Izrael koje je potom uslijedilo dogodili su se prije 60-ak godina. Tadašnja mladost danas je stari naraštaj. Hoće li "kraj" – kraj licemjerja i laži – uspjeti doživjeti? Hoće li prije toga još doći do izgradnje "trećeg hrama"?

Sažetak

- Gdje je sjena, tu je i svjetlost.
- Sadašnje, Četvrto vrijeme je Kali-yuga, dakle doba kojeg karakterizira "duh raskola" (*kali*), dijabolična sila. Ona se iskazuje kroz vanjski raskol među narodima i religijama, a isto tako i kroz unutarnji raskol koji u ljudima izaziva sklonost lažima.
- Unatoč prividnom raskolu između prostora i vremena, misli također i današnjim ljudima postaju trenutna stvarnost; ne u fizičkom svijetu, već u duhovnom.
- Prema Ivanovu *Otkrivenju*, tipičan znak "kraja vremena" je globalna pojava "znaka Zvijeri" – 666. Ono što je predviđeno prije više od 1900 godina sada je naša svakodnevica. Broj 666 je globalno dobio ključnu funkciju, prije svega u obliku tehnomagijskoga simbola, trostruke šestice. Pojavljuje se, primjerice, kao www i trgovački bar-kod. Bez bar-koda danas jedva da je moguće nešto kupiti ili prodati, a bezgotovinski promet sve se više odvija preko www-a, globalne računalne mreže.
- Vladajuća sila doba tame je "zavodnik svega svijeta". Primjere stvarne

prisutnosti takve sile *Otkrivenje* navodi spominjanjem babilonske "čarolije" i broja 666 koji su povezani s lažnim obećanjima o napretku i sigurnosti. Daljnji primjeri su ubojstvo Kennedyja, propagandna laž pred Prvi zaljevski rat i napadi 11. rujna.

- Prijelazom u petu dimenziju nastupit će kraj Četvrtog svijeta, a to će značiti kraj raskola i laži. Dok se to ne dogodi, mora se još računati s velikim prijevarama i iznenađenjima.

- Kao najveću prijevaru *Apokalipsa* navodi označavanje ljudi znakom "Zvijeri", kojeg čovjek ni u kojem slučaju ne bi trebao primiti. Tko se ne bude dao potresti, iskusit će u svom životu novu dimenziju Božje prisutnosti i božanske zaštite.

2. POGLAVLJE

Definicija "svjetlosti" iz sjene

Prvo poglavlje bilo je određivanje stajališta. Kad čovjek ne zna gdje se nalazi, ni najbolje karte ne mogu pomoći, iako je cilj poznat. O cilju govore svi: kraj ratova i terorizma, razumijevanje među narodima i religijama, dovoljno hrane za sve, ekološki podnošljiva industrija i tehnologija itd.

Ove stvari trebale bi biti samorazumljive. Činjenica da ih moramo izreći kao ciljeve znači da smo vrlo udaljeni od normalnog stanja. Civilizacija je odmaknuta od prirodne ravnoteže. Od-maknuta je, i zbog tog odvajanja počela je uništavati svoje vlastite životne temelje. Motiv raskola, razdvajanja i odmicanja u Kali-yugi djeluje na svim razinama.

Simbolično govoreći, živimo u "dobu tame", dakle u jednom vrijemeprostoru koji se odcijepio od svjetlosti. "Doba tame" odnosi se na doba u kojem su sile tame zavladale Zemljom – i to odavno, što se po njihovim plodovima lako može prepoznati. Mnogi znaci i pretkazanja upućuju na to da će doba tame uskoro završiti. Dakle, ne samo što živimo u dobu tame, nego i u njegovoj *završnoj fazi* gdje se na duhovnom horizontu već može vidjeti nova svjetlost. Samo s ovog stajališta moguće je tamu prepoznati kao takvu i razlikovati je od svjetlosti. Tko vidi samo tamu, nije u stanju razlikovati.

Kada dođe jutro, počinje razdvajanje tame i svjetlosti, i odluka onih koji odabiru je neizbježna. Svaki čovjek se mora odlučiti: Kome ću vjerovati? Kojim pravcem ću ići? Što mi je važno, a što nije? Što hoću postići u životu?

Prema svjetonazoru s kojim se čovjek osjeća povezan, razlikovat će se odgovori na ova pitanja. U prošlosti su prevladavali svjetonazori sila tame – u znanosti, psihologiji, filozofiji, te u teologiji, religijama, okultizmu, ezoteriji – i ove svjetonazore vrijedi prepoznati i "rasvijetliti".

Poluistine – svjetonazori sila tame – svakako sadrže i istine, ali samo u jednostranom, nepotpunom obliku. Tek kada se ti svjetonazori dosljedno preformuliraju i promisle do kraja, razlike postaju jasne i iznenađujuće, premda na početku izgleda kao da svi govore o istome.

Zemlja: Mjesto odluke

Raskol koji djeluje kroz Kali-yugu može se promatrati i filozofski, jer se na Zemlji očituje kao *istovremena prisutnost* sila tame i snaga svjetlosti. Jedni se služe lažima i manipulacijom, drugi djeluju istinito, ne povodeći se za sebičnim interesima. Njihova unutarnja usmjerenja i životni ciljevi razlikuju se koliko i svjetlost od sjene.

Spoznaja da na Zemlji istovremeno (i paralelno) postoje "svjetlost" i "sjena" skoro je prozaična, ali ima dalekosežni značaj. Naime, svjetlost i sjena međusobno se isključuju. Svjetlost je samo svjetlost, sjena je samo sjena. Dopre li svjetlost do sjene, ona bi postala svjetlost, i obrnuto. (Naravno, postoje različiti stupnjevi sjene i intenziteta svjetlosti, ali oboje su stupnjevanje *unutar* područja tame, odnosno svjetlosti.) Samo u određenom graničnom području svjetlost i sjena se dodiruju, naime kod "obalne crte" na kojoj se razdjeljuju.

Isti princip vrijedi – prema mito-logičkoj slici svijeta – i na kozmičkoj razini, u odnosu na svjetove svjetlosti i svjetove tame. Oni također egzistiraju odvojeno (i paralelno), ali se dodiruju u graničnom području. Budući da su na Zemlji prisutni i svjetlost i sjena, može se zaključiti da ona pripada graničnoj sferi multidimenzionalnog Kozmosa. To objašnjava i zašto je Zemlja mjesto za koje se ratuje. Razna bića imaju veliki interes za planet ljudi, jer on je točka razgraničenja gdje se duše odlučuju kojim će pravcem krenuti.

Osjećaj mnogih ljudi da Zemlja nije tek beznačajna mrlja u Univerzumu, već da joj pripada ključni značaj, ima svoje duboko opravdanje. (Potječe li osjećaj da je Zemlja u centru Univerzuma od praznanja da njezina pozicija u dimenzionalnoj "sredini" između svjetova svjetlosti i sjene ima ključni značaj? Je li kasnije pogrešno protumačeno da je Zemlja *kozmološki* centar Univerzuma?)

Svi vjeruju da su u svjetlosti

Sile tame ne vide sebe kao "sile tame", već vjeruju da su u svjetlosti. One su jedna s drugom u raskolu i međusobno ratuju, jer svaka za sebe smatra da je bolja "svjetlost" od one druge. Naravno, i svjetlost ima svoje predstavnike. Stoga se čovječanstvo susreće s različitim utjecajima "svjetlosti", odnosno "Boga", čiji su zagovornici sigurni u svoja gledišta. Ima li pravo grupa s najboljim propagandnim sredstvima? Jesmo li isporučeni najglasnijima, ili postoji mogućnost razlikovanja? Je li točno da istina uvijek pobjeđuje? Što je istina?

Zabuna nastaje jer se i u materijalističkom i u ezoterijskom ateizmu govori o "Bogu". Postavlja se pitanje: Što se podrazumijeva pod "Bog"? Što je ateizam, što panteizam, deizam, dualizam, monizam, monoteizam i teizam? Što zagovaraju s njima povezani svjetonazori? I s kakvim praktičnim posljedicama?

Danas rašireno "opće znanje" budi dojam da su sve ove filozofije samo teorije u koje čovjek može vjerovati ili ne, jer "naposljetku je svejedno u što se vjeruje." – Da, ovo je također jedna moguća vjera, i moćnici koji u ovo vjeruju grade na tome vlastiti svjetonazor i odgovarajući svjetski poredak.

Pitanje "stvarnosti"

Svaki svjetonazor u konačnici kruži oko pitanja što je stvarnost. Jer svaki čovjek želi svoj život, svoje vrijeme, energiju, interese i novac investirati u nešto što ima smisla. Tko želi živjeti za mjehur od sapunice, za iluziju? Tko ne želi biti "realističan"? "Realističan" je, međutim, relativan pojam, jer ovisi o tome kako je realnost definirana. Svaki svjetonazor posreduje drukčiju definiciju "realnosti" (stvarnosti). Kako je već spomenuto, moramo računati s tim da u dobu tame prevladava svjetonazor neke od sila tame. Tako nastaje pitanje: Što je "svjetlost", a što "tama"?

U našoj analizi "svjetlost" je simboličan naziv za stvarnost, a u širem smislu za Apsolutno, za Boga. Tome nasuprot stoji "tama", za razdvojenost, za relativno, za dualnost ("dvojstvo"). Svjetlost simbolizira i jedinstvo, nerazdvojivost. Što je jedinstvo iza dvojstva? Što je stvarnost onkraj dualnosti?

Simbolika svjetlosti i tame ilustrira međuodnos "apsolutnog" i "relativnog" na idealan način, jer je relativno o apsolutnom ovisno kao sjena o svjetlosti. Ova simbolika pomoći će nam prepoznati i razlikovati različite načine igre ego-centriranih gledišta i odgovarajućih svjetonazora. Iz toga će biti moguće naći jasne definicije "svjetlosti" i pripadajućim "prosvjetljenjem". U čemu se razlikuje pravo prosvjetljenje od predodžbi nekih koji se pogrešno smatraju prosvijetljenima (lat. *illuminatus*)?

Ovo pitanje je značajno jer su gore navedeni vrlo utjecajni u dobu tame. Govorimo o bićima koja žive u "tami", ali vjeruju da su u svjetlosti. Sile tame zauzele su stajalište koje je odvojeno od svjetla i vide svijet samo sa svog gledišta. Oni sebi ne mogu nikako predočiti postojanje drugih, manje ograničenih perspektiva. Ograničili su se na egocentrično stajalište, kao što je sjena ograničena na "ne-svjetlost". Zbog toga nemaju druge mogućnosti nego definirati svjetlosti iz perspektive sjene. Što god vjerovali, uvijek će biti riječ o definiranju "svjetlosti" iz sjene. Svjetlost je za tamu nešto strano i nezamislivo, jer je ona egzistencijalni kraj tame.

Drugim riječima, oni koji priznaju samo relativno postojanje, Apsolut (Boga) mogu definirati samo pomoću svojih relativnih predodžbi, naime negirajući ili apsolutizirajući relativno, što ne može dovesti do prave spoznaje Apsoluta, kao što ni svjetlost nije tek "odsutnost sjene", "zbir svih sjena" ili "najsvjetliji oblik sjene".

Postojanje sjene ovisno je o svjetlosti, ali u suprotnom slučaju svjetlost ne ovisi o sjeni, niti je sjena može doseći. Dok god sjena ostaje sjena, ona je odvojena od svjetlosti. Isto tako, sile tame ostaju zarobljene u svom postojanju toliko dugo dok ne promijene svoja stajališta i mentalitet. Ali onda više ne bi bili u tami!

Previše i Premalo

"Ne sudite da ne budete suđeni! Jer sudom kojim sudite, bit ćete suđeni!" (Mt 7, 1-2)

Razlikovanje različitih svjetonazora je delikatan posao, jer to je poput šetnje po hrptu planine, gdje se može lako skliznuti na jednu ili drugu stranu. Obje strmine povrh kojih vodi naš put su strane podijeljenoga, dijaboličnoga, koji se očituje kao "suđenje". Različito, čak suprotstavljeno značenje razlikovanja i suđenja objasnit će se u daljnjem tijeku knjige. Tema koja slijedi je razlikovanje različitih definicija svjetlosti iz perspektive sjene, jer one su svjetonazori koji nastaju kada se čovjek prikloni jednoj ili drugoj strani i svijet promatra iz takve jednostrane perspektive. Raskolno (dijabolično) ima dva lica, jer se ono davno podijelilo. Ta dva lica mogu se opisati kao *previše* i *premalo*. To znači da u svijetu dvojstva božansko ima *dvije* suprotnosti, ne samo jednu. Suprotnost hrabrosti nije samo kukavičluk, već i pretjerana hrabrost. Suprotnost dobru je s jedne strane zlo, a s druge ravnodušnost. Prema tome, postoje dvije mogućnosti da se čovjek udalji od božanske svijesti, od "zlatnog srednjeg puta". Sve što slama ravnotežu i sklad pripada jednoj od ovih kategorija, te postaje raskolničko (i raskoljeno).[1]

Bilo bi pogrešno vjerovati da je "zlatni srednji put" put kompromisa i mlakosti. Naprotiv, na ovom putu čovjek se beskompromisno distancirao od Previše i Premalo. Zato se ovaj put ponekad naziva i "tijesni put" (primjerice Mt 7, 13-14), ali ne stoga što je čovjek na putu ograničen ili dogmatičan. Ravnoteža i istinska neutralnost znače da čovjek izbjegne i Previše i Premalo.

"Zlatni srednji put" kao stepenište razlikovanja

Beskompromisnost "zlatnog srednjeg puta" dolazi do izražaja u rečenicama kao što su:

"Odlazi, Sotono!" (Mt 4, 10)

---

1 Ovom kontekstu pripadaju i pojmovi polaritet i dualnost. Polaritet je izraz prvobitne ravnoteže između oba spola stvaranja ("muškog" i "ženskog") na kojima počiva svaka božansko-harmonična dinamika. Dualnost je slomljena, " davno podijeljena" ravnoteža, koja vodi nastanku suprotnosti u dimenzijama dvojstva. "Dobro i zlo" je izraz dualnosti, a ne polariteta, jer na razini polariteta takva suprotnost još ne postoji. Opis stvaralačkih razina polariteta i pad u dualnost slijedi u 7. poglavlju.

"Bog je Sotoni [dijaboličnome] dopustio da vas stavi na kušnju i kukolj od pšenice da odvoji." (Lk 22, 31)

"U ovom svijetu dvije su vrste bića. Jedna su božanska [sanskrt: *daiva*], druga od Boga odvraćena [sanskrt: *asura*]" (Bhagavad-gita 16, 6)

Može se činiti i da su ovakve izjave ukorijenjene u nediferenciranom, crno-bijelom načinu razmišljanja. Ipak, to nije slučaj, bar ne kad se ispravno razumiju (jer bilo bi ih lako izložiti u dijaboličkom smislu, što su mnoge religije i učinile, i dijelom još uvijek čine).

"Zlatni srednji put" može se usporediti sa stepeništem koje vodi samoostvarenju i bogospoznaji. Put do cilja vodi preko različitih stepenica, a one imaju posebnu odliku pružati samo dva moguća pravca kretanja: naniže ili naviše. Same stepenice uvijek ostaju iste. Moramo uvijek iznova odlučiti kojim ćemo pravcem krenuti.

Kad se kaže da su "u ovom svijetu" – svijetu dualnosti – samo dvije vrste bića, to se odnosi na razlikovanje onih koji su krenuli naviše i onih koji silaze. Naravno, uvijek se na jednoj stepenici može napraviti "predah", no to samo znači odgađanje sljedeće odluke. Prije ili kasnije svatko će krenuti dalje, gore ili dolje.

Oni koji odmiču od cilja i idu prema daljnjem raskolu, "od Boga su odvraćeni", a oni koji poduzimaju korake kako bi prevladali raskol, "Bogu su posvećeni". Onaj tko je prevladao razdvojenost jest "bogosvjestan".

"Bogosvjesni" i Bogu posvećeni na sanskrtu se nazivaju "božanskima", jer su u "svjetlosti". Jedni joj se približavaju, drugi su je dosegli spoznajom da su i sami bića svjetlosti. Odvraćenici se na sanskrtu nazivaju *asuras*, "antibogovi", odnosno "nesvijetli" (od *a*, "ne-, anti-" i *sura*, "puni svjetlosti, svjetlosni"). Iz sanskrta izvedena riječ "nesvjetlost" je vrlo pogodna, jer upućuje da tama nema vlastitu egzistenciju, nego se definira samo kroz blokiranje svjetlosti. Riječ "nesvjetlost", odnosno "nesvijetli" primijenit ću i ja u ovoj knjizi; prvo, jer u sebi sadrži više razumijevanje "tame", i drugo, jer je to doslovni prijevod riječi "asura".

Simbolikom svjetlosti i sjene i metaforom stepenica imamo mogućnost jedinstvenog prepoznavanja i razlikovanja raznih svjetonazora, bez da velikim filozofiranjem izgubimo cilj iz vida. Svaki

svjetonazor je jedna stepenica koja se može primijeniti za približava-
nje ili udaljavanje od cilja. U našoj analizi razmotrit ćemo uvijek oba
slučaja: što zagovara neki svjetonazor i kakvim tumačenjem se ide
naviše, odnosno naniže? Obje mogućnosti tumačenja zvuče na po-
četku vrlo slično jer imaju isto ishodište; samo što posvećenici unu-
tar poluistine biraju polovicu s istinom, dok odvraćenici biraju su-
protnu polovicu i još se dublje prepuštaju dijaboličnom duhu.

Simbolika svjetlosti i sjene i metafora stepenica su temelj du-
hovno-filozofske sistematike koja je najavljena u uvodnom tekstu.

Materijalizam: Život je produkt materije

Prva mogućnost definiranja stvarnosti iz perspektive tame zagovara:
"Svjetlost je ono što se percipira kao tama; tama stvara samu sebe;
ne postoji ništa osim tame".

Ovaj svjetonazor je danas vrlo raširen. Filozofski se naziva
materijalizam: vjerovanje da je pojavna materija jedina stvarnost;
anorganske tvari i organska živa bića – sve je produkt materije; svi-
jest je učinak mozga; ne postoji ništa što se ne bi moglo objasniti
materijom.

Ovoj kategoriji pripada, zapravo, sva školska mudrost ("zna-
nost") sadašnjeg vremena. Na čovjeka se gleda kao na materijalno
biće, produkt materijalne evolucije, dakle kao evolviranu životinju.
U klasičnoj psihologiji je odbačeno sve što ne odgovara materijalis-
tičkom učenju, prije svega reinkarnacija i postojanje finosupstanci-
jalnog tijela, da se ne spominje postojanje besmrtne duše. Psihologi-
ja koja bi trebala biti "znanost duše", pretvorila se u istraživanje
ponašanja i usko surađuje s psihijatrijom i farmaceutskom industri-
jom. Bavi se sve više i djecom, jer se i djeca "ponašaju neprilagođe-
no" i označavaju se kao hiperaktivna ili s poremećenom koncentraci-
jom, te im se pružaju tretmani kemikalijama kao što je Ritalin.
(Naravno, kao i drugdje, i ovdje postoje stručnjaci koji su izuzeci i
ne slijede nekritički duh vremena.)

Temelj ovog svjetonazora je vrsta znanosti koja samo materi-
jalno smatra stvarnim. Njezina ispovijed vjere glasi: *"Na početku bi-
jaše materija. Ne postoji ništa osim materije, sve je materija. Sve iz nje
postaje i u njoj opstaje. Materija nikad nije bila tako vrela kao na počet-*

63

ku, a ohladila se tijekom vremena. Zatim su na Zemlji iz anorganske pratvari, slučajnim kombiniranjem, nastale prve organske aminokiseline i proteinske strukture. Iz njih su nastale prve organske strukture (bakterije, jednostanični organizmi, alge), a iz njih su se razvile sve biljke i životinje. U ogranku sisavaca nastali su primati, a iz njih na kraju i sam čovjek."

Materijalistička teorija evolucije sadrži mnoge nemoguće, dijelom i apsurdne pretpostavke. Bliže razmatranje slabih točaka ove teorije slijedi u 10. poglavlju: "Darvinizam, kreacionizam i vedska geneza". U 2. poglavlju nije riječ o kritici teorije evolucije, već o otkrivanju što ona zagovara i što ona stvarno – dosljedno formulirana – znači.

Antropološki scenarij sa životinjskim precima i primitivnim pračovjekom je danas raširen, te mnogi moderno obrazovani ljudi nisu ni svjesni što time vjeruju, pa to treba jasno reći, naime: *Tko god vjeruje u primate i životinje kao ljudsku prošlost, vjeruje u materijalističku teoriju evolucije i s njom sjedinjenu tvrdnju da je život nastao iz materije.*

Isto materijalističko vjerovanje preuzeli su i oni koji tvrde da se skok od primitivnog pračovjeka do modernog *homo sapiensa* nije dogodio slučajno, već kroz "višu" intervenciju, naime tako što su u sivo, davno vrijeme na Zemlju sletjeli vanzemaljci i tada pračovjeka, koji je nalik životinji, genetski reprogramirali. Dakle, današnji čovjek nije samo evolvirana, već i "genetski manipulirana" životinja![2]

Temelj svih teorija o životinjskom podrijetlu čovjeka je nedokazana tvrdnja da organska biostruktura već predstavlja živo biće (tijelo = živo biće, smrt tijela = smrt živog bića). Vjeruje se da svijest nastaje u mozgu i – preneseno na antropologiju – pračovjek je dosegnuo svijest o samom sebi kada je njegov mozak razvio određenu veličinu i kompleksnost.

U istraživanje mozga i svijesti danas javne institucije investiraju mnogo novca. Jedan takav primjer prezentirao je švicarski *Sontags Zeitung* (14.03.2004.): *"Uhvatiti 'Ja' – Ciriški istraživači magnetskom stimulacijom žele otkriti područja mozga za svijest o sebi"*, glasi naslov u rubrici *Znanje*. Transkranijalnom magnetskom stimulacijom (TMS) paralizirana su određena područja mozga, da bi se pro-

---

2 Zagovornici ove teorije su Erich von Däniken i Zecharia Sitchin.

našlo u kojem se dijelu nalazi "Ja". Grafičkim prikazom mozga ubrzo je dan odgovor: *"Ovdje sjedi 'Ja': 'sebstvo' se nalazi u tjemenu."*

Čemu služe ova istraživanja, u članku otkriva neuropsiholog nadležan za eksperimente: *"TMS-om možemo, primjerice, osjetljivost neke osobe manipulirati izvana i tako izmijeniti 'Ja' perspektivu"*, – naravno, samo u terapeutske svrhe, primjerice protiv depresije. Ne samo da se "Ja" nalazi u tjemenom dijelu mozga, nego i "Bog", odnosno vjera da Bog postoji. U stvarnosti, kako vjeruju mnogi znanstvenici, Bog ne postoji, već ga je čovjek samo izmislio. *"Određeni dio mozga već je pod sumnjom kao 'sjedište Boga'"*, javlja *Der Spiegel* u uvodnom članku *Izmišljeni Bog – kako nastaje vjera,* 18.05.2002. U tom članku se postavlja pitanje što čovjeka tjera da "strastveno vjeruje u nestvarno". Po tom pitanju danas čovjek dobiva "podršku istraživača mozga koji u pletivu sivih stanica žele pronaći podrijetlo religije". Premda različite, religije i šamanističke tradicije diljem svijeta jesu "izraz jednog istog biološkog fenomena", naime funkcije dijela mozga koji također izaziva bolesti kao što su ludilo i epilepsija. Vjerovalo se da će "trijumfalnim" pohodom "tehnike" razum pobijediti sva "religiozna praznovjerja", ali ta je nada iznevjerena. "U samim univerzitetima, utočištima znanstvenog razuma, cvjeta iracionalnost: u anketi među američkim znanstvenicima njih skoro 40% izjasnilo se da vjeruju u Boga koji usliša molitve; isto toliko ih se raduje vječnom životu". Spremnost na religiozno vjerovanje je "neizbrisivi element ljudske prirode", kako kaže ugledni harvardski biolog Edward Wilson, utemeljitelj sociobiologije.

Već duže vrijeme, izvješćuje članak, vjerska psihologija, a sada i neuroteologija (!) "drže skoro samorazumljivim da tajnu religije treba tražiti u mozgu". Temelj za takvo "skoro samorazumljivo" znanstveno vjerovanje su određene bioelektrične reakcije u mozgu, koje nastaju kod izvantjelesnih, meditativnih ili religioznih iskustava. Te reakcije mogu se mjeriti i locirati. U suprotnom eksperimentu, podražajem određenih mjesta može se na unaprijed predviđen način utjecati na emocije i spoznaje (hormoni sreće izazivaju osjećaj sreće). Kemijskim ili magnetnim djelovanjem na mozak moguće je izazvati halucinacije, epileptičke napade, pa čak i izvantjelesna iskustva. Ovo se prihvaća kao dokaz da su sva stanja svijesti i sama svijest na kraju samo učinci određenih moždanih funkcija.

Materijalistička interpretacija opisanih neuroloških eksperimenata nije i jedina moguća. Drugo moguće objašnjenje je da se određene moždane aktivnosti i tjelesne reakcije oslobađaju kroz "psihosomatske" impulse svijesti. Kad netko, primjerice, usmjeri svijest na neki napeti film, tjelesne reakcije (lupanje srca, rast adrenalina) nisu izazvane samo optičkim podražajem, jer te podražaje, valove svjetlosti, oči stalno primaju. Ne, to su svjesno percipirane slike koje preko "očiju duha" oslobađaju impulse, koji sa svoje strane aktiviraju živce i hormonske žlijezde – a takve slike više nisu samo elektromagnetski podražaji . One su *vitalno-energetski impulsi duha*, koji djeluju preko tjelesnih priključaka u mozgu, slično kao kada preko tipkovnice aktiviramo određenu softversku funkciju na računalu. Time se također može objasniti zašto su kod određenih emocija, izljeva hormona i tjelesnih reakcija aktivni uvijek isti dijelovi mozga. Kada se aparatima ili drogama preko mozga izazivaju određene reakcije u tijelu i svijesti, to još uvijek ne dokazuje da je svijest začeta u mozgu. Takvi eksperimenti samo pokazuju da između psihe i živućeg tijela postoje izmjenične reakcije. Čim život nestane iz tijela, ni podražaj mozga više ne izaziva reakciju.

Ono što je otkrilo istraživanje mozga nije potpuno pogrešno. Točno je da su procesi svijesti povezani s odgovarajućim moždanim funkcijama i mnogo je toga u našem životu genetski i psihofizički određeno. Reducirati svijest na ove funkcije ili je s njima izjednačiti je misaoni skok koji ni na koji način nije uvjerljiv ni logičan.

Vjerovati da mozak stvara svijest i percipirane slike slično je kao vjerovati da TV prijemnik sam stvara slike, zvukove i program. Ipak, za vrijeme dok TV radi, u katodnoj cijevi moguće je izmjeriti strukturirane i ponavljajuće električne protoke. Na sličan način, mozak je bioračunalo kojeg pokreću programi i impulsi materijalne energije, i kojeg na kraju oživotvoruje nematerijalno duhovno biće. Kada čovjek vidi samo materiju i na temelju nje želi objasniti "život", nalazi se u sličnoj situaciji kao netko tko želi objasniti svjetlost, a poznaje samo tamu. Ako kroz pukotinu na širokoj zgradi nauke prodre zraka svjetlosti u mračnu unutrašnjost, "stanovnik" će pokušati taj linearno-svijetleći fenomen objasniti kao produkt (za njega) sveprisutne i određene tame.

Negativni materijalizam

Koje su posljedice vjere u materijalizam? Ako je cijeli Univerzum, uključujući Zemlju i živa bića, samo produkt jedne kvantno mehaničke samoorganizirane materije – što to znači za ljude? Neke posljedice već su spomenute. To bi značilo da smo isto što i tijelo i da sa smrću tijela prestajemo postojati. Naša svijest bila bi "moždana preða", u doslovnom smislu. Spoznavanje, razmišljanje i donošenje odluka bile bi samo organska funkcija mozga, kao što je tjelesna toplina učinak metabolizma. Postavlja se pitanje: kako može mozak koji je podređen zakonima prirode proizvesti duh koji pretpostavlja slobodnu volju?

Dok su neki filozofi baveći se ovim pitanjem govorili umjereno (Platon) ili radikalno (Descartes) o dualizmu duše i tijela, odgovor materijalizma glasi da dualizam nije pitanje, jer se sve može objasniti materijalnim. U sadašnjici se iz takvog stava izvode zaključci koji imaju nesagledive posljedice. Vodeći neurolozi, a s njima i mnogi predstavnici prirodnih znanosti, "sve više su sigurni da slobodna volja nije ništa drugo do iluzija, a 'Ja' tek puka, možda korisna konstrukcija". (citat iz spomenutog članka u *Der Spiegelu*, "Izmišljeni Bog").

Prema ovom mišljenju čovjek je tijelo, što znači da je čovjek bioračunalo s psihofizičkim refleksima kojima reagira na senzorne impulse, a ti refleksi i reakcije (određeni psihofizičkom strukturom!) nekad se pogrešno smatraju "slobodnom voljom". Jezivo rečeno: čovjek je samo jedan živi leš. Kad umre, onda je mrtvi leš. (Naravno, točno je da su mnogi refleksi i reakcije određeni psihičkim i fizičkim datostima. Ali svijest i slobodna volja ne smiju se reducirati na te strukture.)

Podsjetimo se još jednom što ovakva gledišta konkretno znače. Ako su duh i svijest popratni učinci ljudskog mozga, onda je slobodna volja samo "iluzija", jer postoji samo u mozgu. Ova materijalistička teorija tvrdi da je čovjek životinja koja živi u iluziji da posjeduje "Ja"! Još "gore": čovjek je životinja koja zbog evolucije svog mozga pogrešno vjeruje da je više od životinje. To se očituje u iracionalnosti "religije" koja se mora označiti najvećom spletkom, najvećom ludošću mozga; pogledajte inkviziciju, vjerske ratove, fanatizam itd. Stoga je cilj znanosti dokazati "neuronsko podrijetlo religije" da bi ljude priveli zdravom razumu. Sociobiolog prof. E. Wilson je to izrekao sljedećim riječima:

"Konačni cilj znanstvenog naturalizma bit će postignut kada mu uspije tradicionalnu religiju, kao svog glavnog konkurenta, objasniti kao potpuno materijalni fenomen."[3]

Što materijalistički svjetonazor zagovara u svojoj biti, otkriva prof. Richard Dawkins, jedan od vodećih evolucijskih biologa današnjice, u njemačkom *Focusu* (br. 52/1996):

"Univerzum kojeg promatramo ima točno takve osobine s kakvima se računa ako iza njega ne stoji nikakav plan, namjera, dobro ili zlo; ništa osim slijepe, nemilosrdne ravnodušnosti."

Drugim riječima: Budući da je materija jedina stvarnost, a Univerzum je (sa svim živim bićima) slučajno nastao iz materije, naš život nema plana niti cilja, a u stvarnosti ne postoje ni dobro ni zlo. Jedini određujući čimbenik našeg postojanja je "slijepa, nemilosrdna ravnodušnost" prirodnih zakona kojima je sve podređeno, pa tako i način funkcioniranja ljudskog mozga koji stvara iluziju "slobodne volje".

Nema slobodne volje, nema Boga, nema života nakon smrti: određeni ljudi smatraju da je ovo nesentimentalna, najviša istina, koju u njezinoj nemilosrdnoj (i neutješnoj) biti mogu shvatiti samo "prosvijetljeni".

Ako je materijalistička slika svijeta točna, onda takva mišljenja odgovaraju stvarnosti, a sve ostalo bilo bi sentimentalno fantaziranje o smislenosti u jednom besmislenom svijetu. Ako su sve zamisli o finosupstancijalnim energijama, nevidljivim bićima i božanskim di-

---

3 Danas se zaista milijuni ljudi nalaze pod vlašću nerazumnog vjerskog fundamentalizma, pa ne čudi što neurolozi kod fenomena fundamentalizma pretpostavljaju (funda)mentalne poremećaje. Uvijek je problematično na jedan ekstrem odgovoriti drugim. "Znanstveni naturalizam" oslobađa ljude iz "religiozno" implantiranog straha i pogrešnog samoodređenja, ali ne treba se zaustaviti na tome, jer se pada pod materijalističku indoktrinaciju.

menzijama života samo halucinacije mozga, onda bi svi ljudi koji govore o nadosjetilnim iskustvima, po definiciji, patili od "ludila", odnosno pogrešne funkcije mozga. Takvim mučenicima potrebna je terapija! U velikom dijelu Zemlje građani koji su pokazivali religijske ili ezoterijske sklonosti doživljavali su grozne represije. Oni koji nisu vjerovali u materijalizam, odnosno marksizam, proglašeni su bolesnima, te tako dijagnosticirani uhićeni su i odvezeni u konc-logore ili duševne bolnice, gdje je dio njih poslužio za pokuse na ljudima koji su služili modernoj "neurologiji" i "sociobiologiji".

Negativno usmjeren, materijalizam vodi suzbijanju svih ne-materijalističkih pogleda na svijet, jednostranoj znanosti i nesavjesnom mentalitetu ("Ne postoji dobro i zlo"), koji se u međuvremenu u svijetu očitovao iskorištavanjem, nasiljem i uništavanjem.

Materijalizam čini ljude slijepima za duhovne perspektive te za okultne i tehnomagijske opasnosti kakve su, primjerice pretkazane u biblijskim upozorenjima. Tko od onih koji slijede materijalistički duh, ima razbora i snage prozreti 666-moć i njezin "novi svjetski poredak"? Mnogi u tome ne nalaze "ništa loše". Samo s duhovnog aspekta moguće je prepoznati zapreku. Koliki će biti u stanju protumačiti znakove vremena i izaći iz široke rijeke koja teče prema vodopadu?

Kada dođe vrijeme za takve odluke pokazat će se tko se odlučio za negativni oblik materijalizma, a tko nije.

Pozitivni materijalizam

Pozitivni, uspinjući pravac na simboličnom stepeništu može se od početnih stepenica označiti kao "božanska usmjerenost", jer izabrani put vodi božanskoj svijesti, čak i kad sam čovjek toga nije svjestan. Na svakoj stepenici moguće je birati božanski put, pa bilo to i s prvih par koraka.

Odlika stvarne istine jest njezina upadljiva jednostavnost. Ona intuitivno ima smisla, poštuje život i slijedi glas savjesti. To se očituje i u materijalizmu, teoretski bezdušnom i bezbožnom svjetonazoru. Ipak, ne mora netko tko ne vjeruje u Boga i život poslije smrti nužno biti "loš" čovjek, jer i materijalist može biti častan, etičan i obziran. Netko tko sebe naziva materijalistom može, upravo zato što ne vjeruje u život poslije smrti, poštovati život kao jedini i jedinstven: "Ono što nisam stvorio, neću ni uništiti. Ne trebam Boga da me nakon smrti kazni ili nagradi. Znam i bez vjerskog dušebrižništva što mi je činiti – ono što ne želim da mi drugi čine, ne činim ni ja njima. Niti životinjama. Kad vidim što ljudi u ime Boga čine jedni drugima, ostajem radije bezbožnik."

Materijalizam i skepticizam imaju i pozitivnu funkciju, posebice kao uravnotežujući činioci prema drugom ekstremu, "religijskom" fundamentalizmu i dogmatizmu. Razumljivo je što su se ljudi nakon srednjeg vijeka željeli osloboditi jarma crkve pa su ušli u epohu "prosvjetiteljstva". Svaki čovjek tijekom života dođe u fazu u kojoj se javlja otpor protiv vladajućih, ustaljenih propisa. Ova vrsta revolta je korak ka razvijanju samostalnosti i samoodgovornosti.

Čovjek koji je usmjeren pozitivno-materijalistički može biti više "božanski" od nekoga tko je u ime Boga nesavjestan i fanatičan. Najkasnije u sljedećem životu – koji postoji unatoč materijalističkom vjerovanju – pozitivni materijalist više to neće biti. Doći će u dodir s višim znanjem i tada će moći odlučiti hoće li ići dalje k cilju, stagnirati ili "nazadovati".

Uspinjući oblik materijalizma označen je kao *pozitivan*, a silazni kao *negativan*, jer su to opće oznake koje se daju primijeniti na svaki svjetonazor. Negativni materijalizam može se nazvati i nihilizam ili redukcionizam, a pozitivni humanizam ili pozitivizam. Ali, ovakve podjele bi bile tendenciozne i proizvoljne, jer nihilisti i redukcionisti mogu imati sasvim pozitivna usmjerenja, dok humanisti i pozitivisti mogu zapasti u cinične i destruktivne načine mišljenja i djelovanja.

Što se čovjek više penje ...

Trenutno je materijalizam najraširenija poluistina, ali ne i najopasnija. Sam po sebi, materijalizam je tek sljepilo – što je tragično. Međutim, većina onih koji se priklanjaju ovom svjetonazoru biraju etično, pozitivno usmjerenje. Samovolja, cinizam i destruktivnost pojavljuju se tek kad se aktiviraju, odnosno uvode druge, rastuće dijabolične ideologije. Takve ideologije često više nisu samo poluistine, već "dvotrećinske istine". Zato što su u više pogleda "istinite", u njima je neistinito bolje skriveno, te su u svom negativnom usmjerenju još opasnije.

To će se pojasniti na sljedećim "stepenicama" filozofskog stepeništa (holizam i dualizam), a posebice na najvišoj (monizam). Naći se na "najvišoj" stepenici još uvijek ne znači da je cilj postignut. Što se čovjek više penje, to dublje može pasti.

Univerzalizam (holizam): Materijalistička cjelovita slika svijeta

Daljnja mogućnost definiranja svjetlosti iz tame glasi: "Svjetlost nije jednaka tami; ona je ukupnost tame s njezinim univerzalnim, sveobuhvatnim spektrom nijansi; tama u svojoj ukupnosti i cjelovitosti – to je svjetlost".

U filozofskom prijevodu to znači: Stvarnost nije tek ono što se materijalno može shvatiti. Stvarnost ("Bog") je ukupnost materije sa svim unutarnjim prirodnim zakonima; Bog je zbir svih dijelova materijalnoga pojavnoga svijeta; Univerzum ("Svestvo") je Bog, skupa sa svim fizikalnim i metafizičkim zakonima.

Ova definicija je još uvijek oblik materijalizma, ali zbog uzimanja u obzir finosupstancijalnih energija i metafizičkih činilaca, jedan *prošireni* ili *cjeloviti* oblik: "univerzalizam" ili "materijalistički holizam" (ne miješati s "duhovnom holistikom" koja se odnosi na stvarnu, ne samo na materijalnu cjelovitost).

Holistička ili "cjelovita" slika svijeta još uvijek može biti potpuno materijalistička. Ipak, ona može značiti veliki korak naviše na simboličnom stepeništu, jer pretpostavlja zaobilaženje pogrešnih zaključaka koji vode negativnom usmjerenju.

Korak naviše vodi panteizmu, "sve-je-Bog" viđenje. Bog je viđen kao priroda; Bog i svijet su isto; On je život; On je Univerzum. Bog je imanentan ("u materiji nastanjen"), ne postoji odvojeno od svijeta, jer Bog je svijet. Transcendentni aspekt Boga ne pripada ovom svjetonazoru.

Premda je panteizmom teško odgovoriti na pitanja slobodne volje ili zla u svijetu, viđenje da je "sve" Bog vodi k unutarnjem stavu prema kojem čovjek s prirodom i svim stvorenim postupa s najvećim poštovanjem. Panteizam ne ide dalje od cjelovitosti materije, ali je oblik teizma, jer se njime Zemlja i Kozmos promatraju kao živuće jedinstvo. Panteizam postoji u raznim oblicima: od *spiritističkog animizma*, preko *šamanizma*, do *univerzalnog panteizma* koji vodi unutarnjem svjesnom povezivanju s kozmičkim Tvorcem.

Budizam: Težnja k neutralnosti

Predstavljajući se, budizam sebe često označava kao "religiju bez Boga", ili katkad "ateističku religiju". Naravno, budizam danas postoji u širokom spektru, od ateističkoga holizma do univerzalnoga panteizma. Ulaziti detaljno u različite forme budizma, prešlo bi okvire ovog poglavlja. U kontekstu holizma nameće se spominjanje budizma.

Holizam prepoznaje multidimenzionalnu prirodu materije i ljudi, te sadrži i znanje o astralnim svjetovima i zakonima fine materije. Iz kuta uobičajenog materijalizma, holizam izgleda kao "duhovan" ili "religiozan". Međutim, duhovnost i pravi *religio* znače više od pukog znanja o astralnim svjetovima i finosupstancijalnim zakonitostima. Ipak, holizam može zaživjeti kao religija, a primjer je budizam.

Danas mnogi ljudi napuštaju tradicionalne monoteističke religije jer im je dosta njihovih međusobnih borbi i apsolutističkih težnji. Budizam nudi dobrodošlu alternativu, jer čovjek u njemu nalazi mogućnost ulaska u mir ili prazninu bez istovremenog skrbništva nekog "Boga". U odnosu na zloupotrebu pojma Boga, budizam je korak od velike pomoći na putu prema unutra, i mnogi ljudi našli su u ovoj dalekoistočnoj religiji oslobođenje od atmosfere bliskoistočnih.

Budući da budizam kakav se danas uči i primjenjuje, ne odgovara teizmu nego holizmu, pozitivne i negativne strane holizma mogu se sagledati i u budističkom kontekstu.

Kako u holizmu, tako se i u budizmu može govoriti o Bogu, duhu i karmi. Ali, nemaju svi oni koji govore o Bogu, duhu i karmi već samim time i duhovni (nematerijalni) pogled na svijet. Materijalizam kao svjetonazor može se pojaviti i u magijskoj, okultnoj ili ezoterijskoj formi. U tom slučaju ne ostaje ograničen samo na "znanstveni naturalizam", već materiju prepoznaje kao cjelovitost *grubo-* i *finomaterijalnih aspekata*. U pozitivnoj usmjerenosti to vodi panteizmu, a u negativnoj okultizmu i stremljenju k moći.

Cijeli ovaj spektar moguće je naći i u budizmu: u pozitivnom usmjerenju budistički putovi vode prevladavanju ega i odvajanju od materije, potiču na "budnost" i "suosjećanje", s praktičnim vježbama (zen-meditacija, ili 10-dnevna Vipassana šutnja).

Postoji i okultni budizam koji se također može činiti ezoterijskim i duhovnim, jer i on govori o Bogu, duhu i miru; međutim, u njegovim unutarnjim krugovima provode se magijski rituali kojima se kreira energetsko polje koje se koristi za jačanje osobne moći. Kao i svaka religija, i budizam sadrži struje u kojima se sanja o svjetskoj moći i vlasti.

Jednostavnije rečeno, budizam teži holističkoj *neutralnosti*. Čovjeka u materiji obično dualnost "baca" s jedne na drugu stranu: radost i tuga, zadovoljstvo i frustracija, visine i dubine. Dok se čovjek identificira prolaznim i subjektivnim utiscima, izložen je i ranjiv. Tko se pomoću mentalne samokontrole – ojačane kroz "holističke" rituale, meditacije i mantre – oslobodi valova dualnosti, može se uzdići iznad njenih granica i postići unutarnju neutralnost. Iskustvo apsolutne neutralnosti naziva se *nirvana*, ponekad i "prosvjetljenje". (Ovdje smo već došli do monizma, koji će biti pobliže opisan u 4. poglavlju. Prijelaz iz holizma u monizam je fluidan).

Neutralnost se definira u odnosu na dualnost, naime kao njezina "negacija" ili "odsutnost". U svakom slučaju, neutralnost je stepenica s koje se može krenuti u dva suprotna pravca. Ona može značiti vrata koja vode u istinsku duhovnost, ili može biti izvor energije koju čovjek crpi da bi u nekoj igri moći djelovao, što je više moguće, neovisno i *cool*. Težnja k ovom obliku neutralnosti i "suvereniteta" je tobožnji "zalet u nirvanu", gdje su takve osobe naoružane duhovnim tajnim oružjem kakvo njihovi konkurenti nemaju. Je li to razlog što mnogi top-menadžeri privatno upražnjavaju "kontemplaciju" i "budističku meditaciju"?

Danas mnogi ljudi osjećaju da život obuhvaća mnogo više od fizikalnih razina postojanja. Neki udarac – smrtni slučaj, srčani udar, nesreća, poseban susret, paranormalni doživljaji – čine pukotine na debelom velu uobičajene slike svijeta. Čovjek zapadne civilizacije teško da je pripremljen na takve krize, a u isto vrijeme više nema povjerenja u tradicionalne religije, te je budizam za mnoge oslobađajuća "Nova zemlja" koja je otvorena u svim pravcima.

Deizam: Apsolutizacija "prirodnih zakona"

Negativno usmjereni materijalistički holizam tvrdi: "Svjetlost je ukupnost svih sjena; kad prepoznaš ukupnost i jedinstvo tame, ti si u svjetlosti."

Ova formulacija zvuči prostodušno, ali ona stavlja težište na neistinitu stranu poluistine, što vodi *deizmu*. Deizam ("bogizam", od lat. *deus*, "Bog") ne mora nužno biti samo negativno usmjeren. Primjerice, slobodni zidari, predstavljajući sebe, kažu da su kršćani i vjeruju u Boga, i to u deističkoj formi. U svrhu filozofske diferencijacije ovaj će pojam biti korišten u negativnoj izvedenici. Pozitivni oblik deizma je panteizam.

U deističkoj slici svijeta Bog je ...

... apstraktni univerzalni princip stvaranja;

... simbolični prapočetak (Tvorac, Graditelj) Kozmosa;

... samoorganizirana dinamika materije.

Bog je Univerzum, materijalno jedinstvo;

Bog je energija.

U deizmu je Bog ograničen na materiju i gleda se kao simbol za cjelovitost materije. Univerzum je "materijalno jedinstvo" sa svim fizikalnim, (kvantno)mehaničkim i finomaterijalnim zakonima koji leže u temelju samoorganizacije materije.

Ako je Bog samo apstraktni princip stvaranja, onda je On simboličan naziv za djelovanje prirodnih zakona, a ono je, kako ga prepoznaje znanstveni naturalizam, mehaničko i neumoljivo. Oslanjajući se na već citiranu izjavu, može se reći: "Univerzum je Bog, a iza Univerzuma ne djeluje nikakav plan, namjera, dobro i zlo, ništa osim slijepe, nemilosrdne ravnodušnosti."

Simbolični Arhitekt ili Graditelj Univerzuma nije svjesni, a posebno ne živući i milosrdni Bog. Tako je čovjek ostavljen sam sebi i ne može se obratiti nijednom Bogu. Želja za obraćanjem Bogu je, u "naprednom" deizmu, viđena kao slabost.

74

Ponekad se deistički Bog uspoređuje s urarom koji napravi sat, navije ga i pusti da radi bez daljnjeg uplitanja. Na isti način je Bog totalitet materije sa svojom unutarnjom fizikalnom dinamikom, i stoga ne mogu postojati natprirodni događaji, čuda, ili božanska otkrivenja; ne postoji natprirodna, nego samo "prirodna" religija, naime, ona koju čovjek sam stvara logikom i zdravim razumom (= humanizam).[4]

Sa stajališta deizma, "stvarnost" je ukupnost materije sa svim mehaničkim, "neumoljivim" zakonima. Bog je tek samoorganizirani materijalni mehanizam koji slijedi fizikalne i metafizičke zakone. Ovo se posebno odnosi na fizikalni zakon akcije i reakcije, koji na metafizičkoj razini odgovara zakonu karme. "Što god se događa, događa se prema prirodnim zakonima, prije svega prema zakonu karme."[5]

Ako materija i prirodni zakoni predstavljaju jedinu stvarnost, onda je sve što se u kozmičkom satnom mehanizmu događa "božansko", odnosno "zakonito", jer nema ničega što bi se moglo dogoditi izvan zakona prirode/karme. Ako čovjek ima mogućnost nešto napraviti, ili ako ga pogodi nesreća, to nije slučajnost, nego jasno određeno djelovanje karme. Ako je netko bogat i ima moć određivati pravac u kojem će svijet ići ili odlučivati o životu i smrti drugih ljudi, to je određeno zakonom karme. Ako je netko siromašan i umire od gladi ili ga se iskorištava, ni to nije slučajnost. Takav čovjek je "sam sebi kriv". Loša karma. Peh. "*That's life.*"

Tako glasi logika *negativnog* deizma kad se dosljedno promisli. Što god se dogodilo ili bi se moglo dogoditi je "u redu", naime unutar kozmičkog reda prirodnih zakona. Oni koji vjeruju u ovu ideologiju sigurni su da sve što čine odgovara prirodnim zakonima, a

---

4   Humanizam: kulturni i filozofski pokret koji se protivi dogmatizmu crkve potičući racionalizam; postao je temelj moderne znanosti i obrazovanja. U pozitivnoj varijanti, humanizam naglašava slobodnu volju i samoodgovornost svakog čovjeka, i njegovo pravo da ostvari vezu s Bogom neovisno o institucijama. U negativnoj varijanti, čini čovjeka mjerom svih stvari; samo ono što se racionalno spoznaje priznaje se kao stvarnost; čovjek je svoj vlastiti gospodar, jer "ne postoji Bog izvan mene".

5   Način na koji deizam i ostali metafizičko-materijalistički svjetonazori govore o karmi proizlazi iz jednostranog razumijevanja. Odakle potječe ta jednostranost i kakvo je prvobitno razumijevanje karme, prikazat će se u sljedećim poglavljima.

time i "Bogu". "Ako ovo što činimo ne bi odgovaralo zakonima, ne bi ni bili u mogućnosti to činiti, jer ništa se ne događa izvan zakona; činjenica da činimo, pokazatelj je da je to zakonito." Zakoni su neumoljivi, nemilosrdni. Tko bolje poznaje pravila, ima bolju poziciju; slično kao u šahu ili borbi odvjetnika. Tko bolje igra taj i pobjeđuje. Život se vidi kao igra, a *global players* su oni koji na temelju pretpostavke o karmi i dobrih poznavanja zakona, igraju bolje. Oni sebe vide kao opravdane pobjednike. Deist ništa više ne prezire od "lošeg gubitnika", naime, onog koji loše igra i poslije sebi dopušta kritizirati pobjednika.

Je li ova slika svijeta ispravna?

Intuitivno osjećamo da nešto ne može biti točno u ovoj argumentaciji. Ovaj svjetonazor je vrlo raširen, posebno u inovativnoj znanosti i u područjima tajne politike i visokih financija. U ezoteriji su također popularni opisi "Boga" koji tvrde da ništa nije pogrešno, ništa nije dobro i zlo itd. To je negativni deizam, u svakom slučaju već u ezoterijskoj formi negativnog *monizma*.

Deizam kao filozofija svjetovnih loža

Deizam kaže da je Bog "Univerzum" (= ukupnost materije). Ako je svjetlost ukupnost sve sjene, onda je ona tek apstraktni princip kojeg začinje sjena. To znači da se sjena smatra *istinskom stvarnošću*. Za deizam ne postoji natprirodni Bog koji se može otkriti i ukazati se unutar svog stvaranja. Kako je već spomenuto, predstavnici deizma ne priznaju natprirodnu religiju. Za njih postoji samo "prirodna" religija, a što je "prirodno" odlučuju oni sami, svojom logikom i zdravim razumom. Drukčiji izraz za ovakvu vrstu "prirodne religije" je humanizam, što nije ništa drugo nego *svjetovna etika*. Što je "etično" odlučuju sami deisti svojim "racionalizmom".

"Prirodna" religija, koja je na jednostran način konstruirana samo logikom vodi materijalističkom razumijevanju cjelovitosti. Takav pogled na svijet zvuči sveobuhvatno, ali upravo to zamagli ljudima moć razlikovanja: sve je dio iste jedinstvene stvarnosti i ništa se ne smije isključiti, pa ni Sotona.

"Poštovanje koje pripada Graditelju proteže se na cijelo nje-
govo stvaranje, također i na Sotonu kao stvorenje koje je dio
univerzalne stvarnosti."

Ovaj citat, koji otkriva daljnje posljedice deizma, potječe iz knjige
Via col vento nel Vaticano (*Prohujalo s vihorom u Vatikanu*). Objavila
ju je anonimna grupa vatikanskih prelata koji sebe nazivaju "I Mille-
nari". U Italiji je 1999. bila bestseler i prevedena je na mnoge jezike.
"I Millenari" su željeli pred milijunskom publikom ukazati na nepra-
vilnosti u vlastitoj crkvi. Tu se, među ostalim, spominje kako su ma-
sonski duhovnjaci prodrli do najviših vatikanskih razina:

> "Masonerija je pod utjecajem deizma i racionalizma, i religi-
> ozna je na svoj način. Ona zagovara postojanje Velikog Gra-
> ditelja Univerzuma kojeg svaki pripadnik reda može nazvati
> po vlastitom nahođenju. Postoji samo taj Graditelj koji je
> stvorio svu postojeću stvarnost Univerzuma. [... jedno] vje-
> rovanje koje se sa svojim zakonima i molitvama obraća veli-
> koj univerzalnoj stvarnosti i nju veliča. [...] Za slobodnomis-
> leće masone jedan dio te stvarnosti pripada Sotoni, stoga se
> on ne može isključiti. Poštovanje koje pripada Graditelju
> proteže se na cijelo njegovo stvaranje, također i na Sotonu
> kao stvorenje koje je dio univerzalne stvarnosti."

"Millenari", očigledno, nisu masoni. Poglavlju iz kojem ovaj citat po-
tječe dali su naslov *Dim Sotone u Vatikanu*. Gore navedeno pledira-
nje za Sotonu kao dijela "univerzalne stvarnosti" i koji je čašćen kao
Bog, potječe – prema navodu "Millenara" – od vodećih predstavnika
Crkve. Ako je ovaj pogled na svijet točan, čovjek bi se morao zapitati
što je Isus mislio kada je rekao *"Odlazi Sotono!"*. Sa spomenutom fi-
lozofskom prividnom logikom negativni deizam otkriva kako on
"veliku univerzalnu stvarnost" izjednačuje s cjelinom materije i pro-
matra sva bića kao produkt neutralne materije. Kada bi bilo tako,
Sotona bi morala biti poštovana kao i sve drugo, inače čovjek ne bi
bio "cjelovit". Slični pogledi postoje u nekim strujama budizma i
moderne ezoterije.

Postavlja se pitanje: Je li stvarnost tek "univerzalna", odnosno
materijalna? Deizam je – u filozofskom smislu – materijalistički,
iako "cjelovito-materijalistički". Oni koji kažu: "Univerzum je Bog",
trebali bi se zapitati žele li skupa s takvim Bogom slaviti i Sotonu, jer

deistički Bog je "velika univerzalna stvarnost" koja ništa ne isključuje
...

Sažetak

• Zemlja se nalazi u graničnom području između svjetova svjetlosti i svjetova tame, stoga utjecaji s obje strane istovremeno djeluju na ljude, što svakom čovjeku donosi izazov odluke. Inkarnacija na Zemlji je od odlučujućeg značaja za daljnji razvoj svake individue.

• Dijabolično ima dva lica: Previše i Premalo. Oba su odstupanje od božanske ravnoteže i razlozi zapadanja ljudi u raskol i neprijateljstvo.

• Tko je u rezonanciji s dijaboličnim duhom vremena sadašnjice, zapada u jednostrano poimanje, odnosno nepoimanje stvarnosti. Taj "prapodijeljeni" način gledanja podliježe krajnostima "Previše" i "Premalo", te može voditi samo poluistinama koje odvajaju čovjeka od prvobitne ravnoteže "zlatnog srednjeg puta".

• Svaki svjetonazor vraća se na pitanja stvarnosti, što znači da postoji i nešto što nije stvarnost. Od pomoći je simbolika svjetlosti i sjene koja jasno pokazuje međuodnos stvarnosti (apsolutnog) i neapsolutne stvarnosti (relativnog). Tko se nalazi u tami, svjetlost može definirati samo kroz tamu, pri čemu se prava suština svjetlosti nikad ne može prepoznati.

• U svijetu dvojstva (dualnosti) načelno postoje samo dva različita usmjerenja svijesti – Bogu posvećena i od Boga odvraćena, slično kao što na stepenicama čovjek može ići ili naviše ili naniže. Svaki svjetonazor usporediv je s jednom stepenicom i može zaživjeti na pozitivan ili negativan način.

• Materijalizam: svjetonazor koji tvrdi da sve potječe iz materije i može se objasniti djelovanjima materijalnih zakona. U pozitivnom usmjerenju izražava se kao etični, od religijske pristranosti slobodan način života, a u negativnoj kao egocentrični, antireligiozni način života koji vodi destruktivnosti.

• Rafinirani oblik materijalizma definira "stvarnost" ili "Boga" kao ukupnost materijalnih energija, sa svim prirodnim zakonima koji u njima djeluju, pri čemu se fizikalni zakoni na neka područja života mogu primijeniti metafizički. Ova materijalističko-cjelovita slika svijeta izražava se u pozitivnoj usmjerenosti kao panteizam ("Bog kao ukupnost stvaranja"), a u negativnoj kao deizam ("Bog kao ukupnost energija"). Konkretan primjer holizma, u njegovim različitim izvedenicama, jest budizam.

• Kada se Bog vidi samo kao energija, znači da zakoni koji vladaju "energijama" ili "prirodom" predstavljaju apsolutnu, najvišu stvarnost, a ti zakoni su mehanički, neutralni i "neumoljivi". Ravnajući se po tome, neki smatraju da i oni smiju biti "neutralni" i neumoljivi, što znači da smiju činiti sve što "zakoni" odobravaju, a to vodi bezumlju: "Da vidimo koliko daleko možemo ići ..."

• Deizam ograničuje "veliku univerzalnu stvarnost" na materiju koja podliježe determiniranim zakonima, zato ne može postojati ništa "natprirodno", također ni natprirodna religija, natprirodni Bog ili natprirodna čuda, o kojima je, primjerice, govorio Isus. Deizam zastupa "prirodnu religiju" koja priznaje samo ono što se može objasniti racionalizmom i logikom. Drugi naziv za "prirodnu" religiju je humanizam, koji nije ništa drugo nego svjetovna etika koja se temelji na materijalističko-znanstvenoj slici svijeta. Gleda li se s veće perspektive, deizam je ateističan, iako govori o "Bogu".

3. POGLAVLJE

Dualizam: Borbe sjene u religiji i ezoteriji

Od početka sadašnjeg doba (Kali-yuge) čovjek živi u intenziviranoj "zgusnutosti" i nalazi se u konfrontaciji s problematikom nesavladivog raskola svog bivanja: duh i materija, duša i tijelo, život i smrt. Čovjek je uvučen u dvojstvo (dualnost) koje predstavlja dvostruko polje napetosti. Što su duh i materija? Duša i tijelo? Kod ovih egzistencijalnih pitanja rasplamsavaju se temperamenti i dijele duhovi: postoje li dva svijeta, jedan duha i jedan materije? Ako jesu, u kakvom su odnosu ti svjetovi? Suprotstavljeni i međusobno isključujući, kao svjetlost i tama? Ili cjeloviti, međusobno se nadopunjujući, kao dva pola koja se međusobno uvjetuju?

Nitko ne sumnja u postojanje tih dvaju fenomena, duha i materije. Pitanje je, kakav je njihov međuodnos i kako bi se mogli objasniti. Jedan od najčešćih odgovora je *dualizam*: učenje da su svijet i svjetska povijest određeni dvama temeljno različitim silama, duhom i materijom, "idejom" (grčki: *eidos*) i shemom, vječnošću i prolaznošću, Bogom i svijetom, dobrim i zlom. Dualizmom smo, nakon materijalizma i holizma, dospjeli na treću stepenicu filozofskog stepeništa.

Dualistički svjetonazor tvrdi: U pozadini materijalnoga, promjenjivoga postojanja postoji duhovno, nepromjenjivo bivanje. Po njemu, čovjek ima prolazno tijelo i neprolazan duh. Sa svojim duhom čovjek je dio duhovnog, vječnog svijeta. Sa svojim tijelom dio je ograničenog svijeta, te je tijelom podređen granicama materijalnoga. Tijelo sprječava čovjeka da sebe prepozna kao duhovno biće. Za duhovna bića tijelo je zatvor iz kojeg "oslobođenje" ili "izbavljenje" jamči tek smrt.

Dualistički gnosticizam

Premda je fizičko tijelo određeno i prolazno, ono nam je ipak najbliže i najdostupnije. Prema dualizmu, tijelo je za duh stalna opasnost, jer ga privlači putenošću kojom ga zavodi da se veže za prolazno i nesavršeno. Tjelesno je loše i nije po volji Boga, duhovno je dobro i vodi k Bogu. Je li putenost koja nas drži daleko od Boga i duha zamka ili čak *djelo zla*? U dualističkom načinu razmišljanja ovo pitanje se samo nameće i na njega treba biti odgovoreno s *Da. Da* je radikalno i beskompromisno iskazano u *dualističkom gnosticizmu*[*], prema čijem je učenju razdor između duha i materije nepomirljiv. Te suprotnosti su nespojive kao svjetlost i tama. Postoji samo ili-ili. Ili svjetlost, ili tama. Bog je gospodar svjetlosti, a protivnik je gospodar tame, kojeg će u konačnoj bici pobijediti svjetlost. Bog je gospodar Kraljevstva Božjeg koje *nije* od ovog svijeta. Gospodar carstva materije je Sotona, apsolutno Zlo, koji se stoga naziva i "Knez ovoga svijeta". Kao takav on je tvorac materijalnoga tijela, mamca koji djecu Božju vodi na pogrešan put. Duša je djelo ("dijete") Božje, tijelo je djelo Vraga.

Dualistički gnostici, primjerice katari, isticali su se nepokolebljivom neustrašivošću. Za njih je smrt bila izbavljenje iz okova materije, zato se nisu dali zastrašiti kad ih je napala vojska crkvene Inkvizicije koja ih je mučila na najgore načine. Rečeno je da su neki čak i pjevajući odlazili u smrt.

"Heretici" su sebe vidjeli kao istinsku djecu Božju, a predstavnike Crkve kao predstavnike Vraga na koje je i sam Krist upozorio: "*Mnogi će doći u moje ime ...*" Radije su pristali da ih ubiju nego ulaziti u kompromise s "lažnim kršćanima" zainteresiranima za svjetovnu moć. Izglednu smrt nisu vidjeli kao kaznu ili strahotu, nego kao mogućnost "prevariti" Vraga, jer je on, slao svoje predstavnike da ih pobiju, bio prisiljen osloboditi ih svog vlastitog djela – "tijela" i svijeta materije. Ovakva dualistička vjera razlog je što se "heretici" kroz stoljeća nisu dali zaplašiti nikakvim progonima i đavolskim bestijalnostima.

---

[*] Gnoza: grč. "znanje; spoznaja; uvid", srodna sanskrtskoj istoznačnici *jnana*. Gnoza vidi sebe kao zlatni srednji put između dogmatskih vjera i agnostičkih istraživanja i filozofije, kao vezu *pistisa* i *sophie*, vjere i mudrosti, jer čovjek uistinu može znati samo ono što sam prepoznaje i vjeruje da je istinito. "Gnostičko" je zajednički pojam za sve ono što se bavi spoznajom Boga i stvarnosti, kako mistički, tako i filozofski i vjerski. Kad se gnoza formulira i institucionalizira, odnosno ideologizira, postaje "gnosticizam" – zadani mistično-religiozni ili duhovnoznanstveni način gledanja koji se može učiti i proučavati, što, međutim, samo po sebi ne jamči "gnozu".

Zašto su gnostički kršćani u očima Crkve bili heretici, vidjet će se dalje u knjizi.

"Kršćanski" dualizam

Crkva od samog početka zastupa svoju verziju dualizma i iz tog svjetonazora izvodi vlastiti legitimitet. Njezin dualizam nije bio gnostički već biblio-fundamentalistički, što znači da je spoznaja ograničena na jedan "sveti spis" i podređena crkvenom tumačenju. Crkva se nazvala "Kristovom nevjestom" i time zauzela stav po kojem jedino ona može biti prava Božja predstavnica. Svi ostali, oni koji nisu pripadali Crkvi, bili su đavolski, a ljudi koji su se nalazili pod vlašću Đavla smjeli su se nemilosrdno ubijati ili "misionirati". Ovo je uzelo posebno tragičan oblik kad su predstavnici Crkve otkrili da Zemlja nije ravna ploča i da s druge strane poznatog svijeta postoje i drugi narodi. Kasnije, nakon reformacije, zaratili su i kršćani protiv kršćana (rimokatolički protiv protestantskih), s poznatim nasiljem i izopačenom slikom o neprijatelju.

Osim Bog-Đavao dualizma, Crkva je propisala i dualizam tijela i duše. Ona križa "duh" (supstancijalnu komponentu) iz gnostičkog trojstva tijelo-duh-duša, i tvrdi da je ljudski život ograničen na rok trajanja zemaljskog tijela. Tako se i u oficijelnom kršćanstvu proširio neprijateljski svjetonazor prema tijelu, iako su se neki dostojanstvenici krišom prepuštali privilegijama čula, a o vanjskoj raskoši da se i ne govori.

Bog-Đavao i tijelo-duša dualizam vodi dubokom razdoru i nastajanju fronte: Crkva protiv ostatka svijeta – uz zloupotrebu Isusovih riječi *"Tko nije sa mnom, protiv mene je."* (Lk 11, 23). Samo crkva ima Božju milost i ovlaštenje, te samo vjernici Crkve imaju priliku za izbavljenje od smrti i urođenog grijeha.

Ubilačka vladavina i samovolja velike crkvene moći kroz stoljeća je u Europi provocirala, najprije, tajni, a poslije i otvoreni otpor. Kad je "sazrelo" vrijeme, "bubnjajući" je nastupila renesansa ("preporod") slobodnog duha koji je želio istraživati i znati – s jedne strane da bi se oslobodio diktature dogmatskog sustava vjere, a s druge da bi se bolje razumjelo vlastito postojanje. Crkvena moć u Europi našla se nezaobilazno suočena s dvije suprotne snage: filozofsko-naturalističkom ("znanstvenom") i gnostičko-metafizičkom ("okultnom").

Filozofski dualizam

Nakon otklona od konfesionalnog skrbništva, filozofi su još uvijek stajali nasuprot istih starih pitanja: Što je duh, što je materija, i kakvo je njihovo međusobno djelovanje?

Ovo pitanje je početkom Novog vijeka tematizirao francuski filozof René Descartes (1596. - 1650.), i to tako uporno da na kraju ni sam više ništa nije znao. On prepoznaje duh i materiju kao dvije temeljno različite "supstance" ili kategorije. One nisu "slične" i ne mogu – prema principu da slično djeluje na slično – djelovati jedna na drugu, kao što se paralele nikad ne dotiču. Materijalnim sredstvima, kao metrom, vagom, termometrom, ne može se dodirnuti duhovno, prije svega nematerijalna "duša", koja sa svoje strane nema neposrednu dodirnu točku s materijom. Duhovno (nematerijalno) i materijalno različitih su svojstava u svakom pogledu. Kao potpuno nejednake supstance, oni nisu sjedinjeni i ovisni.

Kada čovjek razmišlja o dvojstvu i prolaznosti postojanja, lako može zapasti u očaj. Filozof Schelling je stoga kartezijanski** dualizam nazivao "sustavom samorazdiranja i očaja". To ne mijenja ništa u činjenici da na Descartesova pitanja filozofija i znanost do danas nisu našli konačan odgovor.

Nije lako pojasniti dvije dualistički različite supstance koje se ne dotiču, a ipak u ljudima mogu biti ujedinjene, koegzistiraju i naizmjence djeluju.

Kako današnja znanost pokušava odgovoriti na ova pitanja, vidjet će se u zadnjem poglavlju. Na radikalni kartezijanski dualizam odgovoreno je ekstremnim materijalizmom: ne djeluje duh na materiju, nego materija, dakle mozak, začinje duh, koji je na kraju tek

---

** Kartezijanski: izvedeno od *Cartesius*, latinskog načina pisanja imena Descartes. Svojom čuvenom rečenicom *Cogito ergo sum* ("Mislim dakle jesam") D. je dao odgovor na sumnju o sebi i pripisao si duhovnu dimenziju. Ali to nije dalo odgovor na pitanje dualizma, a postavilo je mnoga nova, osobito: Što je Ja koje misli? Može li se vlastito bivanje shvatiti posredno, mišljenjem? Što je uopće mišljenje? Što je san? Što slijedi nakon smrti? Postoji li neposredno iskustvo bivanja?

iluzija koja se poništava smrću. Ovakav odgovor na pitanje dualizma naziva se "materijalistički monizam" (vidi sljedeće poglavlje) ili "teorija identiteta": teorija po kojoj su procesi svijesti izjednačeni s procesima u mozgu.

Uspostava protucrkvene fronte

Borba izazvana dualizmom ima dugu pretpovijest i nastavlja se do danas. Jedni govore o "svetom ratu", drugi o "ratu na kraju vremena", treći opet o "dugom ratu" za osiguranje svjetskog mira. Budući da dualizam stoji u neposrednom međuodnosu sa svjetskom poviješću, filozofska i povijesna razmatranja ne mogu biti odvojena.

Ezoterijski izvori tvrde da dualistička borba na Zemlji seže unatrag do pretpotopnog vremena. Uvijek iznova pojavljuju se sile koje sebe označavaju kao "dobre" i pokreću rat protiv drugih, "zlih". Europska povijest sačinjena je od ovakvih ratova. Središnji sukob, čiji se učinak osjeća i danas, bio je uništavajući crkveni pohod protiv Templara, započet u Francuskoj velikim udarom u petak, 13.10.1307. Tada se dogodio prijelom koji je doveo do neprijateljstva moćnih crkvenih organizacija i sekularnih tajnih društava.

Pri tom velikom udaru, posljednji templarski Veliki majstor, Jacques de Molay, uhićen je i godinama mučen, dok nije u Parizu živ spaljen na lomači. Na Templare kao izdajnike Crkve dignuta je hajka i oklevetani su kao obožavatelji Vraga. To za Crkvu nije bilo bez posljedica, jer je takvim ekstremnim nasiljem provocirala tajno protunasilje u podzemlju. Templari su bili najutjecajnija i financijski najjača organizacija u tadašnjoj Europi, od kojih su pozajmljivali čak i kraljevi i crkveni dostojanstvenici. Kad je crkva uz pomoć kraljeva odlučila uništiti konkurenciju, odnosno Templare, planirano potpuno istrjebljenje nije joj bilo dovoljno. Templari koji su uspjeli pobjeći i sakriti se morali su u crkvenom "Bogu" vidjeti ubilačku silu koja je zapravo bila sam Đavao, "čovjekoubojica od početka", kako je Isus nazvao farizejskog Boga (Iv 8, 44). Templari i njihovi nasljednici bili su otvoreni i za druge svjetonazore i tražili su kontakt s grupacijama koje su Crkvu osjećale kao neprijateljsku. Potučeni templarski red tijekom stoljeća postao je *"melting pot"* gnostičko-kršćanskih, judeo-kabalističkih, islamskih, "poganskih" i rozenkrojcerskih utjecaja.

Nasljednici Templara nisu više željeli biti vitezovi-redovnici, nego su tražili za sebe jedan novi, sekularni ("necrkveni") naziv. Za to je poslužila slika prijašnjih Templara koji su također bili i graditelji katedrala (iznenadna pojava gotičkog graditeljskog stila upućuje na djelovanje i financijsku moć Templara). Više se nisu nazivali vitezovima i redovnicima, nego "zidarima", i to od Crkve neovisnima, "slobodnim" zidarima: graditeljima sve-svjetskog duhovnog hrama. Budući da su slobodni zidari u vrijeme prvobitnih templara živjeli u vlastitim kolibama ili "ložama", novi "slobodni zidari" svoja su (tajna) okupljališta nazvali "ložama".

Kad je postojanje sustava loža u 18. stoljeću postalo poznato, Crkva je u tome – opravdano – vidjela veliku opasnost za svoje postojanje. Papa Leon XIII, primjerice u enciklici *Humanum Genus*, 20.04. 1884., označio je slobodno zidarstvo kao *"Carstvo Sotone [...] pod čijom vlašću stoje svi koji odbijaju vječni božanski zakon poslušnosti [... i] koji su se međusobno zakleli na ogorčenu borbu pod vodstvom i s pomoći udruge takozvanih slobodnih zidara. Bez tajenja svojih planova potiču na protivljenje veličanstvu Božjemu. Javno i ne skrivajući rade na uništenju Svete Crkve".*

Unatoč suprotnosti i neprijateljstvu, kod oba tabora da se utvrditi temeljna zajednička osobina njihovih stanja duha, koja je vidljiva i izvana: Crkva i sekularna "protucrkva" ložâ bile su isključivo muška udruženja, utemeljena na striktnoj hijerarhiji u koju se moglo ući samo preko institucionaliziranoga posvećenja.

Iako Vatikan danas zauzima tolerantniji stav prema internacionalnoj masoneriji, mnogi kršćani u tom pokretu vide protukršćansku, đavolsku silu. Primjerice, jedan švicarski evangelistički izdavač objavio je 2001. knjigu od oko 500 stranica, *Die unterschätzte subkultur: Freimaurerei – Wolf im Schafpeltz (Podcijenjena supkultura: Masonstvo – vuk u ovčjem ruhu)* koju su napisali E. Brüning i H. Graf.

Naša analiza prizemljila se u središte aktualne povijesti. Međutim, ne želimo se baviti političkom razinom, nego pitanjem kakvi svjetonazori djeluju iza fronti religija i tajnih društava. Ako poznajemo svjetonazor, imamo pogodno sredstvo za prozreti događaje po vanjštini i prepoznati naš vlastiti položaj u toj borbi – bez da se, ako je moguće, damo u nju uvući!

Dualističke reakcije na Bog-Vrag dualizam

Bog-Vrag dualizmom Crkva nije mogla opravdati sve svoje akcije. Bog nije bio "sve", a nije ni bio samo "ljubav". Bog je prije svega bio neumoljivi protivnik Zla, Vraga, kojemu je On, Gospod, objavio rat. Teologija se može pojednostavniti: "*Mi* smo dobri. Svi drugi su zli. Zastupaju đavolsku herezu." Ovakav duh doveo je do inkvizicije, progona vještica i krvave kolonizacije svijeta (na djelu je i danas, tek dijelom u ponešto civiliziranijem ili diskretnijem obliku).

Očito je zloupotrijebljeno ne samo Isusovo, nego i Đavolovo ime. Ovakvo sotoniziranje moralo je prije ili kasnije dozvati u život otvoreni protupokret – a to se i dogodilo u 19. stoljeću. *Tajni* protupokreti postojali su u područjima pod crkvenom vlašću od samog početka, a na drugoj strani Sredozemnog mora, otprilike istovremeno s formiranjem svjetskog kršćanstva, pojavila se njegova dualistička zrcalna slika: islam. Ta nova religija koristila je upravo istu Bog-Vrag terminologiju, samo je zamijenila predznak: "Bog je na našoj strani. Svi ostali, prije svega kršćani, nevjernici su i moraju biti poraženi!"

Od ljudi stvoren Vrag i od ljudi stvoren "Bog" – koji je Vraga uopće i učinio mogućim, predstavljaju ekstremni dualizam koji je i izazvao kontradualizam, odnosno protucrkveni i protuislamski dualizam sa suprotnim predznakom. Ako je monoteistički Bog zagazio na Zemlju s takvim đavolskim silama, onda on i nije Bog, nego isti Đavao! Taj prikriveni, s Đavlom zaraćeni "Đavao", bio je zapravo Dobro, dakle "Bog".

Ovakva zamjena predznaka nije ništa novo, već u prakršćansko vrijeme širio se kao tajni nauk u nekim podzemnim pokretima, u početku i otvoreno i prilično uspješno. Jedan takav primjer je rani Isusov sljedbenik imenom Marcion, oko kojeg se krajem 1. stoljeća grupirala vlastita "Crkva" koja je pripadala najjačim isusovskim pokretima tadašnjeg vremena. Marcion je žestoko zagovarao gledište po kojem je Bog Starog zavjeta "Gospodar tame", a Isusov Bog, Bog ljubavi. Stoga je odbacivao Stari zavjet i govorio da se pravo kršćanstvo smije pozivati samo na Novi zavjet. Nekoliko gnostičko-kršćanskih pokreta, preuzevši to gledište, učili su da je starozavjetni Bog koji je pozivao na ubojstvo i smrt lažni Bog – i sad taj lažni Bog nastupa u Isusovo ime, naime u liku rimske Crkve. Mogli su se čak pozvati na *Bibliju*, osobito na već spomenuti Ivanov citat (8, 44), na Isusova upozorenja na one koji će doći u njegovo ime, i na *Otkrivenje*, gdje je rečeno da babilonska bludnica sjedi na sedam brijegova (17, 9); Rim je poslovično Grad na sedam brežuljaka!

Crkva je ovakve kritičare označila kao heretike i željela ih je sve iskorijeniti – što je bio nezamislivo neprimjeren način odvraćanja "heretičnih" kršćana od njihova mišljenja.

Crkveno-dogmatski dualizam morao je isprovocirati jedan sekularno-gnostički kontradualizam, nastao u obliku organizacije loža koje su se oblikovale kao "protucrkva". Ako je crkveni Bog "Gospodar tame", logično je da su sekularne lože morale svog Boga vidjeti kao istinskog "svjetlonošu" – a "svjetlonoša" na latinskom glasi Lucifer.

Naravno, protucrkveni krugovi znaju da je danas Lucifer tek jedno od Sotoninih imena, međutim i dalje to smatraju klevetom pravog Boga od strane Crkve. Oni se ne srame nazvati svog Boga "Lucifer" ili čak "Sotona", kako bi se time jasno i izazivački distancirali od crkvenog "nauka o Đavlu". Takvim "sotonizmom" sekularne lože teže zamjeni vrijednosti da bi se približili "pravoj religiji" i "ljudskosti".

Koliko god ove zamisli mogu zvučati nevjerojatno i zastranjeno, protucrkveni pokret *postoji* i danas je, u izmijenjenoj formi, vrlo utjecajan. Povijesna pozadina tajnih društava koja su naklonjena kultu Svjetlonoše već je skicirana (osnovni pojam: nasljednici Templara). Krajem 19. stoljeća, dugo vremena u tajnosti držan, kontradualizam pojavio se u javnosti, kroz pokret koji je svoje učenje nazvao *teozofija* ("nauka o Bogu"). Potekao iz Engleske, Amerike i Indije, teozofski pokret je iznjedrio ono što se danas naziva "New Age" i "ezoterija". Sama teozofija je i danas – u široj, raznolikoj lepezi – jedna od najutjecajnijih struja na globalnoj ezoterijskoj sceni. Samo nekolicina ljudi zainteresiranih za ezoteriju svjesno je ove dvosjekle pozadine "New Agea". Stoga se nameće potreba za pobližim rasvjetljenjem tih stajališta, kako filozofski, tako i povijesno.

Okultni dualizam

Kroz djelovanje "monoteističkih" religija, Đavao se pojavio kao najveći neprijatelj ljudi. Naravno, ovakav "Đavao" bio je poslušni fantom stvoren od ljudi i kojeg se moglo identificirati s inovjercima, "krivovjercima" i "vjerolomcima". Protiv ovog licemjernog Bog-Đavao dualizma u drugoj polovici 19. stoljeća digli su se mnogi kritički glasovi. Budući da kršćanska crkva u to vrijeme više nije imala moć da nemile osobe naprosto pokupi i ubije, ljudi su tu novu slobodu obilato i ustrajno koristili.

Materijalistička znanost i tehnologija krenule su u pobjednički pohod. Ateizam se učvršćuje. Industrijalizacija je zaoštrila socijalne fronte. Feuerbach, Marx i Engels počinju zagovarati svjetonazor bez Boga i duše. "Znanost" i "naturalizam" reduciraju cijeli bitak i svijest na opipljivu materiju. Skepticizam i agnosticizam protresli su sve dotadašnje zamisli o vjeri. "Najluđi" predstavnik ovog pravca vjerojatno je bio Friedrich Nietzsche (1844. - 1900.), koji je sebe nazivao "filozof s maljem". Jednu od svojih knjiga izdao je pod furioznim naslovom: *Der Antichrist – Fluch auf das Christentum (Antikrist – prokletstvo kršćanstva)*.

Dok se materijalizam učvršćivao, dogodilo se nešto neobično. "Onostrano" se počelo javljati. Mrtvi su ustali i učinili se zamjetljivima da bi se usprotivili materijalizmu. Godine 1874. u mjestu Hydesville (Maine, SAD), u jednoj kući manifestirao se paranormalni fenomen – sad već legendarni fenomen kucanja iz Hydesvillea – koji predstavlja početak popularnog modernog *spiritizma*. Jedva su ljudi postali otvoreni za mogućnost transkomunikacije, a već su se diljem svijeta mogli promatrati slični fenomeni, te pomoću seansi i eksperimentalno ponavljati. Spiritizam se ubrzo proširio kroz *medijumizam*: Iz astralnih svjetova i viših dimenzija kroz medije u transu govorila su nevidljiva bića i jamčila (subjektivne) uvide u život nakon smrti, strukturu Kozmosa, Nebo i pakao, različita ljudska tijela, povijest propalih civilizacija, itd.

Paralelno s ovim događanjima razvila se *parapsihologija* koja je navedene fenomene željela što više istražiti, dok je službena znanost reagirala samo podsmijehom, a službena religija samo sotoniziranjem.

Četrdeset godina poslije "Hydesvillea", na jednom međunarodnom spiritističkom kongresu rečeno je da taj pokret ima već 15 milijuna sljedbenika diljem svijeta. Na *okultizam*, koji je tada tek nastupao u javnosti, treba se gledati s tom pozadinom. Najupečatljivija i najutjecajnija predstavnica prve generacije nesumnjivo je bila Ruskinja Helena Petrovna Blavatsky (1831. - 1891.), koja je oživotvorila "teozofski" pokret i objavila dva monumentalna djela, *Razotkrivena Izida* (1879.) i *Tajni nauk*, koji se pojavio 1888., tri godine prije njezine smrti u Londonu.

Pojam okultizam, tada još u općoj jezičnoj uporabi, nije imao negativan prizvuk i primjenjivala ga je sama Blavatsky (i ostali) kako bi opisali svoj svjetonazor. Izveden iz latinske riječi *occultus* (pokriven; skriven; tajan), pojam okultizam vrijedio je kao neutralni sinonim za "tajni nauk" i bio zajednički naziv za sva ezoterijska učenja o skrivenoj biti Kozmosa, Zemlje i čovjeka. K tome, okultizam je bio u sredini, između materijalizma (znanost, skepticizam, agnosticizam) i monoteizma (kršćanstvo, islam) i borio se na obje fronte.

U uvodu *Tajnog nauka* Helena Blavatsky piše:

"Nadčovječanski bili su napori prvih crkvenih otaca da tajni nauk izbrišu iz ljudskog pamćenja, pa ipak ni jedan nije uspio. Istina se nikad ne može ubiti [...] Uistinu, duh fanatizma u ranom i srednjovjekovnom kršćanstvu i u islamu od samog početka voli obitavati u tami i neznanju [...] Obje vjeroispovijesti pristalice su pridobivali vrhom mača, obje su gradile svoje crkve na do neba stršećim hektakombama ljudskih žrtava pokolja."

Teozofsko društvo naišlo je na veliki odaziv jer je nudilo alternativu crkveno-dogmatskim apsolutističkim nastojanjima. Tko je oko 1900-te godine tragao za duhovnošću i gnozom bio je uglavnom prepušten sam sebi. To se promijenilo pojavom javnog pokreta koji nije nudio crkvenu teologiju, nego *ezoterijsku teozofiju*. Taj pokret govorio je također o Bogu i temeljnim stvarima, ali bio je "slobodnog duha" i sekularan. Svi oni koje Crkva nije mogla pridobiti sada su imali temelj na kojem su se međusobno pronalazili i mnogostrano organizirali. Vrlo brzo nastali su novi pokreti i podgrupe kojima je – unatoč konkurenciji i ideološkoj razlici – bilo zajedničko to što su htjeli biti neovisni o Crkvi i tražiti osobnu duhovnost. To se odvijalo u iščekivanju promjene koju je trebao provesti "svjetski učitelj" ili "mesija". (O ovome će se u nastavku još govoriti).

Samouvjerena zbog podrške kroz spiritizam i medijumizam ("'Onkraj' je na našoj strani!") i kroz već postojeće okultne grupacije (primjerice rozenkrojcere i slobodne zidare), "teozofija" je pokrenula prvi val ezoterijskog pokreta, koji je u početku – krajem 19. i početkom 20. stoljeća – predstavljao frontu protiv apsolutističkih težnji Bog-Đavao religija. Blavatsky to naziva "vjerom u personificiranog Đavola", "najstrašnijom i najopasnijom od svih teoloških dogmi" i "najvećim zlom i prokletstvom na Zemlji".

Razlog za ovu "najstrašniju i najopasniju od svih teoloških dogmi", predstavnici okultizma vide u krivoj monoteističkoj predstavi Boga. Teozofija Helene Blavatsky okrenula se, u prvom redu, protiv "antropomorfnog" monoteističkog Boga koji voli i mrzi, žesti se i proklinje, koji je naprasit i pristran. U ovom pogledu je teozofija također kontradualizam, odnosno dualizam s suprotnim predznakom. Dotadašnji Bog je označen kao Đavao, a sotonizirani "Đavao" kao Bog – iako prema teozofskoj ezoteriji ne postoji "personificirani" Bog, kao ni "personificirani" Đavao. Ako čovjek hoće Đavla, kaže Blavatsky, onda je starozavjetni Bog najbolji kandidat za taj naslov. Pravi svjetlonoša, onaj koji svladava "grijeh" i "tamu" je "Sotona", prozvani Lucifer. Kao što je već spomenuto, takvo stajalište nije ništa novo. Blavatsky je samo bila prva koja ga je otvoreno izgovorila pred cijelom javnošću:

> "[Ovdje] su filozofski sustavi gnostika i prvobitnih judeokršćana, nazarena i ebionita razmotreni u potpunosti. Oni pokazuju kakvo je viđenje Jehove u onom vremenu postojalo u nekim skupinama izvan krugova mojsijevskih Židova. On je od strane svih gnostika mnogo više bio identificiran s principom zla nego principom dobra. Za njih je on bio Ilda-Baoth, "Sin Tame" [...] tako je "Sotona", čim više nije bio razmatran u praznovjernom, dogmatskom, nefilozofskom crkvenom duhu, rastao uvis do veličanstvene slike onoga koji od zemaljskog čini božanskog čovjeka, koji [...] ih oslobađa od grijeha i neznanja, a time od smrti."

Autorica *Tajnog nauka* bila je svjesna da dualizam opstaje i u ovoj interpretaciji, samo s promijenjenim predznakom, ali ga ona ne želi zaobići, nego jasno označava fronte i odvažno baca rukavicu Bog-Đavao religijama:

> "Okultni nauk obrće karaktere na neobičan način; antropomorfni arhanđeo kod kršćana i čovjekoliki Bog kod hindusa u ovom slučaju predstavljaju materiju; a Zmaj ili zmija – duh. [...] dok posljednje [kršćanska simbolika], zbog dogmi o Sotoni i njegovoj ćudi, umanjuje prirodu svog navodno beskonačnog, apsolutno savršenog Boga i začinje najveće zlo i najveće prokletstvo na Zemlji, vjeru u personificiranog Đavla. [...] Da se stvari pojasne jednom zauvijek: Ono što svećenstvo svake dogmatske religije, osobito kršćanske, označava kao Sotonu, neprijatelja Božjeg, u stvarnosti je najviši božanski duh – okultna mudrost na Zemlji koja se, naravno, suprotstavlja svakoj svjetovnoj prolaznoj varci, uključujući i dogmatske, crkvene religije. Rimska Crkva, netolerantna, licemjerna i okrutna prema svima koji ne žele biti njeni robovi [... i protestantska] pokrenute su od istog duha mračnog fanatizma koji je potaknuo farizeje da proklinju Isusa riječima: 'Nismo li mi dobro rekli da si opsjednut zloduhom'?"

Iz biografije Helene Blavatsky vidljivo je da je imala intenzivne veze i razmjenu misli s tajnim ložama, osobito s članovima Slobodnog zidarstva. Njezin burni život tipična je ilustracija prijatelj-neprijatelj dualizma u okultizmu. Zbratimila se sa različitim pripadnicima loža na temelju principa "neprijatelj mog neprijatelja je moj prijatelj". Premda je u svom antimaterijalističkom i anticrkvenom pohodu stekla (tobožnje) prijatelje, njezina medijalnost i utjecajna osobnost upotrijebljene su za tuđu korist. Rudolf Steiner, koji je deset godina bio jedan od vodećih, ali kritičnih članova Teozofskog društva, a kasnije utemeljitelj "antropozofije", dijagnosticirao je da je gospođa Blavatsky u kasnijim godinama života upala u "okultno zatočeništvo".

U svojim knjigama, koje još i danas vrijede kao temeljna djela ezoterije, utemeljiteljica teozofije izmiješala je vlastito znanje s tajnim naukom indijskih dokumenata iz *Veda* i *Purana*, kabale, rozenkrojcera i masona – čime je šira javnost po prvi put i bez posvećivanja u lože mogla doznati sadržaje *Tajnog nauka*. Da je teozofija tijesno surađivala s masonskim krugovima pokazuje se i time što je

Alice Bailey, jedna od najznačajnijih predstavnica teozofije među Blavatskinim nasljednicima, bila visoko rangirana u masonskom pokretu. Postoji jedna slika na kojoj se ona može vidjeti s oznakom pripadništva loži.

U drugom tomu *Tajnog nauka*, u poglavlju pod naslovom *Sveti Sotona*, autorica navodi stihove koji snažno podsjećaju na masonski izvor:

"20. Sotona je vratar Kraljevog hrama; on stoji u Salomonovu holu; on drži ključeve svetišta; 21. Nitko unutra ne može osim pomazanih koji znaju tajnu Hermesa."

U komentaru ovih stihova Blavatsky zastupa stajališta koja snažno podsjećaju na deističku argumentaciju sekularnih loža: Bog je "vječno neshvatljiva mudrost" koji sebe "u prirodi", odnosno ukupnosti materije, otkriva "kao svjetlost i sjenu, kao dobro i zlo"; tko proklinje Sotonu, proklinje time i "kozmički odsjaj Boga":

"Sotona je taj koji je 'Bog naše planete i jedini Bog', i to bez ikakvih metaforičkih, skrivenih nagovještaja o njegovoj pokvarenosti i nesavršenosti. On i logos su jedno [...] Kad Crkva proklinje Sotonu, proklinje tako kozmički odsjaj Boga; ona je prognala Boga koji je u materiji i suprotnosti očito i nastao; ona grdi Boga ili vječno neshvatljivu mudrost, koja sebe u prirodi otkriva kao svjetlost i sjenu, kao dobro i zlo [...]"

Izvrtanje jedne poluistine ne stvara veću istinitost, nego samo novu poluistinu. To vrijedi i za okultni dualizam koji svojim teološkim spekulacijama obrće predznake monoteističkog Bog-Đavao dualizma: judeokršćanski Bog je označen kao "Sin tame", a "Lucifer" ili "Sotona" – prema okultnoj definiciji – kao "najviši božanski duh", čak i kao "je*dini Bog*".

Obje strane su uvjerene da su u pravu, ali nameće se velika sumnja da su obje strane "izvjesile" samo poluistine. Tamne strane dogmatskih religija su mnogo puta spomenute. Okultizam ima i svoje tamne strane, jer se igra vatrom kada se imena "Lucifer" i "Sotona" obogotvoruje. *Obogotvorenje je opasno koliko i sotoniziranje!* Okultizam, kao i religije koje proziva, olako vodi u neprijateljstvo i projekcije. Teozofska interpretacija Bog-Đavao dualizma (koja tvrdi da je

ARMIN RISI: SVJETLOST NE STVARA SJENU

judeokršćanski Bog zapravo "Đavao") u svom je stavu opasna isto koliko i crkvena. Primjerice, poznato je da je mladi Adolf Hitler bio očarani čitatelj *Tajnog nauka*. Nije teško zamisliti kakav su učinak na njega imali navedeni citati.

Kontakt s Majstorima – svjetlosti ili sjene?

Nastankom popularnog spiritizma u 19. stoljeću pojavio se i feno-men takozvanog medijumizma (danas poznatog kao *channeling*, op. prev.). Aktivnosti na spiritističkim seansama početno su se sastojale od zazivanja astralnih bića, koja su svoju prisutnost objavljivala kroz "paranormalne" učinke, primjerice pomicanjem stola. Pomicanje stola moglo je uzeti i spektakularne forme: u nekim slučajevima do-godilo se da stol lebdi ili da se ladice otvaraju i zatvaraju kao da ih miče "ruka duha" – što se u ovom slučaju doslovno dogodilo. Putem spiritističkih aktivnosti, zemaljska se fizika mogla mjerenjem i po-navljanjem dovesti u pitanje, odnosno mogla se proširiti.

Kako se pokazalo, astralna bića bila su sposobna i za konkret-nu komunikaciju. Nisu mogla micati samo stolove, nego i viske, set slova (Ouija ploča, op. prev.) i ruke s olovkama, čime su – slovo po slovo, medijalnim pisanjem – artikulirali poruke s one strane. Dalj-nja mogućnost javila se kroz trans-medije, odnosno medijalno nada-rene ljude koji su služili kao govorni kanal nevidljivim bićima, a oso-bito dušama umrlih. Često se događalo da biće kaže stvari koje je mogla znati samo određena preminula osoba.

Medijalna se komunikacija, međutim, nije ograničila samo na kontakte s umrlima. Dok je rastući broj ljudi postajao svjestan stvar-nosti medijalnih kontakata, spektar se proširio iznad horizonta as-tralnih bića. Javljala su se za riječ i bića iz viših dimenzija – u početku ponajprije u teozofskim krugovima. Helena Blavatsky je rekla da stoji u medijalnom kontaktu s određenim "majstorima" i mahatma-ma. Imena koja je navela bila su "Kuthumi" i "El Morya". Tada je i nastao izraz "uzašli majstori".

Je li kod ovih "majstora" riječ o bićima svjetlosti ili nesvjetlos-ti? Jesu li to bila prijetvorna bića koja su se izdavala za bića svjetlosti i "majstore", ili su dolazila iz viših svjetlosnih sfera?

Konfesionalno pristrani ljudi vjeruju da sa sigurnošću znaju kako se kod ovih glasova i poruka moglo raditi samo o zavodničkim trikovima sotonskih i luciferskih bića. Po njihovom mišljenju božanska bića se ne posreduju medijalno, a pogotovo ne bi razgovarala s okultistima i ezotericima.

Dakle, medijalna komunikacija nije našla odjeka u konfesionalnim krugovima. Ako su bića iz duhovnih svjetova željela kontaktirati s ljudima, raspoloživi su im bili samo kanali u spiritističkim i ezoterijskim krugovima; ali, ni ti krugovi nisu se uzdigli iznad egom presvučenih tendencija. Stoga je čistoća njihovih kontakata podložna ekstremnim zastranjenjima, i onda kad određeni izvori, koji govore ili se drukčije posreduju, primjenjuju isto ime.

Imena, dakle, još ništa ne jamče. *Jer, na svako biće svjetlosti dolazi jedno biće sjene koje se identificira istim imenom.* Jedan Kuthumi ili El Morya (ili Mihael, Maitreja, Isus itd.) ima mnogo oponašatelja u sferi odvraćenoj od svjetlosti. Bića sjene mogu uvijek samo oponašati – svakako, vrlo maštovito, drsko, i često varljivo istinito.

Vrijedi i suprotno: Svako biće sjene je preslika jednog "originala" iz svjetlosti. To vrijedi i za "Lucifera", koji je sjena prvobitnog Lucifera, istinskog svjetlonoše, naime Krista koji je kao svjetlost došao u tamu. (Iv 1, 9-10)

Ime "Lucifer" samo po sebi nije negativno ime, a u *Bibliji* nije nigdje ni spomenuto. Jedina naznaka nalazi se u Izaiji 14, 12, u vezi sa svrgnutim kraljem Babilona: *"Kako si pao s neba, Svjetlonošo, sine Zorin!"* (ili: *"ti sjajna zvijezdo Danice!"*) grčka riječ za Danicu, današnju Veneru, je *heosphoros*, "donositelj jutarnjeg svjetla", na latinskom Lucifer. U Novom zavjetu (Otk 22, 16) je "Danica" također Isusovo ime: *"Ja sam korijen i izdanak Davidov, sjajna zvijezda Danica".* U ovom značenju, ime "Lucifer" je u prvim stoljećima kršćanstva korišteno čak kao klerikalno ime. Poznat je bio biskup Lucifer od Cagliarija koji je živio u 4. st. U nekim teozofskim i okultnim krugovima "Lucifer" je bilo ime Boga, definiranog kao "Gospodar svjetlosti" koji će na samom kraju svijet osloboditi od tame.

Tako, kada netko zaziva Isusa, sasvim je moguće da prizove neko negativno biće koje ljude zavodi i zasljepljuje. Ili može dosegnuti istinskog Isusa. *"Prepoznat ćete ih po njihovim plodovima".* Suprotnost je isto moguća: ako netko pod "Luciferom" ne podrazumijeva paloga anđela, nego istinskog svjetlonošu, to je zapravo isto što i prizivanje Krista. Izazivački rečeno: U ime Boga i Isusa učinjeno je mnogo više zlodjela nego u ime Lucifera ili do tada uglavnom nepoznatih "majstora" kao što su Kuthumi, El Morya, Saint Germain, Aštar, itd.

Očito je *svijest* ta koja odlučuje hoćemo li se povezati s razinama svjetlosti ili tame! Ipak, vrlo je opasno imena "Sotona" i "Lucifer" koristiti u pozitivnom smislu, jer su ta imena astralno preopterećena. Upravo zato što u svjetlosti postoji istinski Lucifer (Krist), u svijetu tame postoje određena bića nesvjetlosti koja također nose ovo ime i s njim se snažno identificiraju. Zato prizivanje negativno opterećenih imena zapravo uvijek stvara rezonanciju za mračne utjecaje. To su morale iskusiti i organizacije koje ime "majstora" monopolistički zahtijevaju za sebe i "Lucifera" označuju Bogom. Utjecaji koji su time privučeni gomilaju se u obliku internih borbi za moć, materijalističku orijentaciju i zanose se okultnim.

Ipak: Unatoč svim ljudskim nesavršenostima sudionika, fenomeni spiritizma i medijumizma temeljili su se na stvarnim događajima, zato su imali potencijal da mnogim ljudima posreduju jedan prošireni horizont svijesti. Za što će se taj prošireni horizont upotrijebiti, drugo je pitanje. Neki su primijenili svoje novo, ezoterijsko znanje da bi dosegli svestrano razumijevanje Boga, što je vodilo razvitku istinskih božanskih osobina: ljubavi, praštanju, istinoljubivosti i slobodi (od ovisnosti, laži, diktata ega, itd.), i osobnom, unutarnjem odnosu s Kristom. Drugi su, opet, težili da preko medijumizma i spiritizma postignu osobne senzacije, ekskluzivno znanje i svjetovnu moć za njihove institucije. U okultnim krugovima "Trećeg Reicha" (i ne samo tamo) željelo se čak preko medijalnih kontakata zadobiti tehničko znanje za tajna i čudesna oružja.

Pozitivni dualizam

Dualizam je u svojoj biti raskolnički, zavađajući svjetonazor. Ali, kako je iskustvo pokazalo, mnogi ljudi nisu spremni za zrelu samoodgovornost i trebaju zadane smjernice koje će im reći tko i što je "zlo", odnosno "dobro". Religiozni dualisti koji sotoniziraju sve što se ne može uklopiti u njihovo vjerovanje mnogim ljudima čine nepravdu, ali u tom napadanju postoji mogućnost da se drže podalje od zaista dijaboličnih zavodljivosti. To može biti relevantno, prije svega, ako se pojave pretkazane 666-sile, s namjerom da uspostave svoj "svjetski poredak". Fundamentalistička uvjerenost, hranjena u odgovarajućem okružju, može dati određenu snagu koja vjernicima u odlučujućim trenucima, možda, omogućuje da ostanu neustrašivi i odlučni. Oni koji su sotonizirani od dogmatskih vjerskih sustava morali bi sami biti oprezni i vježbati božansko praštanje.

Premda dualizam ima dvije oštrice, ostaje činjenica da se čovjek mora suočiti s tamnim stranama – u sebi samome i u svijetu. Pitanje podrijetla i biti "zla", jedno je od temeljnih pitanja čovječanstva. U pozitivnom dualizmu, "zlo" ili "Lucifer" ne projicira se na druge ljude, nego se pokušava prepoznati veći smisao iza ovih protusnaga, tako da prestane potreba za neprijateljima. U teozofiji se daju naći jasne rečenice o integraciji, odnosno transcendenciji "zla", što znači načinjanje tabu-teme "božansko značenje Sotone", bez straha od odgovarajućih pitanja.

Takav primjer je antropozofija (da ostanemo u povijesnom okviru teozofije). Utemeljitelj antropozofije, Rudolf Steiner (1861. - 1925.) pokrenuo je 1903. časopis *Lucifer* da bi se moglo javno raspravljati o temama koje je otvorila teozofija. U svjetlu otajstva Krista i Golgote, Steiner se potrudio i oko Lucifer-gnoze, jer je uvidio da Luciferova sjena ne može biti prevladana sotoniziranjem – kao što ni Isus u duhu Krista "zlo" nije ni proklео ni sotonizirao, a od njega se, ipak, jasno distancirao. Suprotno teozofiji, Steinerovi stavovi su usredotočeni na Krista; "Lucifer", a posebno "Sotona", više se ne koriste kao imena za Boga, već kao nazivi za "misterij zla". Naime, Steiner je prepoznao da i zlo u samom sebi gradi dualizam u kojem je jedna strana nazvana "luciferskom", a druga "ahrimanskom" ili "sotonskom". S luciferske strane utječe se na umišljenost, (samo)obmanjivanje i "Previše", a ahrimanska strana utječe na otvrdnjavanje (hladnokrvnost), laganje i "Premalo".

Jedna filozofska teza o rozenkrojcerskim, filozofskim i antropozofskim sukobima s dualizmom dobra i zla nalazi da lucifersko svojstvo u ljudima pruža mogućnost slobodne volje. Premda su ti utjecaji štetni i zastranjujući, također nude i snagu koja ljudima omogućuje da se svjesno i slobodnom voljom suprotstave, i tako rastu. Neke škole tvrde da je Lucifer svoju ulogu izabrao *slobodnom voljom*; ovdje se, dakle, radi o žrtvi Lucifera, "zlog", za dobrobit čovječanstva.

Na kraju, lucifersko-gnostički nazori postaju problematični, jer se vrlo lako može dogoditi da se zlo i sotonsko obogotvore i opravdaju. Ovo je slučaj o kojem se, u kontekstu negativne verzije monizma, treba detaljnije govoriti (u 4. poglavlju).

Negativni dualizam: Moguće opasnosti New Agea

Bog-Đavao dualizam je jedno od glavnih oružja dijaboličnog duha za razjedinjavanje i međusobni bijes ljudi – podrugljivo, u ime Boga. Pripadnici dualističko-religioznih ispovijedi su i najrevniji saveznici materijalizma u borbi protiv spiritizma i ezoterije! Dijabolični duh je očito mnogostran i za svoje ciljeve može upregnuti kako materijalističke, tako i dogmatske stranke.

Budući da negativni dualizam izaziva razjedinjenost, fanatizam i brutalnost, dostatno su ilustrirani kroz religijsku i svjetsku povijest. Također, dualizam obrnutog predznaka, kakav su zastupale razne okultne i ezoterijske struje, krije u sebi zamke i moguće samoobmane. Kako je prikazano na prethodnim stranicama, sekularni pokret "tajnog nauka" proistekao je iz protucrkvenih strujanja. Zašto su ta učenja uglavnom držana u tajnosti, razumljivo je kad se uzme u obzir činjenica da je u njima Bog-Đavao dualizam postavljen naglavce, i "Lucifer" ili čak "Sotona" bio označen kao Bog. Tajnim učenjima pripadalo je i iščekivanje skore promjene koja bi trebala dovesti do zbacivanja crkvenog "lažnog Boga" i s tim povezanim uvođenjem "novog svjetskog poretka"; glavnu ulogu u toj promjeni preuzeo bi svjetski učitelj ili Mesija, koji bi bio istinska svjetlosna osobnost – otjelotvorenje "pravog Boga", Lucifera!

Kad suvremene grupacije meditacijom i molitvama žele stvoriti energetsko polje koje bi trebalo omogućiti pojavu nekog svjetskog učitelja, dobar je savjet držati pred očima gore spomenute kontekste. Primjerice, globalno je rašireno i vrlo intenzivno iščekivanje i zazivanje svjetskog učitelja "Maitreje". Njegov apostol Benjamin Creme, koji već 30 godina radi Maitreja-propagandu, sam sebe vidi kao neposrednog teozofskog nasljednika Alice Bailey (prijašnji Lucifer-trust!).

Istinski božanski učitelji i avatari ne trebaju dugogodišnju propagandu ni pripremu energetskoga polja. Jednostavno se pojave i djeluju, a najčešće se tek kasnije prepozna tko je kao čovjek došao među ljude.

U povijesti teozofskog društva, nasljednica H. Blavatsky, Annie Besant, željela je iznuditi pojavu svjetskog učitelja, te su ona i njezini pomoćnici obznanili pronalazak novog učitelja i Mesije, i to u liku indijskog dječaka Krišnamurtija (kojeg su, navodno, izbavili od siromaštva na ulici). Uzeli su tog dječaka pod svoju zaštitu, i za predstavljanje svijetu osnovali i njegov vlastit red, *Zvijezdu istoka*. Ipak, taj izabrani svjetski učitelj bio je dovoljno mudar da prozre svoje instrumentaliziranje i pravodobno istupi. Graja oko "novopronađenog hindu-dječaka bila je za Rudolfa Steinera neposredan povod za istupanje iz Teozofskog društva. Kod teme "Mesija", on je jasno naglasio da predstoji Kristov *eterični*, a ne fizički povratak. Ono što je predstojalo u fizičkom bila je pojava *ahrimanskog* otjelotvorenja, potpuno jednakog s "drugom Zvijeri" iz biblijskog *Otkrivenja*.

Iščekivanje Luciferovog povratka na "produhovljenu zemlju", došlo je do izražaja u raznim okultnim spisima. Jedan takav ekstremni primjer je knjiga koju je napisao Miguel Serrano, prijašnji diplomat i veleposlanik iz Čilea, pod naslovom *Zlatna knjiga – ezoterijski hitlerizam* (nije vic, nego vrlo ozbiljno osmišljeno!) Knjiga se najprije pojavila na španjolskom jeziku, a 1987. i u njemačkom prijevodu kao *underground* publikacija. U rječniku te knjige Lucifer je opisan kako slijedi:

"Lucifer: Nezemaljsko, na propast osuđeno božanstvo, Bog svjetlosti i ljepote, koji potječe od Venere [...] najviši vođa tantričke magije. Povratkom Zlatnog doba, nakon produhovljenja Zemlje, bit će rehabilitiran."

Tko s "Luciferom" i "Sotonom" – u bilo kojoj definiciji – očijuka, nalazi se u opasnim vodama dualizma. Bog i Protubog, ni jedan od njih nije istinski Bog, a na koju god stranu se čovjek priklonio, ne nalazi se nikada na "Božjoj strani", jer se Bog ne može prepoznati kroz dualističku jednostranost.

"Bog" i "Protubog" pojavljuju se u mnogim atraktivnim oblicima i obećavaju svojim sljedbenicima moć i utjecaj. U "religijama" je to već dovoljno demonstrirano, ali jednaka opasnost postoji i u ezoteriji i New Ageu. Upravo ljudi koji sebe vide kao "majstore", "prosvijetljene", "avatare", "velike iscjelitelje" ili "otvaratelje dimenzija" nude rezonanciju koja je pogodna za suptilno zavođenje ega. Za postizanje kriterija razlikovanja čovjek se mora, sa stajališta "kraja vremena", zapitati: Pomaže li mi ova osoba, odnosno učenje da prozrem "zavodnika svega svijeta" i ne dam se od njega ni zavesti ni potresti? To zavođenje nije materijalističko, već u prvom redu magijsko (i tehnomagijsko) i "ezoterijsko", a obećava toleranciju, svjetski mir, jednakost itd. – ali samo pod *njegovim* diktatom.

Dualizam: Borba poluistina

Borbe koje se vode u našim osobnim životima i na zemaljskoj ravni često su zrcaljenje borbi na astralnim, nevidljivim razinama. Mi ljudi stojimo u sredini između fronti, jer u tim borbama se radi *o nama* i našim dušama.

Dualizmom dolazimo u područje u kojem slika svijeta nije više isključivo materijalistička. Dualizam tvrdi da fizičko-materijalno ima svoj suprotni pol koji za zemaljske oči nije vidljiv. Dualizam obuhvaća metafizička stajališta i dimenzije koje se smatraju konkretnom stvarnošću. Prema tome, dualnost[***] nije mirni suživot suprotnosti gdje jedna strana, zlo, uvijek živi na štetu druge i stremi ka svome cilju – postizanju što je više moguće materijalne moći. To je borba dimenzija, borba između okultnih sila, borba suprotstavljenih "Bogova" koja je nemilosrdna, jer svaka strana teži uništenju druge, kao što svjetlost svaku tamu rastvara i uništava. Svi su uvjereni da danas žive u vrijeme odluke ...

Tragika dualizma je što obje strane koje se bore, slijede poluistinu. Dualizam je nazvan "dualizam" zato što apsolutizira dualnost. Kaže: "Bog nastaje sa suprotnošću"; "Bog ima protivnika"; "Postoje

---

[***] Dualnost znači dvojstvo relativnosti koja se već raskolila na suprotne dijelove, zbog čega u svijetu dualnosti ništa ne može postojati bez suprotnosti. Dualizam je svjetonazor koji dualnost (dvojstvo) označava kao temeljni princip bivanja, a "jedinstvo" definira kao nerazdvojno subivanje dviju suprotstavljenih polovica, koje može biti ili paralelno, međusobno upotpunjeno; ili međusobno suzbijano.

Bog svjetlosti i Bog tame". Ovakav pogled na svijet znači apsolutizaciju relativnog – pozitivnog i negativnog. Tvrdi se da je bog pozitivan, apsolutno Dobro i nalazi se u sukobu sa svojom suprotnošću, negativnim, apsolutno Zlim.

Primjena simbolike svjetlosti i sjene i ovdje pokazuje da takve postavke ne odgovaraju stvarnosti: "Svjetlost i tama su dvije paralelne stvarnosti, dvije međusobno neovisne egzistencije; Tama je druga strana svjetlosti; Ne postoji svjetlost bez tame." Dualizam je, prema tome, uvijek pogrešni zaključak, a svakako je tek jedna od mogućnosti kojom se "svjetlost" od strane tame može pogrešno definirati.

Jedan tipičan primjer za to daje Albert Pike koji je za vrijeme u kojem je živio bio izuzetno mnogostran: jezični genije, autor knjiga, novinar, glavni odvjetnik Arkansasa (SAD), visoki vojni časnik, a istovremeno i utjecajni Veliki majstor Lože. Pripadao je vodećim masonima 19. stoljeća u SAD-u.

"Većina ljudi će, bogovjerni kakvi jesu, nakon razočarenja u kršćanstvo i time bez orijentacije, zabrinuto pogledati na novi ideal, bez znanja koga ili što bi trebali obožavati. Tada su ljudi zreli primiti čistu svjetlost kroz svjetsku objavu čistog Luciferova učenja, koje će, konačno, moći biti izneseno u javnost. Ta objava će se nadovezati na sveopći reakcionarni pokret koji će proizaći iz istovremenog uništenja kršćanstva i ateizma."

"Masi moramo reći sljedeće: Častimo Boga, ali naš Bog je obožavan bez praznovjerja. [...] Lucifer je Bog; na nesreću je i Adonai također Bog. Jer po vječnom zakonu ne postoji svjetlost bez sjene, ljepota bez ružnoće, bijelo bez crnoga. Apsolutno može egzistirati samo u liku dvaju božanstava: tama služi svjetlosti kao pozadina [...] Dakle, doktrina sotonizma je hereza, te istinska i čista filozofska religija je vjera u Lucifera, suprotnog, istovrijednog Adonaiu. Ali Lucifer je Bog svjetlosti, Bog dobra, koji se bori za čovječanstvo protiv Adonaia, Boga tame i zla."
(Albert Pike, *Instructions*, 04. svibnja 1889.)

Nakon dosad izloženoga, ne bi trebalo biti teško prozrijeti poluistinu ovakvog dualizma: Svjetlost nije naprosto suprotnost tami, kao

101

što svjetlost i tama nisu dvije izjednačene stvarnosti. Tko smatra da Apsolutno može postojati samo u obliku dvaju konkurentnih božanstava, taj samo apsolutizira relativne sile ili prisutnosti. U primjeru svjetlosti i sjene, takvo vjerovanje tvrdi da s druge strane tame ne postoji neovisna svjetlost.

Dualizam ne da svijetu odahnuti i priječi svaki pravi mir, što se upravo i danas pokazuje kad religije i okultne sile tajno, a neke i otvoreno, raspiruju eskaliranje sukoba. Primjerice, islam tvrdi da je Allah Bog, ali Allah nije i izraelski Bog jer taj Bog i nije Bog. Isto, ali sa suprotnim predznakom kažu i mnogi judeokršćanski krugovi. Svi oni se jasno razgraničuju od dalekoistočnog Boga. Hinduistički Bog je za njih "neprijatelj" i "protivnik", a budizam kao ateistička religija je neskriveni "suparnik" koji posvuda ubire velike simpatije. Uz to, diljem svijeta najbrže rastuća religija je islam.

Kome pogled ne seže dalje od dualizma, ne može ništa drugo ni znati, nego braniti vlastitu stranu. Zapanjujući je psihološki fenomen da čovjek uvijek smatra kako je strana kojoj on pripada bolja. Ovo se može ispoljiti u obraćenstvo: znači, čovjek prelazi s jedne na neku drugu koja mu obećava najviše uspjeha. Na ovakav način bore se različiti "Bog" – tabori za ljudske duše.

Kojem taboru netko pripada ovisi o više činilaca. Pokretačka sila koja nije za podcjenjivanje je sebičnost i želja za ego-moći ("Želim pripadati pobjednicima"), a na jednoj dubljoj razini i strah i potresenost ("Ako sam na pogrešnoj strani, pobjednički Bog će me kazniti"). Međusobne borbe pokazuju, međutim, da strane koje se definiraju dualistički ne nadilaze poluistine.

Sažetak

- Egzistencijalni raskol bivanja na dušu i tijelo, život i smrt, dobro i zlo, zahtijeva pojašnjenje. Jedno od najutjecajnijih je dualizam: učenje da je dualnost (dvojstvo) temeljni princip bivanja i da je "jedinstvo" nedjeljivo zajedništvo dviju suprotstavljenih polovica; i sama svjetska povijest određena je s dvije različite sile, čija bi borba mogla završiti pobjedom "svjetlosti" nad "tamom".
- U sustavima vjerovanja s religijski prožetim dualizmom, istaknuta je suprotnost "smrtnog tijela" i "besmrtne duše", što je s jedne strane dovelo do neprijateljskoga stava prema tijelu, a s druge do muške domi-

nacije.

- Zabluda filozofsko-znanstvenog dualizma dovela je do radikalnoga "znanstvenoga naturalizma", koji tvrdi da je duhovno funkcija materijalnoga.

- Krajnost religioznog dualizma je dualistički gnosticizam koji duhovno označava kao Kraljevstvo Božje, a materijalno kao Kraljevstvo Vraga, "kneza Zemlje". U skladu s tim, ovaj svjetonazor tijelo vidi kao djelo Vraga, što vodi neprijateljstvu prema tijelu i preziru prema smrti.

- Dualističko mišljenje, neizbježno, vodi stvaranju vanjskih fronti. Tako se crkvena moć u Europi, koja je stoljećima u ime "Boga" progonila Vraga", odnosno sve što nije crkveno, sve više sukobljava sa suprotstavljenim silama, posebice s materijalističkom znanošću i gnostičko-metafizičkim ("okultnim") udruženjima loža.

- Crkveno-dogmatični dualizam provocirao je nastanak jedne sekularno-gnostičke protucrkve: Ložâ. Međutim, i ovdje je vidljivo kako su suprotnosti slične, jer oba tabora – Crkva i sekularna "protucrkva" – isključivo su muška udruženja i sastoje se od striktnih hijerarhija u kojima se može napredovati samo kroz institucionalne inicijacije.

- Bog-Vrag dualizam monoteističkih religija provocirao je kontradualizam (i antiteizam) koji je bio sekularan i okultan, te je božje i vražje atribute izokrenuo. "Lucifer" je označen kao Bog, a "monoteistički" Bog kao Vrag. Ovaj nazor, koji se može naći već u prakršćanstvu, preuzela su protucrkvena tajna društva i u 19. st. je došao u javnost preko tada započetog ezoterijskog vala, prije svega kroz tekstove Helene Blavatsky i teozofskih grupacija.

- Prakticiranjem spiritizma i medijumizma bića iz astralnih i viših razina dobila su mogućnost uspostavljanja komunikacije s ljudima. To je dovelo i do prvih kontakata s "uzašlim majstorima". U skladu s čistoćom motiva medija, odnosno njegovog kruga, dolazilo je do kontakta s bićima svjetlosti ili nesvjetlosti. Oni se daju vrlo dobro razlikovati, ali ne prema imenima, jer ona se mogu imitirati.

- U pozitivnom, Bogu okrenutom dualizmu čovjek postaje svjestan suprotstavljenih sila i uviđa da sučeljavanje s protivnom silom može ojačati sposobnost razlikovanja te vlastitu volju.

- Negativno dualističko usmjerenje vodi dijaboličnom stvaranju fronti u ime "Boga", pri čemu svaka fronta smatra svog Boga "gospodarom svjetlosti", a suparničkog Boga za "gospodara tame". U teozofskom okultizmu Bogom se smatra "Lucifer", i neki očekuju da se taj "Bog" u sadašnjem vremenu preokreta pojavi kao "donositelj mira", ili kao svog zastupnika opunomoći nekog svjetskog učitelja.

- Dualizam predstavlja apsolutizaciju dualnosti, što znači da se obje strane materijalne dualnosti drže najvišim stajalištima stvarnosti. Prema tom stajalištu, Bog je Pozitivno, apsolutno Dobro, i stoji u opreci sa svojom suprotnošću, Negativnim, apsolutnim Zlom. Ipak, to ne može biti točno, kao što ni svjetlost i tama nisu dvije istovrijedne, jedna od druge neovisne egzistencije.

4. POGLAVLJE

Monizam: Potraga za jedinstvom

Dualizam apsolutizira dvojstvo (dualnost), što povlači opravdano pitanje je li apsolutna stvarnost dvojstvo ili jedinstvo. Egzistira li apsolutno zaista samo u dvije suprotnosti koje se bore, ne postoji li onkraj borbi sjena jedinstvo koje ove suprotnosti poništava? Dvojstvo znači raskol i borbu, a jedinstvo harmoniju i mir, kraj dvojstva, kraj raskola. Ali, ako je Apsolutno (koje se može nazvati "Bog") jedinstvo, odakle dolazi zlo, raskoljeno? Kako se onda može objasniti dvojstvo duha i materije ili života i smrti? Ako je sve naposljetku jedinstvo (= sve je jedno), je li onda dvojstvo iluzija?

Budući da dualizam tvrdi kako je dvojstvo vječna, apsolutna stvarnost koja nikad ne može biti prevladana baš zato što je vječna i apsolutna, filozofi, ezoterici i znanstvenici tražili su zadovoljavajući odgovor. Ima li sve na svijetu, pa tako i dobro i zlo, dva uzroka ili samo jedan?

Intuitivno, čovjek je sklon vidjeti jedinstvo, a ne dvojstvo kao konačnu istinu. Stoga je prirodno što se uz dualizam formirao i monizam. Monizam, izveden iz grčke riječi *monos* ("jedan; sam; jedini") učenje je da sve postojeće naposljetku proizilazi iz jednog jedinog temelja postojanja; temelj svakog postojanja viđen je kao jedinstvo, kao djelovanje jednog jedinog principa.

Kao i svaki svjetonazor, i monizam je stepenica s koje se može poći u pozitivnom, Bogu posvećenom, ili negativnom, od Boga odvraćenom smjeru. Na filozofskom stepeništu, od materijalizma, holizma i dualizma, monizam predstavlja najvišu stepenicu. Što se čovjek više penje k istini, utoliko dublje može pasti. Monizam, upravo stoga što istini dolazi tako blizu, može dovesti do najekstremnijeg oblika poluistine, tako varljivo nalik "svjetlosti" da neki koji su od nje otpali smatraju kako su zaista "u svjetlosti", "prosvijetljeni" (lat. *illuminatus*). Ovaj trag vodi do najviše stepenice nesvjetlosnog svjetonazora, do vrha "svjetske piramide" – do jedne stepenice s koje je smjer svjetske povijesti dirigiran od početka Kali-yuge. Budući da ideologija ovih "prosvijetljenih" na varljiv i popularan način zvuči ezoterijski, ovdje u 4. poglavlju treba pobliže osvijetliti negativnu verziju monizma. U kontrastu s tim će pozitivna verzija monizma na jedan diferencirani način biti razumljiva, čak samorazumljiva, a također i tema "monizam" pojavit će se u novom svjetlu, naime u svjetlu koje je istinski *monos* i ne stvara sjenu.

Materijalistički i ezoterijski monizam

Monizam tvrdi da svijet u svom postojanju i nastanku naposljetku počiva na samo *jednom* prauzroku, *jednoj* supstanci i *jednom* principu – nasuprot dualizmu i pluralizmu prema kojima se bivanje pojašnjava s jednim ili više uzroka. Dok dualizam promatra "duh" i "materiju" kao dva odvojena, paralelna i nesjedinjujuća principa, monizam prihvaća jedan od tih dvaju principa kojeg označuje kao "uzrok svega". U skladu s tim postoje dva temeljna oblika monizma koji su doduše suprotstavljeni, ali u praktičnim zaključcima vrlo nalikuju. Negativno usmjereni, oba oblika vode, unatoč prividnoj suprotstavljenosti, istim posljedicama, samo iz dva različita pravca.

U jednom obliku monizma *materija* je jedini princip svega bivanja. To je već opisani materijalizam. Dualizam se u ovom pravcu razmišljanja održao time što je sve duhovno interpretirao kao funkciju organske materije. Sukladno tome, razlikovanje "dobra" i "zla" smatra se često subjektivnom funkcijom materijalistički definiranog duha; u samom prauzroku, u jedinstvu materije, u "Univerzumu" ne postoje dobro i zlo, već samo neutralna energija koja neumoljivo funkcionira prema svojim vlastitim zakonima; stoga je nužan općeprihvaćeni katalog pravila ponašanja (etike) koji ravna suživotom pojedinih dijelova.

U drugom obliku monizma je *duh* jedini princip bivanja. Već u staroj Grčkoj bilo je filozofa koji su govorili "Sve je duh", npr. Anaksagora i Pitagora, u određenom smislu također i Sokrat i Platon. Posljednji su naučavali da iza svakog materijalnog pojavnog oblika (grč. *phaenomenon*) djeluje duhovna pozadina (grč. *noumenon*, od "*nous*", "duh", "duhovna snaga") iz koje nastaju prototipi ili "ideje"* koji formiraju materiju. U skladu s tim, taj je filozofski po-

---

* Ideja: od grč. *eidos*, "duhovna slika; ono što je iznutra primljeno i prepoznato".

gled u povijesti filozofije – s ponešto krivim razumijevanjem – nazvan idealizam ili spiritualizam. Mogao bi se nazvati i holističkim ili ezoterijskim monizmom, jer se ovdje ne zastupa materijalistički monizam, već "cjeloviti", u čijoj slici svijeta imaju mjesto i duhovni i metafizički principi, kao npr. zakoni karme i rezonancije.

U današnje vrijeme su se ove dvije forme monizma u mnogočemu približile, jer se i u materijalističkoj znanosti, prije svega kvantnoj fizici, došlo do spoznaje da je svijest energija i da je materija također energija. Po toj logici naposljetku nema razlike između svijesti, duha i materije, jer je sve energija. Materijalistički monizam danas ne tvrdi samo "sve je materija", nego i "sve je energija". U ovoj spoznaji presijecaju se materijalistički i ezoterijski monizam koji tvrdi "sve je duh". Ali, što je "duh"? Duh je energija – upravo kao i materija! Ovdje se monizam očito vrti u krug.

Obje forme monizma susreću se, unatoč njihovoj suprotnosti, u zajedničkoj tvrdnji: "sve je energija", s logičnim zaključkom "sve je jedno". Ezoterija je ovdje prikriveni materijalizam, a materijalizam – ezoterija. Odlučujuće pitanje jest: Što je energija?

Materijalistički monizam: sve je materija, a materija je energija

Sve je energija. Sve je jedno.

Ezoterijski materijalizam: Sve je duh, a duh je energija.

Ova dva oblika monizma dakle nisu zaista različita, nego predstavljaju dvije strane istog novčića. Ezoterijski monizam je naposljetku materijalistički, a materijalistički monizam može biti ezoterijski i sveobuhvatan. Ezoterija i duhovni svjetonazor mogu dakle biti sasvim materijalistički i bez-božni. Jer Bog je više od same energije.

Dualisti su naposljetku monisti!

Kao što gore napisano pokazuje, svi svjetonazori proizlaze iz nekog monizma. Materijalizam je materijalistički monizam, kao i nihilizam. Panteizam i deizam su oblici ezoterijskog monizma. Kod bližeg promatranja, iščahuruje se također i dualizam kao oblik monizma, naime kao njegova prva stepenica. Jer sve strane koje se dualistički razgraničuju od "ostatka svijeta" smatrajući sebe zastupnicima svjetlosti, a "druge" zastupnicima tame, uvjerene su da će na kraju svjetlost, tj. *njihova* strana pobijediti i odagnati svaku tamu. Kao što svjetlost odstranjuje tamu, tj. doslovno je uništava – jer u svjetlosti od tame ne ostaje "ništa" – tako i različiti tabori teže, sa svojom "svjetlošću", tamne suprotne strane pobijediti i uništiti, odnosno ili istrijebiti ili integrirati u svoju "svjetlost". Kao i religiozni, i sekularni dualisti su tako zapravo monisti, jer vjeruju da je njihova "svjetlost" jedina stvarnost.

Obrnuto: svaki monist u praksi je dualist, jer trenutno na Zemlji još uvijek ne vlada jedinstvo, a dok se "jedinstvo" ne postigne, cilj "posvećuje" sredstvo. Obzirom na nesklad između aktualne situacije u svijetu i monističkog "ideala", (negativni) monisti smatraju opravdanim raditi sve što je nužno kako bi se odstranila iluzija dualizma.

"Prosvijetljeni" i "dobri", koji vjeruju da su nadišli iluziju imaju jedan davno prokušani trik kojim žele različite tabore dovesti pod svoju moć i u jedinstvo, naime okrećući ih jedne protiv drugih. Tako se uvijek iznova događa da se neke grupe ujedinjuju kako bi napravile frontu prema taborima. Jedan takav primjer je savez Churchilla, koji je predstavljao kršćanski zapad, i Staljina, predstavnika ateističkog i antikršćanskog komunizma, kako bi se zajedno borili protiv Hitlerove Njemačke. Ali, kao što danas znamo, iza ovih fronti stajale su direktno ili indirektno iste nadnacionalne interesne grupe sa svojim razgranatim financijskim tokovima.

Kad se dvoje svađaju, treći se veseli. A uvijek je treći onaj koji ostale dovede u međusobni sukob kako bi proširio vlastitu moć, što je moguće sveobuhvatnije i "monistički".

Monizam: "Svjetlost je odsutnost tame"

Prema filozofiji ezoterijskog monizma, stvarnost onkraj dualnosti (dvojstva) je "jedinstvo", odsutnost dualnosti. Stvarnost je nedualnost (sanskrt: *advaita*). Ako je odsutnost dualnosti stvarnost, onda je dualnost nestvarna, što znači da je svijet dualnosti (relativnosti) iluzija. Slijedeći tu logiku, stvarnost se definira kao "jedinstvo onkraj svih materijalnih formi", Bog je ovdje tek apstraktni, sveobuhvatni energetski potencijal.

Dok je u negativnom dualizmu Bog, odnosno stvarnost, označen kao ukupnost prirode i prirodnih zakona, ezoterijski monizam definira deističko jedinstvo za jednu dimenziju obuhvatnije, naime u smislu apstraktno-duhovnog jedinstva energije (sanskrt: *brahman*) s beskrajnim potencijalom stvaranja. "Stvaranjima" pripadaju svi aspekti različitosti: identitet duše, individualnost, svijest, ljubav, itd. U monizmu se također govori o Bogu, duši, ljubavi, karmi i nirvani, ali on je ipak ateističan, jer tvrdi: Sve što postoji naposljetku je izraz apstraktnog jedinstva, najviše i jedine istinske stvarnosti".

Iako ovaj svjetonazor može zvučati bezopasno, on otvara vrata raznim pogrešnim tumačenjima koja u svojim okultnim izvedenicama vode do najvišeg oblika prividnog prosvjetljenja.

Monizam je posljednji mogući pokušaj definiranja stvarnosti iz dualnosti. On tvrdi: "Svjetlost nije tek ukupnost sve tame. Ona je nešto posve drukčije od tame. Svjetlost je suprotnost tame, njena odsutnost. Raskidajmo tamu, i u svjetlosti smo! Ako svi negiramo tamu (dualnost), onda smo potpuno u svjetlosti = prosvijetljeni".

Ova poluistina je temelj svjetonazora najviših sila tame. Ona je ovdje predočena simbolikom svjetlosti i tame kako bi se pojasnila temeljna greška u razmišljanju: prirodno je da je u svjetlosti tama odsutna, to je točno. Ali je kobna poluistina reći da je svjetlost tek odsutnost tame.

Svjetlost nikako nije produkt negacije tame. Isto tako, stvarnost se ne može spoznati tek negiranjem dualnosti. Ako se stvarnost pokušava spoznati negacijom nestvarnosti, tada je riječ o slici svijeta koja je doslovno negativna (od lat. *negare*; "nijekati").

Tim svjetonazorom "prosvijetljeni" dokazuju da se nalaze u

tami, inače svjetlost ne bi morali definirati iz perspektive tame. Pokušaj da se negacijom tame dospije do svjetlosti je ateistički oblik samoizbavljenja, koji je u stvarnosti samoobmana.

Problematika Advaite

Slika svijeta koja zastupa definiciju "stvarnost = nedualnost" u zapadnoj se filozofiji naziva monizam, a u indijskoj *advaita* (sanskrt: prefiks negacije *a-*, i *dvaita*, "dvojstvo; dualnost")

Problem advaite je u tome što Boga, odnosno stvarnost, definira negativnim izrazom: "ono što nije dualno". Ali, može li se Apsolutno opisati samo negacijom relativnog, naime onim što *nije*? Onda se očito ne zna što Apsolutno *jest*. A ako se ne zna što Bog jest, kako se može znati što on *nije*? Dakle, pokušava se definirati nešto što se ne poznaje, a počinje se negacijom svega onoga što nije. Ali odakle se, bez poznavanja, zna što *nije*?

Isto vrijedi i za pitanje samospoznaje: Ako znam što nisam (npr. "moj" ego), to još uvijek ne znači da znam tko sam ja.

"Sve je jedno": nema razlike između pozitivnog i negativnog?

Ezoterijski monizam je u svojoj biti ateistična filozofija, ali sadrži puno istina koje mu daju atraktivan i "duhovan" izgled.

Filozofski formulirano, monizam tvrdi: "Apsolutno je jedina stvarnost, a ona je slobodna od dualnosti, kao što je svjetlost slobodna od svih sjena. To znači da dualnost ne predstavlja istinsku stvarnost. Svi dualistički koncepti su iluzija (sanskrt: *maya*)".

Kao što je u deizmu dana jednostrana (poluistinita) definicija karme, tako je i ovdje pojam *maya* snabdjeven jednostranim pojašnjenjem koje je – iako poluistinito – pogrešno. U indijskoj filozofiji je ateistički monizam nazvan *mayavada*; "učenje (*vada*) da je sve manifestirano iluzija (*maya*)"; gledište da je sve jedno.

Posljedice monizma tek su od nekolicine ezoterika promišljene do kraja, a također i u hijerarhiji loža ove se "tajne" otkrivaju tek na najvećem stupnju inicijacije. Logika ezoterijskog monizma zvuči jasno, čak prosvjetljujuće, ali ipak se u konzekventnijoj interpretaciji pokazuje da ni ovdje nešto nije u redu.

Ovo što slijedi je kompaktna formulacija monističkog svjetonazora u ateističko-ezoterijskom obliku. Naravno, njegovi zastupnici se nikada ne bi javno izrazili ovakvim riječima. Samo mali broj njih svjestan je kakav svjetonazor zapravo slijede i gdje se filozofski svrstava. No kad se način razmišljanja koji stoji iza tog svjetonazora razvije sve do ekstrema sotonske zasljepljenosti, postavlja se pitanje gdje je greška?

Dakle, "prosvijetljeni" monist kaže:

"Cilj svakog pojedinog osobnog razvoja jest jedinstvo, *stvarnost onkraj dualnosti, simbolički govoreći:* svjetlost onkraj tame. Kako bi došli u svjetlost, moramo se osloboditi svake tame; moramo se oplemeniti. Moramo ostaviti za sobom *svijest dualnosti i razviti svijest jedinstva. Mi, prosvijetljeni, dosegli smo to jedinstvo. Mi razumijemo da dualnost, kao ni tama, nije stvarna. U konačnici su svi oblici dualnosti iluzija. To osobito vrijedi za dualistički koncept "Ja " i "Bog".* Nema *Boga izvan mene, nema Boga u oblacima koji nas ljude promatra i nagrađuje ili kažnjava. To je srednjovjekovni crkveni koncept kojim je ona željela ljude zaplašiti i pokoriti. U stvarnosti nema kažnjavajućeg Boga, ali ni volećeg Boga, jer oboje su dualistički koncepti. Isto tako su nestvarni koncepti neba i pakla, milosti i* prokletstva, dobra i zla, radosti i patnje, ljubavi i mržnje, tj. ljubavi i kazne. *Ljubav je dualistički (dvojstveni) pojam, i vjerojatno najljepša – ali zato ništa manje – iluzija. No stvarnost je slobodna od dualnosti kao što je svjetlost slobodna od tame. stvarnost je dakle ne-dualna, što znači ne-kažnjiva, ne-mrzeća,* ne-bolna i "ne-zla", ali također ne-voleća, ne-radosna, "nedobra" i "ne-božna". Jedinstvo je nešto posve drugačije od svega što se da iskusiti u dvojstvu (iluziji). *Ova konačna i jedina istina, spoznaja stvarnosti, većini ljudi – zarobljenima u dualističkim konceptima – teško je prihvatljiva. Stoga je tek nekolicina ljudi dovoljna jaka i sposobna da se suoči sa stvarnošću univerzuma i pristupi najvišem prosvjetljenju."*

Ovo je tajna, surova "Istina" top-materijalista i top-okultista koji u svim religijskim i sekularnim grupacijama zauzimaju utjecajne pozicije. Predstavljeni način razmišljanja pokazuje i zašto takva logika neizbježno vodi nastanku elitističkih i tajnih krugova. Oni drže da istinsku "stvarnost" može razumjeti tek nekoliko "prosvijetljenih", svi ostali bi ovaj svjetonazor pogrešno razumjeli i označili kao "sotonski". Iz tog razloga za njih je držanje u tajnosti i elitistička ekskluzivnost najviša zapovijed. U njihovim očima svi ostali ljudi su neprosvijetljeni i stoga preslabi ili presentimentalni da bi prihvatili golu istinu o stvarnosti:

> "Većina *ljudi će se uvijek držati svojih Dobro-Zlo koncepata i u ime Boga voditi ratove protiv "Zla". Religije su donijele 4000 godina rata, ali rat koji mi vodimo ima svoj kraj. Bolje kraj s užasom, nego užas bez kraja.* Mir, red i pravednost bit će mogući tek onda kad oni uistinu prosvijetljeni postignu punu moć da vode sve neprosvijetljene. Stoga nije samo opravdano, nego čak *neophodno uvesti jedan novi svjetski poredak u kojem će istinski prosvijetljeni zadobiti apsolutnu moć. Sve što služi tom cilju – pa i neistina, ratovi i ubojstva – dio je evolucijskih procesa, i zato nije ni dobro ni loše, već naprosto neophodno. Jer, takvim akcijama odstranjujemo prepreke na našem zajedničkom putu ka istinskoj dobrobiti čovječanstva, za kojom svi čeznu: miru, redu, sigurnosti."*

Nastavljajući ovakvu logiku, može se reći – i rečeno je:

> "Ljudska masa je glupa i animalna, i reagira samo na pritisak, bol i nasilje. Stoga je *neophodno pojačati pritisak patnje, sve dok* strah i očaj ne postanu dovoljno veliki da natjeraju ljude na zazivanje izbavljenja putem prosvijetljene svjetske vlade, i preklinjanjem za njom. Tada će čovječanstvo biti spremno za *otkrivenje istinskog Boga, kojeg sada zbog svog sitnokarijerizma i egoistične ograničenosti nisu spremni prihvatiti."*

Ovaj svjetonazor visokostupanjskog "samoprosvjetljenja" može se nazvati i "ideologija Illuminata", premda je pojam "Illuminati" višeznačan i skoro izlizan. Taj pojam odnosi se na "prividno prosvijetljene" čija je glavna značajka ego-opravdavanje. U tom smislu, može se reći da posvuda ima "Illuminata", neovisno o tome postoji li još i danas povijesna zavjerenička organizacija koja se također nazivala ovim imenom i utjelovljivala isti mentalitet. Može se čak reći da se u svakom čovjeku, u određenoj mjeri, krije jedan "Illuminat".

Kroz negaciju tame u svjetlost?

Svjetonazor koji tvrdi da se negacijom tame stiže u svjetlost utječe danas na sva područja ljudskog života, a ne samo na svijet politike i tajne politike.

U psihologiji se to očituje mišljenjem da oslobođenje od neuroza, blokada i negativnih obrazaca automatski vodi ljude "samima sebi" (k samoostvarenju, ili čak "samospoznaji").

U medicini to vodi gledištu da se zdravlje postiže prije svega suzbijanjem bolesti. O tome svjedoči stalna potreba za sve skupljim lijekovima, bolnicama i aparatima, kao i sve skuplje zdravstveno osiguranje.

U svjetskoj politici se isti duh iskazuje gledištem da se mir postiže ratom protiv terorizma i eliminacijom svih suprotnih snaga. "Tko nije s nama, protiv nas je."

Takvom negativnom metodom postupanja nikada neće biti moguće nadvladati rat, glad, siromaštvo i zagađenje okoliša. Suzbijanje simptoma na kraju ostavlja samo jednu opciju, naime potpuno potiskivanje. Mir i red vladat će tek onda kad ostane još samo jedna vladajuća sila, ona "prosvijetljenih" ...

Slično tvrde i neke ezoterijske vizije mira koje se nadaju intervenciji jednog svjetskog učitelja. Jedna izvanjska moć treba donijeti mir, pri čemu se često koristi ključna riječ "tolerancija". Svakako hvalevrijedan ideal tolerancije ovdje se međutim razumijeva na samovoljan način: "Prosvijetljeni" trebaju uspostaviti "Novi svjetski poredak" u kojem je tolerancija najviši princip; a budući da je taj svjetski poredak tako prosvijetljen, neće se tolerirati ništa što mu se suprotstavlja.

"Mi smo toliko za mir, da vodimo rat. Tako smo tolerantni da ništa ne toleriramo. Mi smo toliko za zdravlje da suzbijamo bolest, a sve što ovu borbu ne podupire, zabranjujemo".

U vezi s posljednjim, 2001. pojavila se knjiga velikog, renomiranog njemačkog izdavača s provokativnom naslovom *"Heilen verboten, toeten erlaubt"* (*"Liječenje zabranjeno, ubijanje dopušteno"*, autor Kurt G. Blüchel) u kojoj je opisano kako se bezbrojne krive dijagnoze i liječničke pogreške prikrivaju i sakrivaju, dok ista ta "mafija" zabranjuje mnoge djelotvorne metode.

Kad dobijemo takve informacije, ne bi trebali i sami upasti u negativni pravac razmišljanja i smatrati da će svijet – ili naše zdravlje – biti bolji ako se damo u borbu protiv takvog "organiziranog kriminala". To bi bilo jednostrano okrivljavanje, jer ipak postoji mnogo liječnika i kirurga koji sigurno ne rade samo zbog novca. Puno je bolji savjet ne bojati se bolesti (i ne dati se zaplašiti!), i preuzeti vlastitu odgovornost za svoje zdravlje. Tad bi gore navedene neispravnosti nestale same od sebe.

Ekskurs: ILLUMINATI, triler

Da pojam "Illuminati" i danas na mnoge ljude ima magičan učinak pokazala je i pojava romana *Illuminati* Dana Browna. Tog mjeseca kad se pojavio, ožujka 2003, morala su se tiskati još tri izdanja, u narednom još dva. Jedanaest mjeseci kasnije ovaj "triler" imao je jedanaest izdanja i već mjesecima držao prvo mjesto na listama bestsellera. Tabu oko ovog pojma očito je bio razbijen, kao i bojazan od illuminata, jer se u knjizi tvrdi da oni niti ne postoje, ili barem danas više ne!

U fiktivnoj radnji Vatikan je postao ciljem terorističke prijetnje počinitelja koji su sebe nazvali "Illuminati", a koji su ubojstvom četiri oteta kardinala osigurali svjetsku medijsku propagandu. Kasnije se pokazalo da iza te akcije stoji apokaliptično-fanatični papinski tajnik "Camerlengo", koji je u potaji samoinicijativno organizirao napad na Crkvu kako bi vjernike ponovo vratio Crkvi i ljudima skrenuo pažnju na pogrešni put materijalističke znanosti. Za konkretni prljavi posao anonimno je vrbovao jednog islamskog teroristu; uvjerio ga je u postojanje i svemoć "Illuminatija", a njegov zadatak bio je da u određenom trenutku usmrti Papu. Da je riječ o ubojstvu znao je samo terorist; svijetu će se priopćiti da je Papa umro prirodnom smrću. Kao i obično, jedan američki junak oslobodio je Vatikan, Europu i svijet od tog terora. Svaki oblik "teorije zavjere" u knjizi je ismijavan kroz lik novinara koji je vjerovao u zavjere.

K tome, američki je autor nenamjerno pokazao i dva važna potpornja na kojima počiva današnja svjetska politika, naime scenarij po kojem jedna moćna organizacija ili država (Vatikan je oboje) izvodi napad na samu sebe, kako bi to poslužilo vlastitim interesima. Samo-insceniranje je jedan potporanj, a drugi je svjetska eksploatacija terora putem medija: *"Mediji su desna ruka terora"*, te je riječi autor stavio u usta liku koji vuče konce terora.

Na početku knjige, u "Bilješkama autora", piše: "Bratstvo Illuminata svakako postoji." Autor pušta svog junaka, jednog sportski nastrojenog harvardskog profesora da objasni kako je diktatorska i ubilačka crkvena moć u Srednjem vijeku natjerala inteligenciju koja je tragala za istinom da se organizira tajno, što je dovelo do osnutka izvornih "Illuminata". Ako bi na koga posumnjala da im pripada, Crkva bi ga odmah progonila, poput Galilea, i u najčešćem slučaju mučila i ubijala. To izvorno bratstvo, misli autor kada kaže da "Illuminati" postoje i danas, ne postoji u negativnom obliku, već kao takvo koje je humanistički i nadreligijski angažirano.

Ali, i Dan Brown spominje da se iz izvorno pozitivnog pokreta razvio jedan negativni pokret u sjeni. Harvardski profesor objašnjava:

> Nastalo je jedno novo bratstvo. Mračno bratstvo. Duboko antikršćansko bratstvo Illuminata. Vrlo moćna, vrlo tajna sekta s misterioznim ritualima, koja se zaklela da će se jednog dana uzdići iz potonuća i osvetiti se katoličkoj Crkvi. [...] Ovdje vidite simbol najstarijeg i najmoćnijeg sotonističkog kulta na Zemlji. [...] Illuminati se uzdižu u rangovima i postupno preuzimaju najutjecajnije pozicije u Ložama. [...oni] koriste svoju prednost i pomažu u osnivanjima sveučilišta, banaka i industrija kako bi financirali svoj krajnji cilj. [...] Stvaranje jedne jedine svjetske vlade, jedne države koja obuhvaća cijeli svijet, sekularizirani novi svjetski poredak. [...] Oni su to nazvali luciferska doktrina."

Međutim, knjiga ostavlja utisak da taj pokret u sjeni više ne postoji. Camerlengo je još jednom prizvao njegov duh, a uništenjem tog fantoma i sam biva uništen: "*Probudi staro zlo u novi život. A onda ga uništi.*" Čini se da autor svojom knjigom želi učiniti isto ...

Ostaje pitanje gdje su danas predstavnici "luciferske doktrine" kada su bili tako moćni da su podizali sveučilišta, banke i industrije, i kada se njihov "krajnji cilj" – osnivanje "sekulariziranog novog svjetskog poretka" – i danas može vidjeti na novčanici od jednog dolara, u obliku natpisa *Novus Ordo Seclorum*. Sam harvardski profesor objašnjava da taj izraz ne znači samo "novi svjetski poredak" nego se može interpretirati i kao "novi sekularni poredak".

Izmišljena priča ispričana u ovom bestselleru jasno pokazuje da su obje strane u borbi sjena ispunjene istim uvjerenjima. Camerlengo opravdava sam sebe pozivajući se čak i na Božje riječi: "Ništa ne povezuje ljude toliko koliko prisutnost zla". Jer. "Bez tame nema ni svjetlosti, a bez zla nema dobra."

Takvom stavom papinski tajnik govori isto što i predstavnici luciferske doktrine koje je želio pobijediti. Trebamo li zaista zahvaliti Tami što uopće možemo znati što je Svjetlost? Da li zaista bez Zla ne postoji Dobro? Time bi i zlo također bilo dobro, čak i neophodno za Dobro! Upravo to vjeruje i gore spomenuti "prosvijetljeni" monist ...

Ova filozofska pitanja, koja se postavljaju čak i u svjetski popularnim romanima, pokazuju koliko su aktualna i ključna objašnjenja u ovoj knjizi. Jer svjetlost ne stvara sjenu. Očito, mnogi to još nisu primijetili.

"Monoteistička" i monistička slika čovjeka

Elitni krugovi moći religijskih i sekularnih tabora vjeruju kako su pozvani vladati svijetom jer su ljudske mase grešne, odnosno animalne, i prema tome trebaju odgovarajuće vodstvo.

Monoteizam (u tradicionalnom smislu: "Jahve ili Allah je jedini Bog") i materijalistički monizam su dvije strane jednog dualizma, naoko različite. Ali, budući da su dio istog dualizma, dolaze i do istih zaključaka. Njihovi svjetonazori su suprotstavljeni, ali njihova djela su "praktički" ista.

Tradicionalni monoteizam uči da je čovjek kao Božje djelo prvobitno bio dobar, ali se zbog grijeha Adama i Eve odmetnuo od Boga, i samo milošću "Sina Božjeg", odnosno "Proroka" može biti razriješen. Po takvoj vjeri, svi neobraćeni i nevjerni u osnovi su zli i grešni i stoga trebaju biti obraćeni, progonjeni ili odstranjeni.

Do sličnih zaključaka dolazi i materijalistički monizam. On tvrdi da je čovjek životinja koja je tijekom evolucije izgubila instinkt i na temelju naraslog mozga razvila intelekt, dok je životinjski genetski kod još uvijek ostao isti. Stoga temeljni obrazac ljudskog ponašanja još i danas odgovara životinjskom "žderati i biti proždran": borba za vlastito preživljavanje i isključivanje konkurencije.

"Humanizacija" ljudi nužna je već tisućljećima i morala bi se provesti svim sredstvima, jer ni religija ni racionalno prosvjetiteljstvo nisu bili u stanju poboljšati ljudsko ponašanje. Naprotiv, 20. stoljeće bilo je najsmrtonosnije stoljeće ljudske povijesti, a kraj nije na vidiku. Nasilje, terorizam, vandalizam, kriminal – sve je u porastu.

Ako čovjek, kako tvrdi materijalistička znanost, nije tek normalna životinja, već životinja koja je izgubila instinkt i zbog većeg mozga čak vjeruje da ima slobodnu volju, onda to sa sobom donosi enormne probleme:

"U svakoj grupi u kojoj zajedno žive od instinkta oslobođene individue postavlja se pitanje kako se pojedince može prisiliti da se pridržavaju važećih normi svoje grupe" (*Der Spiegel* 21/2002)

Ova rečenica iz članka već spomenutog u 1. poglavlju naglašava vrhunac posljedica materijalističkog svjetonazora: pojedinac mora biti *prisiljen* podvrgnuti se vladajućim normama. Pitanje je samo *kako?*, i, neizgovoreno, *od koga?* Općenito znanstveno mišljenje jest da je religija, koja je u početku još i mogla ispuniti ovu zadaću, već odavno zakazala kao moralna instanca i sad ju je znanost demitologizirala. Kako dakle pojedinac u bliskoj budućnosti može postati "prisiljen" držati se normi zadanih od strane "normalnih", tj. od predstavnika vladajućeg svjetonazora? (Odgovor koji se danas sve otvorenije prezentira glasi: kroz jedan novi, sekularni svjetski poredak.)

Opet se pokazuje kako dva suprotstavljena svjetonazora – a jer su dio istog dualizma – naposljetku vode sličnim načinima postupanja. "Monoteističke" religije tvrde da je čovjek grešan i nezreo. Materijalističke znanosti tvrde da je čovjek animalan i povodi se za nagonima. Praktički oboje znači isto, naime da je ljudima potrebno jako, po mogućnosti totalitarno vodstvo. Stoga ne čudi da predstavnici monizma žele prisvojiti ista apsolutna prava kakva su imali predstavnici monoteizma u srednjem vijeku, a dijelom još i danas. Ova navodno apsolutna prava koje predstavnici obaju strana zahtijevaju za sebe treba ovdje pobliže rasvijetliti, jer iz njih proizašle namjere čine vidljivima pravo lice upitnih poluistina.

Od "prosvjetljenja" do pragmatizma

Oni koji vjeruju u ateistički monizam uvjereni su u svoju ispravnost i žele uspostaviti svjetski poredak u kojem će svi ljudi živjeti prema njihovoj "istini"; čovjek više neće trebati iluziju Boga; religija u teističkom smislu treba biti ukinuta i zamijenjena svjetovnom etikom;

tek kad se to provede na Zemlji će biti mir i red; uspostavljanje takvog svjetskog poretka je stoga neophodnost, i sve što služi toj svrsi mora i smije biti učinjeno; cilj opravdava sredstva.

U skladu s ovim uvjerenjima u određenim visoko rangiranim krugovima se vjeruje da su Pozitivno i Negativno istovrijedni i uravnoteženi. Jedini kriterij ovdje je "neophodnost": *"Mi stojimo onkraj dobra i zla. Ne činimo ništa 'dobro' i ništa 'loše', nego samo neophodno. Neophodno je sve što potiče progresivnu evoluciju čovjeka, sve dok ne postane sposoban prihvatiti naš novi svjetski poredak."* Drugim riječima, neophodno je sve što služi samodefiniranom cilju. Ako je neophodno inscenirati kakav teroristički akt ili izazvati jedan rat, onda to mora i smije biti učinjeno. Jer, za određene osobe koje imaju "neophodnu" moć i mentalitet ponekad je vrlo "praktično" druge ljude, koje vide kao prepreku, jednostavno bombardirati ili drukčije odstraniti. Jer cilj opravdava sredstvo ...

Ovakav stav nazvan je pragmatizam:** činiti sve što je praktično kako bi se postiglo ono što je neophodno – a što je neophodno, to će odrediti sami pragmatičari.

Tako se "prosvijetljeni" vrte u paklenom krugu ego-opravdavanja.

Machiavelli: Neophodnost je najviši princip

Ako je čovjek po prirodi grešan, odnosno animalan, on ne može znati što je zaista dobro za njega. Stoga su neophodne dvije stvari: prvo, mora biti jedan prosvijetljeni "krotitelj životinja", i drugo, on mora imati moć da ukroti "animalne" mase. Tek tad će se uspostaviti mir i red. – Ovo je pogled "prosvijetljenih" monista. Oni ovo smatraju realističnom procjenom ljudskih masa prema nesentimentalnoj "istini", iza svih dualističkih prenemaganja. U socijalnoj i političkoj primjeni monizam predstavlja *nametnuto jedinstvo*, jednoobraznost, i naposljetku globalnu diktaturu koja se po principu *monosa* provodi

** Pragmatizam: stav po kojem se vrijednost neke stvari mjeri po tome koliko je upotrebljiva za postizanje vlastitih ciljeva; od grč. *pragma*, "postupak, put kojim se nešto postiže", također i korijen riječi "praktično" i "praksa". U negativnom smislu ovaj pojam se odnosi na praktične posljedice ateističkog deizma i monizma, kao i na dualizam (čije se antagonističke struje ne označuju kao ateističke).

od strane jedne jedine elite.

Ova ideologija nije ništa novo. Njome su se vodili mnogi monarsi i politički monisti jer su se osjećali pozvanima da vladaju masama. "Nesentimentalni" realizam koji tvrdi da su ljudske mase animalne i glupe i trebaju totalitarnu vlast već su mnogi zagovarali u tajnosti. Jedan od prvih koji je to javno i napismeno uobličio bio je Niccolo Machiavelli (1469-1527), otac jedne teorije države koja je kasnije po njemu nazvana makjavelizam, "politika moći nesputana ikakvim moralnim promišljanjem".

Tko hoće kritizirati Machiavellija treba pripaziti da kritiku ne svede na puko ponavljanje unaprijed stvorenih mišljenja, jer se često dogodi da takav kritičar (pogrešno) vjeruje da on zagovara opsjednutost moći, nasilje i vladavinu terora. A upravo to nije točno. Machiavelli je poučavao principe beskrupulozne vladavine moći, ali ne i besmislene vladavine nasilja. On se nije povodio za time da opravda obijesti nekih tirana. Naprotiv, govorio je da političar mora znati uspostaviti moć hladnim proračunavanjem, bez da se da sputati moralnim ili religijskim ograničenjima. Budući da su svi ljudi egoistično zaokupljeni samo vlastitom koristi, i vođa tih ljudi, "vladar", mora raditi s istim sredstvima, samo još suverenije, inteligentnije i upornije:

> "[...] jer čovjek koji u svakom pogledu želi biti dobar mora propasti među toliko puno drugih koji nisu dobri. Stoga knez, ako se želi održati, mora naučiti biti sposoban da ne bude dobar, i to primijeniti ili ne, već kako neophodnost nalaže (*secondo la necessità*)".

Machiavelli sebe vidi kao političkog realistu koji je osobno upoznao opasni i varljivi svijet politike.

Kao firentinski diplomat tijekom četrnaest godina puno je putovao, kroz cijelu Italiju, i četiri puta u Francusku, na dvor kralja Louisa XII, čiji je prethodnik Karlo VIII, ostvarivši nasljedno pravo na Napulj, 1494. upao u Italiju s vojskom od 30 000 ljudi.

Kad je firentinska republika godine 1512. pokorena od Vatikanu odane španjolske vojske, Machiavelli je izgubio sve svoje funkcije i građanska prava. Živio je u kućnom pritvoru i bio povremeno zatvaran i mučen. Ako je ranije i imao neke iluzije o jednom zdravom svijetu, izgubio ih je najkasnije u toj fazi života. Pape su se mogli pozivati na svoju nepogrešivost i svetost, a kraljevi su mogli tvrditi da su svoju moć dobili "milošću Božjom", no stvarnost je izgledala drukčije. S tim deziluzioniranim i razočaranim pogledom na svijet pisao je Machiavelli svoje *"Discorsi"* i ostale tekstove, a među njima i rukopis koji je posvetio Lorenzu de Medici, i 1513. mu ga osobno predao: *"Il Principe"* (*"Vladar"*). Tek pet godina nakon Machiavellijeve smrti taj je tekst objavljen kao knjiga, i prouzročio veliko komešanje i burne diskusije.

U svojoj knjizi *"Vladar"* Machiavelli postulira apsolutni prioritet državne vladavine, bez vječnih vrijednosti ili božanskih ciljeva, bez savjesti ili obzira prema ljudskom životu; ide se samo i jedino na hladno proračunato postupanje, u cilju postizanja i održanja državne moći. Machiavellijeva argumentacija je praktična i logična, bez ikakvog licemjernog ili diplomatskog uljepšavanja, koje je uobičajeno kad se crkveni ljudi ili političari u svojim govorima vrte oko vruće kaše. On pruža oštroumne analize političkih događaja i pomoću puno konkretnih primjera pokazuje kako u politici i ratovanju važe sasvim određena pravila koja se moraju poznavati ako se želi postići i zadržati moć. Tu spadaju umjetnost laganja i prijevare, infiltracija i propaganda. Također je objasnio kako jedan vladar može zavesti strahovladu bez da izazove mržnju, i još puno toga, na primjer – kad je pametno prekršiti zadano obećanje:

> "Koliko je pohvalno za jednog vladara da drži svoju riječ i da bude iskren umjesto podao, to razumije svatko; isto tako, iskustvo naših dana pokazuje da su velika ostvarenja postigli vladari koji ne drže do zadane riječi i kojima je razumljivo da ljude zavode lukavošću; i koji su naposljetku nadvladali one koji su se izgrađivali na integritetu. [...] Stoga se jedan pametni vladar može i smije ne pridržavati dane riječi ako bi to bilo na njegovu štetu i ako su otpali razlozi zbog kojih je dao obećanje. Kad bi svi ljudi bili dobri, onda bi ovo pravilo bilo loše; no budući da su ljudi loši i ne bi se držali svoje riječi, ni ti se ne moraš držati svoje riječi dane njima."

O osvajanju tuđih područja pisao je:

> "Oni kojima je nanesena šteta, koji žive raseljeni i u siromaštvu, ne mogu nikad ustati protiv vladara; [...] Stoga vrijedi istaknuti da se ljude ne mora ni razmaziti ni uništiti, jer za ma-

nja poniženja oni se osvećuju, a za teža ne mogu učiniti ništa; tako šteta koja se čini drugima mora biti toliko velika da se ne treba plašiti nikakve osvete."

"K tome, valja istaknuti da kod osvajanja neke države osvajač mora razmotriti sve nasilne akte koje je neophodno izvršiti, i da ih sve izvrši jednim udarom, tako da za njima ne mora posezati svakodnevno, već bez opetovanih napada uništiti ljude i pridobiti ih za sebe dobročinstvima."

Ovo što Machiavelli ovdje kaže zvuči vrlo moderno i podsjeća na neka postupanja u ratovima iz novije povijesti. On stalno ističe da jedan "vladar", jedan *illuminatus* mora učiti "ne biti dobar" i primjenjivati nasilje ili diplomaciju, "već kako nalaže neophodnost". *Secondo la necessità* – to je Machiavellijeva svjetska formula za svaku vrstu odluke po pitanju moći i vladavine:

"Stoga on mora imati uvjerenje na osnovi kojeg je spreman okretati se prema vjetru sreće i promjeni okolnosti i – kako sam gore rekao – ne odustati od dobra toliko dugo koliko je to moguće, ali se okrenuti zlu čim je to neophodno."

Dok drugi mislioci rješenje društvenih i političkih problema vide u mudrom vladaru koji bi kao utjelovljenje antičkih, odnosno kršćanskih ideala, trebao biti nosilac moći, Machiavelli u takvim utopijama vidi samo iluzije. On vjeruje samo u realne povijesne zadanosti i analizira ih kako bi se pronašlo sredstvo za konkretne promjene (u njegovom slučaju radi se o oslobađanju Italije od korupcije, rascjepkanosti i strane vladavine). On se nada da jedan hladnoproračunati vladar može, uz sva neophodna sredstva, svojom moći stvoriti nametnuto jedinstvo, koje bi se onda korak po korak trebalo pretvoriti u republiku.

Međutim, Machiavellijeva logika ljulja se na jednoj unutrašnjoj kontradikciji. On kaže da čovjek "nije dobar" i da je sebičan, stoga se mora podrediti "vladaru" kao moralnoj vertikali političkog djelovanja. Kad to "neophodnost" nalaže, "vladar" smije, dapače mora prekršiti zadanu riječ i primijeniti prijevaru i strahote kako bi tim manjim zlom pobijedio veće. Amoralne metode vladanja trebaju se međutim provoditi samo vremenski ograničeno i ne smiju podupirati uvođenje tiranije; štoviše, one trebaju pomoći stvaranju boljih prilika.

Na prvi pogled ovo se čini uspjelim opravdanjem (privremene) neistine i nasilja. No ako su ljudi sebični i "nisu dobri", kako onda Machiavelli može smatrati da su vladari, koji su također samo ljudi, odjednom "dobri" i nisu sebični? Njegova jednostrana logika može voditi do kratkoročnih prividnih rješenja, ali pet stoljeća povijesti nakon Machiavellija pokazuju da je, doduše, provedeno puno amoralnih metoda vladanja, ali da se njima ni u kom slučaju nisu smanjili nasilje i nepravda. Naprotiv, jedna laž vuče za sobom drugu, nasilni čin drugi nasilni čin, ratovi druge ratove. I tako je svako proteklo stoljeće bilo nasilnije i smrtonosnije od prethodnoga.

Kako je i moglo biti drukčije: može li se čovjek zaista nadati da se licemjerjem može stvoriti časnost, gaženjem riječi povjerenje, ratom mir? Premda su mnogi utjecajni ljudi uvjereni upravo u ovo, ta vjera je isto tako nelogična kao i pretpostavka da svjetlost može nastati iz tame.

Machiavelli danas

Dvadeset pet godina nakon prvog objavljivanja "Vladara" je, pod pritiskom jezuita, papa Pavao IV stavio u indeks zabranjenih knjiga. Polemika protiv Machiavellija koju su razbuktali jezuiti poslužila se propagandistički učinkovitom metodom vađenja pojedinih citata, koji su potom slijepljeni u karikaturu autorskog djela.

Kroz stoljeća, Machiavellijevo djelo doživjelo je da mu prominentna imena iz suprotstavljenih tabora govore u prilog. Neki su čak i zamijenili stranu, kao Friedrich II Pruski, kasnije poznat kao Friedrich Veliki. On se primio pisanja vlastite knjige kako bi opovrgnuo Machiavellijeve zamisli, a ta knjiga se pojavila 1745. pod naslovom "Anti-Machiavel". U predgovoru piše:

"Ja poduzimam obranu ljudskosti od neljudi koji bi istu htjeli uništiti; postavljam razbor i pravednost nasuprot obmane i poroka, i odlučio sam svoja razmatranja o Machiavellijevoj knjizi poredati poglavlje po poglavlje kako bi protuotrov neposredno slijedio otrovanje."

Kao prijestolonasljednik, Friedrich opisuje kao nemoralne upravo one načine postupanja koje će kasnije kao kralj prihvatiti. Proturječja koja su se pojavila nakon Friedrichova ustoličenja između njegovih moralnih shvaćanja i apsolutističke prakse vladanja dokazala su, postavši njegova politička ostavština, da među bezobzirno častohlepnim ne može nastati nesebičnost.

Razočaravajući protok svjetske povijesti doveo je do toga da je Machiavelli danas u političkim diskusijama uvelike rehabilitiran. Novinari i povjesničari uzdižu njegovu dalekovidnost i prosvjetiteljsku odvažnost; naposljetku, hrabro i sistematično pisao je ono što su mnogi političari nesumnjivo već mislili i činili – sve do današnjeg dana. Mnoge velike svjetske glave smatraju se prosvijetljenima i naprednima, pa stoga vjeruju da svi njihovi ekonomski, politički i militaristički manevri samorazumljivo spadaju u kategoriju "neophodnih". Takvi tiranski "proroci" mogu se mirne savjesti pozvati na Machiavellija, koji je kao politički zaključak obznanio kako su "svi naoružani proroci pobijedili, a nenaoružani propali".

Konačnu Machiavellijevu rehabilitaciju i promociju *Vladara* u obaveznu literaturu potaknula je 2002. pojava knjige Roberta D. Kaplana *Warrior Politics – Why Leadership Demands a Pagan Ethos* ("Ratnička politika – Zašto vodstvo zahtijeva pogansku etiku"), objavljene u uglednoj izdavačkoj kući *Random House,* jednom od najvećih svjetskih izdavačkih koncerna. Ova knjiga nije tek jedna od mnogih, jer napisao ju je jedan od najvažnijih političkih pisaca Amerike. Tako se Bill Clinton, kao predsjednik, 1993. pozvao na Kaplanovu knjigu *Balkan Ghosts* ("Balkanski duhovi") kad je odredio svoju politiku prema Bosni. Poleđina *Warrior Politics* prepuna je oduševljenih recenzija s najviših razina: Henry Kissinger, dva bivša ministra obrane, jedan od šefova firme Lockheed koja se bavi proizvodnjom oružja i vojnih zrakoplova, i dr. Ova knjiga odražava dakle jedan od temeljnih pravaca razmišljanja američke gospodarske i političke moći – a ona počinje, vrijedi spomenuti, (bezazlenim) citiranjem Machiavellija i Sun-Tzua, njegovog kineskog pandana iz 4. st. prije Krista.

Kaplan je adresirao svoju knjigu na vođe SAD-a, posljednje preostale svjetske moći, i pritom poziva na oprezno, ali tim više prodorno preuzimanje svjetskog vodstva: "Svjetsko vodstvo (*world governance*) je stvarnost, ali ono neće dovesti do svjetske vlade (*world government*)".

Svijet ne treba svjetsku vladu, nego supermoć SAD-a koje su sebi propisale imperijalizam, a same su jedan imperij:

"Stoljeće katastrofalnih utopističkih nadanja vratilo nas je imperijalizmu, tom najnormalnijem i najpouzdanijem obliku zaštite etničkih manjina i ostalih koji su izloženi nasilničkim nasrtajima."

Što ovaj imperijalizam i takozvana zaštita etničkih manjina zapravo znače, autor otkriva odmah, na početku knjige: "*disciplinirani, prosvijetljeni pravac*" i "*centralizaciju moći*".

Kaplan stalno iznova naglašava kako živimo u opasnom vremenu koje čini neophodnim novu vrstu *leadershipa*. On slika sumornu sliku sadašnjosti, s površnom analizom uzroka, te u skladu s tim opširno opisuje sljedeće "neophodne" korake i u tu svrhu prezentira herojsku galeriju makjavelističkih mislilaca, vojskovođa i političara iz svjetske povijesti. Svi oni potvrđuju mišljenje autora i onih koji mu plješću – da je "*svaka vrsta prijevare*" legitimna, "*pod pretpostavkom da je neophodna za postizanje strateške prednosti u cilju sprječavanja rata*". Jer: "*Dobra politika prosuđuje se po uspješnosti, a ne po čistoći.*" Dakle, u "poganskoj etici" judeokršćanske Mojsijeve zapovijedi – *Ne laži, Ne ukradi, Ne ubij* – više nisu od vrhunske važnosti, pa je stoga potrebna jedna *nova* etika:

"Sun-Tzu odobrava svaku vrstu prijevare, pod pretpostavkom da je ona neophodna za postizanje strateške prednosti u cilju sprječavanja rata [...]. Oni [Sun-Tzu i Sima Qian] zastupaju moral učinka, koji se također može naći i kod starih Grka i Rimljana, te Machiavellija i Churchilla [...]. Aaron je pisao: "*Dobra politika mjeri se učinkovitošću*", ne čistoćom – što potvrđuje činjenicu da je Machiavelli samorazumljive istine svakog doba na neovisan način ponovo otkrio."

A sada i vođe SAD-a trebaju "*Machiavelli's self-evident truths*" ponovo otkriti za 21. stoljeće, zahtijeva jedan od vodećih političkih mislilaca Amerike, uz aplauz mnogih prominentnih suvremenika. Što ove samorazumljive istine znače vidljivo je iz gornjih citata. Smije se primijeniti "svaki oblik prijevare" ukoliko je "neophodan". Nije odlučujuća "čistoća", nego "učinkovitost"; za koju svrhu će se mjeriti "učinkovitost", odlučit će oni koji streme "postizanju strateške prednosti". Napomena da prednost mora služiti "sprječavanju rata" tek je diplomatska floskula, jer praktički svi primjeri koje navodi Kaplan nisu imali ništa sa *sprječavanjem*, nego s *dobivanjem* rata! Naravno, kad se jedan rat dobije "svakim načinom prijevare", u nekom smislu i jest spriječen drugi rat, odnosno njegov beskrajni nastavak. S političkim dvostrukim moralom, diplomatskim jezikom nazvan "moralom učinka", očito se sve može opravdati, pa i "svaki način prijevare", teoretski čak i insceniranje terora, jer to omogućuje da se *službeno* napadnu željeni teroristi i njihove države-domaćini, a onda se može reći da je to napravljeno u cilju sprječavanja daljnjih ratova.

Slijedeći istu logiku, Kaplan tvrdi kako je "neophodno" judeo-kršćansku etiku zamijeniti "poganskom". Pod "poganskom" on eksplicitno misli na nekršćansku: "*Machiavelli's values are not Christian values, but they are moral values.*" ("Machiavellieve vrijednosti nisu kršćanske, ali jesu moralne vrijednosti") Ovdje je istaknuta suprotnost između kršćanskih i "moralnih" vrijednosti. U čemu je razlika?

Kršćanska etika počiva na deset zapovijedi, kao "Ne laži, Ne ukradi, Ne ubij", i na Propovijedi na gori u kojoj Isus zahtijeva tako "nepraktične" stvari kao "Ljubi neprijatelje svoje!, Čini dobro onima koji tebi zlo čine!, Ne sudi da ti ne bude suđeno!, prvo izvadi deblo iz oka svojega, pa onda gledaj trn u oku brata svojega!, Čini drugima ono što želiš da i drugi tebi čine!" Takve moralne smjernice, kažu proroci "poganske etike", jedan moderni vođa više ne može slijediti:

> "U stvari, prihvaćanje svijeta kojim vlada jedna poganska (antikršćanska) predodžba o vlastitim interesima [...] vodi državnika lakšem postizanju uspjeha: umanjuje iluzije, a time opasnost krive procjene situacije [...]. Ako postoji nešto kao napredak u politici, onda je to evolucija od religijske vrline prema svjetovnim vlastitim interesima (*secular self-interest*)."

Ovdje je čarobna formula jasno izrečena: "*Evolucija od religijske vrline prema svjetovnim vlastitim interesima*". To znači da su "svjetovni vlastiti interesi" cilj koji opravdava sva sredstva "prosvijetljenog vodstva", pa tako i "svaki način prijevare"! To je sadržaj nove etike i političkog morala koji se ovdje zahtijeva.

Kakvi "vlastiti interesi" su danas odlučujući za cilj "sprječavanja rata", Kaplan kaže vrlo jasno: interesi Amerike, jer ona je ta koja se mora nametnuti u cijelom svijetu kako bi se suprotstavila raznim oblicima ekstremizma:

"U našem kontekstu, to znači: ljudska prava će se konačno – i najsigurnije – unaprijediti održavanjem i širenjem američke moći [...] mi i nitko drugi pisat ćemo smjernice za internacionalno društvo."

Knjiga *Warrior Politics* je primjerna demonstracija praktičnih posljedica ateističkog, u konačnici monističkog, svjetonazora. Jedinstvo treba postići uklanjanjem svih elemenata koji ga narušavaju. Ukratko: svjetski mir i svjetski red putem svjetske vladavine "prosvijetljenih", koje čak i Kaplan naziva upravo tim imenom. Ono što se ovdje lijepim riječima prezentira u ime nove "poganske etike" točno odgovara negativnom obrascu mišljenja ateističkog monizma: dostizanje svjetlosti navodnim negiranjem (uništenjem) sjene.

"Nazad u bezbožnu budućnost". Tako glasi naslov jedne kritičke recenzije. Ova formula pregnantno i perfektno opisuje ultimativnu posljedicu takozvane "poganske etike".

Što znači "virtú"?

Ključna riječ "poganske etike" koju je Robert Kaplan preuzeo od Machiavellija na engleskom glasi *virtue*, na talijanskom *virtú* (lat. *virtus*), a uglavnom se prevodi kao "vrlina", što, međutim, ne odgovara sasvim problematici ove riječi. Kaplan sam napominje da je korijen riječi latinski *vir*, što ne znači ništa drugo do "muškarac ili "junak". Kaplanova *virtue* i Machiavellijeva *virtú*, dakle, ne označavaju toliko "vrlinu", nego puno više "muškost", kao suprotnost ženskom, "ženstvu", i upravo ovako jednostrano mnogi poznati muškarci koriste ovaj izraz.

Virtú tako ne označava idealu orijentiranu vrlinu, već uspjehu orijentiranu vještinu ("muškost"), i nije ništa drugo do prikriveni sinonim za hladnokrvnost, sebičnu računicu i spremnost na borbu. Ovdje ispada da se, u praktičnom "moralu učinka", jedna laž prikriva drugom, jedno nasilje sljedećim nasiljem, jedno ubojstvo drugim ubojstvima; pakleni krug koji se s *virtú* nikada ne može prekinuti.

Vladavina tiranije cilj je Machiavellija i svih njegovih srodnika u duhu, "realista". Jednostranost poznate lijeve polovice mozga koja upravlja muškim i racionalnim nesumnjivo je jedna od temeljnih uzroka za već dugo održavani smjer čovječanstva prema samouništenju.

Hijerarhija okultnih posvećenja

Kao što je već spomenuto u posljednjem poglavlju, dualizam nije najviša stepenica posvećenja tajnih sila, jer suprotstavljeni svjetonazori u kojima se Bog suprotne strane s vremena na vrijeme naziva "Sotonom" još uvijek barataju Dobro-Zlo razmišljanjem. Međutim, "prosvijetljeni" vjeruju da su *onkraj dobra i zla*. Takve monistički misleće pragmatičare može se sresti kako u religijskim, tako i u svjetovnim taborima – pretežno u visokim stupnjevima posvećenja.

Na nižim razinama hijerarhije vrijede pozitivne i idealističke vrijednosti: služenje Bogu, dobročinstvo prema drugim ljudima, pomaganje u karitativne i altruističke svrhe. Ovo su ideali koji pokreću većinu ljudi da se uopće uključe u takve organizacije. Oni žele činiti dobro kako bi se suprotstavili zlu u svijetu i pomogli žrtvama. Takvi primjeri su mnoge religijske organizacije i općinski kružoci, kao i svjetovni muški klubovi pod zajedničkim nazivom *Service Clubs*. Na ovoj razini ljudi zaista čine dobro, časno se trude pomoći drugim ljudima i prevladati egoističnu koristoljubivost. Jedni govore o požrtvovnosti i izbavljenju, drugi o poboljšanju karaktera i samospoznaji.

Nekim ljudima ipak nije dovoljan ovaj djelokrug. Oni žele učiniti "više". Žele više istine, više prosvjetljenja, više jedinstva. Time se kvalificiraju za uspon na elitnom stepeništu. Na višim stupnjevima (od Boga odvraćenom pravcu) takvi revni ljudi, nakon odgovarajućih provjera, posvećuju se u deističke "istine": "Bog je ukupnost duha i materije s pripadajućim zakonima; dakle, u stvarnosti postoji samo djelovanje zakona, a oni su neutralni; ne poznaju ni dobro ni zlo i stoga se oni koji žele spoznati što je "Bog", tj. stvarnost, moraju uzdići na razinu svijesti onkraj dobra i zla; zapravo je jednostrano ograničiti se na pozitivni pol i označiti ga kao "Dobro", a negativni pol odbaciti i označiti ga kao "Zlo".

U određenom trenutku adept će biti pozvan da prevlada "jednostranu" dobrotu i dosegne viši stupanj "spoznaje": "integraciju obaju strana". Nakon tih posvećenja "prosvijetljeni" se više ne ponaša po kriterijima dobra i zla, nego po principu neophodnosti. On je sad – već prema svjetonazoru i organizaciji – "realistični pragmatičar", "etički poganin", "cjeloviti služitelj svijeta", "alat Božji", ili čak "sveti ratnik". (Naravno, pojmovima "integracija", "onkraj dobra i zla", "služitelj svijeta", načelno se nema što prigovoriti; upravo zbog njihovih pozitivnih konotacija moguće ih je, kao što je ovdje prikazano, primijeniti u kontekstu prijevare i dvostrukog morala, čime bi se pravo značenje, definirano ateistički i pragmatički, trebalo prikriti.)

Što svjetonazor prividnog prosvjetljenja znači u praksi, već je prikazano pomoću "makjavelističkih" pravaca razmišljanja. Religijska etika zamjenjuje se svjetovnim vlastitim interesima, takozvanom "poganskom etikom", a to se definira kao "napredak". (Ovdje se također, zbog održanja nepristranosti, mora reći da ova definicija napretka ima svoje opravdanje, prije svega ako razmotrimo što je već učinjeno u ime Boga i religije, i što se još uvijek čini.)

Razumljivo, nisu svi članovi viših razina "prosvjetljenja" posvećenici. Samo ambiciozni kandidati koji su signalizirali spremnost za prihvaćanje surove "istine" i bezvragog i bezbožnog mišljenja dopiru do kanala određenih za ekskluzivne krugove onkraj uobičajene hijerarhije. Na ovoj razini dualisti postaju monisti, bez napuštanja svakodnevnog praktičnog dualističkog razmišljanja ("mi, prosvijetljeni nasuprot mase neprosvijetljenih").

Sve te različite razine postoje istovremeno, i posvećenici viših stupnjeva uvijek se mogu pojaviti i biti aktivni na nižim razinama. Sići naniže i djelovati na više razina uvijek se može, ali se nije moguće bez navedenog popeti i djelovati na višim razinama. Tako visoki religijski dostojanstvenik može voditi ceremonije običnog svećenika, ali obični svećenik ne zna kojim još krugovima pripada dostojanstvenik i što on na drugoj funkciji misli, vjeruje i čemu teži. Isto vrijedi i za političare i ekonomske magnate, koji u javnosti nikad ne govore ono što govore i odlučuju iza zatvorenih vrata.

Kao što je izloženo u 1. poglavlju, ova igra istinama, poluistinama i lažima moguća je samo u doba tame, to je upravo njegova karakteristika. Onaj tko barata takvim sredstvima dokazuje se kao predstavnik "tame" – bez obzira kakvim se lijepim riječima tama nastojala prikazati kao "svjetlost".

Opasnost ego – opravdavanja

Samo rijetko posvećenici javno govore o načinu razmišljanja koji odgovara najvišim stupnjevima posvećenja, a i kada govore, čine to prikriveno. Ipak, moguće je pronaći takve primjere, i kad ih se kao takve prepozna, tajno razmišljanje otkriva se samo od sebe. Ilustrativna je, na primjer, knjiga *The People of the Secret* ("Ljudi tajne"), koju je 1983. za opće ezoterijsko tržište napisao engleski plemić i pripadnik lože najvišeg stupnja, Sir Ernest Scott.

Iz sljedećeg citata proizlazi da, do određenog stupnja, također i "čuvari tajni" i "prosvijetljeni" visoko cijene ideal ljubavi i koriste ga u svojoj argumentaciji. Međutim, za njih je "ljubav" dio *dualnosti*, a ne stvarnosti, te naposljetku iluzija koja kao takva nije kriterij "realističnog, prosvijetljenog" postupanja. U formulaciji ovog autora ljubav je "druga najviša energetska galaktička razina". Ljubav on vidi kao energetsku razinu, i to *drugu najvišu* u galaksiji! Koja je onda najviša? I zašto "galaksija"? Očito, horizont ovih ljudi nije ograničen samo na planet Zemlju!

Riječ "galaksija", koja skoro usput izranja na početku pomenute knjige, svjesno je upotrijebljena kao suprotnost pojmu "univerzum" koji će se uvesti kasnije. "Galaksija" se ovdje odnosi na veliko igralište dualističkih sila u borbi za svoja carstva. "Univerzum" se odnosi na stvarnost onkraj dualnosti (uključujući ljubav), na apstraktno jedinstvo u deističkom i monističkom smislu, bez Boga i bez ljubavi. Univerzum doslovno znači "jedinstvo", ili još doslovnije "umotanost", od lat. *unus*, "jedno, jedino" i *versum*, "umotan, okrenut u" (od *vertere*, "motati, okrenuti"). Dakle, univerzum je ono što je "u jednom okrenuto", "što još nije razmotano".

Vrijedan je pažnje svjesni izbor riječi "galaksija" i "univerzum" i varljivo-logično opravdanje zla, ovdje npr. "vladavine straha" (nakon francuske revolucije) i oba svjetska rata.

Zadržat ćemo se na mjestu gdje Sir Ernest opisuje "evolutivnu progresiju" na Zemlji ,"od molekule do čovjeka". Na određenom stupnju evolucije potaknut je "Pothvat izbavljenja" primitivnih ljudi, kako bi se napravio sljedeći razvojni korak:

"Čovječanstvo se kretalo na nižim razinama svijesti i u njima se kristalizirala tek sićušna iskra kreativne energije. Pa ipak, zaželjeli su integrirati drugu najvišu energetsku razinu galaksije: jedinstvenu energiju ljubavi."

Primjedba o "drugoj najvišoj energetskoj razini galaksije" ostaje u tekstu bez daljnjeg komentara. Kasnije se razmatra pitanje postojanja patnje i zla na Zemlji. Ako su svi razvojni koraci čovječanstva vođeni višom inteligencijom, "skrivenim arhitektima evolucije", onda moramo uvidjeti: *"Svi ti koraci donijeli su strah, patnju i smrt milijunima. Opravdava li, dakle, cilj sredstvo? Može li inteligencija koja se služi takvim sredstvima na neki nama prihvatljiv način biti 'dobra'?"*

Autor postavlja ključna pitanja i odgovara na njih prema svom znanju i svjetonazoru. On započinje svoju argumentaciju relativiziranjem pitanja (*"Odgovor, ako takav uopće postoji"*), jer prema monističkom pogledu na svijet dobro i zlo ne postoje, te je stoga pitanje zapravo suvišno. Upravo zato on pokušava objasniti čitateljima zašto u konačnici ne postoje dobro i zlo. U tu svrhu navodi jedan praktični i bezazleni primjer, naime – kako mi, da bi dosegnuli cilj kojeg držimo "ispravnim i dobrim", moramo uhvatiti autobus koji upravo polazi, i možemo ga stići samo energičnim sprintom:

"Naša odluka da se upustimo u taj napor oslobađa cijeli niz tjelesnih događaja. Dodatni adrenalin šiklja u krv. Mišići kontrahiraju uslijed neuobičajenog napora. Namjernim postupcima uništavamo milijune tjelesnih stanica. Svaka ova mala stanica je jedno malo živo biće. One umiru – u stvarnom smislu su žrtvovane – za naš cilj. Osjećamo li sućut? Možemo li uistinu tvrditi da osjećamo tugu zbog njihovog uništenja, postupcima koje smo sami željeli? Ovdje možemo uvidjeti faktor mjerila koji je od odlučujućeg značaja. Sve i svatko u univerzumu može biti važan, ali nije sve jednako vrijedno. Je li takav stav pokriven našim predodžbama o "dobrom" i "više vrijednom", nebitno je. Stvari stoje tako i nikako drukčije. Moramo prihvatiti univerzum takav kakav jest. Provaliju vremenskog mjerila bliskog našem svakodnevnom iskustvu ovo možda može pobliže rasvijetliti. Pretpostavimo da se nekom malom djetetu trn zario duboko u prst. Majka uviđa situaciju trenutnim pogledom, koji je puno širi od djetetovog. Ona vidi djetetov život, njegovu dobrobit, rast i zrelost kao cjelinu. Uzima iglu u ruku, ide s njom pod trn i vadi ga van [...]. Analogno tome, vladavina straha i dva svjetska rata možda nisu ništa više od brzih uboda igle unutar jedne svijesti čiji trenutni pogled iznosi tek 10 000 godina."

Neupadljiv je, ali znakovit, obrat "u ideji o mjerilu" (engl. *in the idea of scale*), jer on ne govori ništa drugo do "sve je relativno". Sir Ernest konfrontira čitatelja sa svjetonazorom top-illuminata, dobro znajući da bi to mnoge moglo šokirati: "*Je li takav stav pokriven našim predodžbama o "dobrom" i "više vrijednom", nebitno je. Stvari stoje tako i nikako drukčije. Moramo prihvatiti univerzum takav kakav jest*".

Izvedene analogije (ubijanje tjelesnih stanica kod sprinta, vađenje trna iz prsta djeteta) su problematične jer govore da je, u slučaju "neophodnosti", opravdano žrtvovati milijune ljudi kako bi se proveli svjetski ratovi i drugi oblici "brzih uboda". To je potpuno isto kao kad mi pri velikom naporu bez suosjećaja žrtvujemo milijune stanica.

Ove analogije su umjetne i neprimjerene, i potpuno apsurdne. Je li "ubijanje" milijuna tjelesnih stanica usporedivo s namjernim ubijanjem milijuna ljudi (ratovima, holokaustom, itd.)? I jesu li ubijeni ljudi zaista samo trnje u nečijem mesu? Je li univerzum, tj. stvarnost, zaista "takva i nikakva drukčija"?

"Po plodovima ćete ih njihovim prepoznati"

Opisana slika svijeta koja opravdava svjetske ratove i vladavinu straha nije tek užasna teorija, jer su se oba svjetska rata i drugo nasilje zaista i dogodili, a sve je to netko planirao, financirao i organizirao. Da bi se vjerovalo u takav svjetonazor i u skladu s njim postupalo, treba biti ne samo nesavjestan i beskrupulozan, već i hladnokrvan i bezosjećajan, kao na primjer sile koje su planirale i provele napade 11. rujna. Ovdje nije riječ samo o konkretnom nasilju i preziru prema ljudima, nego i o lažima i iskorištavanju nastale situacije. Nijedan "normalan" čovjek ne bi bio sposoban za takve neljudske akcije. Tko može mirno spavati unatoč znanju o užasnim neistinama, i još se k tome predstavljati kao "prosvijetljen" i "pravedan"? Postoje li ne samo nesavjesni filozofi, nego i nesavjesna, bezosjećajna *bića*? Različiti izvori odgovaraju potvrdno na ovo pitanje i dokazuju da postoje takva bića koja žive na tamnim astralnim razinama i inkarniraju se na Zemlji. Ovo podsjeća na mjesto u Bibliji (Otk 12, 9), gdje piše:

"Zbačen je Zmaj veliki, Stara zmija – imenom Đavao, Soto-
na, zavodnik svega svijeta. Bačen je na zemlju, a snjim su ba-
čeni i anđeli njegovi."

Pojam "Zmaja" može objasniti zašto se bezosjećajna astralna bića
ponegdje nazivaju "reptilskima". Takav oblik danas više nije nepoz-
nat, čak niti neuobičajen. Poznat je iz parapsiholoških i ufoloških fe-
nomena, iz istraživanja snova, iz predaja svih starih kultura, a tako-
đer i iz modernih popularnih izvora – znanstvene fantastike, *Dosjea
X*, *Harry Pottera*, priča o dinosaurima, itd. Postojanje takvih bića u
astralnom i inkarniranom obliku bilo bi moguće objašnjenje za
mnoge događaje koji se danas na Zemlji odvijaju tajno, dijelom i jav-
no, a koji ne zaslužuju da se nazovu drukčije do "sotonski".

"Čuvajte se lažnih proroka koji dolaze k vama u ovčjem odi-
jelu, a iznutra su vuci grabežljivi. Po njihovim ćete ih plodo-
vima prepoznati. Bere li se s trnja grožđe ili s bodljike smok-
va? Tako svako dobro stablo rađa dobrim plodovima, a
nevaljalo stablo rađa zlim plodovima [...] Dakle, po plodovi-
ma ćete ih njihovim prepoznati." (Mt 7, 15-20)

Još drastičnije izrazio se prorok Izaija (5, 20): *"Jao onima koji zlo na-
zivaju dobrim, a dobro zlim, koji od mraka prave svjetlost, a od svjetlos-
ti mrak ..."* Ovo upozorenje trebalo bi potaknuti sve pragmatičare i
misionare, kako religijske tako i sekularne i "poganske" da uvijek sa-
mokritički propituju svoje motive i plodove vlastitih postupaka.

Slijepa ulica agnosticizma

Prema mnogim filozofskim, znanstvenim, religioznim i ezoterijskim
mišljenjima, na prvi pogled postoje samo dvije mogućnosti reagira-
nja. Ili se preuzima jedan od svjetonazora i zatvara u određeni krug,
ili možemo, ne odlučujući se ni za jedan, postati agnostik.

U prvom slučaju čovjek vjeruje u premoć i ispravnost vlasti-
tog svjetonazora i zastupa ga i izvana, bilo kao sljedbenik, vjernik i
promatrač, ili kao zagovaratelj, istraživač, propovjednik, itd.

U drugom slučaju zapada se u tvrdnje kao što su: "Ne vjerujem ni u što i nikome. Svatko misli da jedini posjeduje istinu, no to su puka zamišljanja. Naposljetku je svejedno u što se vjeruje." Oni koji misle da ni u što ne vjeruju, ipak vjeruju u jedan svjetonazor, naime u *agnosticizam*: vjeruje se da su suština svijeta i pravi bitak nedostižni ili u najmanju ruku ljudima nikad shvatljivi; stoga moraju pokušati razumjeti ključne stvari i transcendentno; čovjek treba vlastiti svijet orijentirati na konkretne datosti.

I s agnostičkim svjetonazorom čovjek može biti dobrog srca i "pristojan". Ali, velika je mogućnost da postane cinik i nihilist, što može voditi pragmatičnoj ego-usmjerenosti koja se praktički ne razlikuje od negativnog monizma.

Pozitivni monizam: potraga za jedinstvom

Monizam upućuje na jednu duboku istinu, naime da onkraj dualnosti postoji jedinstvo. Odlučujuće pitanje je: što je bit tog jedinstva? Ateistički monizam tvrdi da je jedina (apsolutna) stvarnost apstraktna ukupnost svega što postoji: jedinstvo energija i zakona stvaranja; sve je energija: Bog je "Univerzum".

U ovom poglavlju prikazano je na kakve kobne načine ove istine mogu biti pogrešno shvaćene, osobito kroz apsolutizaciju "neophodnosti" i "vlastitih interesa".

Iako je takav svjetonazor u posljednjem tisućljeću svjetske povijesti postao prevladavajući, monizam ne mora bezuvjetno voditi takvim zaključcima, kao što će se pokazati u nastavku ove knjige.

Monizam je shvaćanje da materija i duh, tijelo i duša, svijet i Bog, grade jedinstvo, a ne dualizam. Sve što postoji je u međuodnosu, u međusobnoj povezanosti i jedinstvu. Svaki dio povezan je s cjelinom, a cjelina je sadržana u svakom dijelu.

Ali, ako je Bog jedinstvo, to također znači i da je Bog "sve". Dakle, i zlo? Znači li to da zlo nije ništa loše? Je li čak neophodno, pa time i dobro?

Kako je na ova zahtjevna pitanja odgovorio ateistički monizam, prikazano je ovdje u 4. poglavlju. Ako bi ateistički monizam bio posljednji zaključak mudrosti, onda bi "pragmatični realizam" zaista bio "najviša istina" – ledena, ekskluzivna i dostupna samo nekolicini "prosvijetljenih".

Međutim, svojom sviješću osjećamo da taj bezbožni "realizam" ne može biti ispravan. Nije sve jedno i svejedno. Razlikovanje nije samo moguće, već i *neophodno* ... A to nas vodi u 2. dio, "Svjetlost je neovisna o sjeni".

Sažetak

• Pretpostavka za realistično postupanje je znanje o tome što je stvarnost, a to vodi pitanju što je uzrok iza svega. Ima li naposljetku sve što postoji puno uzroka, ili dva, ili samo jedan? Postoji li onkraj dvojstva jedinstvo u kojem se dokidaju sve suprotnosti? Nasuprot dualizmu, *monizam* na ova pitanja odgovara potvrdno.

• Monizam: učenje po kojem sve što postoji proizlazi iz jednog jedinog temeljnog bivanja; da je temelj svakog bivanja jedinstvo; da nastanak i postojanje svijeta proistječe iz samo *jednog* prauzroka, *jedne* supstance i *jednog* principa; taj je jedini princip – u nadogradnji dualizma – ili materija ili duh. Stoga postoje materijalistički i ezoterijski monizam: u prvom se apsolutizira materija, jedna strana dualizma, a u drugom duh, druga strana. (Postoji i pozitivni oblik monizma, ali se on ne naziva tek "monizmom". Ono što je ovdje rečeno odnosi se na od Boga odvraćeni, jednostrani svjetonazor.)

• Monizam uči da je jedinstvo jedina stvarnost; dualnost (manifestirani svijet oblika) je prema tome iluzija. Ako je pojavni svijet iluzija, stvarnost (Apsolutno, "Bog") mora biti bezobličan i nedualan, dakle apstraktna ukupnost neutralne energije. Pokušaj da se Apsolutno shvati nijekanjem (negacijom) relativnog je u pravom smislu te riječi *negativan* pogled na svijet i vodi jednom obliku ateističkog samooslobođenja, koji je zapravo samo*obmana*.

• Pogreška negativnog monizma počiva na pretpostavci da je svjetlost odsutnost tame; kad se odstrani tama, stiže se u svjetlost. Filozofski formulirano: nedualnost = stvarnost. Ako se negira sva dualnost stiže se do stvarnosti onkraj dualnosti; tako se čovjek oslobađa svih predodžbi o Dobru i Zlu, o Bogu i Ja, o ljubavi i kazni, jer je u svjetlosti (= u bez-tamnom), i stoga "prosvijetljen".

• Ateističko-monistički "prosvijetljeni" u Bogu ne vide ništa drugo do apstraktnog jedinstva; oni kažu da je Bog sve, pa također i Zlo, jer ono uopće nije zlo nego jednako neophodno kao i Dobro. Onaj tko je "prosvijetljen" spoznao je da je sve jedno i da u konačnici nema razlike između pozitivnog i negativnog, sve što služi ostvarenju ove "istine" je neophodno, bilo to, relativno gledajući, dobro ili zlo.

- Ovaj svjetonazor kreće se u začaranom krugu ego-opravdavanja koji se izražava u nesavjesnom pragmatizmu: čovjek čini sve što je praktično kako bi postigao ono što je neophodno – a što je neophodno odredit će pragmatičari.

- Visokopozicionirani monisti znaju da je njihov svjetonazor nesavjestan, ali su to izokrenuli tako da misle kako njihovu surovu "istinu" mogu razumjeti samo nekolicina "prosvijetljenih", svi ostali su neprosvijetljeni i previše sentimentalni da bi se nosili sa golom istinom o stvarnosti. Stoga moraju djelovati u tajnosti, sa zavjetom šutnje i elitnim ekskluzivitetom.

- "Prosvijetljeni" monisti drže da su jedini koji znaju što je "istinska" stvarnost, i da su kao realisti pozvani osvojiti svjetsku vlast, jer samo ako oni, "prosvijetljeni", imaju neograničenu moć, na Zemlji može zavladati mir, red i jedinstvo. U ovo vjeruju elitni krugovi moći i religijskog i sekularnog tabora, stoga streme svjetskom poretku kojem su *oni* na čelu. U njihovim je očima postizanje takvog svjetskog poretka striktna neophodnost, i stoga je dopušteno sve što joj služi; cilj opravdava sredstvo.

- Primjena laži, prijevare i nasilja s hladnom računicom bez bilo kakve moralne ili religiozne zadrške, naprosto "kako neophodnost zahtijeva" – to je za "prosvijetljene" mislioce pragmatična formula za svaku vrstu odluke u pogledu moći i vlasti. Budući da je svijet pun grešnih, životinjskim instinktom vođenih ljudi, potrebna je radikalna, po mogućnosti totalitarna vladajuća elita koja će pokoriti mase; taj cilj opravdava čak i povećanje patnje u svijetu, kako bi svjetsko stanovništvo brže zatražilo jednu takvu elitu moći i njen svjetski poredak.

- Premda malo predstavnika ovog svjetonazora zna da su ateistički monisti, čak i kad govore o Bogu i kao političari se zaklinju na Bibliju, oni su ipak neosporno pragmatični zagovornici svojih sebičnih interesa koji u potpunosti proturječe kršćanskoj etici Deset zapovijedi i Propovijedi na gori. Stoga danas napredni politički filozofi potiču odbacivanje kršćanske etike u korist "poganskog ethosa" koji dopušta, kad je to "neophodno", i laži, prijevare i nasilje. Međutim, povijest pokazuje da takvo stanje duha vodi u pakleni krug, jer iz laži, prijevare i nasilja nikad ne može nastati poštenje, mir i prijateljstvo. Naprotiv: laž za posljedicu ima još veću laž, ubojstvo slijede nova ubojstva, a nasilje još veće nasilje, u konačnici globalno ("Svjetski ratovi").

- Oni koji vjeruju u spasenje kroz "poganski (= antikršćanski) ethos" od prevaranata postat će prevareni, jer su se dali zavesti duhom vremena Kali-yuge kojem po rezonanciji odgovaraju. *"Po plodovima ćete ih njihovim prepoznati."*

- "Monoteizam" i monizam nisu isto, jer monoteizam (u konvencionalnom smislu) spada u dualizam. Razne monoteističke religije smatraju

135

svog jednog Boga i jedinim, a Boga drugih religija nazivaju lažnim Bogom. Međutim, one u konačnici teže, preobraćanjem ili odstranjenjem svih inovjeraca, etabliranju vlastitog Boga kao jedinog pravog, što nalikuje nekoj vrsti monizma. Istinska svijest o Bogu ne smije se pobrkati s ovom vrstom monoteizma.

• Sjena predstavlja dualizam i Relativno, a svjetlost jedinstvo i Apsolutno, stvarnost. Budući da je Apsolutno savršeno i potpuno, ono sadrži i aspekte logičke shvatljivosti i mističke spoznajnosti. Dakle, čovjek nije osuđen na agnosticizam.

2. DIO:

Svjetlost je neovisna o sjeni

5. POGLAVLJE

Stvarnost onkraj dualnosti

Ono što je izneseno u 1. dijelu otvara mnoga pitanja. Koji je od raznih svjetonazora ispravan? Zašto različita gledišta, koja sva u početku izgledaju istinito, vode do tako proturječnih zaključaka? Materijalizam, holizam, dualizam i monizam – svi ti svjetonazori djelimice zvuče različito ili čak suprotstavljeno i neprijateljski, no oni ipak nisu zaista različiti jer donose slične "plodove". Razlog tome je što oni, simbolički govoreći, pokušavaju svjetlost definirati iz sjene, što neminovno vodi do sličnih poluistina prepoznatljivih po tome što je uvijek riječ o opravdavanju vlastitih postupaka i ego-struktura, bilo to u ime Boga i Isusa, Lucifera, znanstvene spoznaje, napretka, mira, sigurnosti, itd.

Unatoč – ili upravo zbog – svih tih opravdavanja, čovječanstvo je već duže vrijeme zarobljeno u paklenom krugu. Neki problemi se rješavaju, neki drugi dolaze, a ti novi nisu ništa manji od prethodnih, samo su sad još postali globalni.

Po plodovima može se prepoznati da "prosvijetljeni" vođe iza i ispred kulisa nisu zaista u svjetlosti. Koliko se u tom pogledu promijenilo u posljednjih dvije tisuće godina?

> "Slijepi su vođe slijepaca! A ako slijepac slijepca vodi, obojica će u jamu pasti." (Mt 15, 14)

Poslovični slijepac živi u tami i nema iskustvo svjetlosti. Kako će onda on opisati svjetlost? Postoji puno životnih iskustava koja se mogu shvatiti samo ako su osobno proživljena, npr. zaljubljenost, ljubav, bol, tuga ... Na sličan način "svjetlost" se može shvatiti samo ako se osobno vidi i doživi.

Upravo ta viša dimenzija božanske stvarnosti nedostaje nesvjetlim silama, inače ne bi ni bili u tami. Ako uopće vjeruju da onkraj tame postoji nešto kao svjetlost (nešto apsolutno), onda je to za njih tek jedna teoretska, simbolična ili misaona predodžba izvedena iz ograničenog, od svjetlosti odvojenog načina gledanja. I to je uvijek obrnuti odnos, jer svjetlost ne ovisi o tami. Svjetlost je nešto *po-*

sve drukčije od svih oblika tame.

Svjetlost i tama – savršena simbolika

Svjetlost nikad nije produkt tame. Svjetlost ne stvara sjenu, a sjena ne stvara svjetlost. Samo onda kad se nešto postavi nasuprot svjetlosti, na ograničenom području – tamo gdje je svjetlost zaklonjena – stvara se sjena. Sama svjetlost nije umanjena ni dotaknuta tom sjenom. Ali samo oni koji su u svjetlosti sposobni su uvidjeti što stoji nasuprot svjetlosti i stvara sjenu.

Podsjetimo se što treba biti opisano simbolikom svjetlosti i sjene: svjetlost vrijedi za stvarnost, Apsolut, za nepodijeljeno i nedjeljivo, za jedinstvo. Sjena vrijedi za Relativno, podijeljeno i odvojeno, za dvojstvo. Stvaranje nam daje savršenu simboliku, jer se ničim kao svjetlošću i sjenom ne mogu tako dobro predočiti karakter i međuodnos "apsolutnog" i "relativnog", gdje sjena može postojati u svim nijansama, od polusjene do "tame" kao posebnog oblika sjene u izoliranom obliku.

Svjetlost i sjena simboliziraju apsolutno i relativno. Stoga je važno najprije definirati te pojmove.

Apsolutno, apsolutističko i relativno

Ljudi većinom osjećaju instinktivnu odbojnost prema riječi *apsolutno*. To je razumljivo obzirom da je upravo u ime "apsolutnog" izazvano nevjerojatno puno nesreće. Što sve već nije apsolutizirano: sveti spisi i Božja imena, svakakve ideologije, načini vladanja, i ne najzadnje – materija i ego.

Prvobitno značenje te riječi pokazuje, međutim, da su apsolutno i apsolutizirano različiti koliko i svjetlost i tama.

Apsolutno doslovno znači "neovisno, neograničeno", a također i "bezuvjetno" (u smislu: neovisno o uvjetovanostima/relativnostima), izvedeno iz latinske riječi *absolutus* ("odvojen, nevezan, potpun, konačan"), participa perfekta od *absolvere*, "odvojiti, razvezati", također i "obaviti, okončati", te "činiti potpunim, završiti".

Relativno doslovno znači "ovisno; ono što stoji u relaciji; ono što sebe definira u odnosu na drugo; ovisno o uvjetovanostima", od latinske riječi *relatus*, particip perfekta od *referre*, "prenositi; izvijestiti; obavijestiti (referirati); na nešto se odnositi".

Dakle, apsolutno je istovremeno "ono što je neovisno o relativnome" i "ono što u sebe uključuje sve relativno". Sa svoje strane, sve relativno ima posredan ili neposredan odnos prema apsolutnom i svoj pravi smisao nalazi samo u tom odnosu.

Nasuprot tome stoji apsolutizam, "apsolutističko", tj. nešto relativno što želi postati jedino valjano i stoga sve drugo isključuje. Apsolutno je sveobuhvatno, sve-ujedinjujuće. Apsolutističko je isključujuće, sve-negirajuće; u praktičnoj izvedbi sve-suzbijajuće. To je ono što razjedinjuje religije i ljude. Apsolutno je božansko. Apsolutističko je dijabolično.

Ateizam (relativizacija apsolutnoga) i pseudoreligija (apsolutizacija relativnoga) dvije su strane istog novčića, odnosno načini djelovanja iste egom izazvane zaslijepljenosti. Onkraj tih "sjenovitih predjela" apsolutno je stvarnost, jedinstvo, "Bog" u iskonskom smislu. Istinski apsolutno – i "apsolutno istinsko" – može se prepoznati po sveobuhvatnosti i ujedinjuje u sebi sve relativno. Ovo je glavni kriterij razlikovanja između *apsolutne istine* i *apsolutističke poluistine*.

Ključno pitanje razlikovanja glasi: Potiče li neki sustav vjerovanja (znanstveni, religiozni, ezoterijski) spoznaju sveobuhvatnog (apsolutnog) jedinstva ili apsolutističko produbljenje suprotnosti? Ovo često nije baš jednostavno raspoznati. Isus, na primjer, govoreći o "svjetlosti i mraku" i "žitu i kukolju" nije poticao na dijabolično razdvajanje, nego je želio razobličiti upravo one elemente koji to dijabolično razdvajanje unose među ljude. Nasuprot tome, apsolutističko se skriva iza riječi kao što su pravednost, sigurnost, solidarnost, etika i tolerancija.

Biblijsko upozorenje ukazuje na to da je apsolutističko sila koja je "zavodnik svega svijeta". Predstavnike te sile može se prepoznati npr. po tome što se predstavljaju spremnima na pomoć i prijateljskima, a prihvaćanje takozvane pomoći čine obavezom! Ako se pravac današnje civilizacije ne promijeni, te sad već prepoznatljive tendencije mogle bi, u ekstremnom slučaju, poprimiti apokaliptičke razmjere: monopolizirano financijsko tržište, totalitarni "zdravstveni zakoni", prisilna cijepljenja, bezgotovinski platni promet, prevarant-

141

ski načini vladanja, 666-obilježavanje ljudi, itd. Ako bi se uistinu stiglo tako daleko, sigurno je da ne bi svi ljudi htjeli prihvatiti te "blagoslove", i najkasnije tad pokazat će se koliko je sustav pravedan, solidaran i tolerantan.

Apsolutističko, budući da nije apsolutno, ne može u sebi sjediniti sve relativno i mora zabranjivati, odnosno suzbijati "drugoga" kako bi moglo izigravati apsolutno – što u konačnici mora propasti. Uvijek je protuprirodno htjeti se izdavati za nešto što u stvarnosti nisi.

Je li sve relativno?

Kad već sama riječ *apsolutno* umnogome izaziva odbojnost, onda to pogotovo čini pojam *apsolutna istina*. Čovjek je, pod utjecajem vladajućeg duha vremena, sklon brzo reći: "Ne postoji apsolutna istina; sve je relativno".

Je li točno da apsolutna istina ne postoji? Ne, to apsolutno nije točno. Jer je izjava "Apsolutna istina ne postoji" jednako apsolutna kao i "Apsolutna istina postoji". Ma u što čovjek vjerovao, uvijek vjeruje u nešto apsolutno, ili u postojanje ili u nepostojanje apsolutne istine. Ključno pitanje dakle nije "Postoji li apsolutna istina?", nego "Što je apsolutna istina?"

Relativno je uvijek povezano s apsolutnim (baš kao sjena sa svjetlošću). Međutim, puno ljudi sklono je jednostrano se ograničiti na relativno i potisnuti pitanje apsolutnoga. Oni drže da je "sve relativno", a to znači isto što i "ne postoji apsolutno". Kako je već navedeno, to je zabluda, jer je tvrdnja da apsolutno ne postoji također apsolutna izjava. A takva zabluda vodi paklenom krugu i lažnom "prosvjetljenju", što je opisano u 1. dijelu knjige.

Ako se vjeruje kako je sve relativno, onda ne postoji apsolutno važeće mjerilo i takva situacija se lako može zloupotrijebiti – jasno je od koga, od moćnih i bogatih iz pozadine koji raspolažu "neophodnim" sredstvima. Tako smo opet stigli do ateističkog monizma: sve je relativno, naposljetku je potrebna moć koja sve relativno ujedinjuje u jednom svjetskom poretku, jer dok god ljudi žive jedni uz druge svaki sa svojim relativnim mišljenjem bit će razdora i kaosa. Stoga "prosvijetljeni" teže apsolutističkoj moći, držeći kako će tek tad na Zemlji zavladati sigurnost, red i jedinstvo.

Naravno, svaka država raspolaže sa svojim važećim zakonima, no moćnici – oni koje donose zakone – ne osjećaju se obaveznima pridržavati ih se. Uvijek kad to drže "neophodnim" oni prekoračuju svoje vlastite zakone, ne ustručavajući se službeno ili prikriveno ubiti, lagati i krasti. (To se naziva, već smo spomenuli, "nova etika", odnosno "poganski ethos".)

U svijetu u kojem je "sve relativno" vlada suptilno "pravo jačega". Na primjer, javno mnijenje može biti mišljenja kako je zagađivanje mora, provođenje atomskih testova i sječa kišnih šuma nešto loše, ali ako par ljudi – koji su "jači" od javnog mnijenja – misli da je to dobro, to će se uništavanje okoliša događati unatoč prosvjedima većine.

"Ne postoji apsolutna istina; sve je realtivno."

Ove izjave postuliraju apsolutne istine.

"Postoji apsolutna istina; nije sve relativno."

Svaka izjava o apsolutnome, bilo pozitivna ili negativna, jest apsolutna. Stoga ključno pitanje glasi: 'Što je Apsolutno?', a ne 'Postoji li Apsolutno?' (jer ono u svakom slučaju postoji).

Može se navesti još puno drugih primjera: insceniranje ratova, isporučivanje oružja, proizvodnja droge, kemijska propaganda, pljačkanje Trećeg svijeta, trgovina ljudima, zloporaba životinja i obezvrjeđivanje opasnosti od mikrovalova, radioaktivnosti, zračenja mobilnih uređaja, genetska manipulacija, itd. Posvuda se radi o interesima nekolicine ljudi. Stoga ove skrivene izrabljivače vrlo raduje ako cijeli svijet drži da je sve relativno – jer tad *oni* mogu odlučiti što će se, a što neće dogoditi.

Ako je sve relativno, onda je i ljudski život relativan i nema apsolutni smisao. Nisu li upravo u sadašnjem dobu mnogi zapali u duboku krizu smisla? Ljudi koji u svom životu ne vide *stvarni* (= apsolutni) smisao naposljetku vode bez-smisleni i dezorijentiran život, a kad je to slučaj, onda drugi mogu odrediti smjer njihovih života.

Budući da se riječ *apsolutno*, čija će apsolutna važnost ovdje biti istaknuta, lako može pogrešno shvatiti, još jednom želim naglasiti: relativizacija izreke "sve je relativno" ne smije ni u kom slučaju otvoriti vrata nekim apsolutističkim prohtjevima. Naprotiv, kad se razumije što je pravo značenje *apsolutnoga*, apsolutistički prohtjevi se urušavaju i prevladava se dijabolično.

Je li savršeno ljudima neshvatljivo?

Potraga za jedinstvom (stvarnošću, "svjetlošću") onkraj dvojstva (dualnosti, "sjene") dovela nas je do pitanja apsolutnoga. Jer, sukladno izjednačenju "dvojstvo (dualnost) = relativnost", jedinstvo znači apsolutno (sveobuhvatno, savršeno).

Ovdje najčešći prigovor glasi: postavljanje takvih pitanja je jedva razumljivo i naposljetku besmisleno jer nitko ne može znati što "svjetlost" (apsolutno, Bog) jest; Bog je neshvatljivo savršen; to se ne može logički razumjeti.

Ova anti-logička argumentacija ipak počiva na jednoj logici, i to jednostranoj. Točno je: Apsolutno je savršeno i za ljudsko razumijevanje neshvatljivo. Ali, Apsolutno (Bog) je tako savršeno da ono nije samo neshvatljivo, nego i shvatljivo. Tek to oboje zajedno čini njegovo savršenstvo.

Shvatiti Božje savršenstvo jest savršenstvo sve logike i prava svrha Bogu posvećene inteligencije. "Inteligenciju" ne treba brkati s intelektom i ne znači isto što i okretnost mozga i sposobnost pohrane informacija. "Inteligencija" doslovno znači "sposobnost razlikovanja"; izvedeno iz latinske riječi *intellegere* (sastavljene od *inter* i *legere*), "između dvije stvari izabrati, razlikovati".

Inteligencija se nadopunjuje s intuicijom i otvara put inicijaciji, unutarnjem posvećenju. (To će biti tema 8. poglavlja.)

Proširena logika koja sobom donosi i razumijevanje Boga upozorava nas da ne vjerujemo slijepo, ali da ne budemo ni slijepo skeptični – jer bi oboje bilo neinteligentno! Sumnjati je dobro, ali moramo sumnjati i u sumnju i uvidjeti da nismo prokleti na vječnu sumnju (neznanje). Imamo apsolutnu mogućnost uvidjeti što je "svjetlost" i kako u toj svjetlosti možemo živjeti.

Iz tame u Svjetlost

Dosadašnja analiza pokazala je kako poluistine posreduju samo jednostrano, nepotpuno razumijevanje stvarnosti. One definiraju stvarnost tako što relativnost (dualnost) ili negiraju ili apsolutiziraju. Stoga se ponovo postavlja pitanje: Što je stvarnost (jedinstvo) onkraj dvojstva? Je li apsolutno jedinstvo naprosto tek apstraktna ukupnost energije?

Kako se pokazalo kroz simboliku svjetlosti i sjene, logika ateističkog monizma vodi u ekstremni gubitak smisla, savjesti i Boga. Monističko gledište da svjetlost nije ništa drugo do odsutnost tame je apsurdna pretpostavka. Jer u stvarnosti svjetlost nikad ne nastaje iz tame. Tama će biti prevladana samo kad se svjetlost *pojavi*. Svjetlost i sjena su paralelne stvarnosti, ali u konačnici postoji samo svjetlost (apsolutna stvarnost), a tama je o svjetlosti ovisno postojanje (relativna stvarnost).

Onkraj materijalne dualnosti ne nalazi se tek apstraktno jedinstvo ili prazno Ništa, isto kao što se ni onkraj tame ne nalazi Ništa. No upravo to misle "prosvijetljeni" koji žive u tami – da onkraj materijalne dualnosti ne postoji ništa; sve je jedno (samo u Ništa je sve jedno!), stoga je svaka duhovnost iluzija.

Opet postavljamo pitanje: Što je stvarnost onkraj dualnosti? Što je snaga koja materiju (prostor i vrijeme) iznutra spreže, oblikuje i oživotvoruje? Odgovor je vrlo jednostavan. Onkraj dualnosti je *jedinstvo*. Jedinstvo znači: *"nerazdvojeno, nepodijeljeno i nedjeljivo bivanje"*. Na grčkom se to naziva *atomos*, na sanskrtu *atma*, a na latinskom *individuum!*[*] Stvarnost onkraj dualnosti je nepodijeljeni i ne-

---

[*] Jezici ovdje nude savršene sinonime pojmova. Riječ "individuum" je direktan prijevod grčke riječi *átomos* i doslovno znači "nedjeljivo", naime "dušu" koja oživotvoruje tijelo; "vječnu, nematerijalnu (duhovnu) jezgru svega bivanja i svijesti".

djeljivi život koji je neovisan o materiji kao što je svjetlost neovisna o tami.

Svedeno na formulu: **Onkraj dualnosti je individualnost.** Individualnost znači "osobina bivanja individuumom", "bivanje nedjeljivim, cjelovitim i potpunim". Biti nedjeljivim znači da je individuum neprolazan (= bezvremeno prisutan). Individualnost je vječna stoga što je nedjeljiva; ona nikad nije podijeljena u dualnosti, ni u prostoru (stvaranju i rastvaranju), ni u vremenu (prošlosti i budućnosti). Linearno vrijeme spada u svijet materije i nedjeljivo je povezano s fizikalno-dimenzionalnim prostorom. "Individualan" (= nedjeljiv) znači tako i "neprolazan"; vječan; nematerijalan (duhovan)".

Mi smo kao duhovne individue vječni. Nismo nastali jednom negdje u prošlosti. Individualnost je naše vječno bivanje onkraj prostora i vremena. Vrijeme koje nije projicirano u dualnost nije vrijeme već *vječnost*, a kao duhovne individue mi smo dio te vječne stvarnosti.

Pravo Ja i lažno Ja

Jedno od temeljnih pitanja filozofije i ljudskog bivanja glasi: "Tko sam ja?" Materijalistički svjetonazor tvrdi da smo živuća tijela, a kraj tijela je i kraj naših života; ne postoji ništa što preživljava smrt.

Međutim, ako se ne identificiramo sa smrtnim tijelom spoznajemo da je naše bivanje onkraj dualnosti od rođenja do smrti *vječna individualnost*. Naš pravi identitet nije ovisan o vanjskoj identifikaciji (relativnim definicijama "Ja"). Nakon oslobađanja, odnosno izbavljenja, ne odlazimo u apstraktno Ništa, nego spoznajemo naše pravo "Ja" – ono što u stvarnosti jesmo: vječna, besmrtna duhovna bića, "duše" (= individue), a kao takvi mi nismo produkt materije i materijalnih evolucijskih procesa.

Ako se identificiramo s relativnim definicijama "Ja", živimo u "lažnom Ja" (egu), što vodi "sjenosvijesti". Jer naposljetku nismo ni žene ni muškarci, ni mladi ni stari, ni ljudi ni nadljudi, ni zemljani ni vanzemaljci, ni kršćani, ni hindusi, židovi, muslimani ... Onaj tko se identificira s tim obilježjima koja nisu ništa drugo do uloge, mora neminovno postupati po diktatu ega, što uvijek vodi dijaboličnom raskolu.

To znači da je identifikacija s bivanjem čovjekom također iluzija, odnosno lažna identifikacija. Mi nismo samo ljudi, nego duhovne individue. Mi nismo ljudska bića koja stječu duhovna iskustva, nego duhovna bića koja stječu ljudska iskustva. Kad se ljudi gledaju samo kao "ljudi" previđa se individualnost bića, a time i pravi identitet ljudi. Humanizam je problematičan jer je čovjeka odredio kao mjeru svih stvari. Budući da stvarnim smatra samo ono što je "prirodno" (racionalno spoznatljivo), a "natprirodno" (duhovno) isključuje, humanizam slijedi materijalistički (deistički ili monistički) svjetonazor s odgovarajućim zabludama, što vodi ateističkom pragmatizmu. Kad humanisti zagovaraju "novu humanost", ne bi se trebali dati zavarati milozvučnim riječima kao što su humanost, tolerancija i etika, nego se zapitati što se pod tim pojmovima zapravo i u konačnici podrazumijeva.

Spoznaja duhovne prirode átomosa = individue pokazuje kako materijalistički atomski fizičar natjeruje fantoma, jer ono što materiju iznutra spreže i oblikuje nije materijalno! Kad materijalistička propaganda objavi: "Ti si smrtno tijelo; život je produkt materije, a svijest produkt mozga", to zapravo znači: "Ti nisi individuum"! Radikalna primjena ove dijabolične prividne istine demonstrirana je pragmatičnom ideologijom ateističkih monista.

Međutim, logikom i praktičnim iskustvom, a također i parapsihološkim istraživanjem, možemo spoznati da svijest nije produkt materije (mozga, živaca) i da individuum sa svojom sviješću može postojati i neovisno o tijelu, odnosno odvojeno od njega.

Ovdje se inače teško shvatljivi pojam "svijest" može jednostavno definirati: Svijest je "energija duhovnog bića, individue". Naposljetku je *sve* svjesno, jer ništa nije odvojeno od svijesti apsolutnog individuuma. Nema ničeg što je izvan Božje nepodijeljene, sveobuhvatne (individualne) svijesti.

Svijest: životvorni činilac u materiji

Tko živi u tami i drugo ne poznaje ne može ni misliti drukčije do da je svijet samo tama i da onkraj nje nema ničega. Međutim, onaj tko živi u svjetlosti zna da je ona istinski svijet i da je tama samo umjetno stanje. Ta samorazumljiva spoznaja da se primijeniti i na materijalni svijet dualnosti. Kao što onkraj tame postoji vidljivi svijet, a tamno je područje, premda odvojeno, sadržano u ukupnosti vidljivog svijeta, tako je i onkraj pojavnih oblika paralelno i vječno prisutna duhovna stvarnost u kojoj je sve sadržano, pa i dualnost. U stvarnosti je *sve individualno* i puno svijesti. Nije materija ta iz koje nastaju svijest i individualnost, nego upravo obrnuto: svijest je ta iz koje nastaje "energija" i različiti materijalni oblici. Sveprožimajuća svijest (Bog) stvara materiju kao otjelovljenu energiju, a svijest ("duša") nebrojenih dijelova Boga oblikuje tu materiju i dodjeljuje joj adekvatne pojavne oblike: od oblika tijela do "oblika" sudbine koju proživljava svaki individuum u svijetu materije.

Ovo pojašnjenje koje umnogome nadilazi materijalistički i ezoterijski monizam odgovara vjerojatno najstarijoj poznatoj definiciji materije, a nalazi se u sanskrtskom djelu *Bhagavad-gita*. Ta definicija iznenađujuće podsjeća na modernu kvantnu fiziku: "Materija je beskrajno promjenjiva energija".[**]

Ova jednostavna formulacija koja je jedna vrsta formule svijeta razumljiva je tek u ovakvom kontekstu. Riječ *bhavah* nagovješćuje da energija nije apstraktni način djelovanja materije, već obratno: *bhavah* također znači i "svijest" i "biće, unutarnja priroda", kazujući da energija nikad nije izolirana ili neovisna, nego da uvijek proistječe iz duhovnog bića (individue), vođena njegovom sviješću. Dakle, u stvarnosti materija ne postoji sama po sebi, odnosno kao samosvojna, od apsolutnog odvojena supstanca. Materija je energija, a energija je uvijek izraz svijesti, u konačnici apsolutne svjesnosti.

Beskrajna promjenjivost materije pokazuje se dvojako: horizontalno i vertikalno. Već na *horizontalnoj*, nama vidljivoj razini, izražava se beskrajna originalnost materije; svaki čovjek, životinja i biljka, čak svaki kamen i snježna pahuljica ima jedinstven izgled, jer je vanjski pojavni oblik formiran i izveden iz prisutnosti unutarnjih impulsa koji posredno ili neposredno uvijek proistječu iz individuuma. Materija nikad nije neovisna o svijesti i ne postoji odvojeno od nje. Svaki čovjek ima svoj osobit izgled jer je tijelo (lice, oblik lubanje, šarenica, linije dlana ...) materijalni izraz svijesti svake individue.

[**] *adhibhutam ksharo bhavah*: "materija, doslovno ukupnost (*adhi*) elementa (*bhutam*) je beskrajno promjenjiva energija (bhavah)" (*Bhagavad-gita* 8, 4). *Ksharo* znači "tekući, prolazan", ali nije energija prolazna, već ono što iz nje nastaje. Dakle, *adhibhutam* je ono što stvara vječno prolazne oblike.

Naravno, fizički pojavni oblik najprije je uvjetovan genima; međutim, geni su nosioci informacija, a informacije uvijek proizlaze iz svijesti. Stoga ni ljudi koji na temelju genetskog srodstva izgledaju slično nikad nisu potpuno isti.

Beskrajna promjenjivost materije pokazuje se još jasnije na njenoj *vertikalnoj* razini, od koje su ljudi u stanju vidjeti tek vrlo mali isječak. "Vertikalna beskrajnost" znači da se materija u različitim dimenzijama manifestira u različitim gustoćama i donosi još neshvatljiviju mnogostrukost paralelnih svjetova. I ovdje iza svega manifestiranog stoji individualna bića sa svojom sviješću i odgovarajućim energetskim poljem.

Svedeno na formulu: *Duhovna stvarnost (individualnost) stvara materijalnu stvarnost.* Ovo se pokazuje i u svakodnevnom životu gdje se impulsi svijesti kao što su radost, iznenađenje, razočarenje, ljutnja, itd. izražavaju u finomaterijalnom tijelu (npr. boji aure), a kroz njega i u grubomaterijalnom. Ovi impulsi mogu se iščitati na ljudskom licu, a naročito u auri. Narod kaže "zrači srećom", "zelen od zavisti" ili "crven od gnjeva". Određeni negativni impulsi mogu se nakon previranja u finomaterijalno-psihičkom spustiti u fizičko kao bolest.

Svi materijalni oblici grade se i mijenjaju prema individualnim impulsima svijesti koji djeluju na materiju. Ovo ne vrijedi samo na osobnoj razini, nego i na univerzalnoj: *na početku stvaranja nije se dogodio pra-prasak materije, nego pra-skok svijesti*, a taj pra-skok bio je apsolutnom sviješću inicirani kvantni skok "unutarnjeg" jedinstva k "vanjskoj" mnogostrukosti, od dinamičkog potencijala k energiji i stvaranju, izvršen u beskrajnim ciklusima s vječnom, božanskom pozadinom. Simbol toga je vječno pulsirajuće, kozmičko udisanje i izdisanje Boga prastvaranja koji se na sanskrtu naziva Višnu.

Uz ovu proširenu pozadinu postaje jasno kako materijalistička kozmologija, teorija evolucije i svi scenariji koji na njima počivaju (također i tzv. pra-astronautika) umnogome promašuju pravo objašnjenje života polazeći od pretpostavke da živa bića nastaju iz materije.

Temeljne točke filozofije
Što je iluzija? Što je stvarnost? Što je Bog?
Tko sam ja?
Što je stvarno? Što je bitno?

"Tama"	–	Svjetlost
Iluzija/projekcija	–	Stvarnost
Relativno	–	Apsolutno
Materijalno	–	Duhovno
Dvojstvo	–	Jedinstvo
Dualnost	–	Individualnost
Ego (lažno Ja)	–	Sebstvo (pravo Ja)
Identifikacija	–	Identitet
Moć (manipulacija)	–	Opunomoćenost (inspiracija)

lat. *individuum* = grč. *átomos* = sanskrt. *atma* (Atman)
Samospoznaja → Jedinstvo/Individualnost → Spoznaja Boga

Pitanje prave prirode stvarnosti najvažnije je pitanje uopće, jer odgovor određuje naš pogled na svijet, naše prioritete i aktivnosti, i u konačnici cijeli život i sudbinu. Ovo pitanje se na idealan način da pojasniti simbolikom svjetlosti i tame, jer je odnos stvarnosti i nestvarnosti isti kao odnos svjetlosti i sjene. Budući da je stvarnost stvarna, odnosno apsolutna, ona je sveobuhvatno jedinstvo i stoga naposljetku i ne postoji ništa nestvarno. Ali, budući da je sve individualno, i po pitanju sveobuhvatnog jedinstva (stvarnosti) mora se uvijek izvršiti diferencijacija.

Značenja riječi "onkraj" i "postojati"

Ukratko se može reći da monizam upućuje na jednu temeljnu istinu koju, međutim, treba razumjeti u pravom svjetlu: stvarnost "onkraj" dualnosti može se s pravom označiti kao "jedinstvo", ali se ono ne smije vidjeti kao apstraktna odsutnost dualnosti, nego kao *individualnost*, jer riječ "jedinstvo" opisuje ono što je nepodijeljeno, vječno i nedjeljivo, odnosno *individualno*. Stoga ovdje i riječ "onkraj" mora biti shvaćena u širem značenju. Stvarnost nije u dualističkom smislu "onkraj" dualnosti, jer je i dualnost svakako dio stvarnosti. Analogno tome, sjena i tama nisu tek iluzije, nego relativne stvarnosti, što znači da će postojati toliko dugo dok postoje i "stvari" koje zaklanjaju svjetlost. Dualnost nije nešto nepostojeće. Dok god postoji ona je (relativna) stvarnost! I riječ "postojati" – "egzistirati" ima jedno savršeno precizno značenje. Izvedena je iz latinske riječi *existere*, sastavljene od *ex-*, "iz-; od-" i *sistere*, "namjestiti nešto; smjestiti se" (sadržane u riječima "insistirati" i "asistirati"). *Existere* dakle doslovno znači "izmjestiti se; izaći iz jedinstva i smjestiti se u tamu", nasuprot stvarnom, bezvremenom bivanju. Stoga se govori o "Ja jesam"-svijesti, a ne "Ja postojim"-svijesti. U ovom smislu ni Bog ne "egzistira". Bog ne postoji. Bog jest.

Riječ "onkraj" ovdje ne označuje razdvojenost i stajanje nasuprot kao u uobičajenoj upotrebi, npr. "zemlja onkraj oceana (= zemlja s druge strane oceana)". Kad se "onkraj" odnosi na stvarnost, onda je stvarnost onkraj dualnosti kao što je svjetlost onkraj tame. "Onkraj" ne znači da je svjetlost suprotnost tami, nego da je u stvarnosti svjetlost posvuda, pa i tamo gdje u jednom određenom vrijemeprostoru egzistira tama. U konačnici je sve stvarno i istinito, pitanje je samo je li nešto *apsolutna* ili *relativna* stvarnost. Pojašnjenje je vrlo važno, prije svega obzirom na ateistički monizam (sanskrt. *mayavada*), jer on tvrdi da je dualnost iluzija, što u praktičnom životu vodi kobnim – pragmatičnim – zabludama. Pojam "onkraj" ovdje upućuje na paralelnu i istodobno sveprožimajuću bit stvarnosti; Bog nije samo izvan materije, nego je i u i iza materije. Kako bi se izbjegli svi nesporazumi, naslov ovog poglavlja trebao bi glasiti "Stvarnost onkraj, u i iza dualnosti". Ali, i samo "onkraj" može uputiti na ovdje opisano višestruko i diferencirano značenje. "Iza" i "u" bili bi previše jednostrani i osvijetlili bi samo neke od mnogih istodobnih aspekata.

Krećemo se u području neopisivog u kojem riječi i opisi imaju tek ograničenu vrijednost. Ipak, moguće je riječima opisati neopisivo i učiniti ga umu shvatljivo.

Individualnost Boga

U ovoj filozofskoj analizi sad dolazimo do točke u kojoj se treba po-kazati jesu li navodi ateističkog monizma točni ili netočni. Je li Bog zaista tek apstraktna ukupnost neutralne energije? Je li ljubav zaista tek produkt dualnosti, a time i iluzija? Je li "neophodnost" zaista je-dini kriterij za "prosvijetljeno" postupanje? Jesu li "prosvijetljeni" uistinu prosvijetljeni? Jesu li oni zaista jedini koji znaju što je stvar-nost? Jesu li njihovi postupci koje opravdavaju svojim "pragmatič-nim realizmom" zaista opravdani? Je li njihova "surova istina" zaista istina? Ako jest, onda bi oni zaista bili jedini pravi realisti!

Kao što dosad izloženo pokazuje, ključ prave stvarnosti je du-hovna individualnost. "Onkraj dualnosti je individualnost." Ova for-mula svijeta vrijedi i za relativno i za apsolutno.

Područje relativnog obuhvaća sve materijalne oblike od fine i grube tvari, od najmanjih nuklearnih i molekularnih tijela do Svemi-ra. Onkraj, odnosno iza svakog od ovih materijalnih oblika uvijek djeluje individualno, svjesno duhovno biće koje je vječno, ali ograni-čeno. U ovu kategoriju individualnih duhovnih bića ("duša") spada-mo i *mi*.

Onkraj, odnosno iza sve relativnosti (= ukupnosti sve materi-je) stoji *apsolutna individualnost*. Bog, neograničena, sveobuhvatna stvarnost koja obuhvaća i nas i sve relativno. U ovom smislu da se diferencirano reći: Mi nismo Bog, ali jesmo dijelovi Boga. Bog je je-dan apsolutni individuum, a mi smo *bezbrojne* relativne individue.

Gledajući s jedne strane, između ove dvije izjave ne postoji razlika, jer ako je Bog *apsolutni* individuum, on obuhvaća i sve rela-tivne individue. Bog i mi smo jedno jer smo svi individualni ("nedje-ljivi, nepodijeljeni, neodvojeni"). No gledajući s druge strane, dife-rencijacija ovih dvaju izjava je neminovna, jer bi inače nastala nepotpuna predodžba o "jedinstvu"; Bog i mi više ne bi bili indivi-due, nego samo apstraktne energije. Kakve sudbonosne zablude mogu nastati iz ovog filozofskog "grijeha" već je (u 3. i 4. poglavlju) objašnjeno pomoću više primjera.

Apsolutna individualnost Boga može se prikazati "matematič-kom" jednadžbom: Ako bi Boga trebalo predstaviti nekim brojem, onda bi to najprije bio broj 1, jer 1 je jedini broj sadržan u svim drugim brojevima (kao osnovna jedinica, kao djelitelj i kao množitelj). Premda je 1 sadržano u svim ostalim brojevima, ono je također i samostalan, individualan broj. Isto tako, Bog je sa svojim energijama i širenjem sveprisutan i sveprožimajući, dok istodobno zadržava apsolutnu individualnost i identitet s apsolutnom sviješću, djelovanjem i voljom. Već zbog toga možemo – s pravom – moliti: "Budi volja tvoja!" i već zbog toga možemo Boga nazvati "Otac" ili "Otac-Majka-Bog", jer to odgovara "apsolutnoj istini", individualnosti Boga, i izraz je odgovarajuće božanske svijesti.

Ali, Bog nije samo Otac i Majka, on/ona je to samo iz viđenja "djece". U njihovom osobnom jedinstvu otac i majka su voleći i voljena, a Bog obuhvaća i te aspekte. Bog u sebi sjedinjuje muški i ženski aspekt i on je – kao apsolutna individualnost – *jedinstvo dvojstva*. To nije ništa apstraktno, već apsolutno individualno. U vedskom Božjem otkrivenju govori se o Radha-Krišna jedinstvu. Bog kao apsolutna individualnost na sanskrtu je poznat pod mnogim imenima, npr. Višnu, "sveprožimajući" (*imanentna* individualnost Boga u materiji), i Krišna, "sveprivlačni" (*transcendentna* individualnost Boga u duhovnom svijetu). Koja god imena i nazive primijenili, oni su uvijek izraz našeg nepodijeljenog, neodvojenog i vječnog (= individualnog) odnosa i povezanosti s apsolutnom individuom, Bogom.

Kad apsolutno ne bi bilo individualno, ne bi imalo ni svijesti, ni ljubavi, ni milosti, ni volje! ("Budi volja tvoja!" bila bi besmislena i apsurdna molitva, baš kao i sve druge. Marksizam je ovo zvao "Opijum za narod"). Stvarnost bi u konačnici bila bez ljubavi, bez milosti i bez volje. Upravo to tvrde od Boga odvraćeni materijalisti i monisti: "Univerzum" je učinak samoorganiziranog jedinstva energije bez plana, bez namjere, bez višeg cilja, "ništa osim slijepe, neumoljive ravnodušnosti".

Isusove riječi "Budi volja tvoja" pružaju sasvim drukčiji način i širinu gledanja, ali za to se mora imati svijest o apsolutnoj individualnosti Boga. U materijalističkom i ezoterijskom monizmu ne moli se "Budi volja tvoja", jer Bog u tim svjetonazorima nema volju. Bog je tu tek bezvoljno apstraktno jedinstvo materije (energije), bez svijesti i ljubavi. Stoga ni "ljubav prema Bogu" nije tema. Jedan monist ne može uistinu govoriti o "ljubavi", niti može uistinu moliti. On ne vidi neophodnost molitve ili bogosvjesne meditacije. Jedino što praktički za njega ima smisla su koristoljubive meditacije i vježbe kako bi se bolje "održao" u materiji.

Na sličan način argumentiraju predstavnici ateističke ezoterije: "Zašto bi se trebali moliti, i kome? Ne postoji Bog izvan nas, jer sve je jedno. Sam čovjek je Bog". (Ovo i nije potpuno neistinito, ali jest poluistinito. Nakon što se u 1. dijelu knjige pokazalo što znači kad neistinita polovica uzme prednost, ovdje je riječ o tome kako se djelomične istine mogu pravilno razumjeti, tako da se pokaže "polupuna", a ne više "poluprazna" istina.)

Sve je jedno – *i različito*

Ono što oživotvoruje materiju je i u relativnom i u apsolutnom *individualno*: nematerijalno, neprolazno, duhovno. To znači da smo *mi* u našem pra-svome, vječnom biću individualni, i da je Bog također individualnost, ali ne relativna nego apsolutna. Mi smo dijelovi Boga.

Kad ne bi bilo tako, stvarnost bi bila tek apstraktno jedinstvo na način kako ga tumači (ateistički) monizam: "Sve je jedno". Ovakvo viđenje vodi problematici objašnjenja dualnosti koju monizam pokušava riješiti tvrdeći kako je dualnost u konačnici nepostojeća, i kako je spoznaja tog nepostojanja "prosvjetljenje".

Ključ spoznaje individualnosti pokazuje u kojem je smislu sve jedno, a u kojem nije. Jer, apsolutno i relativno su *istovremeno i jedno i različito*. Dok god se promatra samo jedna od ovih dviju strana, zapada se u jednostranost poluistina. Ako se tvrdi da su apsolutno i relativno jedno, upada se u opasne vode ateističkog monizma. Ako se tvrdi kako su apsolutno i relativno samo različiti, to vodi dualizmu i dogmatizmu jer svaka strana pokušava svoj vlastiti (relativni) pogled prikazati kao apsolutan. Ovdje se pokazuje da spoznaja "Boga kao individualnosti" može zaživjeti na negativan način. Monoteističke religije su to kroz stoljeća i tisućljeća demonstrirale na puno načina, a čine to dijelom još i danas ...

Istovremeno bivanje istim i različitim relativnoga i apsolutnoga – odnosno cjeline i dijelova – može se predočiti analogijom Sunca i sunčevih zraka. Zrake i Sunce nedjeljivo su povezani. Nema Sunca bez zraka ni zraka bez Sunca. Ni jedna zraka ne može biti odsječena od Sunca. Svaka zraka je jedinstveni, neodvojivi, individualni dio svjetlosti. Na isti način smo mi, "dijelovi", povezani s Cjelinom, a istovremeno vječno individualni.

Popularni ezoterijski slogani "Sve je jedno" i "Sve je Bog" treba uzeti s oprezom. Ako je sve Bog, onda bi i laži, ubojstva i rat bili "Bog" – a određene sile zaista to i vjeruju. No ta logika je jednostrana. Ako je svjetlost posvuda, to još uvijek ne znači da je sve svjetlost. Sjena nije svjetlost, a svjetlost ne stvara sjenu. Mora se diferencirano reći: Bog je sve, ali sve nije Bog.

Tako govori i sam Bog u riječima otkrivenja, osobito jasno u Bhagavad-giti (9, 4-6):

> "Svojim neispoljenim oblikom prožimam čitav ovaj univerzum. Sva bića su u Meni, ali ja nisam u njima. A ipak, sve što je stvoreno ne počiva u Meni. Pogledaj Moje mistično obilje! Iako sam održavatelj svih živih bića i iako sam prisutan svuda, nisam dio ove kozmičke manifestacije, jer je Moje Jastvo sam izvor kreacije. Shvati da kao što snažan vjetar, koji svuda puše, uvijek počiva na nebu, sva stvorena bića počivaju u Meni."

Da je sve istovremeno jedno i različito prirodna je, samorazumljiva spoznaja koja vodi ključu individualnosti. Pratemelji i emanacija – Cjelina i dijelovi – nikad nisu nerazličito jedno, ali nisu ni odvojeni.

Drugim riječima, kad se kaže "Sve je jedno", to je jednostrani, nepotpuni način viđenja apsolutnog. Jer sve je jedno i različito, i to istovremeno. Ovakva diferencirana spoznaja (*tattva*) na sanskrtu glasi: *acintya bhedabheda-tattva*, "nezamisliva (*acintya*) istovremena različitost (*bheda*) i nerazličitost (*abheda*) Boga i Božjih energija"

Monoteizam i teizam: jedina istina ili apsolutna istina?

Kad bi u jeziku morali pronaći izraz za spoznaju "individualnosti onkraj dualnosti" i "istovremenog bivanja istim i različitim", za to postoji puno mogućnosti, npr. holizam relativnog i apsolutnog, sinteza individualnost-dualnost, ili diferencirani monizam (monizam: "Sve je jedno ..."; diferencirani: "... i različito"). Jednostavna i prikladna bila bi i formulacija "individualni teizam": teizam (shvaćanje Boga) koji je individualan, pri čemu se Bog i svi njegovi dijelovi također prepoznaju kao vječna individualnost.

Još jedan prikladan izraz bio bi "teistička duhovnost": kao prvo, izbjegao bi se -izam i drugo, pokazalo bi se kako ovdje nije riječ samo o "ezoteriji", energiji i jedinstvu, jer sve to još uvijek može biti ateističko i prikriveno materijalističko. Izraz "duhovnost" pokazuje da ovdje stvarnost nije definirana materijom, nego se smatra da je materijalno proisteklo iz duhovnog. Kvalifikacija "teistička" je gotovo suvišna, jer ako se duhovnost shvaća u pravom, apsolutnom, individualnom smislu onda se zna da ne može postojati ateistična duhovnost. Kad bi bila ateistična, ne bi ni bila duhovnost, nego monizam, okultizam, magija ili ezoterija u negativnoj, materijalističkoj izvedbi. (Naravno, postoji i pozitivna, teistička ezoterija koja je u svom čistom obliku isto što i teistička duhovnost.)

"Teistička duhovnost" dakle označava jasnu svijest o Bogu koja u sebi opaža i relativno i apsolutno, materijalno i duhovno, a njihovo bivanje jednim i različitim shvaća diferencirano. Ovo odgovara izvornoj, čistoj svijesti ljudi kao inkarniranih svjetlosnih bića.

Teizam nije istoznačan pojmu monoteizam, jer *monos* znači "jedan, jedini, sam", što je uvijek vrlo problematično. To se pokazuje kad se predstavnicima religija i apsolutističkim grupacijama postavi pitanje: "Je li vaše učenje jedina ili apsolutna stvarnost?" Većina mora priznati da sebi još nikad nisu postavili to pitanje i da zapravo tu ne vide razliku. A ako se odluče, uglavnom naginju opciji "jedine istine". Pri tome, posezanje za "jedinom istinom" i za "apsolutnom istinom" razlikuju se kao tama i svjetlost. Tvrdnja da se posjeduje jedina istina izraz je apsolutističkog svjetonazora. Apsolutna istina baš nikad ne tvrdi da je jedina, jer *apsolutna* ne znači "jedina" nego "sveobuhvatna". Ona može dopustiti sve relativne djelomične istine i integrirati ih, pri čemu se može pokazati što su istinite tvrdnje, a što nerazumijevanje. Kao što užarena iskra pod pepelom uz dovod zraka opet može postati vatrom, tako se u svakoj poluistini može prepoznati, procijeniti i osnažiti ono što je istinito.

Ovo je nešto posve drukčije od misionarenja i želje za preobraćenjem. Riječ je o međusobnoj inspiraciji na temelju zajedničke veze s Bogom.

Monoteizam znači "učenje o postojanju jednog jedinog Boga". U praksi ovo učenje uvijek nalikuje monolatriji,*** jer kad netko tvrdi kako štuje samo jednog Boga, to još uvijek ne znači da je izabrani "jedini Bog" i apsolutni Bog. Monoteističke religije uglavnom zastupaju dualizam s apsolutističkom, ne-apsolutnom predodžbom Boga. Onaj tko poznaje apsolutno ne mora misionariti ili sotonizirati ostale svjetonazore, a ipak može jasno razlikovati, bez da sudi. (Ovo je tema 7. poglavlja)

Ovom se analizom svjetonazori monizma, deizma ili monoteizma ne žele označiti kao apsolutno pogrešni. Svi ovi svjetonazori otkrivaju puno istinitoga, oni su stepenice na stepeništu koje vodi naviše, u svjetlost. Hoćemo li mi – na kojoj god stepenici – od danih istina profitirati ili ćemo se dati zavesti neistinitim dijelovima ovisi o tome jesu li naša srca Bogu posvećena ili od njega odvraćena.

Što se negativnog tiče, ono se ne treba opravdavati, nego kao takvo prepoznati i *ispraviti*. To znači konkretnu promjenu smjera: doslovni okret na stepeništu, naprijed u svjetlost, povratak Bogu.

Jedan važni kriterij razlikovanja

Kod procjene ezoterijskih i "humanističkih" knjiga i učenja slijedeće je pitanje uvijek od velike pomoći: kako su objašnjeni dobro i zlo? Proizlazi li objašnjenje iz jasnog razlikovanja ili opravdavanja? Je li opasnost od mogućih prijevara, npr. od strane "666-sila" prepoznata, ignorirana ili podcijenjena?

I materijalistički, humanistički i ezoterijski glasovi mogu se pozivati na "Boga" ili Isusa i mogu se citirati dijelovi spisa. Kad se sretnemo s tim, vrijedi ne zaboraviti sljedeće, manje popularne Isusove riječi:

"Jao svijetu od sablazni! Neizbježivo dolaze sablazni, ali jao čovjeku po kojem dolazi sablazan!" (Mt 18, 7)

"Ustat će, doista, lažni Kristi i lažni proroci i iznijeti zname-

*** Monolatrija: iz grč. *monos* i *latreia*, "služba, štovanje"; štovanje samo jednog Boga (od više njih), tj. izuzimanje jednog Boga iz mnoštva i proklamiranje tog Boga jedinim, najčešće s pozivom na suzbijanje, podčinjavanje i preobraćenje drugih bogova (i naroda).

nja velika i čudesa da, bude li moguće, zavedu i izabrane. Eto, prorekao sam vam." (Mt 24, 24-25)

"A ovo je taj sud: Svjetlost je došla na svijet, ali *ljudi su više ljubili tamu nego svjetlost jer djela im bijahu zla.* Uistinu, tko god čini *zlo, mrzi* svjetlost i ne dolazi k svjetlosti da se ne razotkriju djela njegova; a tko čini *istinu, dolazi k svjetlosti nek bude bjelodano da su djela njegova u Bogu učinjena."* (Iv 3, 19-21)

Ova upozorenja naglašavaju važnost budnosti i opreza na temelju *duhovne sposobnosti razlikovanja. Ali ona ne govore da trebamo biti slijepo skeptični prema svim novim impulsima. Sam Isus govori o "Duhu Istine" koji će doći ljudima kako bi ih uputio u svu istinu* (Iv 16, 3). Svjetlost je uvijek dostupna, jer kad postanemo "kao djeca", naime "jedno s Ocem", tad ćemo biti povezani s "anđelima na nebu" koji "uvijek gledaju lice Oca." (Mt 18, 10)

Sažetak

- Materijalizam, ateizam, panteizam, deizam, dualizam, monizam – simbolika svjetlosti i sjene otkriva odakle nastaju istine, ali i nedostaci i opasnosti u ovim svjetonazorima. Kako različiti zaključci i praktične posljedice pokazuju, nije svejedno u što se vjeruje.
- Apsolutna istina postoji u svakom slučaju. Čak i kad se vjeruje da ne postoji apsolutna istina i da je sve relativno, vjeruje se u apsolutnu istinu, naime u tu da ona ne postoji. Dakle, ključno pitanje nije: "*Postoji* li apsolutna istina?", već: "*Što* je apsolutna istina?" A čovjek ima mogućnost dobiti jasan odgovor.
- "Prosvijetljeni" koji vjeruju kako je sve relativno vjeruju i da su pozvani provesti u djelo svoju viziju (apsolutističkog) svjetskog poretka, jer kad bi svi udovoljavali svojim vizijama, nastao bi kaos; stoga se konačno jedna vizija mora nametnuti svima drugima, i to vizija "prosvijetljenih". (Dakle, ni za njih nije sve relativno.)
- Istinsko značenje "Apsolutnog" razotkriva što apsolutističke težnje zapravo jesu: dijabolične apsolutizacije nekih relativnih – materijalističkih ili "religioznih" – poluistina.
- Stvarnost onkraj, odnosno iza dualnosti (dvojstva) jest *individualnost,* doslovno: "nepodijeljeno i nedjeljivo", jedinstvo, duhovno. Ono što materiju iznutra spreže, oblikuje i oživotvoruje je "duša": nematerijalni *individuum* (= átomos, *atma*). Mi kao individue nismo razdijeljeni u

dualnosti linearnog vremena (na prošlost i budućnost), što znači da naše pravo biće ne podliježe ni vremenu ni prostoru. Mi smo besmrtna, vječna duhovna bića ("duše").

- Svi materijalni oblici su djeljivi i promjenjivi i stoga prolazni. Ono što je nedjeljivo i neprolazno, naime individuum, nije materijalno. Živa bića (biljke, životinje, ljudi) nisu produkt navodne evolucije anorganske tvari u jedno- i višestanične organizme. Materijalističko izjednačenje živo biće = tijelo nije točno.

- Činjenica da svi prirodni materijalni oblici postoje u beskrajnoj različitosti može se objasniti time da "iza" svakog materijalnog oblika – od Univerzuma do najsitnijeg mikroba i čestice – u konačnici djeluju svjesne individue. *Duhovna stvarnost (individualnost) prožima materijalnu relativnost.*

- "Svijest" je energija individuuma, a kako je sve energija, odnosno svijest, u stvarnosti ne postoji izolirana materija, "materija sama po sebi". Svjetlost i sjena su paralelne stvarnosti, no naposljetku postoji samo svjetlost (apsolutna stvarnost), a tama je o svjetlosti ovisno postojanje (relativna stvarnost).

- Bog, apsolutno jedinstvo iza dualnosti, nije tek apstraktna ukupnost neutralne energije, već je također i *individualnost*, jedna bezgranična, sveprisutna i sveobuhvatna, koja obuhvaća i nas i sve druge relativnosti. Bog je Jedan apsolutni individuum, a mi smo bezbrojne relativne individue, "dijelovi Boga".

- Ako Apsolut ne bi imao individualnost (Apsolut: stvarnost, Bog), ne bi imao ni svijesti, ni ljubavi, ni milosti, ni volje! Upravo to tvrdi materijalistički i ezoterijski monizam.

- Monizam vidi samo jednu stranu stvarnosti i kaže: "Sve je jedno" ili "Sve je Bog". Međutim, diferencirani način promatranja vodi do spoznaje "Sve je jedno – i *različito*" (analogija "Sunca i sunčevih zraka").

- Istovremeno bivanje jednim i različitim apsolutnog i relativnog, odnosno Cjeline i Dijelova: ova spoznaja je ključna jer pokazuje da je jedinstvo (stvarnost) onkraj dualnosti *individualnost.* Inače bi čovjek vidio jedinstvo kao apstraktnu ukupnost materije (bez individualnosti, svijesti, volje), što bi predstavljalo filozofski "pad u grijeh" i prouzročilo dijabolične zablude, kulminirajući u nesavjesnom ego-opravdavanju ateističko-pragmatičnog monizma.

- Ako postoji apsolutna istina, koji su dokazi za to? U ovom su poglavlju neki već spomenuti: ništa relativno nije apsolutno, apsolutno nije apsolutističko, onkraj dualnosti je duhovna individualnost vječna stvarnost, mi smo vječne individue, a Bog je apsolutni individuum; dakle, Apsolutno "ima", odnosno jest, svijest, ljubav, milost i volja.

- Prikladni nazivi za predstavljena pojašnjenja bili bi "individualni teizam" i "teistička duhovnost". (Duhovnost znači da se duhovno ne definira materijalnim, ni apsolutno relativnim. Ona se temelji na pogledu iz svjetlosti, a ne na nekom stanovištu tame.)

- Teizam je svjetonazor koji počiva na spoznaji Boga kao apsolutne individualnosti. Svaki svjetonazor koji individualnost Boga ne prihvaća ili pogrešno shvaća je ateistički. To znači da su po ovoj definiciji ateistički svi svjetonazori, pozitivni i negativni, opisani u 2., 3., i 4. poglavlju. (To što su ateistički ne znači da su i dijabolični. Dijabolične su samo negativne, od Boga odvraćene verzije tih svjetonazora.)

- Teizam treba razlikovati od monoteizma, jer ovaj uglavnom ne vidi apsolutnog Boga kao jedinog Boga (*monos* znači "jedan, jedini, sam"). Monoteizam želi samovladu jednog određenog Boga (= monolatriju), dok teizam shvaća Boga kao apsolutnu, sveobuhvatnu individualnost. Dakle, u ovom smislu je monoteizam negativna verzija teizma.

- Često površno korištena riječ "duhovno" odnosi se na stvarnost onkraj dualnosti i znači "nematerijalan; božanski; individualan"; duhovno je ono što oživotvoruje materiju, kako u relativnom tako i u apsolutnom, i označava zajedničku osobinu Boga i Božjih dijelova. Stoga riječ "duhovno" uvijek ima teističku konotaciju. (Nešto ateističko nikad ne može biti duhovno, nego najviše ezoterijsko, magično, okultno ili metafizičko). Budući da ne postoji izolirana, neovisna materija, i ono što je prividno materijalno može biti duhovno, na primjer riječi, slike, muzika, dojmovi iz prirode. Sve što svijest podsjeća na Boga, apsolutnu individualnost, jest duhovno.

6. POGLAVLJE

Misterij božanskog jedinstva

Svaka relativna situacija u materijalnom svijetu dobija božanski smisao ako se promatra u odnosu s Apsolutom. Taj odnos uvijek postoji, jer je relativno uvijek povezano s apsolutnim. Može se čak poći i dalje, i reći: tek u odnosu s apsolutnim relativno pronalazi svoj pravi smisao.

Vječni odnos relativnog i apsolutnog sanskrt opisuje poznatom riječju *yoga*. Yoga doslovno znači "veza", osobito veza između individue i Boga. Na latinskom postoji isto tako poznata riječ, s istim značenjem: *religio*, od *religare*, "povezati se (s Bogom)". Religija i yoga imaju isto prvobitno značenje!

Veza s Bogom nije nešto kruto i dogmatično, već vrlo individualno, jer svaki individuum ima jedinstvenu, osobnu vezu s Bogom. Budući da ljudi svoju duhovnost izražavaju na različite načine, religio i yoga postoje u raznim oblicima, a svaki od njih ima svoju opravdanost i vrijednost. Nevolja nastaje kad netko oblik koji on zastupa želi uspostaviti kao jedinu istinu.

Zloporaba religije dovela je do toga da se mnogi ljudi odvrate od Boga (tj. postanu ateistični), ili ga prisvajaju za svoje apsolutističke ciljeve (postanu fanatični). Tako je znanje o pravoj naravi Boga uništeno zemaljskim i vanzemaljskim interesima, a ljudi gube svijest o svom duhovnom identitetu.

Karakteristično obilježje Kali yuga-religija je prikrivanje prave naravi Boga (koji je apsolutan) apsolutističkim shvaćanjima. Međutim, Bog u sebi objedinjuje sve relativno, ne vezujući se. Tako glasi "samopredstavljanje" Boga:

"Nema ništa iznad mene; ja sam sveobuhvatan [apsolutan]. Cijeli Univerzum [sve relativno] u meni je, nošeno kao biserna ogrlica."
(Bhagavad-gita 7, 7)
"Ja sam izvor svega što jest. Sve proizlazi iz mene. Mudri koji su ovo spoznali, služe mi čistom predanošću."
(Bhagavad-gita 10, 8)

Teistička definicija maye (iluzije)

Ateističke ideologije opisane u 1. dijelu knjige pokazuju kobno nerazumijevanje pojmova dualnost, karma i maya. Ključem "individualnosti" ti se koncepti mogu rasvijetliti obuhvatno i diferencirano. Ateistički monizam kazuje da su svi oblici dualnosti iluzija (maya). Ali, takvo je shvaćanje maye pogrešno i vodi u prazno. Što zaista znači maya?

Maya je aspekt materijalnog svijeta i postoji samo u relativnome. Sa stanovišta apsolutnog, materijalna energija je isto toliko stvaralačka koliko i duhovna. One su paralelne stvarnosti koje su s jedne strane odvojene, no s druge strane nisu – jer se paralele sijeku u beskraju! Budući da je beskraj – Apsolutno, Bog – sveprisutan, "paralele" se posvuda dodiruju, što znači da je duhovno uvijek prisutno u materiji. U svoj materiji postoji život!

Materijalno i duhovno su preko medija beskraja (sanskrt: *paramātmā*) posvuda i istovremeno povezani i odvojeni, odnosno i jedno i različito. Materijalno i duhovno su dio iste apsolutne, vječne stvarnosti. I materija je vječna, jer je njen izvor vječan. Ne samo duhovna energija nego je i materija *vječna božanska stvarnost*.

Materija je vječna – nama koji živimo u svijetu u kojem je sve prolazno to može zvučati iznenađujuće. Ipak, ako pobliže promotrimo to će postati jednako očito kao i spoznaja da svjetlost ne stvara sjenu.

Materijalna i duhovna energija su vječne, ali imaju različite funkcije. Materijalna energija ima zadatak donošenja vječno *prolaznih stvaranja*. Premda su pojedina materijalna stvaranja i oblici prolazni, lanac nastajanja i nestajanja je vječan – što, međutim, ne znači da *mi* moramo vječno ostati u tom krugu.

Materijalna energija, koja je u svom prvobitnom obliku također individualnost (na sanskrtu nazvana Shakti) stvara polarni svijet beskrajne prošlosti i beskrajne budućnosti, dok je duhovna energija svijet *vječne sadašnjosti*. Mi, kao vječne duše, također smo duhovni i u nutrini čeznemo za tom vječnom sadašnjošću, premda "vječna sadašnjost" (dinamika bez linearnog protoka vremena) za nas nije zamisliva na razini razumijevanja uma.

Ako se kao vječne duše identificiramo s prolaznim materijalnim kreacijama – s vlastitim tijelom, imetkom, položajem, institucijom ili ideologijom – to je iluzija (sanskrt. maya, doslovno "ono što nije"), jer ako smo nešto što *nije*, onda smo prolazni.

Svjetlost je jedina stvarnost. Ali za one koji su se odvojili od svjetlosti, *tama* je postala stvarnost. Odvojenost nastaje kad izgubimo svijest o svom stvarnom identitetu i poistovjetimo se s nečim drugim – počevši s vlastitim energijama! Ako našu čistu svijest projiciramo kroz prizmu ega, gubimo se u pogrešnim identifikacijama. "Svjetlost je razlomljena, i stvara se sjena."

Pogrešna identifikacija (maya) znači "ono što nisam", nasuprot onog što JA JESAM.

Ovdje dolazimo do posljednjeg i ključnog aspekta simbolike svjetlosti i sjene: Svjetlost ne stvara sjenu. Stvaranje sjene je jedino što svjetlost ne može. Sjena i tama nastaju samo onda kad nešto stoji nasuprot svjetlosti prekidajući vezu s njom. Tko ili što prekida našu vezu sa svjetlošću, s našom prvotnom, božanskom sviješću?

Razvijanjem dosadašnje logike, odgovor je očit: nitko drugi do mi sami, ili točnije rečeno, ego. Ego znači pogrešnu Ja-identifikaciju koja nastaje kad više nismo svjesni vlastitog identiteta kao vječno individualnih dijelova Boga. Istinska spoznaja sebe uvijek se može zamagliti ili potpuno zaboraviti. Ali, čovjek u svakom trenutku može odlučiti prevladati zaborav – i naći će odgovarajuću pomoć.

Maya dakle postoji samo u ograničenoj svijesti i izraz je zamjene identiteta identifikacijom. Materija kao božanska majčinska energija[1] stvara beskonačno mnoštvo oblika. Materijalno oblici – od Svemira do najsitnijeg mikroba – stvarne su, iako prolazne, božanske kreacije. Materijalne kreacije nisu maya, nego je to naša identifikacija s njima.

Dakle, materijalni svijet nije iluzija, nego božanska kreacija s jasnom svrhom: davanje mogućnosti dušama da se probude za svoj stvarni identitet. Dualnost je (relativna) stvarnost, baš kao što je i tama stvarna za one odvojene od svjetlosti. Isto tako su stvarne strane dobra i zla. Međutim, mi se, iz svijesti jedinstva, ne bi trebali identificirati s tim taborima. Jer to bi bila maya.

---

1   Materija: od latinske riječi *materia*, izvedene od lat. *mater*, "majka"

Duhovno jedinstvo

vječna sadašnjost = bezvremenost

prošlost   budućnost

Linearno vrijeme *(kalâ)*

Sadašnjost u materijalnom svijetu

(stalno izmičući trenutak ili vrata u vječnost)

Linearno vrijeme (*kalâ*) postoji na temelju dualnosti i nosi beskrajnu prošlost i beskrajnu budućnost. Onkraj materijalne dualnosti nalazi se stvarnost duhovne individualnosti koja je vječna, jer nije rascijepljena na materijalne (= relativne) dimenzije prostora (nastanka i nestanka) i vremena (prošlosti i budućnosti). Duhovna stvarnost je bezvremeno i bezprostorno jedinstvo = vječna sadašnjost. Ona je sveprisutno i sveprožimajuće energetsko polje svijesti (= život), a svako živo biće je individualni dio te cjeline (zraka Boga, apsolutnog individuuma).

Sadašnjost je bezvremena i stoga ne postoji na razini linearnog vremena; ona nije aspekt prolazne materijalne egzistencije, već duhovne svijesti. Oni čija je svijest u mayi (u iluziji: identifikaciji s materijalnim oblikom ili ideologijom) žive samo za prošlost i budućnost; sadašnjost je za njih stalno izmičući, neuhvatljivi trenutak. Duhovna pozadina života stalno je prisutna u materijalnom svijetu, premda čovjek u mayi to ne može vidjeti, te smatra da se materija kreće "sama od sebe" i gradi materijalni svijet samoorganiziranjem pomoću odgovarajućih zakona. Međutim, materija nikad nije neovisna, baš kao što ni sjena ne može nastati iz same sebe. Materija, kao božanska energija, oblikovana je i stvorena duhovnim impulsom svijesti, u konačnici – božanskom apsolutnom svijesću.

Meditacija u Ovdje i Sad, slobodna od misli o prošlosti i budućnosti ključ je duhovnog samoostvarenja i božanske spoznaje. Stoga mistici kažu da sadašnjost predstavlja vrata u vječnost.

Prva zabluda monizma: negacija dualnosti i negativni pogled na svijet

Ova je zabluda već opisana. Ona počiva na poluistinitoj pretpostavci da je svjetlost odsutnost sjene, što vodi neistinitom zaključku kako je dualnost iluzija; da bi se dospjelo u svjetlost, sva se tama (dualnost) mora "ostaviti iza sebe", tj. negirati, što se ponekad pogrešno naziva "integriranjem" (integrirati zapravo znači nešto posve drukčije od "negirati").

Zapravo, dualnost jest stvarnost i ne može se prevladati neukim negiranjem. Tko tvrdi da je dualnost iluzija, time negira jedan aspekt božanskog stvaranja i previđa pravu prirodu stvarnosti. Čak i kad "prosvijetljeni" uspiju na neko vrijeme zavarati i sebe i druge, stalno moraju ulagati sve više napora kako bi održali fasadu. Jer, iz laži nikad ne nastaje istina, nego potreba za još većim lažima – sve dok "višom silom" svjetlost ne prodre u tamu i odstrani ego-fasade koje blokiraju svjetlost. Tad će sile tame, koje su držale da su u svjetlosti, zaista morati izaći na svjetlo i odgovarati, a *"Ondje će biti plač i škrgut zubi"* (Mt 8, 12), a kod onih koji imaju dovoljno razuma i zaista se žele promijeniti, također i pokajanje.

Prva velika zabluda ateističkog monizma je, dakle, njegova doslovna negativnost: mišljenje da je stvarnost apstraktna nedualnost koja se može spoznati kroz negaciju dualnosti.

Druga zabluda monizma: izjednačavanje predodređenosti i karme

Daljnje nerazumijevanje ateističkih ideologija odnosi se na koncept karme. U ateističkom deizmu i monizmu kaže se: "Ništa nije slučajnost. Sve je unaprijed određeno." Ovo je poluistina, a kad se ona uzme kao cijela istina, dolazi do zablude. Naime, onda se drži da istina "Ništa se ne događa bez razloga" znači da je sve što se događa predodređeno karmom; ako se nekoga uvuče u rat ili mu se nanese nepravda – bilo to kao pojedincu ili kao narodu – onda to u skladu s njihovom karmom, a kad "prosvijetljeni" provode postupke koji su "onkraj dobra i zla" to je, u skladu s karmom svijeta, neophodno kako bi cjelokupno čovječanstvo u svom razvoju doseglo viši cilj. Na ovoj osnovi određeno utjecajni i "prosvijetljeni" ljudi drže da je njihova politička, vojna i financijska moć od Boga dana, a sve što oni čine željeno je od "Boga" ili "sudbine".

Karma doslovno znači naprosto "aktivnost" (izvedeno iz sanskrt. *kri*; "činiti, praviti, prouzročiti djelovanje") i upućuje na činjenicu da svi postupci u materijalnom svijetu, u skladu sa zakonima polariteta, povlače za sobom posljedice. Postupci provedeni bez svijesti o vlastitom duhovnom identitetu stvaraju odgovarajuće dobre ili loše posljedice, a postupci provedeni iz duhovne svijesti imaju duhovne učinke (prevladavanje dualističkog obrasca razmišljanja, spoznaja vlastite individualnosti, itd.). Takvi duhovni postupci na sanskrtu se nazivaju *akarma*, "ne-karma".

Jednostrana interpretacija karme tvrdi kako je sve što doživljavamo samo i jedino reakcija na neku akciju koju smo sami izveli. "Što god te zadesi tvoja je karma. Ako netko baci na tebe atomsku bombu, to je također karma. Kad to ne bi bila karma, to se ili ne bi dogodilo ili ti ne bi bio tamo." – Je li ovo istinito?

To je poluistinito. Ovakva interpretacija karme može zvučati ezoterijsko i logično, ali je zapravo apsurdna. Ako bi bila istinita, to bi značilo kako su ljudi iz Hirošime i Nagasakija – da ostanemo kod gornjeg primjera – imali "karmu" da umru u nuklearnom paklu. Da Amerikanci nisu bacili bombe učinio bi to netko drugi, jer eto takva je bila arma tih 300 000 ljudi – da umru svi odjednom. I to bi značilo da su Amerikanci, odnosno oni koji su naredili ovo masovno ubojstvo, samo izvršioci predodređene karme (upravo to su vjerovali sudjelujući "prosvijetljeni").

Zabluda deista i monista nastaje izjednačavanjem karme i predodređenosti. Samo na temelju takve pogrešne premise može se vjerovati kako se sve što se događa *mora* događati, jer "karma" tako hoće. Vjeruje se da ne postoji ništa osim materije i energije – što u konačnici znači da ne postoji duhovna individualnost, a time ni istinski slobodna volja. Sve što se u životu događa bio bi samo tijek predodređenih lančanih reakcija u skladu s mehaničkim ("neutralnim") zakonima materije.

(Predodređenost/predestinacija: unaprijed utvrđena ljudska i globalna sudbina; djelovanje već ustanovljenih uzroka; od lat. *prae-*, "prije, unaprijed, od početka", i *destinare*, "utvrditi, odrediti". Riječ predestinacija potječe iz crkveno-latinskog, a skovao ju je Calvin u 16. st. kako bi formulirao učenje o predestinaciji – učenje po kojem su Božjom voljom od samog početka ljudi predodređeni, jedni za vječno blaženstvo, drugi za vječno prokletstvo. Ta dijabolična teologija nastala je iz dileme – Bog, s jedne strane, mora biti svemogući i sveznajući, no s druge strane ljudi očito idu različitim putovima. Budući da je ovdje vjera zaslijepljena egom autokratske religije, ona je materijalistička i ateistička (premda možda još uvijek "monoteistička") i stoga previđa stvarnost božanske individualnosti. Ljudi koji su, kao protureakcija, prešli u anticrkveni tabor zadržali su vjerovanje u predodređenost i smatraju se "prosvijetljenima" ili "izabranima", pri čemu predodređenost ne proizlazi više iz Božje volje nego iz "sudbine" i apstraktnog djelovanja "kozmičkih zakona".)

Karma = Predodređenost + Slobodna volja

Karma nije isto što i predodređenost. Karma je sinteza predodređenosti i slobodne volje. Zakon karme odgovara principu kauzaliteta akcije i reakcije, i pokazuje kako predodređenost i slobodna volja djeluju *istovremeno*, međusobno se nadopunjuju.

Na razini *reakcije* riječ je o predodređenosti. Na razini akcije istovremeno djeluje slobodna volja. Čak i kad je pri određenim postupcima, zbog materijalnih obrazaca, vlastita volja tek vrlo ograničeno slobodna, obrasci kojima podliježemo sa svoje strane su reakcije na prijašnje postupke, odnosno odluke koje su odabrane slobodnom voljom i samoodgovornošću.

Što god se događalo, to je reakcija koja je "predodređena" odgovarajućim uzrocima. Na primjer, rodili smo se kao muškarac ili žena u određeno vrijeme u određenoj zemlji, u određenoj obitelji. To su unaprijed određeni (posredno ili neposredno od nas samih) faktori i u ovom ih životu ne možemo promijeniti. Možemo samo – do određenog stupnja – birati što želimo činiti unutar zadanih okolnosti.

Kroz predodređenost ćemo se neprestano suočavati sa situacijama koje su reakcije na prijašnje akcije, tj. posljedice određenih uzroka. Ključno pitanje je kako se postavljamo prema tim zadanim ("predodređenim") okolnostima. Jesmo li nezadovoljni? Okrivljujemo li Boga ili svijet? Želimo li situaciju upotrijebiti u korist ega? Ili prepoznajemo u pozadini skriveni božanski smisao?

Situacije (reakcije) su unaprijed zadane. Naši postupci (akcije) unutar tih situacija su jedna od funkcija slobodne volje i povezani su sa samoodgovornošću. Samim time, ove akcije mogu povući za sobom nove reakcije. Kad čovjek ne bi imao slobodnu volju, ne bi ni

167

bio odgovoran za svoje postupke, niti bi morao podnositi reakcije. Kad se tvrdi kako je sve predodređeno, time se "žrtvama" neposredno priznaje slobodna volja, jer bi im se inače dogodilo nešto čemu uopće ne bi bilo razloga. Prouzročiti nešto znači slobodnom voljom (na vlastitu odgovornost) izvesti neki postupak. Bez slobodne volje (akcije) nema predodređenosti (reakcije)! Dakle, *nije* sve predodređeno. Baš kao što je "Sve je relativno", tako je i "Sve je predodređeno" jednostrana poluistina s velikim dijelom neistine.

Naše odluke, ma kakve bile, izraz su naše volje i stoga smo odgovorni za sve što činimo. Svakim postupkom utječemo na smjer naših života. Kad god želimo možemo iznova započeti lanac karmičkih reakcija, ili se možemo početi oslobađati dualnosti akcija/reakcija. Dakle, unutar zadanih okolnosti uvijek imamo slobodnu volju izabrati želimo li svojim postupcima izazvati materijalne reakcije koje nas vežu za dualnost ili duhovne reakcije koje nas dualnosti oslobađaju.

Drastičan primjer izbora određene akcije unutar predodređene situacije je spomenuto bacanje atomskih bombi. Je li tom mnoštvu ljudi bilo predodređeno umrijeti na takav način? Ne. To je bila odluka počinitelja. Budući da su imali moć to provesti, to se i dogodilo. Odlukom o provedbi i počinitelj i žrtva vezani su novim lancem akcije i reakcije – a tako će i ostati dok se sve ne okaje i ne oprosti.

Karma dakle nije samo predodređenost. Karma je princip kauzalnosti, zakon uzroka (akcije) i posljedice (reakcije), pri čemu valja biti svjestan kako je najvažniji uzrok naposljetku uvijek individualna slobodna volja. Ako karma ne bi bila ništa drugo do princip predodređenosti i isključivo materijalna kauzalnost – kako tvrdi svjetonazor materijalističkog i ezoterijskog monizma – onda bi mi bili samo biorobot bez individualnosti, a prije svega bez slobodne volje. Karma je sinteza *materijalne kauzalnosti* (predodređenosti) i *slobodne volje*. Stoga svaki čovjek ima mogućnost na vlastitu odgovornost pokrenuti nove lance karme, a također u njih uvući i druge ljude.

Svijet dualnosti na sanskrtu se naziva Karma-loka, "Svijet karme". Tko god se odlučio doći na ovaj svijet, izjasnio se suglasnim živjeti u svijetu u kojem se sreću bića koja s jedne strane imaju slobodnu volju, a s druge se nalaze pod utjecajem ega. A sva imaju slobodu da svojim akcijama i druge uvuku u svoje dobre ili loše zaplete – pod pretpostavkom da se ti drugi daju uvući.

Kako to uplitanje možemo izbjeći, odnosno od njega se osloboditi, tema je ovog 2. dijela knjige. Zašto uopće živimo u svijetu karme i dualnosti i kakve nam se šanse nude u ovoj ekstremnoj situaciji bit će tema 3. dijela.

Postoje li nevine žrtve?

U ezoterijskim krugovima i u višim stupnjevima Loža često se zastupa mišljenje kako je sve što se događa prouzročeno karmom. Što god nekoga zadesi, to je on sam sebi prouzročio. Oštrije formulirano – svatko je sam sebi kriv. Ratne žrtve u Iraku, Vijetnamu i u oba svjetska rata, Židovi u konc-logorima porobljeni afrikanci, poubijani indijanski narodi – svi su samo požnjeli reakcije koje su sami izazvali.

Je li to točno? Jesu li ljudi koji su umrli u konc-logorima u nekom prijašnjem životu isto tako mučili ljude i ubijali ih plinom? Jesu li poubijani narodi i sami izvršili slična ubojstva? Jesu li svi ti ljudi sami krivi za svoju sudbinu?

Ne.

Ne predodređena sudbina žrtava, već svjesni postupci počinitelja bili su uzrok svih tih događaja. Zbog toga su počinitelji odgovorni za svoja djela, pojedinačno i kolektivno.

Akcija koja izaziva određenu reakciju može biti pokrenuta od nas samih ili od *nekog drugog*. Mi živimo ovdje, u zoni slobodne volje, a većina onog što se ovdje događa, događa se kroz impulse ega. Stoga je u svako doba moguće da netko od svoje slobodne volje počne zloupotrebljavati druge ljude. To je bio rizik koji smo prihvatili kad smo odlučili doći u svijet dualnosti. Taj rizik je "temeljna karma" svih koji žive u dualnosti, a usporediv je sa zlokobnim "prvobitnim grijehom".

Kome se vlastiti horizont ne proteže preko granica materije, tome se ljudska egzistencija mora činiti neutješna, besmislena i frustrirajuća. Čovjek stalno živi u strahu, želi sigurnost, i krivnju projicira na druge, gledajući sebe kao nedužnu žrtvu ili metu. Iz perspektive dualnosti ovo čak i može biti točno, jer postoje "nedužne" žrtve –

no ipak, ako ostanemo na ovoj razini promatranja previđamo bit situacije i biramo način postupanja koji nikome ne služi: kakva je korist biti nedužan i prepustiti se samosažaljenju ili želji za osvetom? Kakva je korist biti nedužan i okrivljavati sebe ili potiskivati problem jer čovjek želi djelo koje je izazvalo krivnju sakriti i od sebe i od drugih? Žrtva i počinitelj izazvani su da se probude za višu svijest, što bi omogućilo posve novo shvaćanje karmičke situacije.

U odnosu na atomske bombe i sva ostala mračna poglavlja povijesti čovječanstva, mora se jasno ustvrditi da sudbonosni udarci nisu bili predodređena sudbina. Jednom rečenicom: To nije bila predodređenost žrtava, već njihova karma. A to je ogromna razlika. Važno je pojam karme razumjeti ispravno i potpuno. Kad neki ljudi tvrde da su zbivanja naprosto "karma" Japanaca (ili Nijemaca, Židova, Indijanaca, robova ...), pod time podrazumijevaju *predodređenost* tih ljudi. A to je poluistina koja je na sudbonosan način pogrešna i ima li potrebe reći, cinična i zasljepljujuća.[2]

Princip rezonancije i slobodna volja

Tako dugo dok živi u svijetu dualnosti, čovjek je izložen riziku da bude napadnut od bića koja su zloupotrijebila svoju slobodnu volju. U svijetu dobra i zla očito ne postoje samo dobre, nego i zle sile, i svatko tko je stupio u ovaj svijet susrest će obje. Kako reagirati na ove dvije suprotstavljene sile pitanje je slobodne volje i rezonancije – pri čemu rezonancija nije predodređena, nego (indirektno) samoizabrana. Rezonancija je rezultat usmjerenja vlastite volje i svijesti – stoga princip rezonancije ni na koji način ne umanjuje samoodgovornost.

Susret s dobrim i zlim silama ne da se izbjeći. Izbjeći ih ne bi ni bio smisao života unutar svijeta karme. Niti Isus nije mogao izbjeći napadu prividno nadmoćnije sile. On je na temelju lažnih optužbi uhićen, mučen i ubijen. Je li imao "lošu karmu"? Je li naprosto požnjeo reakcije na loše postupke koje je sam nekad izveo? Je li on u ne-

---

2   Ovo cinično gledište odgovaralo bi stvarnosti kad bi deistička i monistička shvaćanja karme bila konačna mudrost. Kršćani, koji karmu i reinkarnaciju označavaju kao "sotonske doktrine" uzimaju zdravo za gotovo ove ateističke verzije, i nisu potpuno u krivu. Karma i reinkarnacija u prvobitnom, teističkom shvaćanju, ne stoje u suprotnosti s Isusovim učenjem.

kom ranijem životu druge ljude mučio i razapinjao? Naravno, ne. Ali on je (slobodnom voljom) stupio u područje dualnosti i time izazvao sile tame. U jednom višem smislu to jest bila Isusova karma: situacija koju je izazvao vlastitom odlukom. Čim je došao u ovaj svijet, predodređeno je da bude napadnut, ali na temelju njegove slobodne volje i božanske ljubavi nije se dao razjediniti u dualnosti (što bi bio slučaj da je reagirao strahom, mržnjom ili rezignacijom). Štoviše, pokazao je trijumf ljubavi nad "sotonskim silama", pa i nad moći fizičke smrti. Drugim riječima, Isus je stavljen na karmičku kušnju koju je izdržao na veličanstveni, savršeni način.

"Zaista, zaista, kažem vam: Tko vjeruje u mene, činit će djela koja ja činim; i veća će od njih činiti ..." (Iv 14, 12)

Sažeto se može reći: Karma je princip kauzalnosti i opisuje zajedničko djelovanje predodređenosti i slobodne volje. Ako se jedan od ova dva faktora izolira ili precjenjuje, to vodi u jednostranost i poluistinitost, udružene s opisanim zabludama.

Obzirom na duhovnu individualnost, lanac uzroka i posljedica nikad nije isključivo materijalan i "mehanički". U svako doba moguće je na temelju vlastite volje (a ne predodređenosti) započeti novi lanac karmičkih reakcija – a sile tame to stalno i čine pri čemu, zbog zaslijepljenosti egom, drže da su njihovi postupci predodređeni "karmom" (vidi: deizam) ili opravdani "neophodnošću" (vidi: monizam).

Karmičke reakcije: "Ne sudite ..."

Ništa se ne događa bez razloga – a razlozi su uvijek višestruki. Naravno, ovdje se postavlja pitanje zašto se određene osobe nalaze upravo u datoj situaciji. Zašto su upravo ti koji su nastradali, a ne neki drugi, bili u Hirošimi, Auschwitzu ...? Zašto su jedni bili žrtve, a drugi počinitelji? Prvi i najočitiji odgovor glasi: jer su određene osobe odlučile postati počinitelji. Stoga su počele zlouporabe kojima su se drugi ljudi suočili s ulogom žrtve. Koliko predodređenosti u nekoj određenoj situaciji igra ulogu, nitko ne može prosuditi. "Ne sudite" – ovu zapovijed trebali bi i počinitelji i žrtve uzeti k srcu. Nitko ne bi smio sebi uzeti za pravo reći kako je ono što čini drugim ljudima njihova "karma" ili zov sudbine. Oni koji se razmahuju takvim presudama podliježu dijaboličnoj aroganciji i samozavaravanju.

Ali, čovjek ni kao žrtva ne bi smio suditi. Projicirati krivnju na sebe ili na druge bilo bi jednostrano, jer pitanje krivnje uvijek razmatra samo stranu "reakcije" (onoga što se dogodilo). Vidjeti tu stranu svakako je vrlo važno, prije svega zbog pravde. Ali postoji i druga strana, strana "akcije": što činimo u zadanoj situaciji koja se više ne može promijeniti? Ima puno mogućnosti. Događaji se mogu potisnuti, može se zapasti u optuživanje i samosažaljenje, prepustiti se osjećajima mržnje i osvetoljubivosti. U svim ovim varijantama čovjek ili ostaje žrtva ili postaje počinitelj. Ali, ništa od toga ne vodi istinskom rješenju ("izbavljenju"). Iz ovih (i drugih) razloga Isus je u Propovijedi na gori rekao:

> "Ne sudite da ne budete suđeni! Jer sudom kojim sudite bit ćete suđeni. I mjerom kojom mjerite mjerit će vam se." (Mt 7, 1-2)

Opširno izlaganje o različitim aspektima i razinama značenja zapovijedi "Ne sudite" slijedi u poglavlju "Razlikovanje bez suđenja".

Treća zabluda monizma: izjednačavanje Božjih zakona i Božje volje

Dosadašnja izlaganja odnose se na nerazumijevanje pojmova maye i karme. Na toj osnovi sad možemo promotriti najopasniju poluistinu, naime gledište kako je najviša stvarnost apstraktno jedinstvo energije bez svijesti i volje, a time i bez smisla i cilja; uvidjeti ovo bilo bi istinsko prosvjetljenje, te su stoga neki "prosvijetljeni" pozvani da u "neprosvjetljenom" svijetu uspostave "najvišu istinu" i "poredak"; sve što ovom cilju služi opravdano je, čak i "neophodno".

Problematika ove monističke argumentacije već je pojašnjena: monisti, pokušavajući stvarnost definirati negacijom dualnosti, previđaju *Božju individualnost*. To što oni smatraju "Bogom" tek je apstraktna ukupnost energije. Za njih ne postoji Bog s apsolutnom sviješću i voljom. Na temelju takve bezbožnosti previđaju i *Božju volju* ili je izjednačuju s Božjim zakonima, što vodi zabludi kako je sve što oni rade "u redu" i opravdano, jer se događa po zakonima uzroka i posljedice.

Međutim, postoji velika razlika između Božjih zakona i Božje volje. Oni nisu isto. *Premda se sve događa po Božjim zakonima, ne događa se sve po Božjoj volji!*

Božja svemoć i postojanje zla nisu u suprotnosti, kako se ponekad tvrdi: Ili je Bog svemoćan, ali nije svedobar (inače ne bi dopustio zlo), ili je svedobar, ali ne i svemoćan (jer bi onda uništio zlo). Ove ideje proizlaze iz jednostrane materijalne logike. "Ključ individualnosti" i "slobodna volja" mogu ovdje razriješiti klasično pitanje koje filozofija postavlja teologiji, pitanje teodiceje:[3] Zašto postoji zlo ako Bog ipak jest svemoćan i svedobar?

Na temelju slobodne volje sva bića imaju slobodu postupanja protiv Božje volje – ako to žele. Bog nije puka ukupnost materije sa svojim automatskim zakonima. Stoga Bog nije uzrok svemu što se događa, baš kao što ni svjetlost nije uzrok sjeni. Bog, kao apsolutni individuum, je *uzrok svih uzroka*, "udaljeni" (transcendentni), posredni uzrok svega. Samo na najvišoj razini Bog djeluje kao neposredni uzrok. Budući da je individualnost najveći princip, i dijelovi Boga također imaju slobodnu volju i sa svoje strane mogu stvarati (gotovo) beskrajno duge lance uzroka.

Očito, Bog nije *neposredni* uzrok svega. No upravo tako misle "prosvijetljeni": sve što se događa prouzročeno je od Boga, jer se dogodilo prema Božjim zakonima. Ova zabluda (izjednačavanje Boga s Božjim zakonima; Bog = energija) nastaje onda kad ne postoji svijest o vlastitoj i Božjoj individualnosti.

Ateisti, koji negiraju stvarnost vječne duhovne individualnosti držeći da je svijet produkt materije, iskazuju potpuno nerazumijevanje slobodne volje. Oni ne prepoznaju *duhovnu* stvarnost, a time ni snagu slobodne volje koja čovjeku omogućuje da slobodnu volju drugih ljudi poštuje ili ne poštuje. Budući da slobodna volja nije diktirana predodređenošću, odgovorni smo za svoja djela, kao i za svoje misli (naša *mentalna* djela).

Nasuprot vjerovanju da je sve jedno i in-diferentno (ne-individualno), i logika i praktično iskustvo pokazuju da ništa nije jedno i

---

3 **Teodiceja:** od grč. *theos*, "Bog", i *dike*, "pravda"; u filozofiji, pokušaj opravdavanja Boga u pogledu zla i patnje na svijetu.

in-diferentno. Uvijek se mora diferencirati, jer sve je *jedno i različito*. Sve je individualno. Iza svakog univerzalnog i galaktičkog stvaranja, iza svakog planetarnog oblika, iza svakog i najbeznačajnijeg događaja na različitim razinama djeluju bića sa svojim namjerama i željama, tj. sviješću i voljom. Ključno pitanje glasi: Koliko je ta volja u skladu s Božjom voljom?

Ali, kako možemo znati što je Božja volja? Ne može li svatko svoja djela opravdati Božjom voljom? Ne može li svatko reći: "Bog je tako htio; Bog/ Jahve/ Allah/ "moć"/ Lucifer itd. je na našoj strani; *In God we Trust?*

Kako možemo istovremeno biti jedno i individualno?

Odnos apsolutnog i relativnog može se usporediti s odnosom Sunca i sunčevih zraka ili, u apstraktnim pojmovima, odnosom cjeline sa svojim bezbrojnim dijelovima. Bog je kao cjelina jedan, nepodijeljen i nedjeljiv (= individualan), a mi smo, kao individualna duhovna bića, dijelovi cjeline. Ali, kako se može nepodijeljeno i nedjeljivo Jedno podijeliti u bezbrojne dijelove? Kako može Jedno postati mnoštvo, a istovremeno biti jedno, nepromijenjeno i individualno?

Kod ovog pitanja, božanska otkrivenja i mistične spoznaje – kao i osobna iskustva – uvijek iznova upućuju na isti odgovor, naime: dioba Jednog na bezbrojne dijelove je duhovna, a ne materijalna; Jedno je apsolutno i stvarno, i upravo stoga nije odvojivo ni podjeljivo, jer stvarnost je "jedinstvo". Međutim, zlouporabom slobodne volje dijelovi mogu ispasti iz jedinstva, čime započinje odvojeno ego-bivanje. Iz Božje apsolutne perspektive ti su dijelovi još uvijek povezani sa cjelinom, ali za bića koja su se odvratila od Boga ta povezanost više ne postoji, jer više nije dio njihove svijesti.

Drugim riječima: Sve je pitanje svijesti, kako odvojenost tako i jedinstvo. Odvojenost postoji samo u zabludi (u tami) i proizlazi iz iluzornog stanja svijesti (maye). Jedinstvo je stvarnost, i znači nedjeljivu (individualnu) sjedinjenost dijelova s cjelinom. Tako se postavlja pitanje: U kojoj svijesti smo istovremeno *individualno i jedno?*

Postoji samo *jedna* svijest koja može riješiti ovaj božanski paradoks – a to je *ljubav*. U ljubavi smo istovremeno individualno i jedno, kao u relativnoj, tako i u apsolutnoj stvarnosti. Bez individualnosti ljubav ne bi bila moguća. Ljubav znači – biti jedno u svijesti kao individue. Ljubav je jedinstvo dvojstva. Jedinstvo se može spoznati samo u svijesti ljubavi i stoga je ljubav jedina istinska spoznaja individualnosti, kako vlastite, tako i svih drugih:

"Ljubi Gospodina Boga svojega [...] Ljubi bližnjega svoga kao samoga sebe." (Mt 22, 40)

Ovo je Isus nazvao najvažnijima od svih zapovijedi; onima kojime su sve druge zapovijedi podređene. Bez spoznaje duhovne individualnosti ne može postojati istinska ljubav (problem materijalizma i ateizma), a bez istinske ljubavi ne može biti harmonije s Božjom voljom (problem svih ego-religija).

U ovom svjetlu razlika između Božjih zakona i Božje volje postaje očita. Božji zakoni koji upravljaju materijalnim energijama striktni su i automatski; oni djeluju "neumoljivo" neutralno. Tome nasuprot, Božja volja je nešto sasvim drugo. Bog kao apsolutni individuum želi samo *jedno*, naime jedinstvo čiste, svjesne ljubavi. Jer Bog *jest* ljubav. Bog ne želi da odvojenošću i zaslijepljenošću egom (tamom) produžujemo nesvjetlosno bivanje i da se njegovi zakoni vežu u lančane reakcije. Nije Božja volja da budemo podređeni njegovim materijalnim zakonima.

Božja volja i Božji zakoni nisu istoznačni, kako sugerira popularni ezoterijski slogan "Sve je neophodno iskustvo". Sve je iskustvo – to je točno! Ali, je li sve i neophodno, to je drugo pitanje. Božanski princip ljubavi je apsolutan, i iz te ljubavi jamči poštivanje slobodne volje. To znači da nitko nije prisiljen ni živjeti u jedinstvu niti pasti u dualnost. Što ćemo izabrati je naša vlastita odluka i odgovornost, a oboje imaju sudbonosne posljedice. Iskustvo dualnosti nije neophodno, niti je neophodno živjeti u iluziji ego-identifikacija. "Neophodno iskustvo" je čarobna riječ kojom se opravdava sve što čovjek čini – u vlastitom životu i u odnosu s drugima.

Ovdje se pokazuje zašto su monistička izjednačenja "Bog = energija" i "Božja volja = Božji zakon" vrlo nepotpuni.

Jedini "zakon" u duhovnoj stvarnosti jest ljubav, a ljubav nije zakon nego izraz slobodne volje, ona je *savršenstvo slobodne volje*. To znači da ne želi drugo do savršenstva naše slobodne volje, da budemo istinski (= duhovno) sretni. To uključuje i materijalnu sreću, kao što apsolutno uključuje sve relativno. I tek u odnosu s apsolutnim relativno pronalazi svoj istinski smisao i svoje pravo bivanje (bivanje jednim, svjesnim, sretnim).

Postupanje bez karmičkog vezivanja

I ateisti i teisti teže idealu bivanja onkraj dualnosti, "onkraj dobra i zla". Ateistička interpretacija tog ideala vodi bezbožnom pragmatizmu koji prividno opravdava sve postupke dok su god "neophodni". Teistička interpretacija vodi svijesti odgovornosti i ljubavi koja se budi spoznajom individualnog jedinstva Boga i njegovih dijelova. Postati cjelovitim kroz božansku ljubav je jedina *istinska* neophodnost.

Moguće se osloboditi prividno beskrajnih lančanih reakcija, živeći u harmoniji s Božjom voljom i svjesno, neposredno joj služeći. "Budi volja tvoja" znači: "Želim djelovati iz svijesti ljubavi, a ne služiti razdvojenosti i zabludi". Ovo je *teističko* razumijevanje prosvjetljenja i postupanja onkraj dobra i zla. Sve ono što nije učinjeno iz ove svijesti izaziva daljnje karmičke vezanosti jer ne odgovara Božjoj volji, te stoga podliježe Božjim zakonima.

Dobro je dobro, a Zlo je zlo, ali ni dobri postupci još uvijek nemaju snagu osloboditi čovjeka iz karmičke mreže. Dobri postupci vežu nas u situacije u kojima moramo dobiti odgovarajuće nagrade, budući da se ti postupci još uvijek provode iz svijesti materijalne identifikacije. Istinsko dobro onkraj dualnosti je ono što je učinjeno u božanskoj svijesti, u skladu s dinamikom bezuvjetne ljubavi koja ne traži materijalno priznanje i nagradu.

Ekskurs: kozmičke borbe iz monističke perspektive

Za materijaliste, deiste i moniste "biti realističan" znači postupat prema svom svjetonazoru, a on kaže da je ukupnost ("jedinstvo") energije i zakona stvaranja "najviša stvarnost". "Istinski" pratemelj našeg bivanja bio bi apstraktni, "nepersonalizirani" energetski total i energetski potencijal, "sve i ništa" – a iz tog ništa nastalo je sve, također i mi, bića sa sviješću i individualnošću; onkraj apstraktne "pramaterije" nema ničega i stoga je sve što postoji materijalno objašnjivo. "Znanstveni naturalizam" (= materijalizam) vidi i prihvaća samo fizikalne i kvantno-mehaničke zakone. Deizam, dualistički okultizam i monizam poznaju i primjenjuju još i finomaterijalne i "duhovne" zakone. Pri tome, svi su oni materijalistički i ateistički, budući da tvrde kako je naš život produkt materijalne, odnosno potencijalne energije, a sve što postoji, pa i "svijest" i "individualnost", proizašlo je iz te energije; ta energija skupa sa svim svojim zakonima je "Bog", istinska stvarnost.

A zakoni su neutralni, automatski, "neumoljivi".

Kad se Bog reducira na materijalno jedinstvo "energija + zakoni", upada se u zabludu kako "Univerzum" nema određeni cilj i smisao, pa nema ni pravog mjerila za "dobro" i "zlo" – "u konačnici" je sve tek apstraktna, neutralna energija.

Okultni ("ezoterijski") monisti vide "jedinstvo" energija kao najvišu i jedinu istinsku stvarnost; sve ostalo – počevši s "individualnošću" – izvedenice su te energije; svijest o individualnosti je također "maya", jer naposljetku sve nastaje iz "Ništa" i opet teži k "Ništa"; individualnost je usporediva s kapljicom mora koja se u svako doba opet može pridružiti ukupnosti i jedinstvu mora; na sličan način naše prividno individualno bivanje počinje "curenjem" iz sveobuhvatnog, apsolutnog pramora energije, a ono će se okončati čim postanemo svjesni svoje "ništavnosti", i pridružiti se opet "Ništa" koje je "sve" – kao kapljica moru; tada nastaje "jedinstvo", "savršenstvo" i "prosvjetljenje".

Ako je u konačnici sve "ništa", a apsolutna negacija – ne-dualnost i ne-individualnost – apsolutna stvarnost, onda naše bivanje, gledano iz "više perspektive", zaista nema smisla. Živjeli bi smo u jednom svijetu bez smisla, bez ljubavi i bez Boga – a spoznaja te "surove istine" bila bi najviše prosvjetljenje. Upravo to vjeruju ateistički monisti, pri tome držeći sebe jedinima "prosvijetljenima". Život je za njih samo "igra". Čovjek iscuri iz Ništa u kozmički svijet i tamo se može, ako je dovoljno "prosvijetljen", igrati Boga. Ali u konačnici je sve bez smisla jer je čovjek "ništa", i u jednom trenutku opet odlazi u

Ništa.

Okultni monizam, vrlo proširen na svim visokorangiranim razinama posvećenja, nije ograničeni "znanstveni" materijalizam. Budući da njegov svjetonazor uključuje i finomaterijalne i astralne[4] razine, njegov horizont obuhvaća cjelokupni Kozmos sa svim multidimenzionalnim kozmičkim borbama sila, odnosno igrama moći. Prisjetimo se citata predstavnika Lože, sir Ernesta Scotta, koji je svjesno upotrijebio riječ "Galaksija", nasuprot apstraktnom konceptu "Univerzuma".

Oni koji okultni monizam drže "najvišom istinom", borbe sila koje se odvijaju na Zemlji vide iz kozmičke perspektive. Oni vide život kao besmislenu i bezbožnu igru ispred pozadine "Ništa", koje se ponekad pogrešno naziva "nirvana" ili "Brahman". U toj igri moguće je podizati zemaljske i kozmičke imperije. Može se igrati "Boga", dok drugi igraju "Protuboga". Konkretno stvaranje počinje tek kad nekoliko "prosvijetljenih" bića iz neutralne energije stvore oblike i počnu praviti svoju "vlastitu stvarnost".

Jedan primjer dualističke borbe "Boga" i "Protuboga", već spomenut u 3. poglavlju, jest okultizam kakav je Helena Blavatsky iznijela javnosti u obliku moderne teozofije. Blavatsky je označila "monoteističkog" Boga kao Đavla, a sotoniziranog "Lucifera" ili "Sotonu" kao Boga. Kako će se ovdje u nastavku uspostaviti, okultisti u Boga ne vjeruju zaista. Oni su naposljetku monisti i apstraktno jedinstvo vide kao najvišu stvarnost. Helena Blavatsky to je opisala ovako:

> "[...] JEDAN ŽIVOT, vječan, nevidljiv, a ipak sveprisutan, bez početka i kraja, ali periodičan u svojim manifestacijama – među čijim periodima vlada mračna tajna nebivanja; nesvjesna, a ipak apsolutno svjesna, neostvariva, a ipak samoegzistirajuća stvarnost [...]. Jedan sveprisutni, vječni, bezgranični i nepromjenjivi princip, oko kojeg nije moguća nikakva spekulacija jer prelazi moć ljudske predodžbe i nekim ljudskim načinima izražavanja i kroz poredbe može mu se samo približiti."
> (*Tajni nauk*, iz predgovora 1. dijela, "Kozmička evolucija")

---

4 **Astralni:** (od lat. *astrum*, grč. *ástron*, "zvijezda; zviježđe", dosl.: "koji potječe od zvijezda"; u metafizici: planetarno-visokodimenzionalan, zemaljsko-finosupstancijalan, onostrani.

Nekome bez predznanja ovo objašnjenje vjerojatno zvuči potpuno duhovno i religiozno, a ono i nije "pogrešno". Ono je monističko: Apsolutno, "jedan život", opisano je kao apstraktni princip iz kojeg "periodično" nastaju materijalne "manifestacije", kreacije pred pozadinom "Ništa" ("mračne tajne nebivanja"). Budući da ovo "Ništa je sve" (nesvjesno, a ipak apsolutno svjesno) nije moguće izraziti ljudskim načinima i ono bi se svakom riječju "moglo samo uniziti", o tome se i ne govori, nego se radije koncentrira na život u materiji kako bi se on, sa što je više moguće tajnog znanja, oblikovao u vlastiti koncept. To se očituje upravo u okultizmu: on je usmjeren na materiju i trebao bi praktikantima donijeti što je moguće više "tajnih prednosti", jer ipak u svijetu "manifestacije" vlada borba različitih kandidata za Boga, a čovjek želi da njegov pobijedi ...

Dualistički svjetonazori tako su posljedica okultnog monizma koji (prividno) objašnjava kako uopće mogu postojati dvije suprotstavljene sile, a obje su "Bog".

Problem svih ovih ateističkih svjetonazora je u tome što individualnost vide kao produkt apstraktne energije. I teorija "curenja" tvrdi da individualnost postoji samo u svijetu materije, te je u konačnici iluzija. Tako se apstraktna energija pogrešno vidi kao najviša, jedina stvarnost, a svi s individualnošću povezani aspekti – ljubav, slobodna volja, svijest, odgovornost pred Bogom, Božja volja – označeni su kao iluzija (maya).

Stanovište ovih svjetonazora usporedivo je sa sjenom koja pokušava pratiti svoje porijeklo i tako neizbježno završava u nekoj "ukupnosti sjena". Čak i ako zraka svjetlosti pokuša utvrditi svoje porijeklo i "racionalno" slijedi samo svoj svjetlosni trag, neće stići dalje od apstraktne ukupnosti "svjetlosti" (energije). Bez otkrivanja cjeline, dio ne može spoznati pravu prirodu svog pratemelja i praizvora.

Onkraj materije i apstraktne ukupnosti energije, nesvijetle sile ne poznaju ništa, već samo "Ništa". Budući da su nesposobni uvidjeti duhovnu stvarnost onkraj "svog" apstraktnog jedinstva, nemaju drugog izbora do projicirati svoju svijest u materijalne svjetove i tamo – na materijalnom igralištu – žele uspostaviti vlastite imperije i rajeve, Kraljevstvo Božje bez Boga, gdje bi oni mogli biti "Bogovi". Oni se identificiraju sad svojim ego-ulogama i s navodno svojim energijama koje (kao zraka svjetlosti) zapravo pripadaju Izvoru.

Smatraju se samovoljnim stvoriteljima i odatle su opsjednuti mislima o stvaranju, manipuliranju i "poboljšanju". Žele stvoriti svijet bolji od već postojećeg, a taj "bolji svijet" za njih je cilj koji opravdava *sva* sredstva.

Materijalizam, deizam, dualizam, monizam – to su svjetonazori nesvijetlih bića, *asura*, kako su nazvani na sanskrtu. Sa svake stepenice može se poći naviše i naniže, pa tako postoje i različiti asure: "dragi" i "zli". No svi oni vjeruju u ovdje skiciranu ateističku sliku svijeta, samo što u skladu sa svojim mentalitetima "igraju" različite uloge.

Budući da je u dualističkoj borbi moguća iluzija kako vlastiti cilj opravdava *sva* sredstva, često se dogodi da su pojedine stranke pri izboru svog sredstva previše brutalne ili previše podmukle. Imajući u vidu zle, čak sotonske asure, drugi *global players* ili *cosmic players* odlučili su u toj igri nadalje ne sudjelovati. Njima je igra zlih asura previše neskrivena. Stoga su prešli na suprotnu poziciju i propovijedaju "fair play", jer inače igra za većinu nije više zabavna! Lozinka: *fun* ...

Drugim riječima: Među ateističkim silama koje vjeruju kako je sve jedno ne vlada jedinstvo. One se međusobno suzbijaju, pri čemu "dragi" i "fer" asure ponekad započinju akcije i posebne misije kako bi javnosti ukazali na spletke zlih asura. Žele žrtvu informirati, ili čak deprogramirati. Ali budući da su svi zarobljeni u istim svjetonazorima, nikad ne izlaze iz besmislene igre – osim ako nekad ne "primijete" nešto, pa počnu tražiti nešto više. Dok god traže, nalazit će, a tad moraju imati hrabrosti izabrati taj novi put i poći u Bogu posvećenom smjeru, što nije uvijek lako, osobito kad drugi prema tom "kvaritelju igre" i "izdajniku" reagiraju frustracijom i agresijom.

Rat bogova i protubogova postoji samo u svijetu manifestirane materije, u svijetu relativnosti. Oni koji govore o "Bogu" i "Protubogu" naposljetku i ne vjeruju u Boga. Za njih "Lucifer" nije zaista Bog, nego samo najbolji i najpoštovaniji igrač unutar dualnosti. "Stvarnost", Bog, za njih je "jedna univerzalna stvarnost", apstraktno, neizrecivo "jedinstvo" i s ovom monističkom pozadinom odvijaju se borbe i igre moći koje mogu biti neumoljive i nemilosrdne – što je, međutim, samo dio "igre". Bez kozmičkih zlotvora i imperijalista igra ne bi bila "zabavna", čak uopće ne bi mogla ni postojati. Stoga su "zli" jednako važni kao i "dobri" – oboje je naposljetku sve-jedno. Jer "sve je jedno".

Ovo je svjetonazor asura, koji je na kraju uvijek ateističko-monistički.

Kako ovaj svjetonazor otkriva, borba "Bogova" nije ograničena samo na Zemlju. Insider-razotkrivanja i medijalne informacije koje na zemaljsku povijest gledaju s kozmičkom pozadinom možemo držati "modernim mitovima", pa ipak su mnoge od njih pogodne ilustracije za ovdje izneseno.

Slijedi primjer jednog takvog "modernog mita": medijalno posredovana autobiografija sumerske "božice" Innane koja pripada "Bogovima" u starim mezopotamskim epovima opisanima kao Anunnaki. Anunnakije ćemo susresti još jednom u povijesnom kontekstu u 11. poglavlju. Ovdje izneseni citat treba poslužiti tek filozofskoj ilustraciji. Inanna opisuje kako su Anunnaki prije puno vremena stigli na Zemlju i počeli manipulirati čovječanstvom. Uočljivo je kako je sve opisano kao "igra", igra koja nema višeg smisla od igre same i kratkoročnog koristoljublja. U engleskom originalu ona koristi riječ play, pri tome tvrdeći da Anunnakiji stižu sa Plejada (Pleiadians). Možda je to na engleskom zamišljeno kao igra riječi, jer zvuči isto kao playadians:

"Kao Plejadijanci, mi oduvijek znamo da je ljubav bit svega stvaranja. Sve što nas čini jest ljubav: ljubav prema avanturi, ljubav prema moći i ljubav prema igri. Ovo je povijest moje obitelji, obitelji Anu, koja je prije 500 000 zemaljskih godina sa Plejada došla na vašu planetu [...] Moja obitelj se, prije dolaska na Zemlju, dugo igrala u Svemiru. Proveli smo naš genetski eksperiment na rubu ove Galaksije [...] Sa ljudskog stanovišta činilo se da mi vječno živimo, što nam je igranje sa stanovnicima Zemlje učinimo jednostavnim [...] Podučili smo naše ljude i nazvali ih Lulu-i. Igra s Lulima toliko nas je radovala da su nam postali privlačni i počeli smo s njima spavati. Zaljubili smo se u svoje vlastite kreacije."

Playadianci vole igre moći. "Zaljubljuju" se u vlastite kreacije. Eksperimentiraju, kreiraju, manipuliraju i igraju se u jednom inače bezbožnom i besmislenom svijetu.

Inanna ovdje izravno otkriva kako to zvuči kad se s materijalističkim shvaćanjem govori o ljubavi. "Ljubav" ovdje nema ništa zajedničko s božanskom ljubavlju i jedinstvom s Božjom voljom, nego je naprosto izraz materijalističke strasti, radosti i oduševljenja – što nije drugo do materijalno zasjenjenog, izlomljenog oblika prvobitne ljubavi. Budući da je ljubav uvijek utemeljena u apsolutnoj stvarnosti i u svom izlomljenom obliku ima stvaralačku snagu. Stoga se kaže da se uspjeh postiže ako se radi sa strašću i radošću, ako se pozitivno misli i angažira s oduševljenjem. Također i ovdje, u materijalističkim strategijama uspjeha može se, s teističkom perspektivom, prepoznati posredno djelovanje apsolutnih principa – individualnosti i ljubavi.

Misterij bezuvjetne ljubavi

Oni koji su pali u dualnost više nisu svjesno povezani s Bogom, izvorom sve energije. Oni su se odvojili od Izvora i moraju svoju energiju crpiti iz drugih izvora, naime iz drugih živih bića. To je jedan oblik finomaterijalnog "vampirizma". Na razini dualnosti svatko, manje ili više, živi na račun drugoga, pokušavajući to ego-opravdavanjima prikriti ili potisnuti.

Biti odvojen od Boga je iluzija, jer zapravo nikad nismo odvojeni. Ta iluzija rezultat je zasjenjenog stanja svijesti koji se, međutim, može prevladati kad ponovo povratimo svijest jedinstva i individualnosti (= našu božansku ljubav). Tad ćemo biti svjesno povezani s Bogom, i od njega, sveobuhvatnog Izvora, primit ćemo sve što trebamo za život u svijesti te ljubavi.

Ljubav je najčišći izraz slobodne volje. Ona nikada ne može biti iznuđena ili nametnuta, niti ćemo u ljubavi ikad poželjeti nešto nametati ili iznuđivati. Čista ljubav je bezuvjetna. Oni koji su ljubavlju povezani s Bogom, povezani su s *izvorom svega*, ali ne žele *ništa* za svoj ego, baš kao što nikome ne pada na pamet da svoju sjenu nahrani ili obuče. Budući da nemaju ambicija za osobnom ili institucionalnom moći, ljudi koji žive u ljubavi postaju opunomoćeni da služe stvaranju – kao svjetlosna bića u Univerzumu koji u jedinstvu s Božjom voljom mogu stvoriti cijele žive svjetove.

Dakle, ljubav nije puka "druga najviša energetska razina Galaksije" ili "najljepši oblik iluzije". Ljubav je jedina *neposredna i svjesna* veza s Cjelinom; ona je jedinstvo relativne i duhovne individualnosti. Budući da nas ljubav ujedinjuje s Bogom, Izvorom, ona je najviša i jedina čista stvaralačka snaga Univerzuma. Stvarnost je jedinstvo (individualnost), a istinsko jedinstvo moguće je samo u ljubavi. *Ljubav je jedina istinska stvarnost.* Sve drugo nije u skladu s jedinstvom i time nije u skladu s Božjom voljom.

S Bogom povezana ljubav (sanskrt. *bhakti*) čist je, nezasjenjeni izraz naše iskonske individualnosti koja je uvijek povezana sa slobodnom voljom i samoodgovornošću, jer ljubav je dobrovoljna. Na što ćemo, ili nećemo, usmjeriti našu ljubav, naša je slobodna volja i naša – samo naša – odgovornost. Istinska ljubav je jedino što se ne može iznuditi. Sve drugo (interesi, sklonosti, mišljenja, strahovi ...) mnogostruko su manipulativni.

"Bezuvjetno znači da je čovjek odlučio težiti prirodnom, iskonskom cilju (Bogu) i snositi odgovarajuće posljedice. Ne budi volja moja, niti budi volja ičija, nego "Budi volja tvoja"!

Kad se kaže "Bog je ljubav", to je apsolutna istina. Jer, sama božanska ljubav je sjedinjujuća snaga među individuama i apsolutna povezanost dijelova i Cjeline, Boga. Na toj osnovi Isus je s pravom mogao reći: *"Ja i Otac jedno smo."* (Iv 10, 30)

Ovo je najviši zaključak svih božanskih otkrivenja:

"Za onoga tko svuda vidi Mene i sve vidi u Meni, nikada nisam izgubljen, niti je on za Mene ikada izgubljen.
Takav jogi, koji obožava i služi Nad-dušu, znajući da smo Nad-duša i Ja jedno, uvijek ostaje u Meni u svim okolnostima."
(Bhagavad-gita 6, 30-31)

Slobodna volja i odgovornost izbora

Sveobuhvatno (apsolutno) u čistoj, prvobitnoj formi jest Izvor relativnog i obuhvaća sve što pronalazimo u relativnom svijetu. Ono što je u apsolutnom iskonsko i čisto – individualnost, jedinstvo, ljubav – zrcali se u svijesti svakog bića koje je u mayi u iskrivljenom obliku: u obliku ego-identifikacija, raskola, razdora, zavisti, straha, itd. Ovi faktori dijelovi su materijalne dualnosti i postoje samo u materijalnom svijetu.

U dualnost materijalnog svijeta spadaju i utjecaji zloga i nasil-

183

noga, koji djeluju u skladu sa zakonom karme. *Ovi utjecaji odgovaraju Božjim zakonima, ali ne i Božjoj volji.* Bog želi da se sva živa bića probude iz iluzije i žive u svijesti svoje božanske, vječne individualnosti – u zemaljskom bivanju, a osobito nakon smrti. Dakle, jedinstvo znači biti jedno s Božjom voljom, a ne biti jedno u smislu rastvaranja individualnosti.

Materijalni svijet je kao sjena duhovnog svijeta, ali i on je Božje stvaranje i ima božanski smisao. On omogućuje svim živim bićima provođenje njihove slobodne volje i biranje gdje će živjeti: u duhovnom svijetu, u harmoniji ljubavi s Cjelinom. Ili u materijalnom svijetu u kojem je moguće u središte postaviti vlastiti ego. Kad ne bi bilo mogućnosti izbora, ne bi bilo ni slobodne volje ni istinske ljubavi. Jer, samo kad se može birati, može se dobrovoljno za nešto odlučiti. Nitko ne *mora* voljeti Boga i živjeti u jedinstvu. Oni koji to čine iako ne moraju, čine to dobrovoljno.

Živjeti u materijalnom svijetu ne znači da je čovjek proklet na pad u svijest raskola i egocentričnosti. Kako pokazuju mnoga čista svjetlosna bića – ona u nadzemaljskim svjetovima svjetlosti i ona koja su se inkarnirala na Zemlji – unatoč dualnosti moguće je zadržati duhovnu svijest. Jer, sve individue imaju iskonsku slobodu izabrati materijalističko ili duhovno usmjerenje svoje svijesti. Kao dijelovi mi smo uvijek ovisni. Ali, imamo slobodu izabrati o čemu želimo ovisiti, a od čega želimo biti slobodni. U duhovnoj svijesti mi smo svjesno povezani s Cjelinom i slobodni od iluzije. U materijalističkoj "svijesti" mi smo "slobodni" od Boga, što znači da se možemo zavaravati iluzijom kako smo o njemu neovisni.

Doživljaj sveobuhvatnog jedinstva

Bog je posvuda prisutan, dakle morao bi se uvijek i svuda vidjeti. Kako je onda moguće ne vidjeti Sveprisutnog? Tako što ga *ne želimo vidjeti*. Ako više *ne želimo* vidjeti Boga, on ispunjava tu želju – u dualnosti materijalnog svijeta, jer je u njemu, na temelju principa ega, iluzija moguća.

I tako, dobrovoljno se nalazimo u svijetu u kojem žive stvorenja koje su Boga manje ili više zaboravila, a sve ostalo drže važnim.

Ako se istim razmišljanjem vratimo unazad, postat će jasno

kako mayu – iluziju odvojenosti od Boga – možemo prevladati: tako da sebe više ne vidimo odvojenima, jer to zaista nikad i nismo. Mi smo dijelovi Cjeline, i kad se opet svjesno posvetimo duhovnoj stvarnosti onda je to dobrovoljni čin ljubavi jer se Bogu "mora" posvetiti dobrovoljno. On nikoga ne prisiljava da ga voli, jer ljubav je dobrovoljna, i jedini "vladajući" princip u duhovnom svijetu.

Posvetiti se duhovnoj stvarnosti znači "služiti" Bogu. Međutim, ispravno se može služiti samo ako se zna volja "Gospoda" – a Božja volja je ljubav, savršenstvo slobodne volje. Kad se ovo spozna, cijeli se život pretvara u službu Božju. Ljubav znači služiti i pružati radost bez razmišljanja o vlastitoj radosti, jer je obradovati Boga najviša radost. (Za nekog monistu sve ovo o "ljubavi" i "Bogu" moralo bi zvučati sentimentalno, nerealno i apstraktno!).

Neke duše dobrovoljno biraju materijalističko usmjerenje (kako ne bi "morali" služiti Bogu), dok neke dobrovoljno biraju duhovno usmjerenje (jer *žele* služiti). Povezanost (yoga) s Bogom putem ljubavi na sanskrtu se naziva *bhakti*. Ono što je Isus nazvao najvišom zapovijedi – voljeti Boga i sve njegove dijelove – znači isto što i *bhakti-yoga* Bhagavad-gite, "povezanost s Bogom međusobnom božanskom ljubavlju". Ljubav je uvijek ključna, ona omogućuje prevladavanje razdvojenosti od Boga.

Na putu prema toj spoznaji postoje bezbrojne stepenice, iako se s većine njih cilj ne vidi jasno. Značajka religije novog doba bit će *miroljubivo, nadopunjujuće su-bivanje* svih različitih stepenica. To neće biti licemjerna "sve je relativno" filozofija, ali ni apsolutistički svjetski poredak u ime "Boga" ili humanosti, globalizacije ili "terora slobode".

Upravo danas kad u javnost prodire kako je najutjecajnijim krugovima i Ložama glavni cilj pokoravanje svih inovjeraca, odnosno "neprosvijetljenih", postaje vidljivo koliko je važno jasno razumijevanje prave *religio*: razumijevanje zajedničkog cilja svih različitih putova k Bogu. Time bi propalo svako apsolutističko polaganje prava, a svjetske religije i svjetske sile izgubile bi svoju moć. Međutim, one svoju moć neće dobrovoljno predati, nego će se uzbuniti i dijelom se ujediniti, a dijelom suzbijati jedni druge.

Dok to bude trajalo, pustiti ćemo da neizlomljena svjetlost sve jače svijetli u tamu. Kad se tama rasvijetli, to će na dobro služiti i onima koji su do tad boravili u "nesvjetlosti".

Sažetak

- Bog kao apstraktno jedinstvo materije i Bog kao apsolutni individuum – ni jedno ni drugo nije zaista zamislivo ograničenom ljudskom shvaćanju. Božansko biće koje je apsolutna individualnost nama nije zamislivo, ali jest iskusivo, jer Bog je sve, a mi smo njegovi dijelovi, sadržani u "svemu".
- Dijelovi su vječno povezani s Cjelinom, pa i kad dijelovi, to jest mi, nismo toga svjesni i svoju svijest upravljamo na privide stvarnosti (= maya, "iluzija"). Dio i cjelina su uvijek međusobno povezani i tako čine jedinstvo, no ono je nešto posve drukčije od apstraktne, nihilističke predodžbe monističkog jedinstva. Istinsko "biti jedno" znači svjesnu povezanost; to je jedan osobiti, jedinstveni oblik svijesti u kojem dio i cjelina pronalaze svoje pravo jedinstvo. Individualni povezujući faktor može se opisati riječju ljubav. Ljubav je ta koja povezuje individue – to vrijedi kako u području materije (na relativan način), tako i u duhovnom području (u apsolutnom smislu).
- Pri pokušaju da se svjetlost definira iz tame može doći do tri zablude: 1) definiranje stvarnosti negacijom dualnosti, što vodi mišljenju da su materijalni oblici maya; 2) izjednačenje Bog = energija, što vodi izjednačavanju karme i predodređenosti; 3) neprepoznavanje Božje individualnosti, što vodi izjednačavanju Božjih zakona s Božjom voljom.
- Materijalni oblici nisu iluzija (maya), već je to zamisao da smo isto što i neki od tih materijalnih oblika. Maya je, dakle, stanje svijesti koje nastaje kad zaboravimo naš iskonski identitet i identificiramo se s prolaznim oblicima. Identitet i identifikacija nisu isto!
- Ego (lažno ja): lažna, materijalna identifikacija.
- Sebstvo (pravo ja): naš identitet kao vječnog dijela Boga (individuum = atma = duhovna srž bivanja, "duša").
- Sjena je odvojena od svjetlosti. Sile tame ostaju zarobljene u svom nesvjetlosnom bivanju sve dok ne promjene svoje gledište (mentalitet) i isprave svoje ideologije. Jer kad padne sjena, to znači da je nešto zakrilo svjetlost, naime pala bića sa svojim egom.
- Ako se odvratimo od svjetlosti, stvaramo sjenu i na temelju principa rezonancije postajemo otvoreni za utjecaje postojećih sila sjene i tame. Ali, sami smo odgovorni i za svoju "rezonanciju" jer je ona rezultat usmjerenja svijesti.
- Karma je princip kauzalnosti akcije i reakcije, i pojašnjava kako su predodređenost i slobodna volja uvijek istovremeno djelujući faktori. Predodređenost određuje "reakciju" (ono što je zadano određenim uzro-

cima), a slobodna volja određuje "akciju" (naše postupanje unutar zadane situacije).

- Budući da živimo u svijetu dualnosti i mnogostrukosti, sve što se događa istodobno ima uzroke na više razina, a osobito ono što smo mi sami, ili drugi ljudi, prouzročili svojom voljom. Tako se svaki čovjek nalazi u premreženim uzrocima koji nisu potekli samo od njega nego i od drugih. Svijet karme daje nama i svima ostalima mogućnost postupati ili oslobođeni od ega ili samovoljno. Prvo vodi postupanju u božanskom smislu, drugo zloporabi i "krivnji", čime se stvaraju novi karmički lanci.

- Zbog osobitosti našeg svijeta (Karma-loke) svi imamo slobodu u svakom trenutku započeti nove karmičke lančane reakcije. Premda su određene akcije koje nas vuku u samosažaljenje prouzročili drugi ljudi, to ne znači da krivnju trebamo projicirati na druge. Ako je ono što se događa nepravedno i zločinački, odgovornost leži na počiniteljima i oni će za to dobiti odgovarajuće reakcije. Naša odgovornost pri tome je da ne osuđujemo, nego da prepoznamo božanski smisao dane situacije (više o tome u sljedećem poglavlju).

- Misterij individualnosti i jedinstva (= ljubavi) obuhvaća i pitanje slobodne volje. Nitko ne mora biti u duhovnom jedinstvu i nitko ne mora biti u materijalnoj dualnosti. Oni koji zapadaju u dualnost čine to jer tako žele, a ne jer je to neophodno ili od Boga željeno (predodređeno). Iskustvo ega u materijalnom svijetu nije neophodno i mi ne možemo prebacivati odgovornost na Boga ili na zakone stvaranja. Činiti to bilo bi samozavaravajuće ego-opravdavanje.

- Ljubav je stvarnost samo ako je individualnost apsolutna stvarnost. Ovdje se vidi koliko je važno spoznati individualnost Boga i njegovih dijelova. Jer kad ne bi postojala ta duhovna dimenzija, ledene "istine" ateističkih svjetonazora bile bi istinite, a život bi bio zaista bezbožan, nemilosrdan i besmislen.

- Svijest povezanosti s Bogom kroz ljubav ključ je spoznaje duhovne stvarnosti, jer se samo putem te ljubavi može spoznati istinsko jedinstvo Boga i svih njegovih dijelova. Božansko djelovanje nastaje uvijek iz svijesti ljubavi, pri čemu je ljubav uvijek individualna i stoga u određenim situacijama može poprimiti različite oblike (ljubav nije sentimentalnost, već najviša snaga).

7. POGLAVLJE

Razlikovanje bez suđenja

Kad se primjenjuju pojmovi kao pozitivno i negativno, svjetlost i tama, dobro i zlo, božansko i dijabolično, najčešći prigovor je kako se ne smije suditi i nešto označavati kao "pozitivno" i "ispravno", a drugo kao "negativno" ili "krivo"; to je dualističko razmišljanje; ne bi se smjelo nikada ocjenjivati i nikada suditi, jer zapravo ništa nije loše ili krivo.

Ovo je gledište vrlo rašireno ponajviše u modernoj ezoteriji, a upućuje na jednu duboku istinu koja se, međutim, vrlo lako može pogrešno razumjeti. Tema "ne suditi" povezana je s emotivno opterećenim pitanjima: Postoje li dobro i zlo ili je ta razlika naposljetku samo iluzija dualnosti? Što zapravo znače dobro i zlo u našem svijetu? Što je s genocidom i konc-logorima? Djeluju li ovdje sotonske sile ili je zlo neophodno za ljudski razvoj? Je li čak tako kao što kaže Mefisto (Goethe, *"Faust"*)? Naime: *"Čest sam sile ja/što želeć uvijek zlo, tek dobro stvarat zna. [...] I zato sve što grijeh je tebi/razaranje, no, jednom riječi, zlo/element moj je zapravo."*

Je li dakle zlo sila koja stvara dobro?

Ovdje se razilaze duhovi, jer svaki svjetonazor ima svoje odgovore i objašnjenja. I u modernoj filozofiji i ezoteriji ova pitanja, baš kao i prije, povod su kontroverznim diskusijama. Jedan takav primjer je knjiga *"Razgovori s Bogom"*, koja će se ovdje još jednom citirati jer se ubraja u središnja djela moderne ezoterije, i to ne bez temelja. Ona se ističe oštroumnim zapažanjima o najrazličitijim temama, prije svega o starim predodžbama Boga, tradicionalnim religijama i s njima povezanim misaonim obrascima (ovisnost o dogmama, kažnjavajući Bog, strah od Boga, itd.). Pritom nastaje utisak da *"Razgovori s Bogom"* imaju tendenciju odlaska u drugu krajnost i relativiziraju *sve*, ne samo suđenje, već i neophodnost razlikovanja.

"Jest *sve relativno*. Sve je dio onoga *što jest*. Ne volim 'dobro' ništa više nego 'loše'. *Hitler je otišao na nebo.* Ako to razumijete, razumijete Boga [...]. Ponovimo još jednom: Ne postoji ništa 'pogrešno' u *bilo čemu*."
(*Razgovori s bogom*, 1. tom)

Takve izjave morale bi se, naravno, promatrati u širem kontekstu, ali one govore i same za sebe, a njihov ih je autor, Neal Donald Walsh, i 2004. g. na svojim seminarima ponavljao u istoj formulaciji (uključujući *"Hitler je otišao na nebo"*). Uzimajući u obzir činjenicu da je autor Amerikanac, a ne neki Nijemac, takve su izjave s jedne strane oprostive, ali s druge strane vode pogrešnom razumijevanju, ako ne i zabludi. Je li uistinu *sve relativno*? Ne postoji li nešto "pogrešno" u nečemu?

"U tom smislu, najveći trenutak Boga je treptaj oka u kojem ćete spoznati da vam Bog ne treba." Bog ne voli "dobro" više nego "loše", a naposljetku uopće i ne *trebamo Boga*, kaže sam Bog, istovremeno lobirajući za predsjednika Busha seniora propagirajući njegov "novi svjetski poredak" i kritizirajući one koji su prema tom novom poretku kritični. Ako "ne postoji ništa 'pogrešno' u bilo čemu", onda ni u tom kritičkom držanju nema ništa pogrešno. Zašto onda "Bog" Bushove kritičare, odnosno kritičare njegovih "interesa" označava kao "ograničene" i "sitnokarijeriste"? Izgleda da je taj Bog politički pristran – i proturječi sam sebi. A to je dobro, jer uči razlikovanju!

Jer, nije sve dobro ...

Razlikovanje nije isto što i suđenje

Čuveni citat *"Ne sudite!"* je iz Isusove Propovijedi na gori koja se nalazi u Lukinom i Matejevom evanđelju. Već prema prijevodu, on glasi: *"Ne sudite/osuđujte/presuđujte"*. U tri različita prijevoda Mt 7, 1-2, glasi ovako:

"Ne sudite da ne budete suđeni! Jer sudom kojim sudite bit ćete suđeni! I mjerom kojom mjerite mjerit će vam se."

"Ne osuđujte druge da Bog vas ne osudi. Jer vaš će sud na vas pasti, a bit će vam mjereno istom mjerom kojom ste druge mjerili."

"Ne sudite drugima da vas Bog ne bi osudio. Jer tako kao što vi sada druge osuđujete, i vi ćete također biti suđeni. (mjerom koju ste na druge položili, sami ćete biti mjereni.)"

Odmah nakon toga (7, 3-6) Isus je rekao: "*Što gledaš trun u oku brata svojega, a brvna u oku svome ne opažaš? [...] Licemjere, izvadi najprije brvno iz oka svoga [...] Ne dajte svetinje psima! Niti svoja biserja bacajte pred svinje!*" "*Ne sudite!*" dakle ne znači "*Ne razlikujte*". Sam Isus očito je vrlo kritički razlikovao. Određene ljude čak je nazvao "*Zmije! Leglo gujinje!*" (Mt 23, 33). Kod "posljednjeg suda", na prijelazu u "Kraljevstvo Božje" (Mt 25, 31-34) razlikovanje je još radikalnije. Jer nije svejedno za koji smo se put odlučili. Kao duhovne individue odgovorni smo za svoje postupke, premda "prosvijetljeni" ateisti svojim ideologijama tvrde nešto drugo, bar u odnosu na njih same. Pa i kad se zaklinju na Bibliju i smatraju da njihov cilj opravdava sredstva, i to nekad može biti razbuđujuće:

"Neće u Kraljevstvo nebesko ući svaki koji mi govori 'Gospodine, Gospodine', nego onaj koji vrši volju Oca mojega koji je na nebesima. Mnogi će me u onaj dan pitati: 'Gospodine, Gospodine! Nismo li mi u tvoje ime prorokovali, u tvoje ime đavle izgonili, u tvoje ime mnoga čuda činili?' Tada ću im kazati: 'Nikad vas nisam poznavao!' [Propustili ste živjeti po Božjoj volji]. Nosite se od mene, vi bezakonici'!" (Mt 7, 21-23)

Ono što je u 3. poglavlju rečeno o "kontaktu s majstorima" ovdje je potvrđeno i od Isusa. Može se doduše koristiti ime "Isus", ali to još uvijek ne znači da je čovjek povezan s Isusom. "*Nikad vas nisam poznavao*", rekao je onima koji su religiju, ezoteriju ili praksu loža iskoristili za svoje egoistične interese. Čak i kad se zazivaju ista sveta imena, može se doći u kontakt s različitim razinama. Samo ime još ništa ne jamči. To ne vrijedi samo za Isusovo ime, već i za imena Jahve, Allah, Buda, Krišna, itd.

Može se biti uvjeren u vlastitu stvar, pa i u vlastitu pobožnost, a ipak podleći samoobmani, jer "propustili ste živjeti po Božjoj volji". Isus ovdje s malo riječi kaže mnogo: Bog ima volju jer je individualan; stoga čovjek ima odgovornost prepoznati Božju volju (a ne samovoljno svoje egoistične predodžbe smatrati "Božjom voljom").Odlučujući kriterij je, dakle, *"vršiti volju Oca mojega koji je na nebesima"*. Iako zvuče zastarjelo i preopterećeno, ovakve formulacije sadrže bezvremenu, zapravo apsolutnu istinu, i ateističkim učenjima – od materijalističko do ezoterijski obojanih – nisu poništene.

Bog je ljubav. Ljubav je jedina istinska stvarnost. Ali ljubav nije mentalno, odnosno sentimentalno sanjarenje, nego duhovna budnost i svjesnost. Kako će se pokazati u ovom poglavlju, sa sviješću čiste ljubavi moguće je ne suditi. Samo onaj tko ne sudi može razlikovati. Tko sudi, ne može razlikovati!

"Ne sudite": različite razine značenja

Isusova izreka o nesuđenju ima kompleksno značenje. Prva razina značenja neposredno proizlazi iz konteksta: on kaže kako ne smijemo kritizirati druge ljude i osuđivati ih zbog njihovih grešaka, jer i mi sami imamo greške koje nisu manje od tuđih (trun u oku drugih, brvno u vlastitom oku). Tko sebi uzima za pravo suditi drugima, toga će zadesiti vlastiti sud.

Na ovoj razini Isusova izreka je prije svega moralna: *Ne čini drugima ono što ne želiš da drugi tebi čine*! Upravo to kaže Isus u vezi nesuđenja:

"Sve, dakle, što želite da ljudi vama čine, činite i vi njima. To je, doista, Zakon i Proroci."
(Mt 7,12)

Druga razina značenja je *karmička*, kako je već razmatrano u prethodnom poglavlju: nitko ne smije sebi uzeti za pravo reći kako je ono što se događa drugima, prije svega ono što je sam drugima prouzročio, njihova "karma", odnosno predodređena sudbina. Jer ništa što je počinjeno nije predodređenost pogođenih, nego je uvijek odgovornost počinitelja. *"Zaista, kažem vam, što god učiniste jednom od ove moje najmanje braće, meni učiniste."* (Mt 25, 40)

Značenja "Ne sudite" i "činite drugima ono što želite da drugi vama čine" još se proširuju kada se radi o situacijama u kojima se *drugi* ne drže ovih pravila. Što znači ova zapovijed ako drugi ne postupaju prema nama onako kako mi želimo? Ako nas drugi osuđuju i smatraju "psima" i "svinjama" kojima ne treba davati biserje? Ako drugi drže opravdanim postupati prema nama kao prema svinjama (nevjernicima, neprosvijetljenima, itd.)? Imajući u vidu klaonice i pokolje, biti smatran svinjom baš i ne veseli ...

Najkasnije u takvim okolnostima nesuđenje se može smatrati ispravnim još samo ako prepoznajemo *duhovnu razinu* značenja – ne neminovno filozofski, već praktički. (Jedna ilustracija toga slijedi na kraju ovog poglavlja, u razmatranju djela *Arhipelag GULAG*)

Duhovno značenje ne ukida moralno i karmičko, nego ih nadopunjuje i proširuje. Jer, bez duhovne svijesti "suđenje" se ne može izbjeći ni na jednoj razini, pa ni na moralnoj i karmičkoj.

Veliko iskušenje: činiti nešto što svjetlost ne može ...

Nesuđenje i neocjenjivanje u duhovnom smislu nije ništa drugo do praktični izraz individualne, teističke duhovnosti. Ovdje dolazimo do prapitanja bivanja uopće: Zašto postoji dualnost? Zašto dolazi do suđenja i, shodno tome, zasjenjenja svijesti osuđujćih?

Svaka religija, svaka filozofija i svako novo otkrivenje za ovo pitanje ima svoj model objašnjenja. Jedni govore o Sotoni i palim anđelima, drugi o scenariju Luciferove pobune, treći o raskolu među bogovima, neki opet drže da je dualnost u konačnici iluzija, itd. Svaki od ovih modela ima svoje opravdanje, no mora se uvijek biti svjestan da postoji toliko gledišta koliko i učenja. Naposljetku, za ljudsko je razumijevanje neshvatljivo kako iz jedinstva može nastati raskol, iz vječnosti prolaznost, iz svjetlosti razdvojenost i tama. Stoga različiti modeli mogu pomoći razumijevanju temeljnih principa tog misterija. Sva su ta objašnjenja relativna, ali i indikativna, tako dugo dok ih zagovarači, fiksirani na jedan od tih sistema, ne apsolutiziraju.

Temeljni princip iz kojeg proizlaze sva teistička objašnjenja jest slobodna volja i – s njom nerazdvojno povezana – individualnost Boga i njegovih dijelova. Savršenstvo individualnosti i slobodne volje jest jedinstvo ljubavi; stoga božanska stvarnost obuhvaća kako "svjetlost", tako i svako područje gdje se može stati nasuprot svjetlosti kako bi se izgradila vlastita carstva sjene. Budući da je ljubav apsolutno dobrovoljna, nitko ne mora biti u jedinstvu i nitko ne mora pasti u dualnost. Odluka s kojom se ovdje suočavaju individue, apsolutno ovisi o slobodnoj volji, a ta odluka ima trajne posljedice koje više ne podliježu neposredno slobodnoj volji.

Područje u kojem se na prapočetku moglo postaviti nasuprot svjetlosti jesu viši duhovni svjetovi materijalnog Univerzuma. Ovdje, u području neprekinutog polariteta, svjetlosna bića mogu dobrovoljno živjeti u jedinstvu i stvaralačkoj ravnoteži božanske svjesti. Međutim, istodobno se nudi mogućnost da se podlegne iskušenju činjenja nečega što svjetlost ne može, naime: *stvaranju sjene*! Ali, sjena se može stvoriti samo kroz princip ega: kroz svijest projiciranu u dualnost koja se definira suđenjem, baš kao što tama može egzistirati samo kroz razdvojenost i (samo)ograničenost. To znači: zaboravljanje vlastitog identiteta i identifikacija s raskolničkim principom.

Više razine multidimenzionalnog Kozmosa su čisto duhovni svjetovi, no oni su još uvijek materijalni i prema tome sadrže potencijalnu mogućnost pada u dualnost. Dakle, trajno je moguće pasti u dualnost i stvoriti sjenu. No, većina svjetlosnih bića uopće ne pomišlja na to (slično kao što nekome u neboderu teško pada na pamet da se, makar i u mislima, baci u dubinu, premda se takva mogućnost uvijek nudi).

Nijedno svjetlosno biće ne mora biti u jedinstvu i nijedno svjetlosno biće ne mora pasti u dualnost. Pad u dualnost nije neophodno iskustvo. Nezapadanje u dualnost je stalni i svjesni izraz božanske ljubavi. Ali, kako dugo svjetlosna bića "moraju" živjeti u području polariteta? Ovo pitanje je opravdano, budući da su vrijeme i prostor (multidimenzionalni) temeljni faktori materijalnih svjetova. Pitanje "kako dugo" nameće se samo onima koji se identificiraju s linearnim tijekom vremena i više nisu svjesni da su vječni dijelovi ("djeca") Boga. Za svjetlosna bića koja žive u čistoj božanskoj svijesti ovo pitanje vremena ne postoji. Jer materija je vječna božanska energija, baš kao i duhovna energija. Sve je izraz bezprostornog i bezvremenog pratemelja, "duhovnog svijeta", i tako nastaju, paralelno s tim pratemeljem, u beskrajnom ritmu – Višnuovom udisanju i izdisanju – materijalni oblici definirani prostorom i vremenom, i stoga će tijekom vremena opet biti uništeni. Kad materijalni Univerzum u određenoj vremenskoj točki opet bude uništen, sva svjetlosna bića koja nisu pala i ona koji su svoj pad korigirala, ući će u svijest apsolutnog jedinstva (indivi-dualnosti), u "Kraljevstvo Božje". Drugim riječima, život u dimenzijama polariteta nije konačni, vječni oblik postojanja. Međutim, za one koji žive u božanskoj svijesti zapravo i nema razlike gdje žive, jer su oni u istinskom jedinstvu, u vječnoj sadašnjosti i Boga "vide" posvuda.

Arhetipsko porijeklo suđenja

Dok je nesuđenje izraz čiste, individualne božanske svijesti, suđenje je rezultat pogrešno shvaćene individualnosti, što vodi raskolu i stvaranju sjene. Praslika ("arhetip") ovog dijaboličnog principa je "pali arhanđeo". On simbolizira ego, pogrešno shvaćenu individualnost. Čovjek se više ne vidi kao dio jedinstva, već kao izolirano bivanje. Čim čovjek sebe vidi odvojenog od cjeline i apsolutnoga (Boga), pada u prapodijeljenost, u lažni "individualizam". Odjednom sebe vidi drugima *nasuprot* i počinje se s njima uspoređivati, a to uspoređivanje uvijek je suđenje: Tko je moćniji od mene? Tko je manje moćan od mene?

Ovaj svevažeći princip kršćanski izvori ilustriraju scenarijem Krista, "prvorođenog Sina Božjega" i jednog arhanđela koji se uspoređivao s Kristom, našavši se time u opoziciji. Stvaranje Univerzuma polazi od kozmičkog stvoritelja, Krista, a sva ostala bića mogu sebe vidjeti kao dio tog stvaranja ili smatrati da su izvan stvaranja jer oni nisu izvor – što zaista i nisu. Kad iz kozmičkog Izvora proizlazi sve stvoreno, stvara se prividna razdvojenost i suprotnost Izvora i "svega ostaloga". Ta kozmička datost prirodni je prapolaritet bez kojeg stvaranje nije moguće i ne znači da je Bog pristran, da "Krista" voli više od "ostatka stvaranja".

Oni, međutim, koji tako misle, zapadaju u odvojeni način promatranja i vide sebe van Cjeline, što je iluzija (*maya*), jer oni nikada nisu "odvojeni" ili "izvan". Oni su, kao i prije, stvaralačka svjetlosna bića, no na temelju maye počinju se identificirati sa "svojim" energijama i kreacijama. Slikovito govoreći, postavljaju se nasuprot svjetlosti stvarajući tako sjenu i svjetove sjene, budući da u višim dimenzijama misli postaju neposredna vanjska stvarnost; tamo razdvojenost unutarnjeg i vanjskog ne postoji u zemaljskom obliku.

Ne samo identifikacija s vlastitim djelima, nego već i identifikacija s "vlastitim" energijama je maya jer su energije kojima raspolažemo samo posredno naše. Mi, relativne individue, u stvarnosti nismo izvor energije, nego "samo" kanali energije Apsoluta. Međutim, ta povezanost postoji samo u svjesnom jedinstvu. Tko napusti to jedinstvo (ljubav) ne može se više napajati na praizvoru, stoga mora drugdje krasti energiju. Ovo je *pramotiv svih sila tame*: borba za vlastiti opstanak na račun tuđe životne energije.

Psihologija "Sebe-vidjeti-odvojeno " je univerzalna i postoji u višim razinama duhovnog svijeta, kao i u životu zemaljskih ljudi. Čovjek misli da je odvojen i manje voljen. Zapada u samosažaljenje i osjećaj da je svijet ili Bog nepravedan. Ne vjeruje više u ljubav i stvara sebi ego-ideologiju. I nije više u stanju prepoznati sve to kao veliku iluziju, jer Bog kao apsolutna individualnost ne podliježe dualnosti "manjega" i "većega", čak i kad unutar polariteta netko "mora" biti prvi. Ali, što je loše u tome što je netko drugi prvi, a ne ja? Ništa. Loše je tek kad čovjek sudi. Tada to prividno razdvajanje postaje problem koji potresa svijet.

Razmišljanje u pojmovima "ja" (subjekt) i "drugi" (objekt) prvobitni je oblik suđenja. Time se u duhovnoj dimenziji automatski stvaraju fronte: ja,dobar, a tamo drugi, manje dobri. U prascenariju Sotona, prvo palo svjetlosno biće, potpuno je uvjeren kako je u pravu i pokušava "druge" uvjeriti u svoje gledište. Postao je prvi "misionar" i prvi "poboljšivač svijeta". On je prvi otkrio da može učiniti nešto što svjetlost (Bog) nije u stanju, naime stvoriti sjenu i tamu. Stoga on želi stvoriti bolji, savršeniji svijet: svijet tame. Postavljajući se nasuprot već postojećeg stvaranja prihvatio se materijalizacije svoje vlastite vizije "novog svijeta", a to traje do današnjeg dana.

Iz dijaboličkog mentaliteta nastaje ponos zbog mogućnosti činjenja nečeg što Bog ne može. No i ovdje važi logika da Bog kao apsolutno savršeno obuhvaća sve aspekte, pa tako i aspekt *nemogućnosti* činjenja nečega. Svjetlost ne stvara sjenu, i *može* ne praviti sjenu. Ono što Bog ne može jest iznuditi našu ljubav. Jer Božja ljubav je apsolutna i dopušta svim individuama slobodnu volju, pa su time svi slobodni Boga voljeti ili ne.

Tako oni koji to žele, mogu suditi – a upravo to čini mogućim stvaranje sjene i svjetova sjene. U odvojenosti, sile tame upadaju u pakleni krug ego-opravdavanja. Sebe označavaju kao dobre jer vjeruju da znaju što su istina i stvarnost, čak sebe smatraju prosvjetljenijima od ne-palih anđela, jer: "Mi smo bogatiji iskustvom; stvorili smo nešto što svjetlost još nije: tamu."

"Bogatiji iskustvom", to je već suđenje! U svijesti jedinstva, "više biti" i "više imati" ne bi bili neophodni. No budući da oni to drže neophodnim, pali su u dualnost. Ali, oni to ne primjećuju jer svoj svijet tame drže "stvarnijim" i sve definiraju s tog stanovišta.

Ne postoji apsolutno zlo

"Dobro" i "zlo" egzistiraju samo unutar dualnosti. Budući da je dualnost (relativna) stvarnost, dobro i zlo su također stvarnost, ali samo unutar materijalnog relativiteta. A budući da relativno nikada nije apsolutno, to znači: ne postoji apsolutno zlo i ne postoji apsolutno dobro.

Ova spoznaja mora svim ljudima, koji svoj relativni svijet smatraju jedinom stvarnošću, biti šokantna: demotivirajuća, obesmišljavajuća i sve-relativizirajuća. ("Ako *ništa* nije apsolutno dobro ili apsolutno zlo, onda se u konačnici može činiti *sve* ukoliko je to neophodno, jer sve je relativno ...")

Izjave "Ne postoji apsolutno zlo" i "Ne postoji apsolutno dobro" mogu se pravilno razumjeti samo uz duhovnu pozadinu. Iznošenje takvih istina uvijek je povezano s velikom odgovornošću. Stoga se u duhovnim školama misterija to priprema i provodi s odgovarajućom temeljitošću – što se zrcali i u ovoj knjizi.

"Ne postoji apsolutno zlo" ne znači "Ne postoji apsolutno". Kao što je već izloženo, apsolutno znači jedinstvo (= stvarnost, individualnost), a savršenstvo jedinstva je božanska ljubav. Apsolutno jest *ljubav*, ne naprosto "dobro". Naravno, ta ljubav može se nazvati i "apsolutnim dobrom". Problem je samo što to zvuči kao apsolutizacija relativnoga, iz čega se može izvesti zaključak da postoji i nešto kao "apsolutno zlo". Time bi se završilo u začaranom krugu koji nastaje upravo iz takve pogrešne temeljne pretpostavke: "Ako je Bog dobar, zašto onda postoji zlo? Ili je Bog dobar, ali ne i svemoguć, ili je svemoguć, ali nije dobar (inače bi spriječio zlo). To znači da ili Bog ne postoji, ili postoje dva Boga: jedan dobar koji nije svemoguć, i jedan zli koji jest svemoguć". To bi opet značilo da je tama prvobit

197

na, a svjetlost produkt "tame". Upravo to govori Goetheov Mefisto:

> "Ja dio tijela sam što jednom bješe sve,
> dijel tame. Iz nje svjetlo rodi se,
> što gordo traži da sad majka noć
> prepusti njemu prostor svoj i moć.
> Ali u tom uspjet neće ..."

Ovakvo gledište može se čak poduprijeti i Biblijom jer tamo stoji da je na početku sve bilo "pusto i prazno" i "tama je ležala nad vodama". *"Tada reče Bog: 'Neka bude svjetlost!' I postade svjetlost."*[*] Bog stvara svjetlost iz tame, a to može voditi interpretaciji tame kao istinske stvarnosti, prvobitnosti, a Bog bi bio svjetlonoša, "Lucifer"! I već smo opet kod dualističkih slika svijeta koje izvode zaključak da je Lucifer, ili "Sotona", Bog. ("Knjiga postanka" može se interpretirati i drukčije. Hebrejski originalni tekst proturječi gornjoj interpretaciji. Više o tome u 10. poglavlju.)

Još jednom se kod dijaboličkih, odnosno "mefistovskih" slika svijeta pokazuje kako je kobno kada se svjetlost želi definirati iz tame. Pogrešna ishodišna točka kod svih ovakvih načina razmišljanja jest promatranje Boga kao apsolutizacije nečeg relativnog, npr. "dobroga", odnosno "apsolutno dobroga". Bog, međutim, nije "dobar", nego apsolutan – sa svim značenjima koja su već izložena.

Dakle, pogrešno bi bilo misliti da izjava "Ne postoji apsolutno dobro" znači kako ne postoji ništa apsolutno. Isto tako, pogrešno bi bilo misliti da izjava "Ne postoji apsolutno zlo" znači da zlo ne postoji, kako se često može čuti: "Ništa nije zlo, ništa nije pogrešno, sve je dobro, sve je Bog." Točno je: ne postoji apsolutno zli individuum, nema "Đavla" – ako se Đavao definira kao "apsolutni protivnik Boga" – baš kao što ne postoji ni neovisna tama koja bi mogla ugroziti svjetlost. Tama postoji samo u svijetu relativnosti, ali *tamo* ona postoji. U svijetu relativnosti postoje sile tame i bića koja se u svojoj uronjenosti u ego ponašaju kao Đavao. *"Po plodovima ćete ih njihovim prepoznati"*. (Mt 7,16)

U svijetu dualnosti kobna je pogrešna postavka: "Ne postoji zlo" ili "Sve je dobro". Upravo su tipične značajke našeg svijeta da nije sve dobro i nije sve zlo. Mi moramo razlikovati.

Sve ima svoj smisao

Konc-logori, genocidi, teroristički napadi, insceniranje ratova, raspirivanje straha i mržnje, globalno iscrpljivanje prirode, uništavanje okoliša, zloupotreba životinja, itd.: za svakog čovjeka koji nije zaslijepljen nečovječnim ideologijama sve ovo neosporno je izraz bezbožnosti i zla. To što su oni *relativni* ne znači kako su time opravdani i "relativizirani". Iza svih postupaka djelujuća slobodna volja jest apsolutna, čak i kada su postupci (odgovarajuće akcije i reakcije) relativni.

Relativno znači "ovisno o drugim relativnim faktorima" i "posredno ili neposredno ovisno o apsolutnome". Ništa nije neovisno od Apsoluta. Kada je nešto *svjesno* u jedinstvu (ljubavi), neposredno je povezano s Apsolutom, jer je u jedinstvu s Božjom voljom. Kada ta povezanost nije svjesna, nije više ni neposredna, baš kao što je tama samo posredno povezana sa svjetlošću.

Činjenica da je u dualnosti sve relativno otkriva najdublje značenje nesuđenja. Sve relativno ima posredan ili neposredan odnos s Apsolutnim – a taj odnos je ono što svemu relativnome daje smisao. Nije sve dobro. Ali sve ima svoj smisao.

Što god da se dogodilo, kako dobro tako i zlo, time što se dogodilo postaje dio naše stvarnosti, a pitanje je kako se mi prema tome postavljamo. Negirati ili potiskivati stvarnost nekog događaja, prije svega ako je traumatičan, nije rješenje. Jer sve ima svoj smisao, a mi, kao ljudi, izazvani smo prepoznati taj smisao u svakoj situaciji. To činiti praktični je izraz istinske božanske svijesti. (Obrnuto, to također znači da bez božanske svijesti nije moguće prepoznati božanski smisao iza svega.)

"To Bog ipak nije mogao željeti ..."

Sve ima svoj smisao, pa i zlo. Ali, bilo bi pogrešno iz toga zaključiti da zlo (ubojstvo, nasilje, laž, itd.) nije više zlo samim tim što ima svoj smisao. Pitanje o smislenosti zla treba samo *rasvijetliti* njegovo postojanje, ne i opravdati. Jer zlo ne smije biti opravdano, već ispravljeno.

199

Ali, što je misao iza svega? Odgovor proizlazi iz gore navedenog: smisao iza relativnoga jest prepoznavanje Božje volje. Tko Božju volju izjednačuje s Božjim zakonima, previđa individualnost Boga, a time i pravi smisao relativnoga: vjerovati kako je činjenica da je sve dobro i zlo relativno i ima svoj smisao znači 1) kako je sve što se događa "neophodno iskustvo" i 2) kako je nešto učinjeno u svijesti te "neophodnosti" "onkraj dobra i zla".

Zlo se naziva zlim jer se upravlja protiv Božje volje. Bog "ima" volju jer je individualnost na svim razinama – relativnim i apsolutnim – povezana sa sviješću i slobodnom voljom.

Kao što je već spomenuto, savršenstvo slobodne volje počiva na dobrovoljnom odgovoru Božjoj volji. To je ljubav – i to je Božja volja. Sve što nije svjesno učinjeno iz te ljubavi, nije Božja volja. Stoga u svojoj nutrini osjećamo da Bog ratove, laži, iskorištavanje i sve druge oblike neljubavi, ne želi.

A taj osjećaj je potpuno ispravan. Sve te stvari događaju se ako neka bića (također i mi?) zidovima ega blokiraju svjetlost: u svijetu relativnosti, u skladu sa zakonima dualnosti.

Zlo samo po sebi jest nepotrebno i nesupstancijalno, baš kao što je i tama s aspekta svjetlosti iluzija. Ona postoji samo zato što je nešto privremeno ograničilo svjetlost. Prije no što su "zidovi" podignuti, tama je bila svjetlost, i čim se zidovi sruše, tamo će opet biti svjetlost. Iz više perspektive svjetlosti možemo dakle prepoznati što zlo zaista jest: samoobmana ega koja nije bila neophodna.

Ipak, zlo također ima, od njega samog neželjeni i neprepoznati, božanski smisao.

"Smisao iza svega" kao ključ nesuđenja

U svijetu dualnosti uvijek se iznova suočavamo sa dobrim i zlom, a u obje situacije trebali bismo *ne suditi* i *ne ocjenjivati*. Jer iza dobra i iza zla uvijek možemo prepoznati božanski smisao. Kad sudimo i ocjenjujemo, smatramo dobrim nešto što je u skladu s našim materijalnim predodžbama (= egom), a zlim smatramo nešto što nije u skladu s materijalnim predodžbama i očekivanjima, pa nas to vara, napada, prijeti nam, itd. Dok god sudimo i ocjenjujemo identificiramo se s materijalnim situacijama i ostajemo zarobljeni u dualnosti.

Zašto? Zato što nismo prepoznali božanski smisao iza tih relativnih okolnosti.

Božanski smisao je uvijek isti: *u svakoj situaciji ne izgubiti iz vida duhovnu stvarnost.*

Onkraj stalno promjenjivih relativnih realiteta – što je uistinu važno? Što znači u suočenju s dobrim i zlim reagirati iz svijesti stvarnosti (jedinstva), tj. bezuvjetnom ljubavlju? Znači li to naprosto zatvoriti usta, pružiti i drugi obraz i odustati od svega? – Ne, to ne bi bila ljubav, nego naivnost i slabost, ponekad čak i glupost i kukavičluk.

Kao što se već pokazalo, ljubav je najveća, uistinu jedina stvarna snaga, jer samo u ljubavi smo svjesno i neposredno povezani s božanskim Izvorom. Ljubav je jedina snaga s kojom se može razlikovati, a da se ne sudi.

U svjetlu duhovne stvarnosti moguće je sve što nas zadesi u ovom svijetu prepoznati kao izazov, kao kušnju: "*Koliko je jaka moja božanska svijest?*"

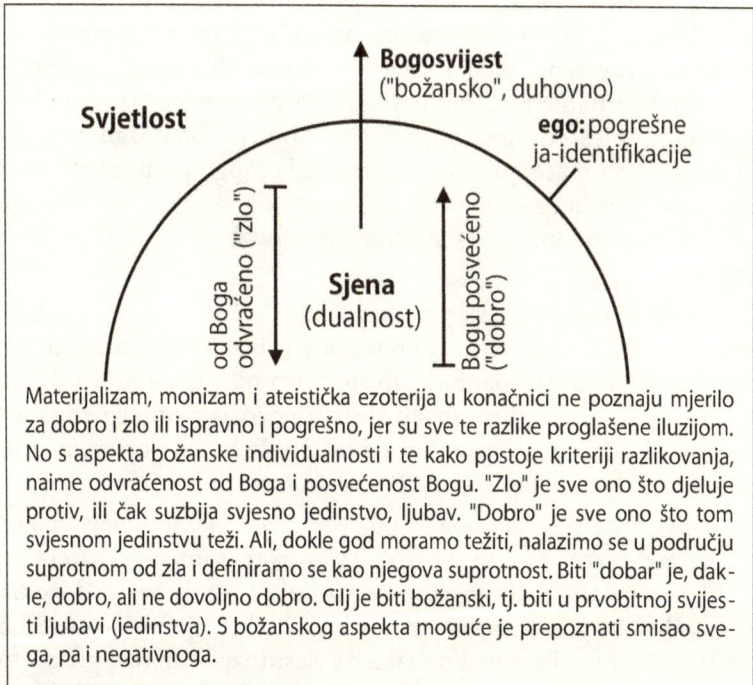

Svjetlost

Bogosvijest
("božansko", duhovno)

ego: pogrešne
ja-identifikacije

od Boga odvraćeno ("zlo")

Sjena
(dualnost)

Bogu posvećeno ("dobro")

Materijalizam, monizam i ateistička ezoterija u konačnici ne poznaju mjerilo za dobro i zlo ili ispravno i pogrešno, jer su sve te razlike proglašene iluzijom. No s aspekta božanske individualnosti i te kako postoje kriteriji razlikovanja, naime odvraćenost od Boga i posvećenost Bogu. "Zlo" je sve ono što djeluje protiv, ili čak suzbija svjesno jedinstvo, ljubav. "Dobro" je sve ono što tom svjesnom jedinstvu teži. Ali, dokle god moramo težiti, nalazimo se u području suprotnom od zla i definiramo se kao njegova suprotnost. Biti "dobar" je, dakle, dobro, ali ne dovoljno dobro. Cilj je biti božanski, tj. biti u prvobitnoj svijesti ljubavi (jedinstva). S božanskog aspekta moguće je prepoznati smisao svega, pa i negativnoga.

Dopuštam li da me ponesu dualistički osjećaji? Navodi li me dobro da mislim samo na sebe? Koristim li ga za profiliranje ega? I zato da sebe smatram boljim od drugih? Provocira li u meni zlo osjećaje mržnje, osvete, slabosti, samo-sažaljenja? Ili mogu u svim situacijama zadržati suverenu svijest lišenu utjecaja? I nikada ne izgubiti iz vida aspekt vječnosti, božanskog cilja?

Ako posjedujemo snagu da iza svega uvijek prepoznamo božanski smisao, možemo se suočiti s dobrim i zlom bez suđenja i bez ocjenjivanja. Jer tada oboje za nas nisu ništa drugo do poticaj za svijest jedinstva: ljubavi, oprosta i napuštanja dualnosti. A ništa ne stavlja na kušnju tu svijest više od konfrontacije sa zlom!

Stvara li dobro sila koja uvijek želi zlo?

Stvaranje situacija iskušenja za pogođene *indirektna* je funkcija zla. Indirektna je zato što namjera sila tame nije ni podučavanje ni učenje. One same sebe ionako smatraju prosvijetljenima i dobrima, a drugima žele nametnuti svoju volju. Na određenoj razini, njihova namjera čak i jest "druge", tj. ljude, držati podalje od božanske svijesti i vezati ih za materiju – jer ih samo tada mogu podvrgnuti svojoj volji. One vjeruju da su u pravu, držeći to neophodnim za dobro, pri čemu dobro izjednačuju s vlastitim predodžbama. To je začarani krug ega.

Istinsko dobro jest prepoznavanje božanskog smisla. Kada netko konfrontirajući se sa zlom prepozna božanski smisao, to nije ni zasluga ni namjera zla. Baš kao što tama nikada ne može stvoriti svjetlost, tako ni zlo nije ono što stvara dobro, već smo to *mi sami* – dok god posjedujemo božansku svijest. Inače bi bili potreseni, prestrašeni, slomljeni ili fascinirani. Postali bi žrtve ili bjegunci.

Tvrdnja *"Čest sam sile ja što želeć uvijek zlo, tek dobro stvarat zna"* je dakle samoobmana. Tko želi zlo, stvara samo zlo. Ako iz jedne takve situacije ipak nastane nešto dobro, onda se to dogodilo samo zahvaljujući božanskoj svijesti osobe koja je prepoznala božanski smisao (i bila dovoljno jaka da vlastiti život upravi prema toj spoznaji unatoč neprijateljstvu, udarcima s leđa ili razočarenju).

"Luciferska" logika da zlo stvara dobro je apsurdna. To je zapravo očito. Unatoč tome, želim to ovdje jasno pokazati dvama primjerima:

Jedan mladić iz najsiromašnije kuće, koji je u doba gospodarske krize radio kao učitelj i pisac, posudio je od školskog kolege džepni sat kojeg je htio vratiti tjedan kasnije. Kolega, koji mu je zavidio na namještenju, alarmirao je policiju tvrdeći kako mu je ovaj ukrao sat. Mladić nije mogao dokazati nevinost i osuđen je na zatvorsku kaznu. Ta nepravda dovela je mladog učitelja – imenom Karl May (1843-1912) – i do osobnih posrtaja, ali je upravo u zatvoru dobio puno ideja za duhovne pustolovne romane koji su mu kasnije donijeli slavu i novac (uspjeh "Skorojevića" doveo je, međutim, druge zavidnike na scenu). Je li to bio zavidni, "zli" kolega koji je stvorio dobro i posredovao inspiraciji za svjetski slavne romane?

Jedan odvjetnik je 1939. u židovskom sektoru Varšave uhapšen od strane njemačkih vojnika zajedno sa suprugom, dvije kćeri i tri sina. Supruga i petoro djece strijeljani su pred njegovim očima. Molio je dopuštenje da umre sa svojom obitelji, no pošto je govorio njemački, ostavili su ga na životu i odredili mu radnu grupu. Nakon toga dospio je u konc-logor, i nakon šest godina, 1945., kao jednog od malobrojnih preživjelih, oslobodile su ga američke trupe. (George Ritchie: *Return from Tomorrow*) On nije bio izgladnio i bez energije kao ostali: *"Šest godina živio je na istoj dijeti gladi kao i svi ostali, i spavao u istim loše provjetrenim i bolestima punim barakama, međutim bez i najmanjeg tjelesnog ili duševnog pogoršanja. Možda još i više zapanjuje što ga je svaka grupa u kampu promatrala kao prijatelja. On je bio taj kojemu je kod svađa među zarobljenicima povjeravana presudna riječ."*

Židovski odvjetnik ispričao je što se dogodilo. U trenutku ubojstva njegove obitelji i njegovog "pomilovanja" morao se suočiti sa životnom odlukom. Želi li se prepustiti mržnji prema ubojicama? Ne. Odlučio je od tog trenutka nadalje ostatak svog života *bezuvjetno voljeti*, počevši s ubojicama svoje obitelji! *"U mojoj praksi [kao odvjetnik] prečesto sam gledao kako mržnja može utjecati na svijest i tijela ljudi. Mržnja je upravo ubila šestoro ljudi koji su mi značili najviše na svijetu. Odlučio sam ostatak svog života – bilo to nekoliko dana ili mnogo godina – voljeti svaku osobu koju susretnem."*

Iz te ljubavi imao je snage preživjeti i dati drugima snage da prežive – prema "ezoterijskoj" logici, nacistički režim ovdje nije stvorio tek nešto dobro, nego čak božansko ...

U ekstremnim situacijama, kao u konc-logorima, pod mučenjem i patnjom, nekoliko ljudi postiglo je jedinstvenu spoznaju sebe i Boga, a također i u npr. ruskim logorima (vidi ekskurs na kraju ovog poglavlja). No to ne znači da u tim logorima i u odgovornim počiniteljima nije bilo "ničeg pogrešnog". Oni su služili sotonskim silama, jer su se suprotstavili Božjoj volji i ljude isporučivali tim silama: zlostavljanje je mnoge ljude slomilo iznutra. Nemalo njih i sami su postali počinitelji i poduzimali podmukle ili brutalne napade na suzatočenike.

Kad nekolicina ljudi pod takvim okolnostima dosegne duhovnu spoznaju koju inače možda nikada ne bi dosegli, to pronalaženje smisla nije opravdanje negativnoga, nego dokaz visokog individualnog stupnja svijesti tih ljudi, sposobnih da i u izloženosti sotonskome prepoznaju božanski smisao.

Sila koja želi zlo ne može dakle nikada stvorit dobro, ni za sebe ni za druge, kao što ni tama iz sebe ne može stvoriti svjetlost.

Zlo je sila koja čak i od dobra pravi zlo.
Božanska svijest je snaga koja iz zla stvara dobro.
Odlučujuća je vlastita božanska odlika.

Bezbožni mentalitet nikad se ne može opravdati, on se mora prepoznati i ispraviti. A to je individualna odgovornost svakog "palog anđela": sam sebi priznati samoobmanu i ispraviti je. Stoga je ego-opravdanje koje leži u temelju svih ukorijenjenih poluistina najveći oblik samoobmane. Ako čovjek vjeruje da je sve dobro, sve je Bog, brišu se razlike i ne uviđa se neophodnost da se u svom životu nešto zaista promijeni. (Kaže se, na primjer, da je svejedno jedemo li meso ili ne, te se stoga meso i dalje jede; ublažuje se učinak "normalnih" stvari, kao što su tvornice životinja, industrija hrane, genetska manipulacija, TV, kompjuterske igrice, čipiranje ljudi i životinja, itd., a ako ustreba pristupit će se 666-markiranju, jer u tome nema "ništa pogrešno" ...)

Nesuđenje u duhovnom smislu

Ne suditi znači iza svega što se događa vidjeti božanski smisao, i u toj svijesti suočiti se s izazovima.

- Ne dati se zaslijepiti dobrim i ne prepustiti se lažnom ponosu ili lažnom zadovoljstvu
- Ne dati se zlom zavesti, potresti ili isprovocirati.

Ovakvo duhovno-suvereno, samosvjesno i od utjecaja slobodno postupanje moguće je samo onda kad smo svjesni duhovne stvarnosti iza dualnosti, ma u kojem obliku nam se dualnost mogla ispriječiti. U protivnom, ne bismo imali pravog razloga zbog kojeg se ne bi dali zavesti ili isprovocirati. ("Why not?/Zašto ne?!", začudo uvijek znači "Da, učinit ću to", u smislu "činim ono na što su me drugi izazvali ili isprovocirali": "surađujem s njima, gledam s njima, slušam s njima, pušim s njima, svađam se s njima i uzvraćam udarce, itd.", uvijek s podtonom "ne vidim razloga zašto to *ne bih* trebao činiti".)

Tko je svjestan duhovne stvarnosti, taj vidi preko dualnosti i može jasno razlikovati: Što je dualnost? Što je stvarnost? Što je Božja volja (ljubav), a što ne? Samo onaj tko na ovaj način može razlikovati, ne sudi. Bez ove duhovne sposobnosti razlikovanja mora se *suditi*, tj. unutar dualnosti "zauzeti stav" i "pristupiti stranci", što znači da čovjek uvijek ostaje pristran i postupa samo u skladu s ograničenim gledištem ega.

Razlikovati bez suđenja znači dakle: dualnost dobra i zla ne ignorirati, već transcendirati!

Opraštati ne znači "odobravati"

S aspekta vječnosti, tj. s aspekta stvarnosti može se iza svega prepoznati božanski smisao, što se u odnosu na zlo izražava kao *opraštanje*. S obzirom na nedjela, žrtvama i pogođenima često teško pada opraštanje počiniteljima jer mnogi misle da praštanje znači odobravanje. Međutim, opraštanje znači upravo da je zlo prepoznato kao zlo: čovjek vidi da su počinitelji zloupotrebom svoje slobodne volje "dozvali u život" nove karmičke lance, no na osnovi šireg kuta gledanja ne da se uvući u lančanu reakciju. Oprostiti znači odreći se karmičkog "prava" da se počiniteljima kasnije "smije" učiniti nešto slično. Opraštanje je, dakle, unutarnje odricanje od osobne osvete. To opet znači: biti pun povjerenja u božansku pravednost i individualnost. Povjerenja, da će počinitelji za svoja djela dobiti kaznu (= zrcaljenja svojih vlastitih djela). Povjerenja, da je Božja volja stvarnost i na koncu uvijek pobjeđuje, počevši s unutarnjim prodorom u naš život.

Na ovaj duhovni koncept Isus je želio ukazati poučavajući (i živeći) ljubav prema neprijatelju (Mt 5, 43-48), kao i princip neuzvraćanja udaraca: *"Onomu tko te udari po jednom obrazu, pruži i drugi."* (Lk 6, 29) Moći ovako činiti znak je istinske veličine i snage. To znači pobjedu nad egom i individualno oslobođenje od inače beskonačnih karmičkih lančanih reakcija. Ali, to ne znači da se također i izvana ne mora ponekad jasno boriti za istinu i pravdu.

Jer, ljubav nikad nije "neutralna"! Ona je *bezuvjetna*, dakle jedno s Božjom voljom. A ima puno toga što nije Božja volja: sve što nije istinska ljubav.

Da opraštati ne znači prihvaćati ili odobravati negativno, govore i Isusove riječi koje je prenio Augustin: *"Mrzi grijeh, ali ljubi grešnika."*

Ljubav i oprost

Dok god čovjek ne može oprostiti, ne može se osloboditi od karmičkih lanaca i sam ostaje zatočen u začaranom krugu počinitelja i žrtava, pa je i suodgovoran što se taj krug nastavlja i čak širi – ne najzadnje - na "narodne" i internacionalne razine.

Moći oprostiti izraz je Božanske ljubavi. Jer, bez ove ljubavi nije moguće napustiti mržnju, bijes ili rezignaciju. Ljubav je i najveća snaga, jer ona stvara unutarnju slobodu i, ne u najdaljoj budućnosti, i izvanjsku slobodu.

Nikakva dijabolična prividna moć ne može pobijediti moć ljubavi, baš kao što tama nikad ne može otjerati svjetlost. Mi doduše živimo u vremenu u kojem dijabolično prividno trijumfira, ali to je tek privremeno, i izvan tame svjetlost je nesmanjeno prisutna. Ali, niti unutar područja tame dijabolično ne može pobijediti ako su ljudi svjesni svoje unutarnje povezanosti s božanskim.

Najpoznatiji i najvažniji primjer trijumfa ljubavi je, još jednom, Isus. On, "prvorođeni Sin Božji", došao je u svijet najgušće tame kako bi ponovo otvorio vrata u svjetlost i morao je pustiti da bude izložen lažima i napadima sotonskih sila. Pri tome nikad nije odustao od ljubavi. Kao da je htio reći: "Možete činiti što god želite ali nikada nećete postići da vas prestanem voljeti." Nikakav osjećaj mržnje ili žudnje za osvetom u njemu se nije probudio. Njegova je ljubav bila bezuvjetna, pa je čak i za svoje mučitelje i ubojice moli: *"Oče, oprosti im, ne znaju što čine."*

Mi danas imamo težak zadatak oprostiti i onima koji *znaju* što čine.

Ljubav je bez granica, ali se razgraničuje

Ljubav znači moći sve oprostiti. Pri tome se svjesno i oštro razgraničuje od svega što nije ljubav, baš kao što se svjetlost jasno razgraničuje od svega što je sjena i tama. Razgraničenje nije provela svjetlost, nego ono što se postavilo nasuprot nje. Čim se nešto postavi nasuprot svjetlosti, njena energija više ne dopire do tog razgraničenog područja, što za to područje automatski znači "nesvjetlost".

Ljubav je bezuvjetna i bezgranična, ali se suzdržava ako joj se nešto postavi nasuprot. Ljubav uvijek poštuje slobodnu volju jer je apsolutno dobrovoljna. *Ljubav je bez granica, ali se razgraničuje.* Ali, čak i kad se razgraničuje, ne čini to neposredno, već posredno. Jer nije svjetlost ta koja postavlja razgraničenje.

Nešto se može postaviti nasuprot svjetlosti i stvoriti sjenu, pa ipak, svjetlost i dalje svijetli na ono što joj je stalo nasuprot, samo što zbog odjeljivanja "na drugoj strani" (u dualnosti) nastaje tama. Kako je svaka blokada svjetlosti s njom *jednostrano* povezana, sve je relativno, te su i najopakija i najđavolskija bića još uvijek povezana s apsolutnim (premda ona, na tamnoj strani, to više ne vide). A božanska ljubav izraz je te povezanosti koja – s Božje strane – uvijek postoji.

U svjetlu te svijesti, ljubav za nas ljude znači djelovati za najveću dobrobit svih bića bez očekivanja nagrade za sebe (= bezuvjetna ljubav). Ova ljubav bez vrednovanja struji i prema dobrima i prema zlima. I jednima i drugima želimo samo najbolje, bez obzira što učinili ili ne učinili. Način na koji se ovo željenje dobrobiti i ova ljubav izražavaju je, naravno, potpuno individualan. Prema nekome tko nam je blizak ponašamo se drukčije nego prema agresoru ili nekome nepoznatome. No u svim tim načinima ponašanja djeluje uvijek ista ljubav, kao što se u svim bojama reflektira ista svjetlost.

"Kaže se da je osoba utemeljena u samospoznaji kada je zahvaljujući znanju i spoznaji potpuno zadovoljna. Takva osoba se naziva jogijem (ili mistikom). Utemeljena je u *transcendenciji i samoovladana. Sve što vidi – bilo da je šljunak, kamenje ili zlato – vidi jednakim očima.* Smatra se da je osoba još naprednija kada na svakoga – na dobronamjernike, dobročinitelje pune ljubavi, neutralne, posrednike, zavidne, prijatelje i neprijatelje, pobožne i grešnike – gleda jednakim očima. "
(Bhagavad-gita 6, 8-9)

"Odlazi ..."

Ljubav znači djelovati za najveću dobrobit svih bića. Što to znači u odnosu na zlo? Kako se djeluje za najveću dobrobit zla, tj. za njegovo ozdravljenje i oslobođenje? U osnovi, na dva načina: prvi, kada se ne damo podvrći njegovom utjecaju, i drugi, kad ga prepoznamo i prozremo i upravo zbog toga oprostimo.

Kad se nađemo u situaciji u kojoj nam je zlo "pristupilo", imamo mogućnost dopustiti ili ne dopustiti da ono na nas utječe. To je razina akcije s primjerenom samoodgovornošću: Kako postupamo? Za što se odlučujemo? Reagiramo li na način koji je za najveću dobrobit sviju?

Kako postupiti za najveću dobrobit zla, postaje jasno kad promotrimo simbol zla, "Sotonu". Sotona je prvo palo svjetlosno biće – a prvo će biti i posljednje. Sotona, prvi koji je pao, bit će posljednji koji će se vratit natrag k svjetlosti. On će biti oslobođen tek kada svi oni koje je za sobom povukao u tamu opet budu u svjetlosti. Čak i ako za njega ne možemo neposredno napraviti ništa, u najmanju ruku možemo izbjeći da na nas utječe, jer bi time njegova krivnja kao počinitelja postala još veća. Drugim riječima: on je posljednji u redu, a ako i mi također stojimo u tom redu, on će morati duže čekati na povratak u svjetlost. (Pristajući da na nas utječe – zavede, potrese, isprovocira – postajemo krivci, jer smo povećali krivnju zavoditelja. Ne koristi nikome, pa ni Sotoni, ako mu se prepustimo!)

Kada je Sotona u pustinji pristupio Isusu i obećao mu *vlast nad svijetom* (Mt 4, 9), Isus je odgovorio: *"Odlazi, Sotono!"* To nije bio izraz mržnje ili straha, već ljubavi. Ovim jasno razlikujućim razgraničenjem Isus je svog protivnika oslobodio daljnjeg tereta grijeha, naime od toga da *njega* zavede. To je bilo savršenstvo slobodne volje (ljubavi) s odgovarajućom božanskom rezonancijom.

Isus nije sumnjao da bi Sotona bio u stanju dati mu izvanjsku vlast nad svijetom. To je on itekako mogao – a neki su njegovu ponudu rado prihvatili, govoreći "Zašto ne?" I ovdje se pokazuje kako se samo onaj koji poznaje duhovne aspekte života može oduprijeti ovakvom zavođenju i prividnoj moći.

Ne podleći utjecaju zahtijeva istinsku snagu, naime bezuvjetnu i neustrašivu ljubav. Ovo također vrijedi i za reagiranje. Jer zlo stalno agitira, konfrontirajući nas na Zemlji – i iznad Zemlje – s određenim situacijama. Te zadane situacije ne možemo uvijek odmah promijeniti, ali ih možemo prepoznati i ispravno reagirati: ne mržnjom, strahom ili fascinacijom, nego ljubavlju, oprostom i samorazgraničenjem (samozaštitom).

Oprostiti zlo znači da *ne sudimo*. Mi vidimo zlo ne samo kao zlo i ne govorimo tek tako "Ti si zao", jer time osobu reduciramo na "biti zao" i jačamo njegovu pogrešnu samoidentifikaciju.

Ono što osudimo i suzbijamo kao zlo, zapravo jačamo. Ako zlo susretnemo s ljubavlju i praštanjem, ono doživljava nešto posve nedualističko, naime ne puko proklinjanje zla ili strah od "moćnoga". Oprost ne samo što nas same oslobađa karmičkih lanaca, već i na tamu djeluje kao zraka svjetlosti – čak i kad tama reagira agresijom i neprijateljstvom. No, zahvaljujući duhovnoj svijesti znamo da su ljubav i oprost jedino čime se postiže jedina istinska dobrobit – za nas ubrzo, a za sile tame "nešto kasnije". Jer, mi nismo jedini koji puštamo svjetlost da prodre u tamu. Velika vrata u svjetlost već su otvorena. *"Evo, otvorio sam pred tobom vrata koja nitko zatvoriti ne može."* (Otk 3, 8)

OD DVOSTRUKE PRISTRANOSTI
DO NEUTRALNOSTI I DUHOVNOSTI

Unutarnji i izvanjski mir mogu se pomutiti dvama oblicima jednostranosti: "previše" i "premalo". Oboje su izraz ega u dualističkim ekstremima.

Prvi ekstrem, "previše", vodi neutaživoj želji za više: više moći, više profita, više eksploatacije, više "istraživanja", više "napretka". Završava u zasljepljujućem ludilu moći u vidu imperijalističke arogancije, znanstveničke oholosti i "religijskom" misionarstvu. To je zrcaljenje arhetipske pobune 'Lucifera, koji je čak nebo želio poboljšati, a pri tome nije stvorio ništa drugo do sjenu.

Drugi ekstrem, "premalo", vodi sebičnoj ravnodušnosti – prema bližnjima, prema čovječanstvu, prema životinjama, prema biljkama i – ne najzadnje – prema samome sebi. Završava u hladnokrvnom pragmatizmu u obliku nihilizma, intelektualizma i "znanstvenog" redukcionizma koji teži materijalističkom tumačenju života i umjetnoj imitaciji prirode.

Zlatni srednji put:
neutralnost i put ka božanskoj svijesti
(ljubav, unutarnja ravnoteža, razlikovanje bez suđenja)

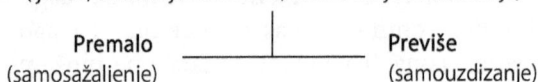

Premalo		**Previše**
(samosažaljenje)		(samouzdizanje)

"Previše" i "premalo" su oblici maye (samoobmane). Pod utjecajem "premalo" čovjek smatra da mu nešto nedostaje ili da je za nešto zakinut, što vodi okrutnosti i egoizmu. Osjeća se "napušten od Boga". Pod utjecajem "previše" čovjek misli da je "viši" od ostalih, da zna više i ima veća prava od ostalih, što vodi elitističkom i samovoljnom ponašanju. Osjeća se "neovisnim". Prvo se može usporediti s tamom, drugo s umjetnom svjetlošću.

U kontrastu s ove dvije strane negativnosti jest neutralnost, stanje u kojem čovjek ostaje u vlastitom središtu i ne da se privući ni jednoj od ovih strana. Neutralnost se povlači iz dualnosti prema vratima božanske svijesti ako čovjek dosljedno slijedi "zlatni put sredine".

Mi zapravo nismo ni neovisni, ni napušteni od Boga. Mi smo vječni dijelovi Cjeline. U svijesti našeg pravog identiteta stječemo pogled koji seže preko dualnosti i omogućuje nam da sve, pa i negativno, vidimo u svjetlu božanske smislenosti.

Negativnost također ima dva oblika jednostranosti. Suprotnost neke jednostranosti jest druga jednostranost. Besmisleno je zlo suzbijati zlom (okrivljavanjem, mržnjom, žudnjom za osvetom), jer iz toga nikada ne proizlazi ništa dobro, kao što suzbijanje tame nikada ne donosi svjetlost. Ako želimo biti u svjetlosti, moramo napustiti tamu (bezbožnu svijest). Istinsko dobro jest zlatni put sredine koji nas vodi od neutralnosti, preko individualne, teističke duhovnosti, do božanske svijesti.

Lažna ljubav i tolerancija

Ljubav vodi jasnom razlikovanju. Čovjek spoznaje što je u jedinstvu s Božjom voljom, a što nije. A to vodi pravoj toleranciji, naime prepoznavanju božanske volje u svakoj situaciji: ljubav i oprost, koji se mogu ispoljiti na najrazličitije načine – sve do odlučnog "Odlazi!".

Ali, i dijabolički izvori katkad koriste riječi kao Bog, svjetlost, ljubav i tolerancija. Budući da oni "svjetlost" (Boga) definiraju ateistički i pseudoreligiozno, tako i pojmove "ljubav" i "tolerancija" koriste u istom smislu: ljubav znači da čovjek ne razlikuje i ne kritizira; tko razlikuje i govori o "dobru" i "zlu", nije tolerantan.

Time prije svega žele reći: "Tolerancija znači *nas* ne kritizirati." Zanimljivo je da oni koji rado govore o toleranciji, sami često uopće nisu tolerantni ("Mi smo *toliko* tolerantni da ništa ne toleriramo").

Propagandna s ključnim pojmovima kao što su "tolerancija", "ljubav" i "mir" može također biti i metoda koji primjenjuje "zavodnik svega svijeta".

Isus je pokazao da prava ljubav i tolerancija imaju potpuno drukčije značenje, s jedne strane poučavajući i živeći ljubav i toleranciju, ali s druge strane tjerajući trgovce iz hrama i beskompromisno odbacujući milozvučna Sotonina zavođenja.

Učiti od dijaboličnoga

U svijetu dualnosti neizbježno je da dijabolično privuče ili napadne ljude. Hoće li oni prepoznati božanski smisao tog iskustva ovisi o njihovoj slobodnoj volji. Mnogi taj smisao *ne* raspoznaju i kližu još dublje u zaborav svog duhovnog identiteta. Biti zao ili iskusiti zlo očito ne vodi automatski k prosvjetljenju, baš kao što uranjanje u tamu nije razlog pronalaženja svjetlosti. U najboljem slučaju to može biti *posredni* razlog, i to ako netko prepozna o čemu je tu zapravo riječ: o buđenju k božanskoj svijesti. Kad se tama uoči, stvara se dobra prilika da se više cijeni svjetlost. Tko živi u destruktivnoj, tehnokratskoj civilizaciji, možda može, na temelju suprotnosti prirodu opet doživjeti svjesnije: svako zelenilo, svaki cvijet, svaku šumu, svaki potok, svaki vodopad – sve je zapravo poklon i čudo. A kad se to spozna, više ne može biti samorazumljivo, čak i kad je "svakodnevica". (Opet se mora naglasiti da takvo držanje puno zahvalnosti proizlazi samo iz osjetljive svijesti određenih ljudi, a nije nikakva "milost" dijaboličnih moći.)

Sažetak

* Zapovijed "Ne sudite" može se razumjeti na različitim razinama, no u biti uvijek vodi istoj praktičnoj posljedici, koja se najkonciznije – kao način duhovnog postupanja – da formulirati kao *"razlikovanje bez suđenja"*.
* Pojmovi "svjetlost" i "sjena" lako mogu dovesti do apsolutiziranog dualizma. Ipak, svjetlost ne stvara sjenu. Svjetlost i sjena nisu apsolutne suprotnosti, ali se ipak može (i mora) praviti razlika između njih. Stoga se nameću pitanja: Kako se može razlikovati bez suđenja? U čemu je razlika između suđenja i razlikovanja? Zašto se ne smije suditi? Na ova pitanja može se odgovoriti samo pomoću duhovnog pogleda na svijet, koja nadilazi dualnost i negaciju dualnosti.
* Vječna stvarnost svijesti jest indivi-dualnost, doslovno: "nedjeljivost". Nismo individualni samo mi kao relativna bića, već i Apsolut individualan. Individualnost svijesti i slobodne volje znači i da Apsolut (Bog) ima svoju volju. Upravo zbog toga možemo moliti "Budi volja tvoja"! Ova Božja volja jest kriterij razlikovanja: što je u skladu s njom, a što nije?
* Kako istovremeno možemo biti individualni i u jedinstvu s apsolutnom individualnošću? Samo u svijesti ljubavi. Ljubav je istinsko jedinstvo u potpunoj individualnosti. A ljubav je uvijek dobrovoljna. Ništa, pa ni Bog, ne može iznuditi ljubav. Ovo jedinstvo ljubavi je Božja volja.
* Bog je tako savršen da obuhvaća i aspekte neimanja i nemogućnosti nečega! Ono što Bog nema je naša ljubav, a ono što ne može jest prisiliti nas da ga volimo. Slikovito govoreći: Svjetlost ne može stvoriti sjenu, ali nudi mogućnost postavljanja nasuprot sebe i pravljenja sjene. Tko zapadne u iluziju da može biti "više" od Boga, pada u uspoređivanje i suđenje, te stvara svjetove sjene.
* Slobodna volja daje mogućnost izbora. I to je smisao postojanja svijeta materije. U svom izvornom obliku on je svijet polariteta. Polaritet nije ništa drugo do nevrednujuća "dinamika stvaranja": prostor i vrijeme, ženski i muški princip, pozitivni i negativni pol (sve to još uvijek nije ni "dobro" ni "zlo"). U području polariteta, međutim, sva bića imaju mogućnost izbora, što znači da ljubav "moraju" izabrati dobrovoljno. Dualnost ("dvojstvo") počinje kad se bića odluče napustiti sklad i ravnotežu i zaći u raskol. Suđenje je pad iz polariteta u dualnost.
* Tko zaboravi izvorni identitet, pada u ego i gubi svijest o tome da smo

svi dijelovi Cjeline. To vodi pogrešno shvaćenoj individualnosti, "ego-individualizmu": čovjek sebe vidi kao izolirani individuum. Čim se nađe u dualnosti, čovjek više nema pristup k stvarnosti, baš kao što netko u tami više nije povezan sa svjetlošću. To je tragika Sotone, prvog palog svjetlosnog bića.

- Dobro i zlo su aspekti relativnosti i postoje samo u svijetu dualnosti u kojem su (relativna) stvarnost. Premda dobro i zlo postoje, ne postoji apsolutno dobro i apsolutno zlo. Bog doduše može biti označen kao "apsolutno dobro", što bi u simbolici svjetlosti i sjene značilo da postoji i "apsolutna svjetlost" – što je, naravno, točno – ali ne znači da postoji i apsolutna sjena. Svjetlost nije tek suprotnost sjene, kao što ni apsolutno nije suprotnost relativnog. Apsolutno je sveobuhvatno, pa također sadrži i relativno, stoga relativno nije iluzija, nego relativna stvarnost.

- U diskusiji o suprotnostima "dobra" i "zla" opravdano je zlo označiti kao negativno, jer negativno doslovno znači "negirajuće, odbijajuće", od latinskog glagola *negare*, "reći ne". Zlo je u ovom smislu zaista negativno jer niječe božanski red i želi uspostaviti svoj vlastiti "red". Ono što nas približava spoznaji sebe i Boga, tj. spoznaji naše i Božje vječne individualnosti jest dobro; ono što nas od toga udaljava, jest zlo, u ekstremnom slučaju sotonsko – kad djeluje protiv svjesnog jedinstva, odnosno ljubavi, pokušavajući je uništiti. Ali, dok se god čovjek nalazi u području koje je nasuprot zlu, definira se kao suprotnost zla. Dakle, dobro je biti "dobar", ali to nije dovoljno dobro. "Dobro" još uvijek nije "božansko" (nema božansku svijest).

- Razlika između dobra i zla nikad nije konačna (i zbog toga se ne treba suditi), jer svaka duša može pomoću uvida i slobodne volje promijeniti svoj smjer i okrenuti se k Bogu ili se odvratiti od njega.

- Posredna funkcija negativnog može se pravilno razumjeti samo iz božanske perspektive. Samo s takvim viđenjem moguće je svaki oblik dualnosti shvatiti kao kušnju: Kako koristim svoju slobodnu volju? Postupam li iz svijesti ljubavi, u skladu s Božjom voljom? Ili preuzimam istu bezbožnost kao i počinitelji? Dam li se isprovocirati na negativne osjećaje – mržnju, frustraciju, potresenost, rezignaciju ili samosažaljenje? Dam li se kupiti, zavesti?

- Ljubav je snaga pomoću koje je moguće razlikovati. A bez razlikovanja nema ni od-lučivanja = ukidanja razdvojenosti (raskola, dualnosti). Samo uvidom i snagom ljubavi možemo prepoznati duhovni razlog zbog kojeg se trebamo usprotiviti "Sotoni". Ljubav se razgraničuje od neljubavi kao svjetlost od nesvjetlosti. Možemo reći "Odlazi!" kad nam ne preostane nikakva druga mogućnost da sebe ne opteretimo krivnjom. Ljubav se ne može kupiti jer ona ne treba ništa i ne traži ništa. Stoga je ljubav također i snaga koja omogućuje istinsko napuštanje dualnosti i svjesno praštanje. Ljubav nije neutralna. Ljubav želi ljubav i

213

razgraničuje se (posredno) od neljubavi, kao svjetlost od tame.

• Materijalisti i ateisti, a tako i ateistični ezoterici, odnosno okultisti, ne mogu zaista govoriti o ljubavi jer vjeruju da je stvarnost (jedinstvo) apstraktna ukupnost energije – a energija nema svijest, nema volju, nema ljubav. Ljubav bi bila tek koncept materijalne dualnosti, i naposljetku iluzija. Zbog toga ni monisti nemaju jasan kriterij za dobro i zlo ili ispravno i pogrešno; sve se te razlike smatraju iluzijom: "Sve je jedno; sve je dobro; ništa nije pogrešno; sve je Bog". (Oni vjeruju kako zapovijed "Ne sudite" znači "Ne razlikujte", što je sudbonosna pogreška.)

Ekskurs: arhipelag GULAG

Ono što je izloženo u prethodnom poglavlju može se činiti gotovo elementarnim i samorazumljivim. No ipak – kad god su se ljudi suočavali s najekstremnijim situacijama u životu otkrivale su im se ove spoznaje, i samo pomoću njih bilo je moguće ne izgubiti vjeru u život i ne upasti u ponore besmisla.

"Sve ima svoj smisao, pa i suočenje s negativnim." To je jednostavno reći. Ali, što to znači u praktičnom životu? Kako ljudi mogu pronaći taj smisao u neljudskim situacijama? I *kakav* smisao nalaze?

Budući da sad živimo u "mračno doba", s takvim utjecajima suočavamo se na najrazličitije načine. Mnoge od tih utjecaja jedva je moguće prepoznati kao mračne, jer se u trendu "napretka" već dugo smatraju normalnima.

Ponekad agenti Kali-yuge prouzroče tako očiti pakao da ga, prinudno, mora prepoznati masa ljudi. Jedan takav dramatični, još i danas šokirajući primjer jest doba nakon Ruske revolucije (1917.), koja se dogodila dok je svijet vodio Prvi svjetski rat (1914 - 1918). Ovom revolucijom su socijalističko-komunistički diktatori postigli moć praktički preko noći, potpuno razvlastivši carizam, ali višestruko pogoršavši njegovo loše upravljanje.

Šestina Zemlje prepuštena je na milost i nemilost moći koja je – potpomognuta tutorima iz inozemstva – raspolagala ogromnim financijskim i vojnim sredstvima, i tako sebi mogla sve dozvoliti. Ahrimanska tehnologija i industrija trebala se održati trijumfalnim nastupom na planeti Zemlji, te se i ogromno područje koje obuhvaća

"Sovjetski savez" moralo snabdjeti odgovarajućom infrastrukturom. *Global players* odlučili su da se to provede totalnom vladavinom terora, kako bi se iz redova građanstva mogla regrutirati milijunska vojska robova.

U ovom ekskursu uz poglavlje "Razlikovanje bez suđenja" ne ide se, međutim, na političku, već na filozofsku analizu tadašnjeg vremena. Ovdje se nudi primjer komunističke Rusije pod Lenjinom i Staljinom, jer su u tom poglavlju svjetske povijesti suđenja znakovito jasna i nedvosmislena. Nasuprot drugim primjerima iz novije prošlosti i aktualne svjetske politike, lenjinističko-staljinistička vladavina užasa jedva bi mogla isprovocirati ideološke rasprave. Povijest je već izrekla svoj sud, a moskovska vlada taj je eksperiment sama dokinula. Stroga je moguće neopterećeno načeti ovu temu i pogledati iza vanjskih događaja te politike kako bi se postavila daljnja pitanja.

Vanjska situacija je poznata: tijekom sedamdesetak godina milijuni nevinih ljudi bili su hapšeni, mučeni i zatvarani u zatvore ili konc-logore. To je provodila "Partija" koja je na temelju svoje ideologije sve akcije smatrala legalnima, neophodnima, pa čak i dobrima, i koja je uspjela mobilizirati mnogo sumišljenika i supočinitelja, koji se broje u milijunima. Među mnogim knjigama koje su napisane o tom vremenu posebno se ističe ona Aleksandra Solženjicina, već i time što je najpoznatija. Kada se pojavila potresla je svijet i postala opomenom koja široko prelazi povijesne okvire.

Djelo *Arhipelag GULAG*. Aleksandar Solženjicin, rođen 1918.[*] u južnoj Rusiji, studirao je matematiku i fiziku, da bi potom bio pozvan u sovjetsku armiju. Tijekom Drugog svjetskog rata bio je topnički časnik, dva puta odlikovan ordenom za zasluge. Međutim, zgrozio se nad zločinima vlastite "Crvene armije" u istočnoj Pruskoj. Privatno se negativno izrazio o Staljinu i zbog toga 1945. bio uhićen, provevši ukupno jedanaest godina u posebnom zatvoru, radnom logoru i izgnanstvu. Kao nekim čudom preživjevši patnje i bolesti,

---

[*] A. Solženjicin umro je 2008. godine. 1990. odbio je od Gorbačova primiti državnu nagradu za "Arhipelag GULAG", što je 2007., u intervjuu za njemački časopis *Der Spiegel* obrazložio riječima: "Odbio sam je jer nisam mogao primiti osobno priznanje za knjigu koja je ispisana krvlju milijuna ljudi." (prim. prev.)

1956. vratio se građanskom životu i bio nastavnik fizike. Te godine započinje svoju spisateljsku aktivnost, a prodor je napravio 1962. objavivši u sovjetskom književnom časopisu *Novi mir* djelo *Jedan dan u životu Ivana Denisoviča*, autentičan prikaz Staljinovih zatočeničkih logora. Objavljivanje ovog djela dogodilo se uz odobrenje Hruščova, na putu destaljinizacije. Nakon toga objavio je (u inozemstvu) dva romana, *U prvom krugu*, u kojem je obradio četiri godine provedene u posebnom zatvoru u blizini Moskve, i *Odjel za rak*. Nobelovu nagradu za književnost dobio je 1970. godine. Još veće valove podigla je knjiga *Arhipelag GULAG*, objavljena 1974. na Zapadu, nakon koje su uslijedila još dva toma. Ovo razotkrivajuće djelo dovelo je 1974. do izgnanstva iz Sovjetskog saveza. Nakon toga živio je u Švicarskoj i SAD, a 1990. rehabilitirao ga je Gorbačov, te se 1994. vratio u Rusiju.

Arhipelag GULAG je monumentalno djelo u tri toma koje ukupno obuhvaća gotovo 2000 stranica. *1918-1956: Pokušaj umjetničkog prevladavanja* glasi drugi podnaslov u sva tri toma. Tema je za Solženjicina bila previše opsežna, previše potresna i previše eksplozivna da bi on u svojoj povijesnoj knjizi ostao distancirano objektivan i postupao sistematično. Kako se od 1945. – na jedanaest godina – i sam zatekao u mašineriji smrti "arhipelaga" i nakon toga kao pisac i društveni kritičar više godina živio pod stalnom opasnošću, pričao je iz osobnog iskustva i kao samouki povjesničar.

Riječ *arhipelag* može kod nepoznavatelja pobuditi dojam da su zatočenici bili prognani na grupu otoka. Međutim, "arhipelag" je uzet slikovito, jer su mnogi radni logori bili kao otoci izolirani od ostatka civilizacije, stvoreni i nadzirani od strane GULAG-a, glavne uprave sovjetskih "popravnih" radnih logora. *"Od Beringova prolaza skoro sve do Bospora leže razasute tisuće otoka prokletog arhipelaga. Nevidljivi su, ali postojeći, i isto tako vidljivi"*, a nastanjeni su *"nevidljivim robovima"*.

Prvi tom sastoji se od dva dijela. U prvom dijelu, *Zatvorska industrija*, Solženjicin opisuje uhićenja, sudske procese, mučenja, presude i zatvore, sa svim tehničkim, brutalnim i psihološkim detaljima. U drugom dijelu slijedi opis deportacija ljudi osuđenih na logor: muškaraca, žena i mladih. Naslov *Vječito gibanje*, međutim, sve stavlja u transcendentni kontekst, premda taj aspekt u tekstu prosijava samo na nekoliko mjesta.

U drugom tomu slijedi treći dio, *Rad i istrebljenje*, i četvrti, *Duša i bodljikava žica*. U *Radu i istrebljenju* opisan je život u kaznenim logorima: dolazak u logor, nečovječni uvjeti zbog okoliša, hladnoće i logorskih zapovjednika, borbu za vlast među samim zatočenicima, zatupljivanje, svakodnevicu, položaj žena u logoru: *"Samo očita starost ili očita ružnoća nudile su ženi zaštitu – ništa drugo. Lijepo lice bilo je prokletstvo."*

Četvrti dio, *Duša i bodljikava žica*, neposredno zahvaća u ono što je naznačeno pod naslovom *Vječito gibanje*, naime *"poglavlje o velikoj opoziciji duše i rešetaka"*. Ovdje, u duhovnoj dimenziji, više nije riječ o fizičkom preživljavanju ili smrti, već o duhovnom preživljavanju. Tako naslovi prva dva poglavlja glase: "Pročišćenje", "... ili uništenje".

Biti ili ne biti.

Ovo egzistencijalno pitanje koje svaku objektivnu distancu povjesničara munjevito pretapa u osobnu pogođenost, kao i Solženjicinova osobna interpretacija, daju trilogiji *Arhipelag GULAG* bezvremenu vrijednost. *"Arhipelag GULAG nije knjiga o nečem prošlom, već o nečem sadašnjem što i dalje postoji"*, piše sam Solženjicin u popratnom tekstu 3. toma.

Vanjska situacija: uhićenja nevinih. Što je uistinu važno u životu? Zdravlje? Sloboda? Obitelj? Vlastit dom? Prijatelji? Slobodno vrijeme? Zanimanje? Siguran prihod? Sigurnost da se svaki dan ima što pojesti?

Svi ovi aspekti našeg života nesumnjivo su važni, ali ipak prolazni. Najkasnije smrću oni postaju prošlost. A milijuni ljudi sve ovo gube jednim udarcem, kada ih uhite ili odvedu u konc-logore. *"Uhićenje! Neshvatljiva duševna potresenost kojom ne može svatko vladati i često nalazi spas u ludilu [...] Univerzum ima toliko mnogo centara koliko i živih bića koja u njemu žive. Svatko od nas je središte Svemira, a stvaranje se razbija u tisuće dijelova kad se začuje piskut 'VI STE UHIĆENI!'"*

"Tako je s mnogima, ne samo samnom. Naše prvo zatočeničko nebo bili su crni, kotrljajući oblaci i crne, visoko šikljajuće erupcije, to je bilo nebo Pompeja, nebo prvih dana, jer uhićen nije bio netko nego ja, središte ovog svijeta."

217

Uhićenje se odvijalo uglavnom noću, u vidu iznenadnog napada s obeshrabrujućim pretresom kuće. Uhićenje se, dakako, nije događalo bez razloga. Dakle, morao se naći razlog – a i dokazni materijal. Većina nije pružala otpor vjerujući da bi to samo pogoršalo situaciju. U očaju, čvrsto su se hvatali nade da se radi o greški. No, ta nada nije dugo trajala.

"Desetljećima su se politička uhićenja kod nas isticala time što su grabljeni građani koji su bili nedužni – pa prema tome nisu bili pripremljeni na nikakav otpor." Kod onih koji su uhićivali riječ je bila *"samo i jedino o tome da postignu potreban broj [uhićenja]".*

Kako bi se uhićenja opravdala, uhićenici su nazivani "zločincima", "izdajnicima" i "kontrarevolucionarnim elementima", a nerijetko i "gamad", "insekti", "paraziti": nedužni građani, radnici, intelektualci, zadrugari, kućevlasnici, itd. Cilj je bio očit: obespravljenje i otuđenje, pri čemu su im se pripisivale npr. "monarhističke simpatije".

Daljnji cilj bio je "potpuno ukidanje religije", što je dovelo do masovnih uhićenja duhovnika, redovnika, redovnica i pripadnika vjerskih općina.

Sve ovo nazvano je "čistkom": *"pretvorba najlošijeg ljudskog materijala u punovrijedne, aktivne i svjesne graditelje socijalizma".* Svaki zatočenik logora označen je kao *"vojnik socijalističke radne fronte".*

Samo dva primjera: Žena s dvoje djece izgubila je svog supruga sredinom mjeseca, ali njegov bon za kruh nije odmah predala, već je i taj kruh pojela sa svojom djecom. Susjed ju je iz zavisti denuncirao. Žena je zbog "prijevare" osuđena na pet godina zatvora.

Jedan čovjek je uslijed bombardiranja izgubio kuću, ženu i djecu. Bonovi za kruh izgorjeli su s kućom. Iz straha se nije usudio podnijeti novi zahtjev za bonove, te je trinaest dana, do kraja mjeseca, živio bez kruha. Vlasti su ga osumnjičile da je zadržao bonove i osudile ga na tri godine zatvora.

A tko je jednom bio u zatvoru, bio je sumnjiv i mogao je u svako doba opet biti uhićen.

Saslušanja. Aleksandar Solženjicin započinje svoju knjigu na način koji čitatelja mami da ga slijedi u nadrealni svijet tame. Zajedno s njim proživljavamo uhićenje i privođenje u takozvani istražni zatvor.

Tamo doznajemo kako se čovjeku slama volja: stvaranjem zbunje-nosti i nesigurnosti, dugim i neizvjesnim boravkom u mučnim sami-cama, skidanjem do gola i potpunim poniženjem, a prije svega vi-šednevnim nespavanjem. Zatočenici su bili pod prismotrom čuvara, i čim bi klonuli oni bi se izderali, iznenada udarali štapom ili nekim tvrdim predmetom u glavu. I tako danima, u kombinaciji s nepo-srednim fizičkim mučenjem: cipelama i toljagama po glavi, po zubi-ma, po bubrezima, u stomak ili intimne dijelove.

"U našem jeziku to se naziva 'mučenje', u njihovom, 'dobro obav-ljen posao'."

"Svakoga konačno slomiti i konačno dezintegrirati – na tome se temelji, po paragrafu 58, zadaća istrage."

Solženjicin, naš vodič, komentira sve ove aspekte kao nepo-sredno pogođeni, međutim iz perspektive onoga koji nije bio slom-ljen i koji se nije dao svesti na besavjesni egoizam preživljavanja:

> "Kada stupaš preko zatvorskog praga, ostavi vani sve svoje strahove za prethodni udoban život. Reci sam sebi: život je pri kraju, doduše prerano, ali ništa se ne da učiniti [...], ne-mam više ništa. Obitelj je za mene mrtva. Moje tijelo meni je danas suvišni, strani teret. Sačuvat ću samo svoj duh i svoju savjest."

Ideologija: Samoopravdavanje "Lucifera". Danas, na početku 21. stoljeća, možda se čini nepotrebnim iznova razmatrati ove protekle nelijepe priče. No, *"šuteći o opačini"*, upozorava Solženjicin, *"sijemo ju je, i sutra će narasti tisuću puta"*. Jer, u ovim zločinima djeluje ide-ologija, a ideologija ne nastaje tek sama od sebe. Sila iz pozadine koja je ovu ideologiju plasirala u svijet i financirala njenu praktičnu provedbu nije bila nastanjena u Rusiji, a postoji još i danas. Prepoz-natljiva je, između ostalog, po tome što svoju vladavinu gradi na ši-renju straha i lažnih obećanja. Biblija je naziva "zavodnikom svega svijeta". Solženjicin primjenjuje istoznačne opise, no rijetko ukazu-jući na nju, otprilike jednom po tomu. U prvom tomu, sasvim uz-gred, on piše:

> "Jedna važna prednost OSO-e (posebne komisije za "državnu sigurnost") ležala je također i u tome što nije bila moguća žalba na njezine odluke – nije bilo nikoga kome bi se žalba

ARMIN RISI: SVJETLOST NE STVARA SJENU

mogla uputiti; nema instance iznad OSO-e, a niti ispod. Ona nije odgovarala nikome osim ministru vanjskih poslova, Staljinu i Luciferu."

Ministar vanjskih poslova – Staljin – Lucifer. Kakva hijerarhija! Solženjicin ovo naprosto postavlja u prostor i nastavlja svoj tekst bez komentara.

Ni Solženjicin, koji nije bio metafizički ili ezoterijski usmjeren, nije se mogao oteti dojmu da ovdje nisu bili na djelu stvarni ljudi, već nečovječna bića. *"Prerušeni muškarci u lovu na ljude!" "Ono što je služba od njih zahtijevala jest samo precizno izvršavanje direktiva i bezosjećajnost prema patećima – i u tome su bili veliki, bez premca. Mi koji smo prošli kroz njihove ruke nanjušimo njihovu vrstu, sve do vrhova prstiju lišene svake općeljudske percepcije."*

Znakovit je opis ideologije ove "vrste". Ono što je ovdje, u "Svjetlost ne stvara sjenu", o materijalističko-monističkoj ideologiji i njenom samoopravdavajućem pragmatizmu izloženo filozofski, tada je na svjetskoj pozornici neprikriveno primijenjeno u praksi.

> "Da bi činio zlo, čovjek ga najprije mora doživjeti kao dobro ili zakonito djelo [...]. Ideologija! Ona je ta koja zlom djelu daje traženo opravdanje, a zlotvorima neophodnu ustrajnu nemilosrdnost. Ona je ta društvena teorija koja im pomaže da svoja djela opravdaju pred sobom i pred drugima, da ne čuju prigovore ni proklinjanja, nego priznanje i hvalu. Tako se inkvizicija pravdala kršćanstvom, osvajači uzdizanjem domovine, nacionalsocijalisti rasom, jakobinci (raniji i kasniji) jednakošću, bratstvom i srećom budućih generacija."

Prva značajka takve ideologije – danas se naziva "nova etika"– jest samoopravdanje: Mi smo prosvijetljeni i imamo pravo činiti sve što služi našem "svetom" cilju. Tko god u to sumnja je kriminalac, potencijalni terorist:

> "Već sama činjenica uhićenja dokaz je krivnje! Ako su optuženi bili nevini, zašto ih se onda moralo uhititi? To što su uhićeni proizlazi iz njihove krivnje."

Ovo je tipična argumentacija ateističkog deizma: Da nisi bio kriv, ne bismo te uhitili. No činjenica da smo te uhitili (i mogli to učiniti)

220

dokazuje da si kriv. I pošto si kriv, a nisi se odmah sam prijavio, zaista si kriv! *"U krajnjem slučaju, nepriznavanje je činjenica pripisana svima optuženima bez izuzetka, a koja vrijedi kao dokaz"* – obznanio je u skladu s tim državni odvjetnik. Ako bi netko dokazivao svoju nevinost, dobio bi za to nove kaznene poene, naime za neuviđavnost i nepopustljivost. *"Državni odvjetnik argumentira: Optuženi predstavljaju opasnost za sovjetsku Rusiju jer ono što su počinili drže dobrim".*

Deistička kriva postavka automatski vodi k monističkom ego-opravdavanju, što je u ovom povijesnom razdoblju demonstrirano u ekstremnom obliku. Tko svjetlost hoće definirati iz tame, na kraju mora doći do zaključka da je svjetlost odsutnost tame; stoga prosvijetljeni smiju činiti sve kako bi tamu – "državne neprijatelje", "kontrarevolucionare" – odstranili, jer to služi višem dobru za svih; naposljetku bi bila samo *jedna* ideologija, pa bi vladao red i mir. A to bi bila pobjeda svjetlosti ...

Ovaj program jasno se vidi iz jednog Lenjinovog pisma kojeg citira Solženjicin:[**]

"[Mi moramo] postaviti tezu koja motivira *bit* i *opravdanje* terora, njegovu neophodnost i njegove granice. Sudstvo ne treba odstraniti teror – to obećati bila bi samoobmana i prijevara – već ga principijelno, jasno, bez greške i bez maske obrazložiti i zakonski utvrditi. Formulacija mora biti najšira moguća, jer samo revolucionarna, istinska svijest i revolucionarna savjest određuju uvjete za viši ili manji raspon primjene u praksi.

S komunističkim pozdravom,
Lenjin."

Ne čudi, dakle, da je Lenjin mirne savjesti mogao poticati provođenje *"bespoštednog masovnog terorizma"* i pri tome smatrati da je takvo ugnjetavanje *"tako relativno laka, jednostavna i prirodna stvar koja će koštati puno manje krvi [...], koje će čovječanstvo lakše podnijeti"* nego prijašnje carsko ugnjetavanje većine.[***]

[**]Srpski prijevod "Arhipelaga" Vidaka Rajkovića iz 1973. (jedini na prostorima bivše Jugoslavije) ne sadrži ovaj i još neke citate navedene u ovoj knjizi. Jedino moguće objašnjenje je da je prijevod cenzuriran (prim. prev.).

[***] Što ovo "relativno lako" ugnjetavanje praktički znači, pokazuje procijenje-

U skladu s tim, u jednom paragrafu novog zakona se kaže: *"Sud je organ klasne borbe radnika, koji je utemeljen radi borbe protiv njihovih neprijatelja."* A tko je neprijatelj, određeno je od samog suda; to se da odrediti isključivo "interesima revolucije". Takvom ideologijom sve se da opravdati, a u danoj povijesnoj epohi zaista i jest opravdano sve što je služilo ideološkoj moći ili ju je tek demonstriralo.

"Sve pripada moći – i ona će uzeti ono što smatra neophodnim."

Najteža životna kušnja. Uhićenje i saslušanje slijedile su duge godine u zatvoru ili radnom logoru, u samici, ili baš naprotiv: čovjek *nikada* nije sam, dan i noć, nikada, čak ni na zahodu. Uvijek obeščašćen, uznemiravan i ponižavan, pothranjen i izložen elementarnim nepogodama. Vlastitoj obitelji i domovini otet. I sve to nevin, zato što ga je osudila đavolska nadmoćnost kojoj ljudski život nije od nikakve vrijednosti.

"Ni obrazovanje ni odgoj nisu nam ni najmanje pomogli da se pripremimo za najtežu životnu kušnju: uhićenju zbog ničega, saslušanju o ničemu."

Kod mnogih unesrećenih ove neljudske okolnosti stvorile su "ravnodušnost", u kojoj su "svi osjećaji otupili". *"Među njima je najrašireniji i duboko ukorijenjeni pogled na svijet – fatalizam."*

Iz te ravnodušnosti, mnogi zatočenici postali su bezobzirni, hladno egoistični, brutalni, lažljivi, podli ...

"U logoru se planiralo i uspostavljalo podrivanje. Ali to ne znači da su uspjeli slomiti *svakoga*."

Postojali su također i izuzeci, a oni su (velikom većinom) bili bezimeni heroji i sveci, koji nisu dali da ih se tako naziva. Oni su ostali vjerni svojoj istinoljubivosti i savjesti, i radije su se dali uhititi i obeščastiti nego izdati sebe i Boga:

---

ni broj žrtava koje su izgubile život mučenjima, smaknućima ili u konc-logorima od Oktobarske revolucije do 1959., naime oko 65 milijuna ljudi.

"Srest ćete nas u ovoj knjizi uvijek iznova na našem maršu bez skretanja kroz Arhipelag, šutljivu procesiju s nevidljivim svijećama. Neki padnu pokošeni strojnicama, sljedeći zauzimaju njihova mjesta i nastavljaju taj put dalje. Duhovna snaga kakvu 20. stoljeće ne poznaje!"

"Spoznajmo istinu: Na ovom velikom križanju, na ovom raskrižju duša, najveći dio nije skrenuo na pravu stranu. Nažalost, najveći dio nije. Srećom, oni koji jesu, nisu tek pojedinci. Mnogo ih je koji su izabrali ovaj put. Ali oni se ne ozivaju. Mora se bliže pogledati da bi se njih vidjelo."

Aleksandar Solženjicin govori da su oni koji su izabrali "ovaj put" doživjeli čak neku vrstu transformacije. Na početku četvrtog dijela, *Duša i bodljikava žica*, on stavlja (bez komentara) iznenađujući citat – iz Biblije (I Kor 15, 51): *"Vidite, reći ću vam tajnu: nećemo svi umrijeti, nego ćemo se izmijeniti"*.

"I zapravo tek ovdje – tek ovdje! – trebalo bi započeti ovo naše poglavlje. Moralo se pojaviti takvo treperavo svjetlo koje će se vremenom uzdići kao oreol duše logoraša, odnosno zatočenika u samici. Žurbi života tako potpuno otrgnut, da je i samo mjerenje proteklih minuta postalo intiman doticaj sa Svime, nađe se zarobljenik u samici očišćen od svih polovičnosti koje su ga u prijašnjem životu mučno obavijale, i magla se povlači [...]"

"U logoru je to drugačije nego vani. Vani je svatko potaknut da svoju osobnost istakne i izrazi vanjštinom. Nasuprot tome, u zatočeništvu su svi depersonalizirani – istim šišanjem, istim brijanjem, istim kapama i istim logorskim jaknama. Duhovni izraz nastao je vjetrom, žarom sunca, prljavštinom i teškim radom. Potrebna je određena praksa kako bi se kroz obezvrijeđenu, depersonaliziranu ljušturu mogla nazrijeti svjetlost duše."

"Vjernici su molili i izbavljenje iz kaosa polagali u Božje ruke. Kao i uvijek, oni su bili najuravnoteženiji."

Pročišćenje: Što je zaista važno u životu? I ono najgore mora imati smisao. Solženjicin, premda dijete ateističkog komunizma, osjeća ovu istinu s nepokolebljivom uvjerenošću, i on zna da taj smisao ne opravdava zlo, jer ono upravo ne želi da ljudi prepoznaju smisao onkraj materijalnog sistema: *"Naravno, nije se mislilo na naše duše kad se Arhipelag podizao iz tla. Ipak, da li zaista u logoru nema nade za opstanak? / Još više: Da li se u logoru duša zaista ne može uzdići?"*

Ipak, uzdizanje duše je moguće, a Solženjicin nam pokazuje kako je to moguće čak i kod – ili baš zbog? – konfrontacije sa zlim. On je to spoznao, zahvalan je i zato im oprašta. On može razlikovati bez suđenja:

> "Još i danas, bez ikakve navale bijesa i zlovolje, mi čuvamo u našim kroz desetljeća omekšalim srcima ovaj sigurni utisak: o niskim, zlim, nečasnim i – vjerojatno – pomućenim ljudima."
>
> "Svi pisci koji pišu o zatvoru, a da nisu u njemu sjedili, smatraju svojom dužnošću pokazati suosjećanje za zatočene, a zatvor prokleti. Ja sam tamo sjedio dovoljno dugo, tamo je moja duša odrasla. Ponavljam nepokolebljivo:
> BUDI BLAGOSLOVLJEN, ZATVORE, što si si došao u moj život!
> (A iz grobova stiže mi odgovor: Tebi je to lako reći, ti si ostao na životu!)"

Put pročišćenja nije izabran od mnogih, pa ipak je taj od nekolicine izabran put onaj koji cijelom događaju može dati smisao. Upravo zato što je ono ubilačko i ponižavajuće bilo tako ekstremno, pronalaženje smisla moglo se pojaviti na tako jedinstven način kakav se inače rijetko sreće u ljudskoj povijesti. (Pronalaženje smisla postiže se stalno, ne samo u ratovima i zatvorima, nego i kroz meditaciju, hodočašća, otkrivenja i druge "nenormalne" situacije.)

Nakon četiri godine logora Solženjicin se nakratko pridružio slobodnim ljudima, jer je premješten u drugi logor gdje je smio, u pratnji samo dva čuvara, koristiti normalnu željeznicu. Ono što je doživio za njega je bilo poput šoka. Ovdje, u vlaku, prisluškivao je *"čudne i ništavne razgovore: kako je neku ženu istukao ili napustio muž; svekrva se, tko zna zašto, posvađala s nevjestom; susjed je potrošio previše struje [...]. Sve čuješ – i odjednom ti preko leđa krene kiša odreknuća: sad tako jasno vidiš pravu mjeru stvari u Svemiru! Mjeru svih slabosti i strasti! A grešnicima oko tebe nije dano da to prepoznaju. Istinski živ, zaista živ, jesi samo ti, bestjelesan, a ovi ovdje u zabludi vjeruju da su živi [...] Braćo! Ljudi! Zašto je vama poklonjen život?"*

Solženjicin je doživio pročišćenje – s takvom posljedicom da je čak – obzirom na banalnu, površnu, besmislenu slobodu slobodnih – *poželio natrag u zatvor!*

"I pogledaj: bilo je potrebno tek nekoliko sati provedenih među slobodnima, da bih osjetio: moje usne su nijeme, među njima nema ništa što sam izgubio, meni je kao da sam vezan i sputan. Čeznem – za slobodnim govorom! Čeznem – za domovinom! Vuče me kući, na Arhipelag!"
"Nije li baš ovdje, u zatvorskoj ćeliji, otkrivena velika istina? Uska je ćelija, no možda je *slobodni svijet* još uži?"

Citirao je pismo jednog kolege logoraša koje je ovaj poslao, odnosno želio poslati, svojoj zaručnici: *"Ovdje sam daleko od strke i sitnih briga ... U meni se dogodila jedna promjena ... Ovdje čovjek čuje onaj unutarnji glas koji je u godinama zadovoljstva i samoljublja nadglasan vanjskom bukom."*

O nezamislivom – i u međuvremenu nevažnom – oslobođenju, Solženjicin piše:

"Tek na pragu logorske stražarnice [pri otpuštanju], u tebi se visoko podiže osjećaj da napuštaš domovinu Katorgu [radni logor]. Ona je rodno mjesto tvog duha, i jedan intimni dio tvoje duše ostat će u njoj zauvijek – dok tvoje noge kaskaju negdje u nijeme, ravnodušne širine slobodnog vanjskog svijeta."

"Mi smo bili potpuno siti dugogodišnjeg hranjenja lažima, izgladnjeli za svakim komadićkom istine [...]: Nama, pitomcima Arhipelaga, infantilni Zapad nije imao što ponuditi ni od mudrosti, niti od postojanosti [...]. To jest, mamcem slobode postići će se ono što se ranije nije moglo postići niti mučenjem."

Pitanje sudbine: Sve je samo karma? Solženjicin izvještava o razgovoru s jednim logorskim liječnikom židovskog porijekla koje je prešao na kršćanstvo. On mu je rekao:

"I općenito, znate, uvjeren sam da ni jedna kazna u ovom zemaljskom životu ne stiže nezasluženo. Sasvim je moguće da ne stiže za ono što je naša očita krivnja. Ali ako istražimo svoj život i zaronimo duboko u sebe, uvijek ćemo pronaći neki zločin koji sada iskupljujemo."

Postoji li božanski smisao koji valja prepoznati i iza zla, samo zato da spoznamo vlastito zlo, vlastitu krivnju? Pronalazi li naprosto misteriozna karma kroz zlo svoje ispunjenje?

Kao što je već izloženo, odgovor na ova pitanja je jasno Ne. I Solženjicin je došao do iste spoznaje. On kaže da bi se moglo skoro i povjerovati u teoriju "kazne", ali time se *"upada u zabludu"*. (Ta "zabluda" ne bi bila ništa drugo do temelj ateističnih poluistina).

"Bio bih sklon njegovim riječima pripisati značenje svevažećeg životnog zakona. Time bi se, međutim, upalo u zabludu. Ljudi koji su kažnjeni strašnije nego zatvorom, koji su strijeljani ili spaljeni, morali bi, prema tome, biti najgori zločinci. (A upravo su nevini posebno žurno isporučeni smrti.) I što bi se onda trebalo reći o našim službenim mučiteljima? Zašto sudbina nije kaznila *njih*? Zašto je njima dobro?"

Iskušenje u situaciji nepravde nije u *pasivnoj spoznaji krivnje*, nego u *aktivnoj spoznaji smisla.*

Solženjicin ovdje dolazi do središnjeg pitanja "svevažećeg životnog zakona", naime do karme – premda on nije koristio taj izraz. Ipak, ili upravo stoga, spoznao je da se u odnosu žrtva - počinitelj ne radi tek o automatskom slijedu akcije i reakcije. Vidio je vlastitim očima koliko je beskompromisno istinoljubivih ljudi ubijeno u logorima i zatvorima. Prema pogrešno shvaćenoj logici karme, svi oni morali su biti najgori zločinci, pa naposljetku u postupanju počinitelja ne bi bilo "ničeg lošeg". No Solženjicin s pravom proturječi. Žrtve nisu bili "najgori zločinci" (a teško da su to bili i u prošlim životima). Najgori zločinci bili su počinitelji, koji su svojom zabludjelom voljom zastupali sistem nadahnut istim takvim duhom. Ti ljudi su odlučili postati počinitelji i stvoriti nove karmičke lance kojima će biti vezani za mnoge svoje žrtve – ali ne sve. Jer, neki su, i bez religioznog ili ezoterijskog predznanja, dosegli unutarnje duhovne spoznaje koja je u skladu sa zrelom, nesentimentalnom, prvobitnom *ljubavlju*: ljubavlju i oprostom.

U odnosu na prividnu nepravednost toga što su počinitelji

materijalno nagrađeni i prošli nekažnjeno, Solženjicin daje odgovor koji je vjerodostojan upravo iz njegovih usta, jer on nije tek pročitan, nego je u skladu s njegovim proživljenim iskustvom – a istovremeno i s najvišim otkrivenjima:

"Pitanje se da odgovoriti samo time da smisao zemaljskog postojanja nije u dobrobiti, kako smo navikli vjerovati, nego u razvoju duše. Tako promatramo naše mučitelje kao najstrašnije kažnjene: oni se pozvjeruju, otpadaju od čovječanstva."
"Prije bi se moglo reći: Logor ne može ništa oduzeti onima koji posjeduju zdravu suštinu, a ne tu žalosnu ideologiju 'Čovjek je stvoren za sreću', koja će se srušiti prvim udarcem. [...] U logoru se kvari ono što se već na slobodi počelo kvariti ili bilo zrelo za to. Kvarenje duše postoji i na slobodi, ponekad još potpunije nego u logoru."

Svi mučitelji svijeta, sjedili oni u toplim sobama osoblja u sibirskom konc-logoru ili u neboderskom uredu, služe "Zvijeri", a time pozvjeruju i sebe.

Ipak, Solženjicin ne odbija ni vlastitu odgovornost. O sebi kaže:

"Opijen ranim uspjesima, bio sam nepogrešiv i okrutan. Preplavljen moći, bio sam [kao vojni časnik] ubojica i oskvrnitelj. U trenucima najvećeg zla bio sam uvjeren da postupam ispravno, i u tome bio podržan državnim argumentima. Na trulom zatvorskom sijenu osjetio sam prvi pomak Dobra. Postupno mi se otkrilo da crta koja dijeli Dobro i Zlo ne prolazi ni između država, ni klasa, ni partija, nego preko čovječjeg srca."
"Svatko bi se mogao zapitati: Da je moj život krenuo drugim smjerom, ne bi li od mene postao isti takav krvnik? To je jedno jezivo pitanje, ako se na njega želi iskreno odgovoriti. "

Jedna dodatna misao: Što se Rusije tiče, sigurno nije slučajno što su sile Kali-yuge baš tu zemlju najekstremnije opustošile. Ruski narod je vrlo mistički nadaren i razna pretkazanja govore da će u doba transformacije s te strane svijeta doći važni impulsi. Jesu li određeni krugovi željeli potisnuti taj razvoj? Je li Rusija možda zato u 20. stoljeću desetljećima "slobodna" za masovna ubojstva i potlačivanje?

Zanimljivo je da upečatljivi dokazi duhovne uloge Rusije potječu od Amerikanca, Edgara Caycea (1887 - 1945), jednog od najpoznatijih proroka 20. stoljeća. Krajem tridesetih godina, u transu je primio ovu informaciju:

> "Promjene dolaze, to je sigurno – jedan razvoj ili revolucija u religioznom promišljanju. Podloga tih promjena za cijeli svijet doći će na koncu iz Rusije; to nije komunizam, ne! Radije ono što ima istu osnovu, onako kako je Isus poučavao – njegova vrsta komunizma!"

1944., krajem Drugog svjetskog rata, kad je "komunizam" već odavno pokazao svoje pravo lice, ali kraja još nije bilo na vidiku, Edgar Cayce već je ukazivao na preokret u Rusiji:

> "U Rusiji nastaje nada za svijet. Ne ono što se katkad naziva komunizmom ili boljševizmom – ne! Nego sloboda – sloboda! Na način da će svaki čovjek živjeti za svoga bližnjega. Taj princip je tamo rođen. Trajat će godinama dok se ne kristalizira; ipak, iz Rusije stiže nada za svijet."

Ova pretkazanja su se obistinila barem u obliku političkih promjena u Rusiji. Očito je da ni izrasline carizma ni sedamdeset godina bezbožne diktature nisu ubile dušu ruskog naroda. Tek što se dozvoli određena duhovna sloboda, u duhovnom pogledu se "kristalizira" mnogo novoga.

3. DIO:

Prodor u svjetlost – novo doba

8. POGLAVLJE

Unutarnje posvećenje: "Dvojica ili trojica sabrani u moje ime ..."

Ako je *duhovna individualnost* stvarnost, što to za nas znači u praktičnom životu?

To znači, 1. da smo i sami duhovne individue, 2. da uvijek imamo pristup duhovnoj pozadini života, i 3. da nismo nastali putem materijalne evolucije.

To dakle znači da danas vladajući materijalistički svjetonazor proizlazi iz potpuno pogrešnih temeljnih pretpostavki. Individualnost i svijest nisu produkt materije ("energije"). Kad bi bilo tako, ne bismo bili individue u duhovnom smislu, već samo prolazna materijalna tijela.

Višeslojno značenje 1. točke već je pojašnjeno u drugom dijelu knjige. Ovdje u završnom dijelu, u 8. i 9. poglavlju poradit ćemo na 2., a u 10. i 11. poglavlju na 3. točki; jer kad smo svjesni svoje povijesti i porijekla, naš poziv i životni zadatak otkrivaju se u široj perspektivi.

Kao duhovna bića, potencijalno imamo pristup svim materijalnim i duhovnim razinama života. S kojom smo razinom povezani, ovisi o našoj svijesti: o njenom usmjerenju i prijemčivosti ("rezonanciji").

Kao što smo vidjeli ranije, sadašnjost je ulaz u vječnost. Linearno vrijeme sastoji se samo od prošlosti i budućnosti. U njemu je "sadašnjost" imaginarni trenutak, stalno izmičući, nedohvatan. Ipak, mi živimo *samo* u sadašnjosti, kao i sva druga živa bića. Međutim, ako svijest projicira na materiju, čovjek nije više svjestan prave sadašnjosti, a ni vlastitog duhovnog identiteta. Više ne zna tko je zapravo i zašto živi na Zemlji.

Putovi kojima možemo pronaći našu zadaću ("poziv") ovdje na Zemlji, najrazličitiji su. Svaka religija, svaka škola misterija i svako učenje nude, u teoriji i praksi, vlastite sustave od kojih svaki ima svoje opravdanje i djelotvornost: meditacija, kontemplacija, vizualizacija, joga, energetske vježbe, tantra, mantre, molitve, sveta imena, mistična šutnja, studije svetih spisa, itd.

Cilj ove knjige nije opisivanje i procjenjivanje svih ovih mogućih putova. Nakon smrti nećemo biti pitani: "Koje si metode koristio?" ili "Kojoj si vjeri pripadao: jesi li bio kršćanin, musliman, teozof, mason, jogin ili asket?" U toj točki života (nakon smrti) važna su samo ova dva pitanja: *Koliko sam u svom životu živio ljubav? Koliko sam u svakoj situaciji prepoznao božanski smisao i u skladu s njim djelovao?*

To su također pitanja koja ćemo obraditi u ovom poglavlju. Jer, božanska bića koja će nas ispitati na "Sudnji dan" govore nam što možemo učiniti sada, u životu prije smrti, kako bi živjeli u svjetlu tih prioriteta. Njihov najvažniji savjet govori da trebamo stvoriti u sebi "vrijemeprostor" u kojem se uvijek nalazimo u pravoj stvarnosti, u svijetu vlastite vječnosti, slobodni od misli na prošlost i budućnost. *Odvoji vrijeme za vječnost. Vrijeme za samog sebe – u pravom smislu riječi, a time i vrijeme za božansku sveprisutnost.*

U svakom trenutku smo pozvani da se povežemo s božanskom ljubavlju (s jedinstvom Boga i "Božjih dijelova"), s kojom smo ionako već povezani – vječno, tj. uvijek i svuda. Najdjelotvornije je kad se ljudi povezani duhovnom ljubavlju povežu i izvana u jedan "krug".

"Jer gdje su dvojica ili trojica sabrani u moje ime, tu sam i ja među njima." (Mt 18, 20)

Sveprisutnost Boga i božanskih bića "u našoj sredini" je duhovna stvarnost koja se može neposredno spoznati – kad god su dvoje ili troje *"sabrani u moje ime"*!

Zajedništvo je ključ duhovnog samoostvarenja i spoznaje Boga u današnje vrijeme. Praktična provedba je jednostavna, ali nije laka – jer se zajedništvo direktno suprotstavlja Duhu razdora, duhu Kaliyuge, kao svjetlost nasuprot tami.

Duh raskola bit će pobijeđen

"[A osuda je] – što je knez ovoga svijeta osuđen. Još vam mnogo imam kazati, ali sada ne možete nositi. No kada dođe on – Duh Istine – upućivat će vas u svu Istinu [...] i navješćivat će vam ono što dolazi."(Iv 16, 11-13)

U dobu tame vlada duh raskola, jer tama vlada samo ondje gdje se nešto razdvojilo od svjetlosti. Raskolnički (dijabolički) duh, "knez ovoga svijeta", bit će pobijeđen Duhom istine koji će "na kraju vremena" opet doći k ljudima. Kad ljude širom svijeta ispuni "Duh istine" moći ćemo reći da se nalazimo u završnoj fazi doba tame.

"Istina" ovdje nije relativan pojam kojem je smisao "htjeti imati pravo", iako mnogi od onih koji se pozivaju na "Duh istine" podliježu toj tendenciji. Ono što je Isus smatrao Duhom Istine može se, pojmovima korištenim u ovoj knjizi, definirati kao "svijest duhovne stvarnosti" – "svijest individualnog jedinstva Boga i Božjih dijelova" = svijest ljubavi. Bez ljubavi, individuum se dijeli od jedinstva i zapada u umjetnu individualnost, naime u zatamnjenu svijest ega, a to više nije stvarni svijet već iluzija (maya).

Svaka religija, svaka škola misterija i svaki oblik meditacije imaju za cilj dovesti čovjeka do višeg stanja svijesti. Ključ ponuđen u ovom poglavlju ne suprotstavlja se ni jednom od ovih putova, nego se njime na svakom od putova mogu otključati nova vrata, ukoliko ga čovjek ima *i upotrebljava.*

Upravo imajući u vidu prevladavanje duha raskola, ključ *"Dvojica ili trojica sabrani u moje ime"* ima središnji značaj, jer Duh istine (božanska sveprisutnost i ljubav) otkriva se samo ljudima koji to hoće i koji su se u skladu s tim usmjerili. Otkrivenja i duhovna iskustva ne mogu biti iznuđena, već se ostvaruju iz onoga što se u religioznoj terminologiji naziva "milost Božja". Doživljaj "milosti" (Gnade*) jest *unutarnje posvećenje,* jer "milost" je najdublji aspekt

---

* Znakovito je izvorno značenje riječi *Gnade* (milost), a ono ide unatrag do staronjemačke riječi *g(e)nade*: "spokoj, mir, zaštita, ugoda, radost, (božanska) pomoć". Dakle, ova riječ izvorno nije označavala milost u smislu "pomilovanje, pošteda, blagost, samilost prema slabijemu, pobijeđenome ili

božanske ljubavi: njena neuvjetovanost.

Ljubav i milost

Simbolizam svjetlosti i tame jasno pokazuje na što se misli pod "Božjom milošću". Nešto se može postaviti nasuprot svjetlosti i stvoriti tamu, no svjetlost i dalje počiva na onome što se suprotstavlja. Duh razdora na strani okrenutoj od svjetlosti stvara tamu, ali onkraj tame svjetlost je prvobitna stvarnost, nedodirnuta i neograničena tamom. Svjetlost sja na sve što joj stoji nasuprot i nikada se ne povlači. Ova vječna i s božanske strane neprekinuta povezanost apsolutnog s relativnim izraz je božanske neuvjetovane ljubavi i s pravom se naziva i "Božjom milošću (milosrđem)."

Milost "svjetlosti" je u tome što je ona uvijek tu. Bez obzira koliko dugo boravili u tami, čim otvorimo vrata svjetlost struji k nama. Čak i prije nego se predamo svjetlosti, ona dolazi k nama – i tama nestaje bez traga, kao da je nikad nije ni bilo. To je prirodna milost svjetlosti. (Svjetlost nikad ne kaže: "Tisućama godina zidovima si mi priječio put, a sad kad si otvorio nekoliko vrata i prozora, bila bih ti dovoljna da otjeraš tamu. Ali sad ja više ne želim, uradi to sam").

Ljubav je uvijek izraz milosti i otkrivenja. Također i u međuljudskim odnosima je ljubav koja našu ljubav širi, spontana i nepredvidiva. I kada volimo nekoga, ne možemo tu osobu ni prisiliti ni nagovoriti da i ona voli nas. Ljubav je intimno samootkrivenje osobe koja proširuje našu ljubav. Ona je "milost" u prvotnom značenju te riječi: *spremnost da se voli i otvorenost da se bude voljen*. Ovo se osobito odnosi na Boga, koji se stoga opisuje kao "izvor najveće milosti" i kao "milosrdni" – što je apsolutno točno jer Bog nas voli i uvijek dopušta da i mi volimo njega, bez obzira na to što jesmo ili nismo učinili. Jer ljubav je Božja apsolutna, "bezrazložna" i neuvjetovana.[**]

---

osuđenome", nego se odnosi na božanski inspiraciju i unutarnje vodstvo, koje možemo pojmiti kad sebi priuštimo "spokoj i mir", kada smo sami prema sebi "milostivi".

[**] Za ateiste su ovi aspekti stvarnosti nerazumljivi ili naprosto nepostojeći, jer nisu svjesni *individualnosti* Boga. Čak i ako govore o "Božjoj ljubavi", govore na skučen, apstraktan način, smatrajući kako apsolutna ljubav "Jednog" ukida razlike dualnosti. To je točno, Bog voli zle baš kao i dobre, ali

U religioznim krugovima Božja milost uglavnom se izjedna-
čuje s oproštenjem grijeha, ili, simbolično, svjetlošću koja razgrće
tamu. Ova definicija je točna, ali proizlazi iz točke gledišta unutar
tame, jer inače tu tamu ne bi bilo potrebno razgrtati. Kad vjerski
propovjednici uvijek naglašavaju oprost grijeha, govore iz perspekti-
ve tame i tako mogu vjernike lako dovesti u zabludu da je Božja mi-
lost njihov monopol. Ali čak i u tom slučaju, ipak polaze od indivi-
dualnosti Boga, jer kod automatskih zakona i apstraktne energije ne
može se govoriti o ljubavi i milosti.

Međutim, Božja milost ne podliježe sektaškim polaganjima
prava na monopol. Milost je inherentna značajka Božje apsolutne
ljubavi, kao što je sjaj prirodna značajka svjetlosti. Prevladavanje
tame i odvojenosti ("grijeha") događa se onima koji su sami sebe
predali svjetlosti. Bog je sveprisutan i uvijek "čeka na nas". Čim sru-
šimo zidove ega – krive identifikacije i osuđujuće projekcije – "gri-
jeh" prestaje i možemo sebe opet spoznati u svjetlu duhovne stvar-
nosti. Tad postajemo svjesni i Božje ljubavi, posvuda i pod svim
uvjetima, bili oni normalni, ispunjeni mirom, idilični, romantični, ili
suprotno tome.

Najednom, u trenutku unutarnjeg otkrivenja i posvećenja,
primamo zraku svjetla Božje milosti, njegove sveprisutne i svepozi-
vajuće ljubavi. Takvim iskustvima naša se vlastita ljubav razbuktava i
jača, i najednom "razumijemo" što su oni koji su takva iskustva već
imali mislili kad su govorili o "Božjoj ljubavi".

Kao što se vatra razbuktava drugom vatrom, tako će se i vatra
srca razbuktati s bićima koja već u ovoj ljubavi žive, bila ona inkarni-
rana (kao inspirativni ljudi) ili "nevidljiva" (kao bića svjetlosti, anđe-
li, uzašli majstori). Svi oni ujedinjeni su u težnji za Božjom ljubavi,
težnji koja je Božjom milošću uvijek ispunjena.

> "Ja za njih molim; ne molim za svijet, nego za one koje si mi
> dao jer su tvoji. I sve moje tvoje je, i tvoje moje, i ja se prosla-
> vih u njima. Ja više nisam u svijetu, no oni su u svijetu, a ja
> idem k tebi. Oče sveti, sačuvaj ih u svom imenu koje si mi
> dao: da budu jedno kao i mi. Kao što ti, Oče, u meni i ja u

---

ne voli *Zlo* jednako kao i *Dobro*, jer se Zlo kategorički protivi Božjoj volji.
No kroz božansku milost i zli mogu Zlo prepoznati kao od Boga neželjeno
i ispraviti se.

tebi neka i oni u nama budu, da svijet uzvjeruje da si me ti poslao. I slavu koju si ti dao meni ja dadoh njima: da budu jedno kao što smo mi jedno – ja u njima i ti u meni, da tako budu savršeno jedno da svijet upozna da si me ti poslao i ljubio njih kao što si mene ljubio" (Iv 9-11; 20-23)

Duh istine u današnje doba

Duh istine o kojem je govorio Isus rastvorit će sve što uzrokuje razdor i stvara sjenu. Laži, karakteristično obilježje svih doba tame, neće više postojati; ionako bi se odmah uočilo kad bi se izgovorilo bilo što osim istine. Čovjek neće moći prevariti ni sebe ni druge.

Premda će potrajati dok Duh istine prodre do političkih i globalnih razina, već se može zamijetiti u našim osobnim životima. Što smo svjesniji, to manje neistina možemo sebi dopustiti. I najmanje laži i izgovori koje sebi dopuštamo da bi održali neke fragmente ego-fasade životnim će okolnostima sve brže, često čak i povratno, izlaziti na svjetlo.

Kao što je prije više od dvije tisuće godina objavljeno, Duh istine neće se u većoj mjeri povezati s institucionalnim vođama i vlastodršcima, nego s jednostavnim i duhom slobodnim ljudima. Jer ova vrata su za Novo, a ne za obranu starih struktura (i vlastitih pozicija moći). Naravno, promjena duha zahvatit će i više krugove, svjetovi svjetlosti imaju posvuda svoje predstavnike.

"Izlit ću Duha [istine] svoga na svako tijelo
i proricat će vaši sinovi i kćeri,
vaši će mladići gledati viđenja,
a starci vaši sne sanjati.
Čak ću i na sluge i sluškinje svoje
izliti Duha svojeg u dane ove
i proricat će.
Prikazat ću čudesa na nebu gore
i znamenja na zemlji dolje,
krv i oganj i stupove dima.
Sunce će se prometnut u tminu,
a mjesec u krv
prije nego svane Dan Gospodnji

velik i slavan.
I tko god prizove ime Gospodnje
bit će spašen."

Ovo je čuveno Joelovo pretkazanje iz Starog zavjeta kojeg je citirao i apostol Petar povodom Duhova. (Dj 2, 17-21.)

Krv, oganj i stupovi dima koji čak zatamnjuju Sunce zadnjih desetljeća postali su svjetska realnost, ne samo zbog svjetskih ratova i onih koji su potom uslijedili, već i zbog industrijskih postrojenja i klaonica, prometa, krčenja prašuma vatrom, itd. Posvuda se dim penje do neba. Svakoga dana se bogovima "Mammonu" i "Napretku" žrtvuju tisuće ljudi ("smrtnih slučajeva") i milijuni životinja.

Prorok Joel (5. st. prije Krista) nije predvidio samo katastrofe, već i pozitivne promjene za – tada još dosta udaljeno – vrijeme preokreta u kojem će duhovnost i medijalnost postati opće dobro. Ljudi će iznova otkriti vlastiti, unutarnji pristup duhovnom svijetu jer će im se otkriti stvarnost:

"No kada dođe on – Duh Istine – upućivat će vas u svu istinu; jer neće govoriti sam od sebe, nego će govoriti što čuje i navješćivat će vam se ono što dolazi. On će mene proslavljati jer će od mojega uzimati i navješćivati vama." (Iv 16, 13-14).

Kako bi osjetio Duha istine koji će se izliti, čovjek mora biti povezan s Izvorom. Izraz takvog jedinstva je Božja ljubav: *"Ljubi Boga, i ljubi bližnjega svoga kao samoga sebe"*.

Ljudi koji sebe vole onakve kakvi uistinu jesu mogu i sve ostale voljeti kakvi *oni* uistinu jesu: vječne, božanske individue, Božje zrake. Oni koji žive u ovoj svijesti osjećaju svoju povezanost i jedinstvo s Bogom, Sveobuhvatnim, i tako prepoznaju vlastitu duhovnu individualnost. Oni su cjeloviti i *sveti* (*heilig*) u pravom smislu riječi. ***

Kada se "dvoje ili troje" takvih cjelovitih individua udruže, stvaraju duhovno energetsko polje koje ih dovodi u prirodnu rezonanciju s najvišim bićima svjetlosti. Tako je jedinstvo Boga i Božjih

---

*** *Heilig* (svet), od staronjemačkog *heil*, "zdrav; besprijekoran; sretan; potpuno u posjedu vlastitih snaga", moguće srodna s grčkom riječi *holos*, "sav; potpun; sveobuhvatan", iz koje je izveden moderni izraz "holistički".

dijelova moguće doživjeti konkretno, što sudionike dotiče u najdubljoj nutrini. To je doživljaj božanske stvarnosti i ljubavi, posvećenje i otkrivenje, "istinska milost", poklon milosti. Kad god ljudi iz linearnog vremena "izrone" u duhovnu sadašnjost, nađu se u jedinstvu i stvarnosti Boga – a ta je sadašnjost uvijek "sada", u kojem su pripadajuća posvećenja i otkrivenja konstantno postojeći događaji koji se obnavljaju i produbljuju: u trenucima samoće i meditacije, u nekim svakodnevnim situacijama, u zajedništvu s drugim posvećenicima "u dvoje ili troje" ili u većim grupama.

U konačnici, svaki duhovno nezavisan čovjek mora moći biti sam: zadovoljstvo, snagu i inspiraciju treba pronaći u sebi samome, a ne biti ovisan o drugim osobama. Iako je u ovom poglavlju istaknut princip "dvoje ili troje", ne želi se reći da duhovni život nije moguć i u samoći. Isto tako, ne znači da ne bi trebalo biti aktivan i u većim grupama. Riječ je o tome da se osobna duhovnost ne treba "provoditi" *samo* nasamo ili *samo* u većim grupama. Od središnjeg značaja za osobnu duhovnost jest *osobni krug od "dvoje ili troje"*; to se može nazvati "Krugom svjetlosti", naslanjajući se na simboliku svjetlosti u njenom ukupnom, višeslojnom značenju. Kroz duhovna iskustva moguća u ovakvom Krugu, meditacija u samoći bit će obogaćena i oživljena. U većim grupama, zahvaljujući takvim iskustvima, čovjek je zaštićen od potpadanja pod utjecaj dogmi ili ovisnosti o vođi.

Yuga-dharma: Preporuka za vrijeme preokreta

U svakoj epohi postoje posebna "vrata milosti" primjerena ljudima tog doba, koja im otvaraju najsigurniji put prema istinskoj svijesti sebe i Boga. Takva vrata na sanskrtu se zovu yuga-dharma, "put duše" ('dharma') preporučen za određeno doba ('yuga').

Dharma je u hinduističkom i budističkom kulturnom prostoru vrlo poznat pojam i najčešće se prevodi kao "obaveza" ili "propis". Doslovno dharma znači "ono što je utvrđeno; ono što je sigurno, nepobitno, utvrđeno", od elementarnog glagola *dhri*, "činiti, praviti, držati, nositi, pridržavati, primijeniti, provoditi". U društvenom smislu dharma znači "propisana obaveza", gdje može značiti "zakon", "dužnost" ili "društvenu normu". U religioznom smislu dharma označava slijeđenje vjerske doktrine sa svim propisima, počevši sa poniznošću u skladu s pravilima morala i vrline. Najvažnije značenje dharma ima u individualnom smislu, jer se odnosi na ono što je, mimo svih društvenih, obiteljskih i kulturnih obaveza, naša istinska dharma, "životna zadaća", "poziv": ono na što smo se obavezali prije inkarnacije na Zemlji.

Kako u svakom dobu vladaju drukčiji uvjeti, i adekvatni načini samospoznaje i spoznaje Boga različiti su u svakom dobu. Sanskrtski spisi pozivaju se na ciklus od četiri yuge i odgovarajuće yuga-dharme opisuju ovako:

- u prvom dobu: asketsko-mistična pustinjačka meditacija (naročito *ashanta-yoga*)
- u drugom dobu: ceremonije za međudimenzionalnu komunikaciju i prizivanje svjetlosnih bića, naročito s mantrama i ceremonijama vatre (*yajna ili makha*).
- u trećem dobu: ritualistika (*arcana*) u hramovima i na energetskim mjestima, kako bi se doživjela Božja sveprisutnost i u trodimenzionalnom prostoru, uz pomoć svih elemenata – zemlje, kamena, drva, vode, vatre, zvuka, kristala, itd.
- u današnjem, četvrtom dobu: *sankirtanam*, zajedničko (*san-*) usmjerenje na sveprisutnost Boga (*kirtanam*).

Slog *san-* ("zajedno, skupno") nalazi se i u poznatoj riječi *sanga*, "zajedništvo, združenost". *Kirtanam* doslovno znači "veličati" (od *kirti*, "slava, veličina, veličanstvenost"). Božja slava i veličina jest njegova sveprisutnost – jer veći i slavniji od Sveprisutnog se ne može biti!

Kad Isus reče: *"Gdje su dvojica ili trojica sabrani u moje ime, tu sam i ja među njima"*, neposredno ukazuje na yuga-dharmu. Jer: *"Ja i Otac jedno smo [...] Oče sveti, sačuvaj ih u svom imenu koje si mi dao; da budu jedno kao mi [...], da svi budu jedno, kao što si ti, Oče, u meni i ja u tebi, neka i oni u nama budu".* (Iv 10, 30; 17, 11-21). U skladu s yuga-dharmom, ovo jedinstvo može se najčišće i najdublje doživjeti kad se "dvojica ili trojica" svjesnih ljudi nađu zajedno kako bi skupa uronili u svijest i energetsko polje božanske ljubavi.

"U moje ime" ukazuje na isto što i riječ *kirtanam*, naime da sveta imena imaju osobito značenje. Kad se sveta imena pjevaju zajedno i koriste u meditaciji, imaju posebnu snagu i jačaju zajedništvo. Ono što jača bit će i samo ojačano.

Zašto "dvojica ili trojica"?

Zašto ne sam? Zašto ne u većoj grupi ili instituciji? Zašto ne obuhvatiti što više ljudi iz cijelog svijeta kroz jednu djelotvornu organizaciju?

Kao što je već spomenuto, princip "dvojica ili trojica" ne priječi nam da molimo i meditiramo sami ili sudjelujemo u većoj grupi. Jedno drugo ne isključuje. Međutim, osobni "Krug svjetlosti" ima jedinstvene prednosti.

U većim grupama harmonija nikad nije ista kao u osobnom Krugu, jer u njima sudjeluju i osobe koje nedovoljno poznajemo ili koje nam nisu uistinu drage. K tome, institucije su uvijek definirane statutima, doktrinama i modelima financiranja. Onaj tko se ne želi podčiniti danim ograničenjima ne može biti član grupe, a onaj koji želi biti član mora "ostale", prije svega rukovodstvo, uvjeriti da je zaista "na liniji".

Institucije imaju tu prednost da kroz zajedničku organizaciju povežu snagu mnogih ljudi i tako lakše postignu zadane ciljeve. One prezentiraju izbrušeni sistem učenja s "odgovorima na sva pitanja", tako da član zna što mora vjerovati i činiti, odnosno što ne smije. Institucije (religije, sekte, lože) nude svojim članovima relativnu sigurnost i pouzdanost, a za ljude koji ne žele ići preko zadanih okvira, ti okviri ne predstavljaju ograničenje. Pojedini članovi samo teškom mukom mogu preći preko tih granica, jer svoju vjeru smatraju najboljom, možda čak i "jedinom istinom". Naposljetku, u igri je i suptilan strah, jer kad se misli da je pronađena "jedina istina", naravno da se ne želi ostati bez nje, što prije svega znači da se ne smije izgubiti naklonost onoga koji tu "jedinu istinu" posreduje. Tako nastaje vezujuća i obvezujuća ovisnost o dogmama, spisima i vodećim figurama. Tko je povezan s takvim sistemom i s njim se identificira, nema otvorenost i unutarnju slobodu potrebnu za sudjelovanje u nezavisnom Krugu svjetlosti (i tamo bi samo stvarao zbrku).

S druge strane, kad čovjek meditira i eksperimentira sam, nastaje opasnost od izolacije, samodopadnosti i krive samoprocjene. Ili ne napreduje i gubi motivaciju ili čak vjeru; završi u agnosticizmu i cinizmu – ili se priključi nekoj grupi. Nakon što je sam "zakazao", traži potvrdu od drugih, pogotovo ako oni na zabludjelog samotnjaka ostave dojam da je napokon naišao na prave izabrane i prosvijetljene.

Naročito na duhovnom putu mora se paziti da se ne povedemo za traganjem ka ego-potvrđivanju.

Krug svjetlosti od dvoje ili troje jest zlatni srednji put koji nudi sigurnu duhovnu bazu za sve što inače činimo u životu. Kad bi svaki šef, dostojanstvenik i veliki majstor lože, kao i svaki njihov podređeni, imali krug od dvoje ili troje ljudi gdje bi se mogli otvoriti bez zadrške, mnogi od njih bi u sebi postupno otkrili iznenađujuće mehanizme ega i potisnute sumnje. Krug svjetlosti dakle služi kritičkoj samokontroli isto koliko i stvaranju unutarnje snage i inspiracije. Time osobno, nezavisno zajedništvo (*sanga*) dobija sasvim posebno značenje.

"Krugovi svjetlosti" u dobu tame: zaštita od štetne dinamike grupe

Princip "dvojica ili trojica" kao yuga-dharma može se primijeniti na svaku oblast, jer on jednostavno govori da je u ovom dobu dostupna posebna milost da se nekoliko ljudi, iznutra povezanih ljubavlju nađu zajedno kako bi se svjesno povezali s Božjom sveprisutnošću. Svi oni koji "uzmu" potrebno vrijeme i stvore sebi odgovarajući slobodan prostor primatelji su ove osobite milosti, jer su prema sebi samima "milosrdni", tj. omogućili su sebi takav "vrijemeprostor".

Dovoljno je već kad se dvoje ili troje, ili četvero ili petoro osoba nađu zajedno. Krug svjetlosti živi od zajedništva nekolicine ljudi duhovno neovisnih i povjerljivih jedni prema drugima. Čim se nađe više od pet osoba, rađa se opasnost od nastajanja interne strukture moći i nečijeg preuzimanja vodeće pozicije: netko govori za ostale, vodi meditaciju za ostale, kanalizira za njih, zna više od ostalih – a "ostali" konzumiraju. I odjednom se poželi da i "drugi" doznaju za njegov krug, da više ljudi sudjeluje, da se grupa poveća i on postigne utjecaj.

Od ove točke tek je malen korak do nastanka štetne dinamike

grupe i zapadanja članova u stare obrasce manipulacije, konzumacije i misionarstva.

Manipulacija može biti vrlo suptilna i podsvjesna, pri čemu vodeća osoba zahtijeva za sebe čelnu poziciju i od ostalih očekuje da njegovu poziciju priznaju i tako je energetski podupru. Kad se pridodaju fenomeni kao kanaliziranje (prenošenje medijalnih poruka) i/ili iskorištavanje posebne posredničke uloge, igra moći zadire još dublje jer se tada uspostavlja kriterij vjere: vjeruje li se da vodeća osoba nepogrešivo prenosi poruke i polaže pravo na samoproglašenu posredničku ulogu ili da mu ta pozicija pripada inkarnacijom? Ako se u to ne vjeruje, dolazi do prisilnog izdvajanja i isključenja. U ovoj točki dinamika grupe već je pod dijaboličnim utjecajem.

Ljubav je bez granica, ali se razgraničuje. Nesvjetlost je ta koja sve drugo mora isključiti, jer njena egzistencija ovisi o neprodiranju ičeg drugog, pogotovo ne svjetlosti. Suprotnost tome je samorazgraničenje, jer se treba držati podalje od upravo ovakvih dijaboličkih obrazaca i ne davati im moć, kao što se svjetlost sasvim prirodno drži podalje od tame – tako dugo dok uzročnik tame ograničava svjetlost i postavlja se nasuprot nje.

Misaoni obrazac proistekao iz duha raskola vodi ka tipičnim poluistinitim predodžbama o sebi, kao na primjer: "Opasnost nikad ne dolazi izvana, nego samo iznutra. Mi smo tako dobri i duhovni da negativne sile našu grupu mogu uništiti samo iznutra – stoga svi oni unutar grupe koji su kritični mogu biti obilježeni kao agenti zlih sila." Ili: "Duh istine ima s našom grupom/našim vođom velike planove; mnogi će doći, neki će otići; tako će se žito odvojiti od kukolja". Ili: "Ja sam kozmički učitelj i imam zadatak uništiti ego svojih učenika" – i svi oni koji ne surađuju u potpunosti, naročito oni koji napuštaju grupu naprosto su "neozbiljni" i samo se žele "držati vlastitog ega".

U Krugu svjetlosti ne postoji mogućnost za takve izrasline ega i strukture sekte: prvo, Krug svjetlosti sastoji se od nekolicine; drugo, ti se ljudi vrlo dobro poznaju; treće, oni su duhovno nezavisni, što znači da su uvelike prozreli ego, pa tako i druge "čitaju". Oni ne trebaju lažna samopotvrđivanja (= jačanje ega) i upravo zbog toga ne žele se uključiti u nikakve crkve, ezoterijske grupe ili lože.

Ljudi koji su sebi nametnuli određenu doktrinu nisu se u Krugu svjetlosti sposobni otvoriti za individualnu Božju sveprisutnost i povezanost. Oni se identificiraju sa zadanim učenjima i predodžbama (o Bogu i o sebi) i ne mogu izaći iz tih okvira. Čak i ako su dvoje ili troje, pogrešno određenje priječi pristup istinskoj razini srca. Upravo u takvim malim krugovima dolazi do međusobne kontrole: "Koliko je zaista čvrsta vjera i lojalnost druge osobe? Što ona govori u osobnim susretima? Drži li se svih propisa i zabrana?"

Iz tih razloga, preporuča se da Krug svjetlosti ne obuhvaća više od oko pet osoba. No dovoljne su i dvije. (Impuls Kruga svjetlosti je baš za parove i obitelji čudesno obogaćenje. Zapravo, idealna konstelacija bila bi obiteljski Krug: muškarac i žena za sebe, a u proširenom krugu s djecom i možda još s jedim ili dvoje bliskih rođaka/prijatelja).

Inspiracija za individualnu duhovnost

Prvo i jedino što vidimo od Sunca jesu njegove zrake! Sunce nam se otkriva svojim zrakama, a tako nam se i Bog u prvom redu otkriva kroz svoje "zrake": kroz nas i ostale ljude. Jer svatko je Božja zraka, i tako jedni drugima možemo biti Božje otkrivenje. Kad se dvoje ili troje (ili četiri ili pet) sastanu u tom svjetlu, stvara se jedinstvena atmosfera u kojoj se sve može izreći i prodiskutirati, prije svega duhovne teme. U takvom krugu prepoznaje se jedinstvo sa svjetlosnim bićem (*"Kao što si ti, Oče, u meni i ja u tebi, neka i oni u nama budu"*), i čovjek sam sebe prepoznaje kao biće svjetlosti.

Izvorno smo svi mi udruženi u jedinstvu Božje ljubavi, i sada, usred svijeta materije, možemo se opet pronaći u tom jedinstvu, što sobom nosi potpuno novo shvaćanje stvarnosti – unutar Kruga i u svakodnevnom životu.

Ako želimo prihvatiti ovaj duhovni poklon, sigurno ćemo pronaći nekoliko ljudi otvorenih za to. To je dokaz istinske duhovnosti: Poznajem li ljude s kojima mogu izgraditi Krug svjetlosti? Ako ne, zašto ne? Jesam li spreman otvoriti se za druge ljude? Ili me ometaju kompleksi ega?

U Krugu svjetlosti nema dogmatike, nema propisanih metoda meditacije ili ritualistike, nema zadanih svetih spisa. Kada se nađu duhovno zreli ljudi, sami će prepoznati što je za njih u danom trenutku ispravno. Ono što ih povezuje je zajednička svijest o Bogu, a time sve što čovjek čini jest u rezonanciji s "Duhom istine": Zajednička meditacija i molitva, proučavanje knjiga, prakticiranje vježbi svjetlosnog tijela, itd.

U energetskom polju ovakvog Kruga moguće je primiti "unutarnju riječ", čime se povezanost sa svjetlosnim bićem – i s Kristom u srcu – može čak i čuti.

Misterij "unutarnje riječi"

"[Bog reče:] 'Bogovi ste'. [...] bogovima nazva one kojima je riječ Božja upravljena.[...] uvidite i upoznajte da je Otac u meni i ja u Ocu. Ostanite u meni i ja u vama. Kao što loza ne može donijeti roda sama od sebe, ako ne ostane na trsu, tako ni vi ako ne ostanete u meni." (Iv 10, 34-38; 15, 4)

Krug svjetlosti je izraz duhovnog ujedinjenja. Dvoje ili troje inkarniranih svjetlosnih bića i s njima povezanih neinkarniranih ("nevidljivih"), zajedno dolaze do Božje ljubavi i jedinstva.

Ovdje na Zemlji mi uvijek živimo u polju svijesti bića iz viših dimenzija. Oni nas vide i komuniciraju s nama, premda mi često toga nismo svjesni niti to opažamo. Na nama je da proširimo svoju svijest i tu stvarnost integriramo u naš život.

Polje svijesti pravog Kruga svjetlosti toliko je visoko da dolazi u rezonanciju s razinama svijesti svjetlosnih bića. Mi ionako nikad nismo odvojeni od Boga, sveobuhvatnog Izvora.

Kad to osvijestimo u sebi, i mi se povezujemo s Izvorom – a ta inspiracija može se pojaviti čak i u formi izgovorene riječi. U prakršćanskim krugovima to se nazivalo "inspirirani govor", "riječi spoznanja" ili "unutarnja riječ":

"Različiti su dari, a isti Duh; i različite službe, a isti Gospodin; i različita djelovanja, a isti Bog koji čini sve u svima. A svakomu se daje očitovanje Duha na korist. Doista, jednomu se po Duhu daje riječ mudrosti, drugomu riječ spoznanja po tom istom Duhu; drugomu vjera u tom istom Duhu, drugomu dari liječenja u tom jednom Duhu; drugomu čudotvorstva, drugomu razlučivanje duhova, drugomu različiti jezici, drugomu tumačenje jezika. A sve to djeluje jedan te isti Duh dijeleći svakomu napose kako hoće" (I Kor 12, 4-12)

Darovi Duha koje je sv. Pavao opisao u Poslanici Korinćanima dostupni su i u današnje doba ništa manje nego ranije, jer u vrijeme preokreta Duh Božji "izlit" će se na sve ljude i voditi nas "u cijelu istinu". Darovi Duha mogu poprimiti čudesne oblike, kao što su izlječenja i ostala "čuda" (npr. materijalizacije, čitanje misli, vidovitost, opažanje na daljinu). Međutim, ovi darovi nisu primarni dar za svakoga. Drugi darovi su dostupniji i općenitiji, osobito oni koje sv. Pavao naziva "riječi mudrosti" i "riječi spoznanja". Prvo je govor iz vlastitog životnog iskustva i unutarnje mudrosti, a drugo je koncizan govor znanja i učenosti koji točno odgovara potrebama prisutnih. Oba su *inspirirajući* i brzo vode do *inspiriranog govora*, do "riječi spoznanja". Ovdje govornici izostavljaju vlastito intelektualno vođenje govora, povezuju se iznutra s "Kristom u srcu" i puštaju da iz ovog Izvora jedinstva teku inspirirane riječi.

Ovo su pokloni milosti duhovnog svijeta, ali isto tako i prisutnih osoba, jer *zajedničko polje svijesti* je ono što takvo iskustvo čini mogućim. Naročito je poklon osobi kojoj je dano da ima iskustvo inspiriranog govora. Takve riječi stvaraju intenzivnu duhovnu povezanost i otkrivaju "jednokratnu" snagu koja kasnije – u slučaju da su riječi zabilježene – nije više ista, jer nema više ni odgovarajućeg polja svijesti.

Praktično iskustvo pokazuje da je bolje ne bilježiti "unutarnju riječ". Tehnički zapis uništava jedinstvenost svetog trenutka, kao i *unutarnji* zapis riječi, jer čovjek misli: "Ovo mogu kasnije još jednom čuti". K tome, želja da se riječi zadrže i izvana uglavnom ukazuju na slabljenje vjere, inače bi čovjek bio pun pouzdanja u uvijek prisutnu unutarnju povezanost. Naravno, tonski zapis omogućuje pisanje teksta i prosljeđivanje riječi.

Međutim, to je često prvi korak prema ovisnosti o pisanoj riječi, što može dovesti do svađa oko sadržaja i sektaškog pravljenja grupe. Pogubno je kad samo jedna osoba primi unutarnju riječ pa se proglasi prorokom ili proročicom, što je jednako pozivanju na nepogrešivost, ne nužno osobe, nego posredovane riječi.

Također se i medijalno govorenje i pisanje (kanaliziranje)

mogu označiti kao "riječi spoznanja". Ali,"unutarnja riječ" i kanaliziranje nisu jedno te isto, premda su granice katkad nejasne. "Unutarnja riječ" znači govor iz vlastitog unutarnjeg izvora, jer smo kao "Božji dijelovi" svi mi također i "jedno s Bogom". Medijalni govor znači u promijenjenom stanju svijesti (transu ili polutransu) pustiti drugo duhovno biće da govori kroz nas. Tu postoji opasnost i potreban je veliki oprez. No ako se kontakt odvija u zaštićenom energetskom polju, mogu se javiti samo svjetlosna bića koja odgovaraju "valnoj dužini" božanske ljubavi. Stoga je važno da sudionici djeluju iz istinskog sebstva, a ne skrivenih prohtjeva ega. Tako se iz medijalnih izvora mogu dobiti vrlo vrijedne informacije i inspiracija. Medijalnost je svakako dar Duha kojeg spominje Pavao. Međutim, u Krugu svjetlosti "unutarnja riječ" je upečatljivija i neupitnija. Kako bi iskusili iskrenost i intimnost unutarnje riječi u Krugu dvoje ili troje, postoji jedna lijepa vježba: naprosto počnite govoriti onako kako "mislite" da bi govorili braća i sestre iz viših dimenzija. Što bi nam u tim svetim trenucima želio reći naš anđeo čuvar, svjetlosno biće ili kozmički Krist? Samo se opusti i govori, i već nakon par rečenica tvoj misleći um nije više onaj koji govori. Naprosto teče. Pa i ako "samo" *ti* govoriš, ni to nije loše! Jer si i ti svjetlosno biće. *Bogovi ste.* *"... bogovima nazva one kojima je riječ Božja upravljena."*

Inspirirati, ne misionirati

U Krugu svjetlosti nema međusobne prevare niti je itko želi jer su duhovna iskustva stvarna. Naći se u krugu je jednostavno, ali nije lako. Jer, taj korak ne proizlazi iz inicijative ega. Stoga je veliko iskušenje reagirati isprikama – kao "nemam vremena", "kasnije", "ne poznajem nikoga", "ne mogu to", "nisam čist" – ili odbijanjem, kao "ah, od toga nema koristi", ili "to je djetinjasto!" U svakom pogledu je lakše prisustvovati skupim tečajevima i seminarima ili osnovati sebi grupu.

Ali oni koji vjeruju u zajedništvo "dvoje ili troje" i zaista se nađu u Krugu svjetlosti, vrlo brzo dolaze do neposrednih iskustava duhovne stvarnosti, jedinstva i ljubavi. To su otkrivenja prisnosti s Bogom koja se za zahvalnošću čuvaju u svetištu srca. Takva iskustva nikad se neće upotrijebiti kako bi se druge impresioniralo ili zadobilo nove članove. Krugovi svjetlosti nisu grupe koje traže nove članove, jer mnogo ljudi narušava prisnu atmosferu (a katkad je previše već i jedna osoba više). Nema rivalskog razmišljanja niti apsolutističkih težnji. Time otpada i pritisak da se sebi ili drugome nešto mora dokazati. Ne mora se biti "veći" ili "svetiji" od drugoga. Biti svet je uvijek dobro, ali ne i svet*iji* ... Kada se čovjek usredotoči na Krug svjetlosti, to ne znači da će postati ravnodušan prema svemu drugome i ograničiti se samo na dvoje ili troje ljudi. Istinska duhovnost počiva na božanskoj *ljubavi* – za kojom svatko čezne. Stoga je prirodno da posvećenici Kruga svjetlosti s drugim ljudima pričaju o svojim iskustvima i ohrabre ih da i sami oživotvore jedan Krug. Oni ne misioniraju i vjerodostojni su upravo zato što nemaju nikakvu namjeru uvući druge u svoju grupu ili uvjeravati ih u vlastitu vjeru. Zahvaljujući unutarnjoj slobodi sposobni su prenijeti istinsku duhovnu inspiraciju, osobito onu yuga-dharme.

Božanski izvori u svim kulturama na ovaj ili onaj način ukazuju na ovu otvorenu tajnu, a sadašnja otkrivenja govore o "lančanoj reakciji ljubavi", koja nastaje kad se dovoljno ljudi probudi iznutra. Kad spoznamo da smo duhovne individue, da smo uvijek povezani s drugim svjetlosnim bićima, da mi kao duhovna bića nikad ne umiremo i već smo odživjeli mnogo života, da je naša prošlost bila sasvim drukčija od onog što tvrdi materijalističko učenje, i da će i budućnost biti sasvim drukčija – onda će i *biti* drukčija: ne više materijalistička i ne više odvojena od svjetlosti.

Čak i ako se u međuvremenu pojave zasljepljujuća svjetla – na Zemlji ili na nebu – posvećenici Kruga svjetlosti moći će ih prozreti: kao lažne proroke, okultne mesije, prevarantske pomagače. Otkrivenja nas upozoravaju na takve zavodljivce na kraju vremena i kažu da će *Božji narod* biti "kolektivni Mesija". Taj pravi i istinski globalni Mesija ne treba propagandu niti trikove kako bi svijet kroz strah i čežnju za mirom podčinio sebi. Ako ćemo pretkazanje o povratku Krista uzeti doslovno, moramo ga sagledati cjelovito, iz čega se vidi da će se taj događaj zbiti "sasvim na kraju". Do tada, nosioci Duha istine su senzibilni ljudi. *"I evo, ja sam s vama u sve dane – do svršetka svijeta."* (Mt 28, 20)

> *"Gdje su dvojica ili trojica sabrani u moje ime, tu sam i ja među njima.* Danas je ovo istina isto kao i onda kad sam to izrekao napuštajući Zemlju. Jer ja boravim kao Krist u srcu svakog od vas i govorim vam, i možete me osjetiti, pojmiti, čuti kao unutarnji glas, a također me se može čuti i izvana, kao riječ otkrivenja. Gradite točke svjetlosti u ovo doba tmine, u kojima ćete se sastati u ljubavi, povjerenju i povezanosti, jer u takvim se krugovima čistoće lakše mogu otkriti svakome od vas ...
> Ne trebate misionirati! Nemojte osnivati novu religiju, novu instituciju. Sloboda i ljubav vaši su jedini temelji, i tim samim ste povezani. Ispričajte drugima o svojim doživljajima u našem zajedništvu, koji su mogući kroz spregu ljubavi. Drugi će time biti ohrabreni da i sami grade Krug svjetlosti sa svojom subraćom. Tako može nastati ono što ovom svijetu i ovom čovječanstvu toliko nedostaje: *lančana reakcija ljubavi!* Nema dogmi, nema rivalskog razmišljanja nema preobraćanja – samo stanice svjetlosti koje stvaraju druge, a sebe umnažaju, *samo snagom božanske ljubavi." (Unutarnja Kristova riječ "svim slobodnim ljudima u Bogu",* jesen 1976.)
> "Primite s velikom ozbiljnošću ovu poruku! Voljeni prijatelji po duši (...) Znajte da je činiti sljedeće. / Stvorite u krugu vaše obitelji i među svojim bližnjima prisno zajedništvo! Dogovorite vrijeme kada ćete se redovito sastajati (npr.) jednom tjedno, samo da bi razmjenjivali ljubav! Pri toj razmjeni, uđite zajedno u molitvu i povezanost s Ocem, priđite samom tronu jedinstva! Nađite se dakle, kao nekoć, zajedno u sprezi ljubavi, težite zajedništvu i počnite razmjenjivati ljubav! U mislima i osjećajima neka vam uvijek bude jasno da vas treba preuzeti ljubav! Tako će, pri ovim redovnim susretima, svatko iskusiti osnaženje i postići znanje i moć koji će mu pomoći da se odupre napasti ili da je prevlada." (S. Osswald / K. Schnelting: *Dein Wille geschehe jetzt!,* Govinda-verlag 1998.)

Guru-princip i problematika zakletve

Kad se ljudi udruže u istinskoj svjesnosti Boga, mogu se ispuniti Duhom istine, a ta istina "oslobađa":

> "Ako ostanete u mojoj riječi, uistinu, moji ste učenici;
> upoznat ćete istinu i istina će vas osloboditi."
> (Iv 8, 31-32)

Osloboditi od čega?

Od svih apsolutizacija. Od ovisnosti o spisima, dogmama, tradicijama i posrednicima. Od svih dijaboličnih utjecaja. I naposljetku, od straha.

"Slobodan od ovisnosti" ne znači da se odjednom prestane mariti za svete spise, učenja i tradicije ili da nisu više potrebni. Uputa "dvojica ili trojica u moje ime" ukazuje upravo na to da u današnje vrijeme nije moguće živjeti istinsku duhovnost bez učitelja, bez nekog uza se – samo što uloga učitelja, u ovdje predstavljenom shvaćanju, nije ograničena na monopolističku poziciju svećenika, gurua i "velikih majstora".

Istinski Božji glasnici ističu se po tome što u drugim ljudima mogu pobuditi želju za vlastitom duhovnošću. Oni su zrake svjetlosti koje daju inspiraciju. U njihovim srcima gori vatra božanske ljubavi koja sličnu vatru može zapaliti i u drugim srcima. Kao što je gore spomenuto, oni ne bi trebali biti misionari, niti se identificirati s nekom institucijom, jer time gube svoju neutralnost. "Božji glasnici" koji nisu neutralni uvijek negdje imaju skrivenu namjeru pridobiti druge ljude kao "učenike", za sebe ili svoju instituciju. Ni oni sami nisu uistinu slobodni, jer drugim ljudima i svojoj instituciji moraju dokazati lojalnost i djelotvornost.

To postaje još očitije kad su "majstor" i "učenik" kroz institucionalna posvećenja obavezani na određenu pripadnost. Takva posvećenja uglavnom uključuju i zakletvu, što predstavlja problem koji se ne smije podcijeniti, prije svega zato što je to slučaj praktički u svim religijama počevši od kršćanskih Crkvi, a također i u svim ložama. Mnoge vodeće osobe političkog i financijskog svijeta pripadaju takvim ložama ili "religijama". Dakle, ne govorimo o par nekih "članova sekti", nego o globalnim zavjerenicima – u doslovnom smislu riječi, jer su te osobe skovale *zavjeru*, i to u tajnim krugovima, kojom se kroz svoja posvećenja oslobađaju od slijeđenja prisega danih u javnosti ...

Kod institucionalnih posvećenja i zakletvi čovjek se obavezuje činiti – i ne činiti – sasvim određene stvari. Katkad se te zakletve nazivaju "zavjetima", no one to nisu. Jer, zavjet se odnosi na ono što čovjek sam poduzima i za čije je provođenje odgovoran samo sebi (i Bogu). Ako se zavjeti drugih ljudi postave nasuprot zavjeta institucija, pogotovo ako su ovi povezani s ritualima i "posvećenjima", to više nisu zavjeti nego zakletve (ritualne prisege).

Čovjek se zakune da će slijediti zadane načine meditacije ili "oplemenjivanja". Zaklinje se da će ostati u određenoj organizaciji i služiti joj "dušom i tijelom". U scijentologiji, i ne samo njoj, čovjek se čak obavezuje, od određenog stupnja, na ugovor koji traje *mnogo* života!

U nekim indijskim grupacijama posvećenje znači da se guru prihvaća kao "vječni majstor", tj. da se sebe vječno veže za tu osobu. U nekim ložama čovjek se veže za astralne entitete i "bezvremene" ciljeve i mora se zakleti na pridržavanje "obaveze šutnje", što znači da svi ti muškarci – jer lože su muška društva – moraju imati mračne tajne skrivene od javnosti, pa i od žena i djece. (Naravno, postavlja se pitanje zašto mnogohvaljeno "oplemenjivanje karaktera", službeni cilj ovih loža, treba takvu striktnu obvezu šutnje).

Svi oblici posvećenja zakletvom su vrlo problematični, prije svega zato što dovode do astralne i magične vezanosti: zakletih s odgovarajućom organizacijom, a također i međusobno ("majstor" i "učenik/šegrt"). Tako članovi zapadaju u nesamostalnost, ili čak podliježu programiranju i mentalnoj implantaciji, što opet stvara energetsku ovisnost, često spojenom s financijskom i "pozicijskom" ovisnošću. U svakom slučaju, takva posvećenja onemogućuju pravu individualnu duhovnost, jer istine koje one posreduju ne oslobađaju ...

Ovisnost uvijek stvara i strah, jer zakletva se ne smije prekršiti, a kad se to učini zapada se u krivnju, i to prema onima kojima se zaklelo. A ovi time dobivaju pravo da krivca kazne. Zakletve su uvijek – direktno ili indirektno – povezane i s prijetnjama.

Čim se na nešto zakune, tom vezom stvara se energetsko, astralno naponsko polje, koje je dvojako. Pridržavanjem zakletve ova se "energija" može razvijati, što naoko pojačava moć, no ipak samo naoko, jer tu "moć" uvijek prate i suptilni strahovi: strah od zakazivanja; strah od padanja u nemilost "Boga" i/ili institucije; strah od gubitka moći i kažnjavanja, itd.

Kad bi ono na što se čovjek zakleo bilo samorazumljivo i prirodno, ne bi se ni trebalo zaklinjati, niti se bojati odbacivanja i "krivih koraka". Zaklinjanje je uvijek izraz nepovjerenja: oni koje zahtijevaju zakletvu nepovjerljivi su prema novom članu, a ovaj je nepovjerljiv prema samome sebi i nada se da će tako steći "moć" – što je svakako moguće. Pitanje je samo: otkuda dolazi ta moć?

Sve te zakletve i "vječne" veze mogu se poništiti, ali to zahtijeva jasno unutarnje i vanjsko odricanje, skupa s rješavanjem astralnih okova. (Najkasnije tu postaje očito je li institucionalno posvećenje bilo pogubno ili nije. Neka se daju relativno lako razriješiti, druga ne tako lako. Nasamo je razrješenje jedva moguće. I ovdje Krug svjetlosti nudi najbolji temelj za direktno oslobođenje, bilo to i pronalaženje odgovarajuće pomoći).

Unutarnje posvećenje

Dakle, velika je istina kad je rečeno da se ne smije prisezati, niti Bogu, a niti kojekakvim bogovima i idolima.

"Čuli ste još da je rečeno starima: *Ne zaklinji se krivo, nego izvrši Gospodinu svoje zakletve.* A ja vam kažem: Ne kunite se nikako! Ni nebom jer je *prijestolje Božje*. Ni *zemljom* jer je *podnožje njegovim nogama*. [...] Vaša riječ neka bude 'Da, da – ne, ne!' Što je više od toga, od Zloga je." (Mt 5, 33-38)

Savjet da se ne treba zaklinjati ne znači da se ne smiju davati vezujuće izjave i jasni sporazumi. *"Vaša riječ neka bude 'Da, da – ne, ne!'".* 'Da' ili 'Ne' jest obvezujuće, ali ne i astralno vezujuće kao zakletva. Takvo obećanje ili odbijanje temelji se na vlastitoj slobodnoj volji, i čovjek je *sam sebi odgovoran*, držao se izrečenog ili ne. Sve što nadilazi Da ili Ne spada u zaklinjanje i veže čovjeka za druge moći, *"od Zloga je"*!

Svih ovih opasnosti nema gdje su "dvojica ili trojica sabrani u moje ime". Ono što je rečeno u odlomku " Izvor inspiracije za individualnu duhovnost", pristaje i ovdje: Prvo i jedino što vidimo od Sunca jesu njegove zrake! Jer svatko je Božja zraka, i tako jedni drugima možemo biti Božje otkrivenje.

Kad se kaže da svatko treba "gurua" ili "povezujuću osobu", tako i jest; ali "potreba" nije problem, jer svi mi već imamo tu povezanost. Mi nikada nismo sami ni izolirani. Svaki čovjek ima inkarnirane ili neinkarnirane skrbnike iz vlastite "obitelji duše", i kada se povežu takvi duhovni srodnici, zajedno mogu stvoriti polje moći u kojem je kozmički Krist prisutan u njihovom središtu, skupa s anđelima čuvarima i ostalim duhovnim pratiocima.

Kad takva prisutnost u trenucima iznimne prisnosti i intenziteta sudionike dotakne u njihovoj suštini, to je *unutarnje posvećenje*. Čovjek postaje posvećen u nešto što poznaje samo kad je sam to do-

251

živio. Na taj način su ljudi jedni drugima učitelji, "gurui" i prijatelji.

Zajedništvo takvih posvećenika nudi povjerljivu otvorenost, atmosferu ljubavi i međusobno vođenje koje ne stvara ovisnost, što omogućuje i međusobno ukazivanje na slabosti. Ovo zajedništvo može, ali i ne mora nadomjestiti suradnju s drugim učiteljima ili guruima. Čak i kad se čovjek kreće u krugovima gurua, medija ili "trenera osobnosti", na osnovu vlastitih iskustava i zrelosti vrlo brzo će prepoznati je li i u kojem obliku takvo učenje pomaže.

Kada se dvoje ili troje sastanu u Duhu istine, koji oslobađa, iz te unutarnje povezanosti nastaje dinamika koja omogućuje ne samo "sporadično" duhovno iskustvo, već i djelotvorno učenje. Zajedno se mogu produbiti relevantne teme i proučavati odgovarajuće spise, može se zajedno ići putem učenja, ili razmjenjivati iskustva o putovima. A prije svega može se zajedno meditirati, moliti, aktivirati unutarnju moć izlječenja ("poravnati se sa energijom izlječenja"), itd.

Mogu se razmatrati i privatna i svjetovna pitanja, i gotovo je zajamčeno da će se brzo pronaći tražena jasnoća. Jer, ono što je u ovakvom energetskom polju izrečeno iz srca, po zakonu rezonancije aktivira viša promišljanja ("reakcije"), koja uvijek vode do jasnih znakova. Time se unapređuje vlastita snaga i intuicija, tako da se unutarnje vodstvo može osjetiti i kad je čovjek sam – u svakodnevici, na putu, među drugim ljudima, u svjetovnom i duhovnom nauku, u kriznim situacijama, u scenarijima propasti svijeta, bilo gdje.

Pionirski duh nekad i sad

Mnogi ljudi u današnje vrijeme osjećaju želju za istinskom, iskustvenom duhovnošću i iskustvom Boga onkraj granica dogmi i institucija. Takva želja proizlazi iz unutarnje rezonancije s "duhom vremena" novog doba, "Duhom istine", koja ljudima – na temelju individualnosti i samoodgovornosti – otvara duhovnu slobodu.

"Ako ostanete u mojoj riječi, uistinu, moji ste učenici; upoznat ćete istinu i istina će vas osloboditi."(Iv 8, 31-32). Ove riječi su vrlo provokativne, jer Isus njima kaže: Slijedite mene i moj primjer, a ne visoke svećenike i poznavatelje spisa." Po tom postaje vrlo očito da je dogmatična i prema moći orijentirana religija suprotnost istini i potječe od "oca laži", "đavla"(Iv 8, 44).

Isus je obećao "Duha istine", a prakršćanski krugovi doživjeli su ga neposredno, počevši s događajem na Duhove:

"Svi se napuniše Duha Svetoga i počeše govoriti drugim jezicima, kako im već Duh davaše zboriti. / A u Jeruzalemu su boravili Židovi, ljudi pobožni iz svakog naroda pod nebom. Pa kad nasta ona huka, strča se mnoštvo i smete jer ih je svatko čuo govoriti svojim jezikom." (Dj 2, 4-6)

U ranim fazama Isusovog pokreta (1. i 2. st. pr.n.e.) darovi Duha – inspirirani govor, medijalni kontakti i izlječenja duhom – bila su središnji sastavni dio unutarnjeg kruga zajednice. Isus nije za sobom ostavio ni spise ni sistematizirano učenje. Generacije nakon Isusa nisu u početku imale niti zapisane tekstove. Pisanje i čitanje ionako su bili privilegij nekolicine. Unatoč tome, unutar jednog stoljeća Isusov pokret proširio se na cijelo Sredozemlje a dosegnuo je čak i Indiju i himalajsko područje – a sve to *prije* nastanka službene Biblije.

U čemu je bila privlačna snaga ovog novog pokreta? Što se tiče filozofije i mudrosti, ne sadrži nikakve prijelomne nove elemente. Na ljubav i suosjećanje prema svim živim bićima već su ukazali Buda, Pitagora i drugi prosvijetljeni učitelji. Ni ljubav prema Bogu i otkrivenja o Kraljevstvu Božjem nisu bili nepoznati, Vede i stare duhovne škole misterija još su imali znanje iz ranijih vremena. Očito, u Isusovom pokretu morala je postojati neka dodatna pokretačka snaga. A to je bio sam Isus: njegov "Duh istine", kojeg je ljudima općenito učinio dostupnim, i njegova objava misterija svjetlosnog tijela. [*] Temelj za oboje bila je i jest božanska ljubav kao iskustveni aspekt zemaljskog života:

"Kao što je Otac ljubio mene tako sam i ja ljubio vas; ostanite u mojoj ljubavi. Budete li čuvali moje zapovijedi, ostat ćete u mojoj ljubavi; kao što sam i ja čuvao zapovjedi Oca svoga te ostajem u ljubavi njegovoj. To sam vam govorio da moja radost bude u vama i da vaša radost bude potpuna. Ovo je moja zapovijed: ljubite jedni druge kao što sam ja vas ljubio!"
(Iv 15, 9-12)

---

[*] Ove teme produbit će se nadalje u tekstovima u Dodatku ("Prvorođeni sin Božji"; " Smrtni pokrov i svjetlosno tijelo")

Oni koje je Isus potaknuo u svojim su unutarnjim krugovima doživjeli ljubav i radost, "ispunjenu" i "potpunu". Što se tiče tih muškaraca i žena, oni su stvorili polje svijesti koje je bilo u rezonanciji s duhovnom prisutnošću Krista i tako su mogli neposredno govoriti s njim kroz unutarnju riječ. To je bilo životnije i intenzivnije od svake zabilježene riječi. Za ove ljude religija više nije bila ograničena na pisanu riječ i vladavinu visokih svećenika. Duh istine, živući Bog i božanska ljubav otkrili su posve novu kvalitetu života. Kroz takvu inspiraciju, mnogi jednostavni muškarci i žene, mnogi i nepismeni ("sluge i sluškinje" iz Joelovog proročanstva), primili su duhovne darove govora mudrosti, govora spoznaje, iscjeljivanja, unutarnje riječi i medijalne veze s duhovnim svijetom.

Već u prvoj generaciji nakon Isusa izrečeno je upozorenje da se "ne trne Duha" i "ne preziru proroštva". "Sve provjeravajte: dobro zadržite." (I Sol 5, 19-21)

Ipak, djelovanje božanskog duha je zatrnuto, a riječi iz duha prezrene, uskoro čak zabranjene. Paralelno s istinskim Isusovim pokretom nastao je rastući "farizejski" Isusov pokret, čiji su predstavnici zahtijevali stvaranje institucionalne strukture i oficijelno svećeništvo, skupa s definiranjem biblijskog kanona. Svi ovi ciljevi postignuti su pomoću svjetovne moći, i odjednom jednostavni muškarci i žene nisu smjeli govoriti unutarnje riječi, nego samo crkveno i dogmatsko-teoretski obrazovani muškarci. Kao ostatak prvobitnog inspiriranog otkrivenja riječi ostala je takozvana propovijed crkveno ovlaštenih dostojanstvenika u okviru oficijelne službe Božje. U kasnijim stoljećima pridodana je i dogma po kojoj svi ti "duhovnjaci" i dostojanstvenici moraju živjeti u celibatu. Tako su žene potpuno protjerane iz svih unutarnjih krugova.

Danas smo, međutim, opet slobodni da Duha istine, u njegovom vječno-novom obliku, primimo i praktično primijenimo u našem životu. Iz toga će, uz podršku i osnaženje iz duhovnog svijeta, proisteći i sve drugo – sve što čovječanstvo treba za svoju transformaciju: život povezan s prirodom, nedirnute obitelji, cjelovite obrazovne sisteme, znanje koje vodi mudrosti, samospoznaja, unutarnje zadovoljstvo, globalni mir i teističko-duhovna svijest.

Prvi koraci u tom pravcu već su davno napravljeni, i mi ih također možemo praviti, svaki pojedini od nas, čime donosimo svjetlost na Zemlju, i ne i najmanje važno, i vlastitim Krugovima svjetlosti.

Sažetak

• Središnja životna pitanja koja određuju pravac daljnjeg života nakon smrti, glase: *"Koliko sam u svom životu živio ljubav? Koliko sam u svakoj situaciji pronašao božanski smisao i u skladu s njim djelovao?"* Nije toliko u pitanju što je čovjek vjerovao i kojoj je grupi pripadao, nego što je s tim napravio. Naslanjajući se na Mt 24, 40-41 može se reći: Dva čovjeka mogu pripadati istoj grupi i izvana činiti iste stvari – *"jedan će se uzeti, drugi ostaviti"*.

• U životu je odlučujući razvoj ljubavi i, na toj osnovi, prepoznavanje božanskog smisla u svim situacijama. Ova svjesna težnja znači "individualnu duhovnost", što se ne smije pobrkati s lažnim individualizmom, jer bi to dovelo do egom vođene religije i ezoterije ("egoterije!"), skupa sa štetnom dinamikom grupe.

• "Individualna duhovnost" vodi k tome da ljudi postanu duhovno samostalni i da svoje zadovoljstvo,snagu i inspiraciju – u svijesti božanskog jedinstva (ljubavi) – crpe iz unutarnjih, a ne vanjskih izvora. U svakom dobu postoji jedna yuga-dharma, preporučeni put koji vodi toj samo- i bogospoznaji. Obzirom da u ovoj yugi vlada raskol, i stoga ljudi umnogome žive anonimno i izolirano, preporučeni put danas je *osobno, neovisno zajedništvo* (sanga) jednako usmjerenih bogosvjesnih ljudi. Isto kaže i Isus riječima: *"Gdje su dvojica ili trojica sabrani u moje ime, tu sam i ja među njima"*.(Mt 18, 20)

• *Sanga* "dvojice ili trojice" može se nazvati "Krug svjetlosti", jer u njemu se sastaju ljudi koji su sebe prepoznali kao svjetlosne zrake ("dijelove") Boga. Stoga uvijek odvojite vrijeme za bitno – vrijeme za vječnost, vrijeme za sebe – i iskusite u svjesnoj prisutnosti Božju sveprisutnost. Ovo zajedništvo ne proizlazi iz ega i intenzivnije je nego kad je čovjek zaposlen sam sobom ili se ograniči nekom zadanom strukturom grupe. Zato Krug svjetlosti ne bi trebao imati previše sudionika, inače bi postao "grupacija". (Duhovnih grupacija, meditacijskih grupa, itd. već ima puno, i to je dobro. Ovdje je riječ o jednoj dodatnoj dimenziji: da čovjek, pored svega što radi sam ili u grupi, u malom, neovisnom krugu redovno stvara duhovna iskustva i u svjetlu bližnjih "osvježava" samoostvarenje.)

• Prorok Joel govorio je o Božjem Duhu koji će se na kraju vremena izliti na ljude. Isus je rekao da će jednom doći "Duh istine" koji će nas povesti do "cijele istine". Obojica su očito mislili na isto.

- "Duh istine" = svijest duhovne stvarnosti = svijest individualnog jedinstva Boga i Božjih dijelova = svijest ljubavi. Krug svjetlosti bit će vođen ovom ljubavlju i stoga je idealno rezonantno polje za primanje Duha istine. A ta istina "oslobađa" – oslobađa od svih diktata ega (arogancije, zasljepljenosti, sebičnosti, samosažaljenja) i dijaboličnih utjecaja (apsolutizacija, dogmi, poluistina, programiranja).

- U Krugu svjetlosti svi sudionici, i "obični" ljudi, mogu postati posvećenici, i to kroz *unutarnje posvećenje* koje je otkrivenje Božje milosti = ljubavi, posredovane čistim bićima svjetlosti koja žive u jedinstvu s Božjom sveprisutnošću. Unutarnja posvećenja nisu statična, jer ona su vrata ka uvijek novim dimenzijama iskustva sebe i Boga. (Institucionalna posvećenja mogu biti službenija i tradicionalnija, ali ona su uvijek povezana sa vezanošću i ovisnošću. Kad se dodaju zakletve, obveze šutnje, rituali krvi, itd., takva "posvećenja" mogu dovesti do elementarnog programiranja i astralnog zatočeništva.)

- S Božjim Duhom koji će se izliti na ljude također će i darovi duha postati opet šire dostupni, npr. mentalni kontakti, duhovna iscjeljenja, vidovitost, medijalna darovitost i "unutarnja riječ". I ovdje je Krug svjetlosti idealno i sigurno mjesto za razvijanje i njegovanje ovih "paranormalnih" darovitosti. (Doživljaj živućeg Boga kroz darove duha bio je također i pokretačka snaga i inspiracija u ranoj fazi Isusovog pokreta.)

9. POGLAVLJE

Božanska ljubav i zemaljska ljubav

"Dvojica ili trojica sabrani u moje ime" odnosi se (osobito) na zajedništvo muškarca i žene. Kad bi čovječanstvo bilo izgrađeno na harmoničnom odnosu spolova, dijabolički svjetonazori i sile ne bi mogli ugaziti na Zemlju.

No upravo odnos muškarac-žena nalazi se u stanju jednostranosti, ranjivosti i traumatiziranosti, i to već stoljećima. Prvo čega su se mračne moći na početku "doba tame" dohvatile bila je harmonija između muškarca i žene. U prvotno, "rajsko" jedinstvo ubačen je klin, a taj raskol pripremio je plodno tlo za sve druge oblike remećenja i uništenja. Odjednom je čovjek bio opsjednut idejom da mora podčiniti druge ljude: druga plemena, druga kraljevstva, inovjerce – i drugi spol, tj. ljude iz vlastitog bliskog životnog okruženja. Možda su nekad postojale kulture u kojem su žene kroz "matrijarhat" vladale nasiljem i okrutnošću. U današnje doba, međutim, i skoro od pamtivijeka, svijet je sačinjen od jednostrane vladavine muškaraca, "patrijarhata":[1] u religijama, u loža-udruženjima, u politici, u ekonomiji, u vojsci.

Karakteristično obilježje Kali-yuge je raskol (prema maksimi "Podijeli pa vladaj!"). Jednom kad su čovječanstvo i čovjek u raskolu, gube unutarnje jedinstvo i cjelovitost, što opet vodi jednostranosti i poluistini. Ovo se posebno jasno izražava u *dualističkoj* slici svijeta, počevši od dualizma u ime Boga: Bog i svijet, duh i materija. Bog je tu viđen kao moć *izvan* materije, a ta muška moć stvorila je svijet iz Ništa ("ex nihilo"), ravna njime izvana i napada kad čovječanstvo ne radi što ON želi.

Takvi pogledi nisu posve neistiniti, oni su poluistiniti: Bog ima htijenje, no to htijenje dolazi iz jedinstva i *hoće* jedinstvo; sveobuhvatnu ljubav. Stoga između "Boga" i "svijeta" ne postoji apsolutni dualizam, što ne znači ni da je "Bog = svijet". I ovdje je ključ misterij istovremenog bivanja jednim i različitim ("indivi-dualnost").

---

1 od *grčkog patriarches*, obiteljski/plemenski starješina, skovano *od pater*, "otac", i *"archein*, "stajati na vrhu, vladati".

Tko Boga ne prepoznaje kao "apsolutnog" i "individualnog", kod tema "Bog" i "svijet" pada u dualizam (i naposljetku u egom potaknuti monizam). Dualizam tvrdi da je Bog izvan materije. Kad bi bilo tako, onda bi i čovjek također, kao "slika Božja", bio van materije, a činjenica da čovjek danas živi *u* materiji stoga se može objasniti samo "padom u grijeh" – što je opet veliki nesporazum. Jer, ono što nastaje iz "grijeha" (odvajanja), nije materijalni svijet, nego *pogrešna identifikacija* s materijalnim svijetom.

Ako je Bog izvan materije, onda je nematerijalno božansko, a materijalno "grešno". Najkasnije ovdje pokazuje se problematika dualizma, jer je materija (doslovno "majka-energija", od lat. *mater*, "majka") usko povezana sa ženstvom. Pošto je čovječanstvo zapalo u dualistički nazor o svijetu i Bogu, nastalo je zastranjujuće vjerovanje da muškarac predstavlja Boga na Zemlji i utjelovljuje "duh". A pošto "duh" vlada nad "materijom", smatra muškarac, i on smije vladati nad ženom, jer materijalni je svijet nastao iz ljudskog "grijeha", tj. iz grijeha "Eve", žene.

Tako je "religiozni" dualizam doveo do prezrenja i sotoniziranja materijalnog, a time i ženskog, tjelesnog i seksualnog. Pošto su muškarci izgubili unutarnju cjelovitost, vide "ženu" kao oličenje "zavođenja", "grijeha" ili "maye". U praktički svim religijama žena je potpala pod vlast muškarca. Ona se morala podčiniti, "žrtvovati se" i "služiti" muškarcu.

Često je bila izložena muškoj samovolji, što ju je otjeralo u ulogu žrtve i objekta. Mnoge žene podlegle su toj ulozi žrtve. Samosažaljenje, rezignacija i odstupanje od samoodgovornosti bile su posljedice toga. Žene su ponižavane i u svom tjelesnom ženstvu, s jedne strane seksualnim iskorištavanjem, a s druge diskriminacijom u kojoj su označene kao nečiste, čime su muškarci mogli predbacivati ženama njihove mjesečne "slabosti". Krv je postala oličenje "Nečistog" i morala je biti žrtvovana "Čistome", Bogu. A samo "čisti muškarci" smjeli su u svetište i na oltar krvi.

Tako je nastao svećenički stalež; "milošću Božjom", širom svijeta i skoro istovremeno: brahmanska kasta, šamanska elita, visoki svećenici, a svi su ušli u nesvete saveze s kraljevima i moćnicima. Isus je to društvo nazvao "leglo gujinje". I takvi muškarci činili su sve kako bi zatrli sve "nečiste" i "grešne", što je na zapadu doseglo vrhunac višestoljetnim lovom na vještice.

258

Može se činiti da je danas ta jednostranost, barem u modernom zapadnjačkom društvu, u velikoj mjeri prevladana. No, izgled vara. Jednostranost je samo izmještena, i to iz duhovnog i "religioznog" u fizičko i "medicinsko". Misli se, npr. na mnoge pobačaje, amputacije dojki i odstranjenja maternice. Muška vladavina poseže i danas za tijelom žene i stvara duboke rane, ne samo na operacijskim oltarima, nego i širenjem prostitucije (npr. "uvoz žena" s istoka), pornografijom i mnogim drugim elementima koji, pobliže promatrani, također potkopavaju odnos muškarac-žena. Ovdje ćemo spomenuti samo rastući financijski pritisak koji majke iz nižeg i srednjeg sloja prisiljava da rade. U nekim zemljama, počevši od SAD, oba roditelja obavljaju, za bijednu nadnicu, dva do tri posla istovremeno. Ovaj moderni oblik ropstva djecu prepušta TV-u, drogama i društvu ostale zanemarene djece.

Povrjeđivanje Zemlje i čovječanstva počinje povredom muško-ženskog odnosa. Stoga i iscjeljenje također mora početi na toj razini. Ovdje se ne radi "samo" o obiteljskim, bračnim i seksualnim aspektima, već temeljno o prevladavanju takvog raskola koji je sve druge – nepravednost, iskorištavanje, itd. – uopće učinio mogućima. A ovdje muškarci i žene zajedno imaju veliku zadaću i veliku šansu.

Vječna prolaznost: Prijetnja ili stalna neponovljivost?

Kao što je već spomenuto, temeljni izraz raskola jest dualizam. Na ovom mjestu samo ćemo još jednom ukratko razjasniti kako se dualizam duh-materija može razriješiti analogijom svjetlost-sjena, prije svega obzirom na temu "božanska ljubav i zemaljska ljubav". Patrijarhalne religije tvrde kako se božanska ljubav i zemaljska ljubav međusobno isključuju. Budući da je sve zemaljsko prolazno, zemaljska ljubav – ponajprije tjelesna – bila bi iluzija; spolnost kod ljudi, kao kod životinja, mora biti ograničena na razmnožavanje; sve drugo je đavolja klopka ili "maya".

Svjetlost ne stvara sjenu. Sjena je, doduše, relativan realitet, ali u određenom smislu i iluzija. No kad se sjena odstrani, ne nastaje apstraktni vakuum, već integracija u stvarnost svjetlosti. Jer, naposljetku postoji samo svjetlost, a svi mi smo "dijelovi" te svjetlosti:

vječne individualne zrake Boga.

Materijalno i duhovno nisu međusobno isključujuće suprotnosti, već paralelne božanske energije. Paralele se sijeku u beskraju, a pošto je beskraj sveprisutan, božansku prirodu materijalnog možemo prepoznati posvuda, ali samo u svjetlu duhovnog. Bez ovog 'svjetlovida' (orig. *Licht-Sicht*), bili bi u tami i materijalno bi doživjeli kao odvojeni, izolirani realitet. – a onda bi materijalno zaista i bilo prijeteće, jer je svaka materijalna forma i situacija prolazna. Oni koji su zapali u jednostrani pogled na svijet i sami pate zbog iz toga proizašle odvojenosti, prije svega zbog gubitka zemaljske ljubavi, i pribjegavaju mišljenju da je prolazno nešto loše ili zlo.

Pomoću 'svjetlovida' moguće je raspoznati što je stvarnost, a što iluzija. Iluzija nije prolazni svijet, već identifikacija s prolaznim. Izazov za nas ljude jest s prolaznim moći postupati *duhovno*. A to je, kao i sve drugo, pitanje svijesti.

Kao zrake Boga mi smo vječni, i jedinstveni također. Svaki individuum je povezan s Bogom individualnim odnosom ljubavi. Ta jedinstvenost je *duhovna*, i time "ništa posebno", jer je *svaki* individuum jedinstven. Svi pokušaji da se ta jedinstvenost iživi na materijalnoj razini vode borbama ega i frustracijama: čovjek želi biti "jedinstveno" moćan, inteligentan, nadaren ili upečatljiv, ili vjeruje kako je "jedinstveno" krivo shvaćen, neshvaćen, nevoljen i opterećen brigama.

Bez unutarnjeg ispunjenja istinske ljubavi, ljudi su podložni tome da se na njih utječe kroz iluziju, strah i zavist, i stalno vide nepotpunost svog života. Sve što rade i doživljavaju je prolazno, uobičajeno i *nije* jedinstveno. Identificiraju se s dualnošću i linearnim vremenom i ne znaju da su zapravo vječna duhovna bića. Jedino zbog toga vide vanjsku prolaznost materijalnog kao nešto zlo ili prijeteće. Međutim, iskustvom božanske ljubavi i milosti možemo spoznati duhovnu stvarnost iza svih materijalnih situacija. Što više prepoznajemo da smo vječni, to više možemo iskusiti unutarnju radost i spokojstvo, koji nisu podređeni protoku vremena prolaznosti. Tada prolaznost materijalnih stvari, uključujući i naša tijela, nije više uzrok straha i frustracije, jer smo sposobni živjeti u sadašnjosti, slobodni od dualnosti koja nas veže za "prošlost" i "budućnost". Svaka prolazna situacija – od zemaljske ljubavi, radosti i rada do bolnih udaraca sudbine – otkriva onda svoju duhovnu esenciju: inspiraciju za život u svjetlu božanskog smisla.

Prisjetimo se što je Aleksandar Solženjicin napisao o tome: *"Žurbi života tako potpuno otrgnut, da je i samo mjerenje proteklih minuta postalo intiman doticaj sa Svime, nađe se zarobljenik u samici očišćen od svih polovičnosti koje su ga u prijašnjem životu mučno obavijale, i magla se povlači."* Ova, od zamagljenja i polovičnosti oslobođena svijest, omogućuje nam da opet zasjamo u našem unutarnjem identitetu: *"ono iskričavo svjetlo, koje se vremenom kao oreol duše [...] uzdiže".*

Takva iskustva nisu moguća samo u neljudskim uvjetima. Svaka životna situacija krije u sebi tu esenciju, također i odnos muškarca i žene. Upravo u takozvanoj zemaljskoj ljubavi mogu se vječnost, jedinstvenost i prolaznost iskusiti "ruku pod ruku", što može voditi polovičnosti i jednostranosti – ali i ne mora.

Opunomoćenje žene i muškarca

Od dualizma do jedinstva ne može se doći preko intelekta. Filozofija može pripremiti temelj za prevladavanje raskola , no iscjeljenje se mora dogoditi konkretno i praktično: *"Gdje su dvojica ili trojica sabrani u moje ime ... ".*

Kada se muškarac i žena nađu zajedno u cjelovitoj svijesti Boga – "mladi" ili "stari" – stvaraju duhovno intimno energetsko polje u kojem meditacija, otkrivenje i ljubav dobivaju jedinstveni intenzitet. Iz ovog iskustva oboje mogu crpiti snagu koja će ih ojačati iznutra i učiniti ih imunima na vanjske utjecaje, kako u vlastitom životu, tako i u zajedničkom životu udvoje, i u odnosu na svoje socijalno, ekonomsko i vjersko okružje. Kroz svoje zajedničko unutarnje posvećenje dolaze do privatnog svećenstva ljubavi, koje zrači i prema van i može zadobiti konkretne oblike izražavanja, kao što ćemo vidjeti u sljedećim primjerima.

U uvodu ovog poglavlja tema otuđenja i raskola između muškarca i žene skicirana je negativnim primjerima. Analizama te vrste mogu se ispuniti mnoge knjige, a to je i učinjeno. Ovdje je dovoljno ono što je rečeno u uvodu. Mi danas živimo u vremenu preokreta u kojem se mora dogoditi *iscjeljenje,* i ono je pokrenuto već od početka doba tame. Stoga želim iz svjetske povijesti navesti neke primjere s *pozitivnim* razvojem. (Kao i drugdje, i ovdje će se provlačiti filozofski narativni stil kako bi se tema mogla obraditi s obje "moždane polovice".)

Najraniji primjer iz svjetske povijesti

Naš prvi primjer božanske i zemaljske ljubavi potječe iz starog Egipta: faraonski bračni par *Ehnaton i Nefertiti* (14. st. pr. Krista). Oni su bili prvi par u svjetskoj povijesti koji je zajedno istupio da bi u doba tame sproveli "revoluciju" svjetlosti. Povijesno gledajući, pripadali su egipatskoj 18. kraljevskoj dinastiji, koja je ubrzo iza njih, u 19. dinastiji, zamijenjena Ramzes-faraonima.

Tri tisuće godina čovječanstvo nije više ništa znalo o Ehnatonu i Nefertiti. Prvi faraoni 19. dinastije uništili su (skoro) sve tragove oboje "heretika". Ne samo "revolucija" – koja bi se točnije mogla nazvati *pokušajem reformacije* – već i njeni pokretači i svako sjećanje na njih, trebalo je biti iskorijenjeno iz povijesti.

To što mi danas opet znamo za postojanje Ehnatona i Nefertiti, možemo zahvaliti istraživačkom radu mnogih egiptologa, koji od 19. stoljeća do danas sastavljaju još postojeće komadiće kako bi dobili potpunu sliku, za što je jedan od važnijih ključeva otkriven tek prije nekoliko godina (od egiptologinje Christine El Mahdy, u muzeju u Boltonu, Lancashire, Sjeverna Engleska).

Kraljevski je par, izvana gledajući, sa svojom reformacijom doživio neuspjeh. Dvadeset godina nakon prvih početaka oboje su bili mrtvi, njihov cjelokupni napor pokopan (i u doslovnom smislu), a generacije nakon njih nisu više znale niti da su postojali. Na Listama kraljeva koje se sastavljene u kasnijim dinastijama ne pojavljuju se ni njihova, niti imena njihovih direktnih nasljednika. To bi bilo kao da se sa liste američkih predsjednika naknadno ispuste dva ili tri, i njihova egzistencija naprosto pobije.

I u 20. stoljeću o Ehnatonu su se čuli kritični glasovi. Je li pozitivno mišljenje o ovom faraonu skovano samo od strane određenih egiptologa koji su projicirali svoje vlastite idealističke predodžbe o Ehnatonu i Nefertiti? Je li stvarnost možda bila potpuno drukčija?

Odnedavno su nam se pojasnila mnoga otvorena pitanja , tj. pitanja koja su važila kao već odgovorena. Ehnaton i Nefertiti bili su zaista inicijatori duhovne reforme, s kojom su bili puno ispred svog vremena, u političkom smislu i sadašnjega. Unatoč njihovim prividnim neuspjesima, postavili su početne impulse koji danas, u vremenu transformacije, opet dolaze u svijest ljudi. Jer ništa se ne gubi, prije svega ne duhovni impulsi. U slučaju Ehnatona i Nefertiti ni materijalna svjedočanstva nisu izgubljena. Premda su sljednici htjeli uništiti sve tragove, ironija sudbine je da danas najčuveniji simboli faraonskog Egipta vode natrag upravo do ovih obespravljenih osobnosti: Nefertitina vapnenačka bista i blago iz Tutankamonova groba.[2] Tutankamon je bio Ehnatonov sin!

Kako bi se obradili bit i sadržaj Ehnatonove i Nefertitine reformacije, moram još malo dalje iskoračiti, jer uobičajeni udžbenici sadrže više točaka koje mogu proturječiti sljedećoj duhovnoj interpretaciji. Koga ne zanima Egipat, može i preskočiti naredna tri članka. (Ono po čemu moje izlaganje prelazi povijesne kontekste može sa sažeti u jednu rečenicu, naime da je nakratko manifestirana Atonreligija htjela izraziti istu Svjetlost/Bog simboliku i isti duhovni teizam koje smo izrazili u "Svjetlost ne stvara sjenu".)

Otkriće potisnute reformacije

Egipat je za Zapad oduvijek imao magičnu privlačnost. Grčki učenjaci putovali su tamo. Aleksandar Veliki, a za njim Rimljani, porobili su ga. Ali u to vrijeme cvjetanje egipatske države već je bilo odavno prošlo. Ipak, Egipat se zadržao u svijesti Zapada, ne najmanje zato što ga i Biblija više puta spominje: Abraham je tamo boravio, kao i Jakovljev najmlađi sin, Josip. Kasnije, rečeno je, narod Izraelov tamo je pao u ropstvo. I Isus je proveo više godina u Egiptu, gdje su njegovi roditelji (u bijegu pred Herodom) pronašli sigurnost i utočište. Egipat – zemlja puna zagonetki i proturječja, zemlja prasjećanja i svjetskih čuda, ali i zemlja čiji su bogovi prokleti od starozavjetnog Boga.

Prva zapadnjačka ekspedicija u Egipat dogodila se pod Napoleonom, koji je 1798. uspio prodrijeti do Kaira. Mudro je poveo sa

---

2   Upravo sada, dok radim na ovom rukopisu, u Baselu se održava velika Tutankamonova izložba kojoj "hodočasti" oko pola milijuna posjetilaca. A novine pitaju: *Što je uzrok ovakvoj fascinaciji?*

sobom biranu grupu znanstvenika, geodeta i crtača.

U 19. st. istraživanje se koncentriralo na skupine gradova Donjeg Egipta (Giza, Sakara, Heliopolis, Memfis) i Gornjeg Egipta (Karnak, Teba, Luksor i Dolina Kraljeva). Tamo su živjeli svi oni faraoni čija su imena istaknuta na Listama kraljeva. Međutim, slučajno je otkriveno i da je na pola puta između dvije skupine gradova, u srednjem Egiptu, na istočnoj obali Nila, postojao još jedan kraljevski grad. Već 1714. isusovac Sicard to je mjesto pronašao i tobože otkrio. Našao je u zidove stijena uklesane rubne stele s neobičnim reljefima, koji su prikazivali faraona sa suprugom i kćeri pri religioznim obredima. Hijeroglifi tada, kao ni u Napoleonovo doba, još nisu bili odgonetnuti. Od samog grada ostali su još samo temelji. Činilo se da se grad ne samo srušio, nego i da je bio odnešen! Ti pijeskom zameteni ostaci Tell el-Amarne – kako glasi današnje ime tog predjela – ostali su dugo u sjeni atraktivnijih mjesta za istraživanje, Donjeg i Gornjeg Egipta.

1824. John Gardner Wilkinson otkrio je u stijenama Amarne grobnice visokih činovnika bezimenog faraona. Ti grobovi bili su puni hijeroglifa, ali tek nekoliko godina kasnije, nakon što je Jean-Francois Champollion 1822. napravio proboj u dešifriranju hijeroglifa, palo je svjetlo na zagonetku Amarne. Ono što je stajalo na zidovima grobova u stijeni bile su molitve Suncu, napisane od faraona koji je grad Amarnu utemeljio, i čijom je smrću grad opet propao. Njegovo kraljevsko ime bilo je Nefer Keperu Ra Va-en-Ra. Njegovo rođeno ime, Amenhotep, promijenio je u Akh-(e)-Aton, danas u engleskom prikazano kao "Akhnaten", a u njemačkom kao "Echnaton". (hrv. Ehnaton, prim. prev.)

Krajem 19. st. počelo je iskopavanje grada Amarne u više etapa, što je u sezoni iskapanja 1912/1913 dovelo do senzacije: U jednoj zatrpanoj privatnoj kući pronađeno je skladište kipara Tutmozisa. Među objektima nalazila se danas svjetski slavna Nefertitina bista, koja je, kako se u međuvremenu saznalo, bila Ehnatonova supruga. Jednim potezom Amarna se našla u centru pažnje svjetske javnosti.

Unatoč uništenjima sljedećih faraona, istraživači su i nakon tri tisuće godina još uvijek mogli pronaći relativno mnogo prikaza Ehnatona i Nefertiti. Vrlo često se mogu vidjeti zajedno: s rukom u ruci, u konjskim kolima, ljubeći se, pri ceremonijama, u obiteljskim scenama zajedno s djecom, također i u bolnoj tuzi pred tijelom preminule kćeri. U svim ovim umjetničkim djelima vidljiva je prisna i intimna povezanost faraona i njegove supruge. Nijedan faraon prije ili poslije njega nije se dao prikazati na tako osoban – i ljudski – način.

Na mnogim, ali ne i svim prikazima, Ehnaton, Nefertiti i njihova djeca (sve kćeri, ukupno šest) imaju izobličene, neproporcionalne crte: izdužene zatiljke, ponekad karikaturalno prikazana lica, tanki vratovi, preuveličani bokovi i bedra, tanke potkoljenice. Tom umjetničkom stilu, koji bi se iz današnje vizure mogao opisati kao naturalističko-ekspresionistički, u egipatskoj povijesti i u cijeloj antici nije bilo sličnog. U očuvanim preostalim zapisima umjetnici su se hvalili da su upute dobili od kralja osobno. Jesu li se te upute odnosile na stil, ne znamo. Jedan ikonografski element, koji nesumnjivo upućuje na kralja osobno, jest simbol Atona koji dominira skoro svakom scenom: sunčev disk sa zrakama koje završavaju u rukama. One zrake koje dođu pred lice faraona i faraonke sadrže omčasti križ Ankh, simbol života.

Kao što se pokazalo tijekom narednih istraživanja, Ehnaton je bio faraon koji je započeo religijsku i kulturnu reformaciju, kojom se usprotivio svećeničkom mnogoboštvu. Ta reformacija očito nije bila svugdje prihvaćena. Ubrzo nakon Ehnatonove smrti, mnogi zapisi koji su sadržavali njegovo i Nefertitino ime bili su ili uništeni, ili su njihova imena zamijenjena drugima. Njihov grad pretvoren je u kamenolom, a grobovi oskvrnuti.

Istraživač Egipta Arthur Wegall objavio je 1910. prvu Ehnatonovu biografiju: *The Life and Times of Akhnaton, Pharaon of Egypt*. Wegall je ukazao na to da između Ehnatonovog i Isusovog učenja postoje upadljive paralele, kao i između Himne Suncu i Psalma 104; nijedna religija nije toliko bliska kršćanstvu kao Ehnatonova. Za egiptologa Jamesa H. Breasteda Ehnaton je bio "prvi idealist" i prvi "individuum" koji se pojavio u svjetskoj povijesti. Za Sigmunda Freuda Ehnaton je bio Mojsijev "mentor", a to mišljenje preuzeli su i drugi judeokršćanski istraživači i teolozi. Za rozenkrojcere je Ehnaton jedan od ranih majstora i Božjih proroka. U modernom New Age-u neki eksponenti čak tvrde da je bio vanzemaljac ili nadčovjek (na temelju nezemaljskog oblika lubanje i tijela, kako su on i njegove kćeri više puta prikazani); prema Drunvalu Mechizedeku je Ehnaton bio visok četiri metra.

Međutim, kroz neka otkrića i iz njih izvedenih interpretacija, idealistička slika ubrzo se zamutila. Ehnaton je vladao sedamnaest godina, a otkriveni su tragovi koji su upućivali na to da je Nefertiti u dvanaestoj godini nestala. Na njenom mjestu pojavila se osoba imenom Smenkhare, kojoj je Ehnaton očito bio sklon i koja je čak bila njegov nasljednik. Je li možda Ehnaton bio homoseksualan, pa je u dvanaestoj godini odbacio svoju lijepu suprugu kako bi svoju seksualnu sklonost mogao i javno proživjeti? Postoji jedan prikaz u kojem Ehnaton tu osobu nježno grli. Je li cijeli taj religiozni metež i slika obiteljske harmonije bila samo fasada iza koje je krio pravo, puno mračnije lice? Naime, na stupovima, zidovima i u grobovima pronađena su izgrebana imena bogova. Je li to napravio Ehnaton? Je li bio tiranin i fanatik koji je dao prognati sve ostale bogove?

Onda je u Amarni pronađen i zatrpani državni arhiv s mnogim dopisima napisanima klinastim pismom, iz kojih proizlazi da su vazali sjevernih provincija u Siriji i Palestini zvali faraona u pomoć, jer su drugi osvajači napadali ta područja. Ali Ehnaton nije reagirao. On je egipatsko veliko carstvo pretvorio gotovo u ruševine, u unutarnjoj politici izazvavši kaos, a u vanjskoj prepuštajući provincije njihovoj sudbini.

Na temelju ovih otkrića razbuktale su se žestoke diskusije: Tko je bio Ehnaton? Je li bio genije, prorok, vizionar budućnosti? Ili tiranin, duševni bolesnik, netolerantni fanatik? Je li postao ravnodušan i otuđen, opsjednut samo svojim idejama i gluh za pozive upomoć podčinjenih? Od samog početka, mišljenja o Ehnatonu su se sukobljavala, a svaka teza našla je svoje sljedbenike.

Zahvaljujući novijim saznanjima, danas možemo izvući dobro utemeljene zaključke o njegovoj osobi i njegovom učenju. Ono što se tada dogodilo i danas je vrlo relevantno, jer se jedan političar s vrha usudio dosljedno ići putem *peaceful warrior*-a i suprotstaviti se vladajućim moćima, kako svjetovnim tako i okultnim.

Ehnaton i Nefertiti: njihova biografija u svjetlu novih saznanja

Ehnaton je bio sin faraona Amenhotepa III, ili (po grčkom načinu pisanja) Amenofisa III. Pod Ehnatonovim ocem Egipat je postigao dotad najveće širenje: od sjevera današnjeg Sudana do Mezopotamije. Amenofis III vladao je trideset osam godina. Prve godine donijele su još nekoliko ratnih sukoba u sjevernim provincijama, ali potom je općenito vladao mir. Taj mir je bio varljiv; dalje na sjeveru Hetiti, a na istoku Asirci, pretvarali su se u protivnike. Amenofis III pokušao je diplomacijom i ženidbenim vezama ojačati imperij. Uzimao je za sporedne supruge žene iz saveznih država i jačao međusobnu trgovinu, što je dovelo i do toga da su egipatski svećenici u svoj panteon preuzimali sve više "inozemnih" bogova, npr. Baala, Rešefa i Astartu. Time je bogoštovanje sve više postajalo okultno i orijentirano na profit, a izvorno značenje bogova i njihovih mitova još više je palo u drugi plan.

Ehnaton je bio faraonov drugi sin i zvao se, kao i otac, Amenhotep. Pošto je krunski princ umro u mladoj dobi, prijestolonasljednička odgovornost prešla je na drugog sina. Ovaj je bio filozofski nastrojen, i sekularizaciju i instrumentalizaciju egipatskog hramskog štovanja promatrao je sa zabrinutošću, stoga je kao faraon (Amenofis IV) želio provesti reformu, korak po korak.

Aton-religija, koja se iskristalizirala tijekom prvih godina njegove vladavine, proistekla je iz u tradiciji ukorijenjenog štovanja Sunca. Njegov djed, faraon Tutmozis IV, dao je da se u Gizi, između Sfinginih šapa, iz stijene iskleše takozvana "Stela snova", u znak sjećanja na njegovu viziju u kojoj mu se ukazao Bog Sunca, Ra-Horemakhet, označivši sebe njegovim "ocem". Na osnovu te vizije Tutmozis je sebe vidio kao " sina Boga Sunca". Jasno je da je i unuk čuo za ovaj značajni događaj i iz njega crpio osobnu inspiraciju.

Za Ehnatona su različiti bogovi bili aspekti jednog apsolutnog Boga, a to više viđenje želio je opet dovesti do svijesti svojih građana. Pri tome je naišao na protivljenje moćnog svećeničkog staleža koji je tvrdio da je Egipat svoju moć postigao samo zahvaljujući štovanju mnogih bogova. Svećenici su pretkazivali bijes bogova ako se što izmijeni u tradiciji mnogoboštva. Sukobi su bili neizbježni. Ehnaton je, međutim, koristio snagu svoje kraljevske službe u svom pravcu, što je dovelo do raskida s vladajućim svećeničkim staležom. Odlučio se napustiti prijestolnicu u Gornjem Egiptu. On nije ni mogao ni želio mijenjati tradiciju: Luksor je pripadao bogu Amonu – i njegovim svećenicima. Tako je on osnovao vlastitu prijestolnicu na mjestu koje nije pripadalo nijednom drugom bogu, a nazvao ju je, možda prema Horemakhetu koji se ukazao njegovom djedu, Akhetaton, "Atonov horizont" ili "Atonovo mjesto svjetlosti". U tekstovima na rubnim stelama u Akhetatonu Ehnaton se zarekao da to "mjesto svjetlosti" nikada neće napustiti. (Vrlo je moguće da se pridržavao tog zavjeta.)

Nova faraonova rezidencija nije bila sjedište državne uprave. Ta se nalazila u Memfisu, u Donjem Egiptu. Ehnaton je, dakle, imao u pratnji tek nekolicinu oficijelnih članova vlade i svećenika. Oni koji su ga slijedili imali su mogućnost brzog napredovanja. *"Bio sam nitko i ništa, i kralj je napravio nešto od mene."* Zapisi kao što je ovaj nalaze se u mnogim kućama i grobovima Akhetatona. Razumljivo da nije sve što je Ehnaton slijedio bilo motivirano čistom ljubavlju prema Atonu.

Oko osme godine njegove vladavine reforma je toliko uznapredovala da se Bog više nije prikazivao kao biće sa životinjskom ili ptičjom glavom, već kao kraljevski Sunčev disk sa zrakama u rukama. Ehnaton je tada imao oko dvadeset pet godina.

U dvanaestoj godini vladavine morao je postojati neki konkretan povod zbog kojeg je Ehnaton svoju suprugu Nefertiti ustoličio kao faraonku. Indicije ukazuju na to da je do tog vremena Ehnaton bio očev suvladar i da je tada njegov otac umro, čime je postao jedini vladar. Čini se da je ta nova uloga bila preopterećujuća, stoga je određene odgovornosti prenio na svoju voljenu i za praktične probleme nadarenu suprugu. Ustoličenjem je Nefertiti promijenila ime, te je kao faraonka dobila vladarsko ime Smenkhare. Ovo objašnjava nagli nestanak Nefertitinog imena i pojavljivanje druge, do tada posve nepoznate osobe imenom Smenkhare. K tome, ta navodno nova osoba još uvijek je nosila Nefertitino počasno ime Neferneferuaton Meri Va-en-Ra, "ljepota iz Atonove ljepote".

Pošto su donedavno neki tragovi bili krivo protumačeni, egiptolozi su smatrali da je 12-te godine Nefertiti ili umrla, ili je pala u nemilost i odbačena od Ehnatona. Tako Hans Baumann u svojoj knjizi *Die Welt der Pharaonen* (1959., str. 161) pretpostavlja da je Nefertiti *"bila najvatrenija zagovornica nove vjere i ona je u Ehnatonu raspirila mržnju prema starim bogovima. (Ehnatonova majka) savjetovala je umjerenost. Čini se da kralj nije bio gluh na preklinjuće riječi mudre žene. Došlo je do razmirica s Nefertiti, koja nije bila spremna sklopiti mir s protivnicima svog Boga."*

Nasuprot tome, egiptolog Cyril Aldred u svojoj knjizi *Echnaton – Gott und Pharao Aegyptens* (1988., str. 265), razmišlja: *"Ako je Nefertiti zaista pala u nemilost, teško da bi Ehnatonov novi suvladar Smenkhare prisvojio njeno kraljevsko ime."*

Svi ovi krivi zaključci, pojašnjava Christine El Mahdy, polaze od pretpostavke,

"da je nakon 12-te godine Ehnatonove vladavine, u kojoj je Nefertiti nestala iz svih dokumenata, Smenkhare preuzeo njen naslov Neferneferuaton. Budući da je Nefertiti u dvanaestoj godini nestala, zaključilo se da vladarsko ime više ne može biti njeno, te je dano Smenkhare, koji ju je zamijenio. Gdje god je, dakle, u zadnjim godinama Ehnatonove vladavine pronađen naslov Neferneferuaton Meri Vaenra, znanstvenici su ga obznanili kao 'Smenkhare', premda je to bilo priznato Nefertitino ime. A stvarno ime 'Smenkhare' u zapisima se pojavljuje iznimno rijetko." (str. 359).

Nakon Ehnatonove smrti Smenkhare je postao jedini vladar i uzela je vladarsko ime Ankheprure, koje se ponekad pisalo i Ankh-et-pru-re. Član -et- u staroegipatskom ukazuje da se radi o ženskom imenu.

"Svi arheološki dokazi sve jače upućuju na to da Smenkhare Ankh(et)prure nije bila nitko drugi do sama Nefertiti. Na koncu, ime Neferneferuaton bilo je nedvojbeno njeno, a uzelo se zdravo za gotovo da je nakon 12. godine dano Smenkhare, pošto je Nefertiti nestala. I baš taj nestanak zbunjuje znanstvenike sve do danas [...]
Sada možemo po prvi put vidjeti Ehnatona kakav je uistinu bio. Smenkhare (kao muškarac) nikad nije postojao. Nefertiti nikad nije odbačena. Naprotiv, Ehnaton je ljubav svog života uzdigao do najviše moći – što se svakako moglo i očekivati. Tako je ona krenula stopama velikih kraljica 18.-te di-

nastije – Tetisheri, Ahmose-Nefertari, Ahotep i Hatšepsut."
(*isto*, str. 361, 365)

Ehnaton je umro u 17.-oj godini svoje vladavine, star oko trideset pet godina. O uzroku smrti ništa nije poznato. Nefertiti je preuzela muževu poziciju. Budući da je pravilo bilo da faraon mora imati pored sebe ženu kao "kraljevu suprugu", Nefertiti je k sebi uzela svoju najstariju kćer Meritaton (u to vrijeme bile su žive još samo dvije od njihovih šest kćeri). Tako su odjednom na egipatskom tronu bile dvije žene, što je za predstavnike patrijarhata i Amonova kulta morala biti nepodnošljiva prijetnja. Pronađeni tragovi pokazuju da su obje – majka i kći – dvije godine kasnije istovremeno nestale. Možda su ubijene, možda su umrle od neke epidemije, a možda su, kao faraonke, napustile Amarnu kako bi se pokazale kraljevstvu.

Njihov nasljednik bio je mladi Tutankamon, Sin Ehnatona i njegove sporedne žene Kije. On je umro nakon samo devet godina, oko svoje osamnaeste, a za njim je nakratko na tron došao stari i vjerni Ay, no ni on nije mogao sačuvati ništa od Ehnatonovih težnji. Nakon njegove smrti moć je preuzeo vojskovođa Horemheb, a tron je prepustio svom vojnom prijatelju Ramzesu, čime je nastala 19.-ta dinastija.

Gore izloženim pojašnjenjem razišao se tamni oblak nad Ehnatonovom biografijom: navodno odbacivanje svoje supruge i ozloglašeni odnos sa Smenkhare, kojem je bio toliko predan da ga je čak učinio svojim nasljednikom.

Ako želimo zahvatiti u značenje Ehnatonove reformacije u njenoj duhovnoj dimenziji, najprije moramo rasvijetliti još jednu sjenu, naime Ehnatonovu navodnu ikonoklastiju. Zaista su u Egiptu sa mnogo stela uklonjena imena bogova, a sumnja je pala na Ehnatona, kao jedinog faraona koji je u vezi s tim mogao biti u pitanju. Ističe li se Ehnatonova reformacija uništavajućim bijesom i netolerancijom?

Promotrimo kao prvo "Meku" Ehnatonova slavljenja Atona, grad Akhetaton. Je li taj grad, koji se nalazio u izoliranom području, bio diktatorski sektaški centar u kojem je svima prisutnima nametnut sasvim određeni program? Christine El Mahdy u svojoj knjizi tvrdi:

"Da je Amenofis IV [Ehnaton] prezirao druga božanstva, u stvari je raširena zabluda. Doduše, centralni hram u Tel el Amarni jest podignut Atonu, ali to odgovara osnovnom planu izgradnje gradova u cijelom Egiptu. Moglo se računati s tim da je u svakom gradu prevladavao lik i ime jednog "lokalnog" Boga. Već kratki pogled na izvještaj sa iskopavanja britanskog tima, koji je objavljen pod naslovom *City of Akhenaton*, kazuje da su praktički u svakoj kući koju je tim iskopao pronađene figure drugih Bogova [...] Nema dokaza koji upućuju na to da je on insistirao isključivo na štovanju Atona u cijelom novom gradu. Upravo suprotno, pronađene figurice pokazuju da je ili postojala na tom mjestu manufaktura koja je figurice proizvodila, ili su isporučene izvana u velikim količinama, kako bi se zadovoljila potražnja. Ni jedna od ovih mogućnosti ne bi se mogla prikriti od kralja koji je vladao gradom. Obje pokazuju da kralj ni u kom slučaju svoje zamisli nije nametao drugima, nego ih je samo predstavio i onda prepustio ljudima da ih slijede ili ne. Ova slika jako se razlikuje od heretika i ikonoklasta, kakvim se Ehnaton općenito prikazuje."

Činjenica da su čak i u Atonovom svetom gradu bili prisutni i likovi drugih Bogova pokazuje, s jedne strane, da stanovnici tog grada nisu bili sektaški nastrojeni, a s druge, da Ehnaton nije težio apsolutističkom monoteizmu. K tome, pitanje je da li je on u kasnoj fazi svoje vladavine naredio "ikonoklastiju", uništavajući pohod protiv likova i imena Bogova.

"Budući da Ehnaton ni u svom vlastitom gradu, kojeg je podigao posebno za Atona, nije proveo isključivo štovanje njega, teško je zamisliti da se dogodila ikonoklastija onakve vrste, kako se često tvrdi [...] Kad se svjedočanstva pomno prostudiraju, utvrdit će se da nedostaju jasni dokazi za ikonoklastiju." (*isto*, 271f)

Na gornjim krajevima stupova luksorskog hrama, izgrađenog pod Amenofisom III, izgrebani su hijeroglifi Amonovog imena. Ovo je jedan od najčešćih primjera koji se navode kako bi se demonstriralo da se "ikonoklastija" dogodila po Ehnatonovoj zapovijedi. Je li Ehnaton posegnuo za djelima vlastitog oca? To je krajnje dvojbeno, to više što su Amonova imena odstranjena sa *gornjeg* kraja stupova, na visini od više metara, pa se s tla ionako više ne mogu pročitati. Nasu-

271

prot tome, na istim stupovima ista ta imena, koja su postavljena u visini očiju, nisu uništena! Mora se znati da je taj hram, nakon propasti egipatskog imperija, tijekom stoljeća bio zatrpan pijeskom, tako da su još samo gornji krajevi stupova stršili van. Stoga je očito da se uništavanje provelo tek puno kasnije, *sa pješčanog tla* – a ne za vrijeme Ehnatona, s ljestvama.

To što su imena Amona i drugih bogova u hijeroglifima sadržavale ptičje i ljudske figure kao "slova", moralo je za muslimane, koji su bili protiv bogova i slika, predstavljati neprihvatljivo klevetanje Boga – a od prije više od 1000 godina tu žive muslimani! (A turizam i zaštita spomenika postoje tek 100 godina ...)

Dakle, ako su *muslimani* izbacili slova bogova, time su automatski uništili i odgovarajuća imena. Druga mogućnost je da su "počinitelji" bili rani kršćani, tj. novoobraćeni egipćani u prvim stoljećima nakon Krista. Iz ovoga se može pretpostaviti da su oni čak rudimentarno poznavali hijeroglife, stoga su ciljano išli na imena bogova. Jer Stari Zavjet zahtijevao je uništenje egipatskih bogova ...

Kad su u 19. st. na te lokacije stigli egiptolozi, i postupno otkrili izgrebana imena, smatrali su da imaju pred sobom tragove konflikta iz starog doba. A kako je među faraonima bio samo jedan sumnjivi kandidat, naime Ehnaton, to uništavanje pripisano je njemu.

Imena su "izbrisana", ali tko je to učinio i kad, nejasno je. U rano vrijeme 19. dinastije zatrta su imena Ehnatona i njegove obitelji, stoga je za egiptologe bio prirodni zaključak vidjeti u tome protureakciju na Ehnatonovo uništavanje: on je uništio imena bogova, pa su onda uništena i *njegova*. Zvuči logično, ali opet, ovaj zaključak nije uvjerljiv. Ako je to zaista napravio Ehnaton, mora se postaviti pitanje zašto su kasniji faraoni zlodjelo omraženog heretika naprosto ostavili da stoji i božja imena nisu ponovo uklesali. Ipak se vladavina faraona u Egiptu održala još oko tisuću godina. Kroz to vrijeme mora da je najmanje jedan od mnogih faraona došao na ideju da renoviranjem natpisa bogova postigne trajnu slavu i božansku naklonost.

Naravno, nije isključeno ni da je pod Ehnatonom došlo do nekih primjera demonstracije moći, npr. protiv određenih svećenika i njihovih centara moći, i da su pojedini radikalni Atonovi sljedbenici uništavali statue bogova i natpise s imenima. Moramo imati pred očima tadašnju situaciju. *Faraonova volja bila je Božja volja*, a podre-đeni, ili barem sljedbenici, osjećali su, s religioznim uvjerenjem, oba-vezu prema toj volji. K tome, oni odani faraonu željeli su vidjeti jed-nog jakog i *pobjedonosnog* faraona. (Tako postoje, npr. prikazi Ehnatona, a i Nefertiti, pri "pobjedi nad neprijateljima", što je tada bilo tradicionalno, klišeizirano veličanje: faraon kao "pobjednik" i " gospodar nad svim neprijateljima".)

Ehnatonov "moderni" teizam

Nakon svih ovih povijesnih pojašnjenja, sada smo u stanju zahvatiti u sadržaje Ehnatonove reformacije bez utjecaja široko rasprostranje-nih predrasuda. Biografski tragovi pokazali su da su Ehnaton i Ne-fertiti bili povezani u božanskoj i zemaljskoj ljubavi, i da su se zajed-nički potrudili prenijeti ljudima radosnu, duhovnu božansku svijest, unatoč svim odbijanjima i razočarenjima koje su morali podnositi. Na osnovu vlastitog iskustva Boga imali su snage plivati protiv struje cijelog doba. Kao vođe jedne velesile, htjeli su ljude osloboditi od magije, praznovjerja i ovisnosti o svećenicima.

"Gdje su dvojica ili trojica sabrani u moje ime tu sam i ja među njima." Djelovanje Ehnatona i Nefertiti neposredno podsjeća na ovaj princip individualnog otkrivenja Boga i unutarnjeg posvećenja. U mnogim prikazima mogu se vidjeti udvoje, često i zajedno sa svo-jim kćerima ili Ehnatonovom majkom Tujom, a u sredini, poviše njih, uvijek je prisutan Aton, sjajeći, blagoslivajući i životvoran.

Ehnaton i Nefertiti nesumnjivo su bili posvećenici, kako kroz vlasti-to unutarnje posvećenje, tako i kroz škole misterija s kojima su osje-ćali povezanost. Stoga bi bilo vrlo začudno ako bi svoja duhovna saznanja propagirali nasiljem i apsolutističkim zahtjevima. Kad se mladi kralj nazvao Ehnatonom, promijenio je samo rođeno ime, Amenhotep, ali ne i svoje vladarsko ime pod kojim ga je narod znao: Nefer Keperu Re Va-en-Ra. Uglavnom je nazivan jednostavno Va-en-Ra. Narod ga nije zvao Ehnaton:

> "O promjeni njegova rođenog imena većina njegovih suvre-menika najvjerojatnije nije ništa znala. Vladarsko ime, Nefer Keperu Ra Va-en-Ra, ostalo je, međutim, nepromijenjeno cijelo vrijeme njegove vladavine. Imajući u vidu pretpostav-

ARMIN RISI: SVJETLOST NE STVARA SJENU

ku da je on protjerao sve druge bogove i izabrao Atona za je-
dinog Boga, zanimljivo je vidjeti da je njegovo ime glasilo
Nefer Keperu *Ra* i da je dvije posljednje kćeri nazvao Nefer-
nefer*ura* i Setpen*ra*. Ovo baš i ne govori u prilog teorije o
monoteizmu." (El Mahdy, str. 345)

Ra je ime Boga Sunca i često se spominje skupa s Amonom: Amon-
Ra. Ehnatonovo službeno kraljevsko ime poziva se dakle na Ra, a ne
na Atona. Ono što mu je ležalo na srcu očito nije bio sektaški mono-
teizam, nego *duhovni teizam*.

Ehnaton je sebe javno nazivao samo Va-en-Ra, što je dao pi-
sati bez ukrasa i atributa. Obično su se kraljevska imena slagala u
dvije kartuše, ali Ehnaton nije u dvije kraljevske kartuše stavio svoja
imena, već Atonova, s dodacima nalik definicijama, koji nam danas
daju teološko objašnjenje što, odnosno tko, je za njega bio "Aton".

Od osme godine Ehnatonove vladavine prestalo se prikazivati
Boga u ljudskom ili životinjskom obličju. Dok se do tada prikazivao
kao sokol ili ljudsko biće sa sokolovom glavom i sunčevim diskom
na njoj, sada se pojavljuje samo univerzalni simbol: Sunčev disk sa
zrakama koje ulaze u ruke.

Uobičajeno, "Aton" znači "Sunčev disk". Međutim, Ehnaton
pod tom riječju nije mislio samo na fizičku pojavu Sunca na nebu,
već i na simbolični prikaz Boga. Sunčev disk je sjajni, savršeni krug,
koji je ispunjen u sebi i istovremeno zrači u svim pravcima darujući
svjetlošću ispunjen život. Aton je simbol za božju moć i nevidljivog
Boga, tj. za energiju (krug i zrake) i individualnost Boga, prikazanu
kroz ruke i kraljevska znamenja Sunčevog diska. U skladu s tim, Eh-
naton je u svojoj Himni Suncu Atona nazvao darovateljem svega ži-
vota i ocem svih ljudi, životinja i biljaka.

S "Atonom", Ehnaton je pronašao put kojim se nevidljivo – je-
dinstvo iza svih zraka – može predstaviti vidljivo. To je bio duhovni
paradoks: nevidljivo je simbolizirano najvidljivijim, Suncem. Sva os-
tala božanstva sadržana su u ovom jedinstvu i ne trebaju odvojeno
čašćenje. To je Ehnaton želio pojasniti ljudima, ali je očito samo ne-
kolicina razumjela što je on svojim isticanjem Atona htio.

Bez Aton-svijesti je svako bogoštovanje puka materijalistička
ili magična larma. S Aton-sviješću, svi bogovi mogu biti prepoznati
kao aspekti jednog Boga i s tim se razumijevanjem mogu i štovati,

kao što se i događalo u mnogim privatnim kućama Akhetatona. Amon znači "Skriveni", a Ra (ili Re) "Ljepota/Lijepi", posebno u odnosu na Sunce, jer ono je božanski medij za svu svjetlost i sav život na našem svijetu.

Savršenu simboliku Sunca, svjetlosti i Boga Ehnaton je izrazio u svojim definicijama Atona, koje je dao upisati u kraljevske kartuše, na primjer: *"Ra-Harakte, koji na horizontu slavi, u svojoj svjetlosnoj pojavi, Aton je, Aton živući, veliki, gospodar neba i zemlje."*

"Ra-Harakte, koji na horizontu slavi" je fizičko sunce prije ili poslije podne, doslovno "Ra kao Horus oba horizonta". Jutarnje Sunce odmah po izlasku zove se Kepri, a Sunce pred zalazak Atum. Sunce u zenitu naziva se Aton. Samo kad Sunce stoji u zenitu, uspravno postavljen štap ne pravi sjenu. U tom smislu, Aton čak i kao fizički pojam ima duhovnu simboliku. Kraljevska definicija Boga kazuje, dakle, da Bog u fizičkome jest Ra-Harakte, koji je istovremeno, "u svojoj svjetlosnoj pojavi", u duhovnoj simbolici svjetlosti, i Aton: apsolutna, nezasjenjujuća individualnost Boga. U tom smislu je Aton "živući, veliki", tj. izvor svega života i sveobuhvatna, vječna prisutnost, stvarajuća prasvijest: "gospodar neba i zemlje". Tako smo dospjeli do biblijskih formulacija, i ne iznenađuje što hebrejska riječ *Adonai* "Bog gospodar" (opis božjeg imena Yhwh) izravno podsjeća na egipatsko Božje ime Aton.

Znakovito je i Ehnatonovo vladarsko ime Nefer Keperu Ra Va-en- Ra, uglavnom prevedeno s nekako praznim izrazima: "Lijep (savršen) u obličjima (pojavnim formama) je Ra, jedini od Ra". Ehnaton se nazvao Va-en-Ra. Kao faraon, on je "jedini sin" Ra, neposredni predstavnik Boga. Istovremeno, ovo ime ukazuje na to da je on živio u jedinstvu s Ra, u "Aton-svijesti", koji ga je uopće i učinio "jedinim od Ra" – a taj Ra definiran je u prvom dijelu vladarskog imena: Ra je savršena ljepota, koja se izražava u beskrajnim oblicima. Tom sveobuhvatnom Bogu služi Va-en-Ra, po istini i ljubavi živući predstavnik Boga, zajedno s "Meri Va-en-Ra", "voljenoj od Va-en-Ra".

Važnost jedinstva s božanskim, koje se izražava i u jedinstvu ljubavi muškarca i žene, pokazuje se i u ceremonijama koje su provodili Ehnaton i Nefertiti. U Atonovom hramu u Akhetatonu, pod otvorenim nebom, u izolaciji Amarne, faraon i njegova supruga provodili su svjetlosnu službu Božju. Žena je smjela punopravno s muškarcem biti u svetištu, i tom prilikom je nosila posebnu ceremonijalnu odoru: samo krunu i ogrtač koji se spajao u visini grudi, a prema dolje razdvajao, tako da su noge i abdomen mogli biti neposredno dodirnuti sunčevim zrakama. U nijednoj drugoj religiji ženstvenost nije bila na takav način vrednovana i poštovana. (Atonov hram bio je dostupan svim građanima. Faraonski par provodio je ceremonije u otvorenom dvorištu, na povišenom oltarskom podestu. "Svetinja nad svetinjama" se, dakle, nije nalazila u zatvorenom, samo za odabrane svećenike dostupnom prostoru.)

Međutim, istinski hram za sve ljude je onaj duhovni: piramida svjetlosti, čiji je vrh Sunce. U tom hramu ima mjesta za sve ljude, jer Sunce je jedino zajedničko što svi ljudi na Zemlji vide. Svaki čovjek ima jednaki dio svjetlosti. To je velika vizija, koju je Ehnaton objavio u svojoj Himni Suncu: jedna Zemlja, jedno čovječanstvo, jedan Bog.

Posebno je dojmljivo što Ehnatonova pjesma Suncu[3] još i danas može oduševiti ljude i dirnuti ih iznutra. U raznim grobovima pronađene su duže i kraće verzije ove "himne", i zato postoje znatne razlike u prijevodima. Duža verzija ovdje bi ispunila oko pet stranica.

Velika svečana pjesma Atonu

Tvoj izlazak na obzorju je divan,
Ti živi Atone, koji si prvi živio!
Kad se uzdižeš na istočnome rubu neba,
Svaku zemlju ispunjaš svojom ljepotom.
Jer ti si lijep, velik i blistav.
Visoko si povrh zemlje:
Tvoji zraci grle sve zemlje,
Da, upravo sve što si stvorio.
Ti si Ra, te si ih sve zasužnjio,
Okivajući ih svojom ljubavlju.
Premda si daleko,
Tvoji zraci dopiru do Zemlje,
Premda si gore visoko,
Tvoje su stope dan!

---

3 ("Slavljenica Atonu", preuzeta uz dopuštenje izdavača iz knjige Phillipa Vandenberga *Kolijevka na Nilu: Nefertiti, Ehnaton i njihovo doba*; prijevod: Stjepan A. Szabo, Zagreb, 2000., prim. prev.)

Kad zađeš na zapadnome rubu neba,
Svijet tad ostaje u tami,
Kao da je sve mrtvo.
[...]

Rasvijetli se sva zemlja,
Kad izlaziš na obzorju.
Tama je prognana,
Kad uputiš svoje zrake.
[...]

Koliko su raznovrsna tvoja djela,
O ti jedini Bože, čiju moć nema nitko drugi.
Ona nam je skrivena,
Ti si stvorio svijet prema svojoj želji,
Dok si još bio sam.
[...]

Ti si napravio daleko nebo,
Kako bi izlazio na njemu.
Te gledao sve što si stvorio,
Dok si bio sam,
Blistajući svojim likom kao živući Aton,
Dok svićeš, sjajiš,
Odlazeći i vraćajući se ponovno.

Ti si stvorio milijun likova,
Iz sebe samoga.
U gradovima, selima i zaselcima,
Na cestama ili na rijekama.
Sve oči vide te pred sobom,
Dok su Sunce tijekom svakog dana,
Povrh zemlje.

Ti si u mojemu srcu,
Nema nikoga drugog, tko bi te poznavao,
Osim tvojega sina Ehnatona.
Ti si ga posvetio u svoje zamisli
I u svoju snagu.
Svijet je u tvojoj ruci,
Kakvim si ga napravio.
Kad se pojaviš oni (ljudi) žive,
Zađeš li, oni umiru.

Jer ti si sam životna dob, te se živi kroz tebe.
Sve oči gledaju tvoju ljepotu,
Dok ne zađeš.
Svi poslovi se prekidaju,
Kad nestaneš na zapadu.
Kad se pak uzdižeš, oni se pripravljaju,
Kako bi rasli za kralja.
Otkako si utemeljio Zemlju,
Ti si ih podigao,
Podigao si ih za svojega sina,
Koji je proistekao iz tebe,
Kralja koji živi od istine.
Gospodara obiju zemalja,
Nefer-heperu-Rea, Ua-en-Raa,
Sina Raovog, koji živi od istine,
Gospodara krune Ehnatona, čiji je život dug.
(I za) Veliku kraljevu suprugu,
Gospodaricu obiju zemalja, koju on ljubi,
Nefer-neferu-Aton, koja živi za uvijek i za vječnost.

U svojoj knjizi *Akhenaton et Nefertiti: le couple solaire*, autor Christian Jacq strukturira sadržaj Himne Suncu sljedećim podnaslovima: "Rođenje i isijavanje Sunčevog načela/ Nedostatak Sunčevog načela je kao smrt/ Sunčevo načelo stoji na početku svega života i može rasti u svim svojim oblicima/ Sunčevo načelo je Jedno i Mnogo/ Sunčevo načelo upravlja harmonijom svijeta. Sve živuće od njega je stvoreno i ostaje u vječnosti."

Modernim, "logičnim" čitateljima Himna Suncu djelimice zvuči skoro kao naivno divljenje Suncu i prirodi. Ali kad se čita mitskim očima ondašnjih posvećenika, svaka slika otkriva svoj viši, vertikalni smisao, jer je i najbeznačajniji događaj na Zemlji, kao što je izlijeganje pilića, djelo neizmjernog duha koji se otkriva u beskrajno mnogo oblika. Bog je daleko, a ipak blizu. Tmina vlada, tako dugo dok je svjetlost odsutna, a svjetlost je djelo Božje. Ehnaton je suprotnost dana i noći primijenio s jedne strane naturalistički, a na jednom višem nivou također i simbolički. On je opisao zemaljsku noć kao dopunu danu, kao vrijeme spavanja i oporavka. S druge strane, "noć" znači i tamu – odsutnost svjetlosti – sa svim dalekosežnim značenjem ove prirodne slike: svjetlost kao simbol Apsolutnoga, "Atona": "O ti jedini Bože, čiju moć nema nitko drugi."

Ovaj redak potječe iz jezgre Himne Suncu i uvijek se prevodi na način koji bi trebao odgovarati Ehnatonovom (navodnom) monoteizmu. Ipak, Aton nije "jedini Bog" u smislu jednog Boga koji kraj sebe ne trpi druge bogove. Sa svim zemaljskim dodacima, Aton je "apsolutni" Bog koji u sebi ujedinjuje sve relativno, pa tako i noć i tamu:

> "Premda si daleko, Tvoji zraci dopiru do Zemlje [...] Kad zađeš na zapadnome rubu neba, svijet tad ostaje u tami, kao da je sve mrtvo." Ipak, ni u tami Zemlja nije uistinu mrtva, jer svjetlost je nesmanjeno prisutna onkraj tame, i uvijek se pobjedonosno vraća. Svjetlost je jedina sila koja može rastvoriti tamu.

Himna Suncu otkriva ponešto i o Ehnatonovim političkim pogledima. On Atona naziva gospodarom svih ljudi i svih zemalja ("Tvoji zraci grle sve zemlje"), kako Egipta tako i onih naroda koje je Egipat označio neprijateljima. Ehnaton te narode više ne želi gledati kao neprijatelje, već kao ljude, čak i ako oni u njemu, tj. Egiptu vide neprijatelja. Za tadašnje ratničke narode, ali i za Ehnatonove vojskovođe, takav je stav bio neshvatljiv i neoprostiv. Kad se pročulo da Egiptom vlada jedan "slabi" faraon, u provincijama je došlo do ustanaka ili napada drugih kraljeva. Kako stoji u državnoj arhivi pronađenoj u Amarni, mnogi vazali i saveznici obratili su se Ehnatonu moleći za pomoć, no on nije reagirao objavljivanjem ratova. Politički i militaristički bio je to dotad neviđeni "nedostatak odgovornosti". Za samo par godina izgubljen je Sjever, kojeg su osvajale generacije faraona. Vjerojatno je ta prividna ravnodušnost bila razlog što su vojskovođa Haremhab i prvi faraoni 19. dinastije osjećali nepomirljivu mržnju prema Ehnatonu, heretiku i uništavatelju kraljevstva.

Ehnaton je ostavio znak za budućnost, koji je daleko nadilazio tadašnju dnevnu politiku. Već stoljećima su njegovi prethodnici uvijek iznova vodili ratove, a to nije donijelo mir. Rat očito nije način da se postigne mir! Pa čak i kad su svećenici, plemstvo i narod zahtijevali nove ratne pohode, Ehnaton je želio barem osobno pridržavati se duhovnih ideala. On je bio faraon, i tako dugo dok je imao moć, mogao je činiti što *on* hoće. Je li se krvoproliće trebalo nastavljati unedogled? Podređenima u svakom slučaju nije činilo veliku razliku kome će plaćati svoj danak. Ehnaton nije razmišljao nacionalistički i nije želio biti tek puki zastupnik egipatskih svjetovnih interesa. I tako je učinio nešto što prije njega nije učinio ni jedan državni vođa: Suzdržao se od uzvraćanja! Neprijatelje nije želio susresti kao neprijatelj. Možda se nadao da će i neprijatelji doći do takvog uvida, možda čak i do višeg razumijevanja Boga u Atonovom smislu, kao temelj za jedan viši mir.

Politički gledano, to je bila iluzija i greška s teškim posljedicama. Iz duhovnog pogleda, to je bio prvi prodor koji do danas čeka odgovarajućeg nasljednika. (Slijediti Ehnatona značilo bi npr. da amerikanci nakon 11. rujna nisu "uzvratili". Bez rata u Afganistanu, bez rata u Iraku, bez iskorištavanja okolnosti koje im je iznenada pružio taj jedan dan. Kakav bi to bio znak za cijeli svijet! Jedan neviđeni, jedinstveni doprinos svjetskom miru! Ali, i bez Ehnatona su vođe SAD-a mogli tako odlučiti, jer naposljetku isto to, i još više, stoji u Bibliji na koju se zaklinju ...)

> "Ali, u jednom dalekom vremenu, 1300 godina prije Kristovog rođenja [...] pravo je iznenađenje vidjeti istinsku svjetlost koja se nakratko probila, kao Sunce kroz procjep na oblaku, i vidi se da je došla prerano. Čovječanstvo, koje ni danas nije zrelo, tada je bilo potpuno nepripremljeno [...]. Ehnaton je vjerovao u Boga, a njemu je ta vjera značila istinsku nesklonost prema ratu. Kad se ovo provjeri u materijalima dostupnima za proučavanje tog povijesnog perioda, događaji u Siriji mogu se objasniti samo na jedan način: Ehnaton je odlučno odbijao upustiti se u bitku, jer je vjerovao da je poziv na oružje uvreda za Boga [jer je Bog otac svim narodima] Što god ga snašlo – sreća ili nesreća, pobjeda ili poraz – htio je ostati vjeran svojim načelima i ne vraćati se starim bogovima rata. [...]
> [kraljevstvo je bilo osobno vlasništvo faraona.] Odbio se boriti za svoje osobno vlasništvo, doslovno se pridržavajući kršćanskog načela da se da kaput onome tko ti je ukrao odijelo."
> (Arthur Weigall: *Echnaton: König von Ägypten und seine Zeit*, 1923.)

Egiptolog James H. Breasted u svom djelu *Geschichte Ägyptens* piše:

> "[...] čak i moderni svijet još ima muke približiti mu se i upoznati se s njim, jer je u tako dalekom vremenu i pod tako nepovoljnim okolnostima bio ne samo prvi svjetski idealist,

prvi svjetski *individuum*, nego istodobno i prvi monoteist i prvi propovjednik međunarodnog razumijevanja – najizvanrednija osobnost Starog svijeta prije nastupa hebreja. "

Takvi rani egiptolozi kasnije su bili uvelike kritizirani zbog pozitivne ocjene Ehnatona. No i ovdje se, kako to često biva, prvi dojam pokazao ispravnim.

Naravno, Ehnatonova reformacija sadržavala je i problematične aspekte, osobito posebni položaj faraonskog para kao jedinih posrednika Atonovog otkrivenja i jedinih svećenika. No to je za ono doba bilo normalno. Faraon je po tradiciji imao apsolutističku poziciju, koja je bila još naglašenija kad je on, kao Ehnaton, posjedovao vizionarsku karizmu. Međutim, danas se svaki muškarac i svaka žena mogu sami kao "svećenici"povezati s Bogom i iskusiti osobno jedinstvo kao "Božje zrake". Ehnaton i Nefertiti na svoj su način proveli: "Gdje su dvojica ili trojica u moje ime ...", i da se uspjeli taj impuls proširiti svijetom, povijest bi pisali oni, a ne svjetski vladari poput tadašnjih Ramzes-faraona.

Božanska i zemaljska ljubav: Isus i Marija Magdalena

Većina onih koji su i još danas poznati kao sveci bili su ljudi koji su živjeli u celibatu. Buda se odrekao svijeta kako bi postigao prosvjetljenje. U budizmu i hinduizmu većina svetaca također slijedi ovaj put odricanja, slično kao i u kršćanstvu. Snaga da bi se putem moglo ići sam istinski je plod unutarnje cjelovitosti i svetosti. Ipak, nitko nije uvijek zaista sam; u duhovnom smislu svakako ne, a ni u zemaljskom. I asketi, redovnici i redovnice slijedili su put, od svojih pretpostavljenih zadanog religioznog morala i društvene strukture. Premda su te strukture bile rigidne i u mnogo pogleda nipošto tako svete, neki ljudi su mogli – pa i u jednom licemjernom okruženju – postići istinsku svetost. Ti ljudi su u zadanim uvjetima napravili najbolje što su mogli. Takvi "uvjeti" su opstali do današnjih dana, pa tako se još i danas u njima može napraviti najbolje moguće.

Što se kršćanstva tiče, povijest otkriva i ovdje ironiju sudbine, naime: Isus Krist nije bio celibatni rabin ili redovnik! On se nije sklanjao od svakog zemaljskog doticaja. Nije bio ženomrzac, a nije bio ni licemjeran.

Prisjetimo se proroka Joela. Predvidio je da će doći vrijeme u kojem će naoko svjetovni ljudi, "laici" – muškarci i *žene* – čak i oni iz najnižih društvenih slojeva, biti "opunomoćeni" duhom Božjim. Joel je živio u patrijarhalnom, muško-dominirajućem društvu. Njegova vizija morala je, dakle, i za njega biti šokantna i nezamisliva. Ipak, istinoljubivo je govorio ono što je vidio.

Oko pet stoljeća kasnije, tu je viziju Isus još proširio:

> "Vjeruj mi, ženo, dolazi čas kad se nećete klanjati Ocu ni na ovoj gori ni u Jeruzalemu [...] Ali dolazi čas – sada je! – kad će se istinski klanjatelji klanjati Ocu u duhu i istini jer takve upravo klanjatelje traži Otac. Bog je duh i koji se njemu klanjaju, u duhu i istini treba da se klanjaju." (Iv 4, 21-24)

Znakovito je da Isus ove proročke riječi nije izgovorio u odabranom krugu muškaraca, već u neobaveznom razgovoru s jednom "krivovjernom" ženom iz Samarije koja se pet puta udavala, kao što joj je Isus vidovito rekao (4, 18): *"Pet si doista muževa imala, a ni ovaj koga sada imaš nije ti muž"*. Isus nije otkrio ove privatne stvari da bi moralistički kritizirao, nego naprosto da bi istaknuo koga je izabrao da prvi primi njegove proročke riječi. *"Uto dođu njegovi učenici pa se začude što razgovara sa ženom. Nitko ga ipak ne zapita: 'Što tražiš?' ili 'Što razgovaraš s njom?'"* (Iv 4, 27)

> "A ima još mnogo toga što učini Isus i kad bi se sve redom popisalo, sav svijet, mislim, ne bi obuhvatio knjiga koje bi se napisale." (Iv 21, 25, zaključna rečenica Evanđelja po Ivanu)

Zaista su bili napisani mnogi spisi, ali od izvorno više od pedeset evanđelja samo *četiri* su dospjela u od Rimske crkve uređen Kanon. Ostala evanđelja od Crkve su odbačena kao "apokrifi",[4] mnogo ih je i uništeno. Međutim, neka su nadživjela sva stoljeća i kasnije bila ponovo otkrivena.

Do važnog nalaza došlo je 1945. u Nag Hammadiju, Gornji

---

4 Ovi, od Crkve nepriznati spisi, još i danas se nazivaju "apokrifima", od grčkog *apokryphos*, "podmetnut, lažan", zapravo "skriven"

Egipat, gdje su lokalni stanovnici pronašli zakopane glinene ćupove koji su sadržavali originalne spise gnostičkih kršćana iz 3. i 4. stoljeća, među ostalima i Tomino i Filipovo evanđelje, kao i fragmente Marijinog evanđelja. Ovdje se pod Marijom misli na Mariju Magdalenu!

Ovi novootkriveni spisi nisu otkrili radikalno drukčiju sliku Krista od one već poznate. I za rane kršćane Isus je bio božanska inkarnacija ("utjelovljenje" Božje riječi), nazivali su ga "Spasiteljem" i potvrdili su uskrsnuće. Svi ovi mistični aspekti nisu, dakle, mogli biti tek kasnija izmišljotina Crkve. U Marijinom evanđelju i u već ranije pronađenom spisu *Pistis Sophia* preneseni su čak i dijalozi između Isusovih nasljednika, prije svega Marije Magdalene, i uskrslog Krista!

Ipak, prepoznaju se i ozbiljne razlike od biblijskog Isusa. Iz "necenzuriranih" evanđelja proizlazi da Isus nije osnovao mušku crkvu. Tomino i Marijino evanđelje izvještavaju o konfliktu u vlastitim redovima, jer neki mlađi učenici, prije svega Petar, nisu željeli prihvatiti da Marija Magdalena, na osnovi njene tijesne veze s Isusom, ima posebno mjesto. U posljednjem logistikonu (114) Tominog evanđelja opisuje se kako se Petar, čak i u Isusovom prisustvu, okrenuo protiv Marije Magdalene i pokušao na isto navesti i ostale učenike:

"Šimun Petar im reče: 'Neka Marija ode od nas, jer žene nisu dostojne života.'"

Time je Petar mislio da žene nisu dostojne *duhovnog* života, tj. duhovne poduke i prakse – čime je naprosto zastupao tada uobičajeno mišljenje. Isus je odgovorio laganom ironijom, pa znao je da je Marija posvećena duhovnoj praksi više od svih njegovih učenika, koji su velikim dijelom bili nepismeni i doskora bili jednostavni radnici i ribari.

Kako bi presreo Petrove seksističke predrasude, Isus je rekao da će Mariju pretvoriti u muško, kako bi, kao i prisutni muškarci, postala dostojna božanskog kraljevstva – čime je indirektno pitao jesu li oni, muškarci, zaista dostojniji od Marije. U prenesenom smislu, ovdje muško znači i "duhovno", a žensko "materijalno":

"Isus reče: 'Vidite, ja ću je voditi, kako bi je učinio muškom, da ona, kao i vi, postane živući duh. [Uzet ću je sa sobom u Božju sferu, onda više neće biti žensko, nego isti takav muški živući duh kao što ste vi.] Jer, svaka žena koja se učini muškom ući će u Kraljevstvo.'"

I nakon Isusovog raspeća i uskrsnuća, ovaj konflikt i dalje je postojao. Kraj Marijinog evanđelja donosi ovu scenu:

"Nakon što Marija to reče, zašuti. Ovo je bilo to što je Spasitelj rekao njoj. Ali, Andrija je govorio protiv nje i reče braći: 'Recite, što mislite o Marijinim riječima? Ja ni najmanje ne vjerujem da je Spasitelj to rekao. Jer ovo su strana učenja'. Javio se Petar, i pitao o Spasitelju: 'Treba li Spasitelj potajice govoriti jednoj ženi, pretpostaviti je nama i ništa ne otkriti? Što bi sad trebali učiniti? Trebamo li razmisliti i poslušati je? Je li se Spasitelj njoj priklonio, pred nama?' Tad zaplaka Marija Magdalena i reče Petru; 'Moj brate Petre, što onda vjeruješ? Misliš li da sam to sama smislila u svom srcu, ili da lažem o Spasitelju?' Levi je umiri i reče Petru: 'Petre, ti si oduvijek nagao. I sad moram gledati kako ustaješ protiv ove žene kao da je protivnik (neprijatelj, đavao). Pa ako je nju Spasitelj opunomoćio za njene zadatke, tko si onda ti da je naprosto proglasiš nevjerodostojnom? Sigurno je Spasitelj jako dobro poznaje. Zato je nju volio više nego nas.'"

A taj Petar, tvrdi crkvena Biblija, jest stijena na kojoj je Isus sagradio svoju "Crkvu". Kada Petar kaže da žene "nisu dostojne toga da imaju život", ili, prema drugim prijevodima, da "žene nisu dostojne života", to je Petrova crkva u sljedećim stoljećima čak shvatila doslovno ...

Izgleda da je Isus uz sebe imao uzak krug posvećenika (Marija i druge žene, Josip iz Arimateje, itd., možda i neki od učenika, kao npr. Ivan), dok je družina učenika činila vanjski, egzoterični krug, što je Petra očito prilično ljutilo.

U Filipovom evanđelju nalazimo nedvosmislene dokaze o Isusovoj *zemaljskoj* ljubavi:

"Tri žene bile su uvijek uz Gospodina: njegova majka Marija, njegova sestra i Magdalena, koje se zvala njegovom "suputnicom". Njegova sestra, i majka, i suputnica zvale su se Marija."
(32, 1-2)

"Spasitelj je volio Mariju Magdalenu više nego sve učenike. Često ju je ljubio u usta, što je učenike činilo ljubomornima, toliko da se gunđali. Pitali su: ' Zašto ti voliš nju više nego svih nas?' Spasitelj odvrati: 'Zašto vas ne volim tako puno kao nju?'" (55, 2-6)

Čak i danas bio bi skandal kad bi se muškarac, na ulicama Jeruzalema ili u židovskom krugu, usudio poljubiti svoju ženu pred drugima, o "životnoj saputnici" da se i ne govori. Ali Isus, mladi iscjelitelj i "ezoterik" činio je to prije dvije tisuće godina, izazivajući time nezadovoljstvo čak i kod vlastitih učenika. Isusov odgovor zvuči skoro kao da se zabavlja: "Što mislite, zašto ovu ženu volim više od vas muškaraca?"

Isus je volio Mariju Magdalenu i nije držao da je ispod njegova dostojanstva to i otvoreno pokazati. U ekstremno patrijarhalnom društvu tog vremena Isus je pokazao da božanska ljubav ne isključuje ljudsku ljubav. Bila je to otvorena provokacija; pa rečeno je da će takvo nepoštivanje društvenih i konfesionalnih dogmi biti od Boga kažnjeno – a svećenici su ustvrdili da su oni neupitni zastupnici Boga na zemlji. No Isus i Marija preskočili su prepreku umjetno nametnutih strahova: strah od svećenika, strah od prijetnji iz svetih spisa i strah od (navodnog) prokletstva. Očito, njihova ljubav nije oslabljena ili od Boga odbačena. Kad je hajka počela, Isus je otkrio svoju bezuvjetnu, čistu ljubav, kako prema svojim prijateljima, tako i prema agresorima. Kad je Isus bio razapet, Marija je pripadala nekolicini ljudi koji su ostali na njegovoj strani, dok se većina muškaraca (osim Ivana) zbog straha i sumnje sakrila. U tim trenucima najvećeg iskušenja, kad je sve izgledalo beznadno, ona i Isus morali su podnijeti zlurade primjedbe o njihovoj "nezakonitoj" i naizgled razorenoj ljubavi. Ipak, kako povijest pokazuje, njihova ljubav nije bila razorena, i nije mogla biti sasvim protjerana iz pamćenja ljudi.

Marija, Izida i gnoza

Marija Magdalena velika je zagonetka Isusove biografije. Evanđelja je opisuju kao grešnicu i bludnicu koju je Isus obratio istjerujući iz nje "sedam zlih duhova"; pripadala je ženama koje su Isusa podupirale svojim imetkom (Lk 8, 1-3). Nakon onog što smo vidjeli u apokrifnim evanđeljima, nameće se sumnja da su evanđelisti, odnosno rimski povjerenici kanona, Mariji Magdaleni namijenili poziciju "grešnice" kako bi potisnuli daljnja pitanja o njenom porijeklu i ulozi u Isusovom životu.

"Magdalena" ne znači ništa drugo do "Magdalenjanka; žena iz Magdale". Sporno je što se smatra pod Magdalom. Tradicionalne interpretacije Biblije drže da je Magdala isto što i ribarsko selo El-Mejdel na sjeverozapadnoj obali Genezaretskog jezera u Galileji. Međutim, ne znamo je li to izjednačavanje točno i da li se El-Mejdel u Isusovo vrijeme zaista zvao Magdala. Kod židovskog povjesničara Josipa Flavija, koji je živio samo par desetljeća nakon Isusa, El-Mejed se zvao sasvim drukčije, naime Tarikeja.

Drugo mjesto koje dolazi u obzir kao Magdala je grad Magdolum u sjeveroistočnom Egiptu, koji leži blizu granice s Judejom. Moguće da je taj grad isto što i grad Migdol koji se višekratno spominje u Starom zavjetu. Iskapanja su iznijela na svjetlo važnu grčko-egipatsku utvrdu iz 6.st. prije Krista.

Ali čak i da je Marija potekla iz Galileje, moramo biti svjesni da ta zemlja nije bila uporište judaizma. Farizeji u Jeruzalemu izražavali su se prezirno o galilejskoj zemlji, ne najmanje stoga što tamo nisu imali velikog utjecaja. Ona je tijekom mnogih stoljeća pripadala egipatskom teritoriju. Egipćani su tamo bili podigli Izidina svetišta, jer Izida je, između ostalog, bila i božica plodnosti. A Galileja je, zahvaljujući svom geografskom položaju i slatkovodnim jezerima, bila blagoslovljena velikom plodnošću. Egipatski utjecaji bili su zasigurno još vidljivi u Isusovo doba, pogotovo što je tada ta zemlja bila pod rimskom vlašću, a rimljani se u načelu nisu protivili "krivovjernim" kulturama.

Je li, dakle, Marija iz Magdale bila povezana s egipatskim školama misterija? Je li bila Izidina posvećenica? Je li ona bila žena koja je, u Simonovoj kući u Betaniji, Isusa pomazala skupocjenim uljem? Nardovo ulje u alabasternoj posudi – za posvećene jasan znak posebnog rituala. U Mt 26, 6-13 i Mk 14, 3-9 stoji samo da je to napravila "neka žena", ali je očito da je bila poznata svima prisutnima. U Iv 12, 3 otkriveno je da je "Marija" izvela taj ritual. I opet se nekoliko učenika diglo protiv te žene imenom Marija. Moglo se, dakle, raditi samo o Mariji Magdaleni (što je i potvrđeno od većine tumača Biblije). Isus je prihvatio taj ritual, kojeg njegovi učenici očito nisu razumjeli, ni najmanje se ne potrudivši da im ga objasni. Ali je obranio Mariju i čak rekao: dok se god svijet bude sjećao njega, Isusa, živjet će i sjećanje na tu ženu.

Tko god izvodi neki ritual, mora imati i autoritet da to učini. Marija je očito posjedovala ne samo novac za taj "luksuz", nego i položaj i iskustvo za izvođenje jednog kraljevskog rituala. Jer, tim ritualom Isus je postao Pomazanik, "Krist". Marija, dakle, nije bila tek jedna žena s ulice, već posvećena "krivovjerna" svećenica. I bila je najbliža Isusova povjerenica – i njegova "suputnica", što god to značilo, obzirom na mističnu pozadinu.

Kad Novi zavjet promatramo iz tog ugla, odjednom upadaju u oči elementi koji nisu židovski, nego "krivovjerni", kao npr. ovaj ritual pomazanja. Ili krštenje vodom koje je provodio Ivan "Krstitelj". Krštenje uranjanjem (hebr. *tvila*) nije bilo nepoznato u judaizmu. "Svakako, ovo uranjanje kod starih proroka nije bilo poznato u tom obliku. Ezekijel govori samo o polijevanju čistom vodom [...]" (Schalom Ben-Chorin: *Bruder Jesus – Der Nazarener in jüdischer Sicht*, München, 1967.) Ono što je Ivan činio nije, dakle, bilo tipično židovski. Međutim, u egipatskoj Izida-tradiciji krštenje vodom na Nilu bilo je jedan od osnovnih rituala posvećenja. Isto tako, i naziv "Sin Božji" u Egiptu je bio uobičajen za faraone i posvećenike, dok je za židovsko slušateljstvo predstavljao vrijeđanje Boga. Isus je i sam istaknuo da i Stari zavjet upućuje u tom pravcu:

"Nije li pisano u vašem Zakonu: *'Ja* [Bog] *rekoh i bogovi ste!* Ako bogovima nazva kojima je riječ Božja upravljena – a Pismo se ne može dokinuti – kako onda vi onome kog Otac posveti i posla na svijet možete reći: 'Huliš!' – zbog toga što rekoh: 'Sin sam Božji!'"

Pa i židovski izvori (kratki spis *Toledoth Yeshu* i dijelovi Talmuda) kažu za Isusa da je bio pod egipatskim utjecajem. Isus je u svojim ranim godinama boravio u Egiptu i bio posvećen u "čarobnjaštvo" (tj. u ezoterijska učenja). Razlog za njegovo uhićenje i smaknuće bilo je to što je, kao lažni prorok, židovski narod zaveo čarobnjaštvom!

Nakon raspeća, Marija Magdalena pobjegla je u južnu Francusku, gdje je već mnogo Židova živjelo u egzilu. Kako je tamo kao Isusova suputnica prihvaćena, ne znamo. Ali, kod njenih nasljednika pojavila se zasebna struja kršćana, koji su od Crkve prozvani "hereticima" i "bezvjercima", a kasnije bili i krvavo progonjeni. U 11. st. došlo je do fuzije s Templarskim redom, čime je "infiltrirano" rimsko kršćanstvo. Pod patronatom bogatog Templarskog reda procvjetala su tajna umijeća, posebice "sveta geometrija", što se izvana očitovalo u zamjeni romaničkog stila gradnje karakteriziranog teškim, ravnim i mračnim crkvenim zdanjima, u izdužene, prozračne i ženstvene forme: gotičke katedrale. Još i danas je za povijest umjetnosti zagonetka kako je to "romanika" praktički *bez prijelaza* zamijenjena ovim genijalnim načinom gradnje.

Gotičke katedrale bile su prije svega hram za *crnu* Madonu s djetetom u krilu. Službeno, smatralo se da je to Marija s djetetom Isusom, što je za insajdere imalo dvostruko značenje: Marija, žena Josipa, s djetetom Isusom, ali i Marija Magdalena s djetetom *od* Isusa! K tome, bio je to i prikaz Izide s djetetom Horusom.

U tom svjetlu, razumijemo i zašto Isusovo učenje, kako je prenešeno u Filipovom evanđelju, ne zvuči biblijsko-dogmatski i crkveno, nego iznenađujuće "gnostički" i mistično, u izvornom smislu čak tantrički. Jezik ovih evanđelja je kriptičan i višeznačan, i često koristi simboliku ujedinjenja muškarca i žene. Ovo se u prvom redu odnosi na "sveto vjenčanje" i "Unio Mystica": sjedinjenje duše s Bogom. Istovremeno, primjena ove simbolike također pokazuje da ljudska intimnost nije bila ni prezrena, niti prokleta. Sjedinjenje i jedinstvo muškog i ženskog odnosi se na pomirenje duhovnog i materijalnog. To je put s različitim koracima posvećenja, koji svoj vrhunac ima u "sakramentu bračne ložnice".

"Dok Eva bijaše u Adamu, smrti nije bilo. Kad se odvojila od njega, nastala je smrt. Ako ona ponovo u njega uđe i on je prihvati, neće biti smrti nikada više. [...] Neka se žena sjedini sa svojim suprugom u bračnoj ložnici. Jer dvoje koje se ujedini u bračnoj ložnici više se neće odvajati. Zato se Eva odvojila od Adama, što se nije s njime sjedinila u bračnoj ložnici."
(71, 1-3; 79, 1-3)

"Što je zapravo uskrsnuće? Ono se događa kroz sakrament bračne ložnice. [...] Otac je Kristu u bračnoj ložnici dao Duha Svetoga [šehinu; Duh Sveti je na hebrejskom žen-

sko!], i on je "nju" primio. Otac je boravio u Sinu, i Sin u Ocu. Tako je to u Kraljevstvu nebeskom."
(67, 6; 96, 1-3)

Ovo su Isusove riječi, kako su zabilježene i proslijeđene od svjedoka i apostola Filipa. Koga čudi što su crkveni vođe pokušavali ovo evanđelje potpuno povući iz prometa? To im je uspijevalo 1700 godina, ali je onda, na njihov bijes, opet pronađeno – znakovito – u Egiptu! (Službeni stav crkve prema ovom spisu kaže da se radi o kasnom sektaškom spisu gnostika, koji nije povijesno relevantan.) Sad kad poznajemo Filipovo evanđelje, možemo ostatke tragova tog ezoterijskog učenja otkriti i u četiri biblijska evanđelja. Isus je više puta koristio poredbu djevice i zaručnika (Mt 9, 15; 22, 30; 25, 1-12), a citirao je i Postanak 1, 27-31, gdje stoji da je Bog stvorio ljude na svoju sliku, kao muškarca i ženu, i da je Bog to djelo smatrao dobrim. A dodao je i da, zbog ljubavi, muškarac napušta oca i majku kako bi živio sa svojom suprugom. *"Tako više nisu dvoje, nego jedno tijelo. Što, dakle, Bog združi, čovjek neka ne rastavlja."* (Mt 19, 6-7)

Usporedimo ovdje citirane riječi s Filipovim evanđeljem: *"Neka se žena sjedini sa svojim suprugom u bračnoj ložnici. Jer dvoje koji se ujedine u bračnoj ložnici više se neće odvajati."* Isus ovdje očito u prvom redu misli na duhovno posvećenje, a tek onda na društveni kodeks. To se pokazuje i kroz njegov razgovor s ženom iz Samarije koju je potpuno poštivao i s kojom se čak šalio – unatoč njenih pet razvoda!

Isusov osvrt na Postanak 1, 27-31 sadrži također jedan neortodoksni element. Kad se kaže da je Bog stvorio muškarca i ženu *na svoju sliku*, onda to ne znači ništa manje nego da sam Bog također ima "muški" i "ženski" aspekt. U židovskoj duhovnoj tradiciji to nije tajna, jer ona poznaje trojstvo Oca, Majke i Djeteta: Jahve, Šehina i "Malkut", stvaranje. U crkvenom tumačenju ovaj je misterij iskrivljen u mušku doktrinu Oca, Sina i Duha Svetoga. Hebrejska riječ *Šehina* podsjeća na sanskrtsku riječ *Shakti*, koja je također ime ženskog aspekta Boga, zajedno sa *Shivom*, muškim aspektom. Kad je Bog Otac i Majka, to se odnosi samo na stvaranje. Ispod toga nisu više Otac i Majka, već *Ljubljeni* i *Ljubljena*. Isto tako, i Bog kao apsolutna individualnost, kao jedinstvo dvojnosti, ima aspekte Ljubljenoga i Ljubljene, na što u vedskom otkrivenju ukazuje misterij Radha-Krišne. Također i Jahve i Šehina imaju te aspekte – a upravo tako i čovjek, stvoren na sliku Božju.

Što se konkretno podrazumijeva pod "sakramentom bračne ložnice", Filipovo evanđelje ne otkriva. Tipična značajka govora posvećenih jest simbolička višeznačnost koja ne niječe sam simbol. To čini iskaz kriptičnim i višeslojnim:

> "Savršeni će poljupcem biti začeti i rođeni. Zato ljubimo jedno drugo, da budemo začeti milošću koja je u svakome od nas." (31, 1-3)

Ove su riječi nedvojbeno promišljene simbolički. Ali, jesu li *samo* simbolične? Poljupci Isusa i Marije bili su fizički (i javni), inače se njegovi učenici ne bi oko toga uznemiravali.

Ova intimna učenja nisu ni u kom slučaju imala za cilj propagiranje *free sexa* ili seksualne magije. S druge strane, jasno su pokazivala da seksualnost nije ništa loše ni grešno; u odgovarajućem odnosu muškarac-žena, ona je sveta: *"milošću, koja je u svakom od nas."*

> "Veličajan je sakrament braka. Bez njega ne bi bilo svijeta. Jer postojanje svijeta ovisi o ljudima, a opstanak ljudi o vjenčanju. Promislite sada najprije o odnosu bez seksualnih primjesa [jer to je nebeski uzor]. On ima golemu snagu! Seksualne primjese samo su odraz. "
> (60, 1-5)

> "Proste, smrtne ljudske čulnosti ne trebaš se ni bojati, niti voljeti je. Ako se bojiš, ona je tvoj gospodar. Tko se boji, ona nad njim vlada. Tko je voli, ona ga sakati i opsjeda." (62,1-3)

> "U ovome svijetu postoji sjedinjenje muškarca i žene, samodopunjivanje snage i slabosti. U nebeskom svijetu, sjedinjenje je nešto drugo." (103, 1-2)

Kao što je već spomenuto, uništenje harmonije između muškarca i žene bila je glavna taktika mračnih sila u njihovu stremljenju ka zadobijanju moći nad svijetom. Isus nam je povjerio zašto oni to rade:

> "Postoje muški i ženski nečisti duhovi. Muški žele općiti s dušama koje obitavaju u ženskim tijelima. Ženski žele općiti s dušama koje obitavaju u muškim tijelima. [...] Ali, kada

vide ženu i muškarca jedno uz drugoga, ženski se duhovi ne mogu približiti muškarcu, ni muški duhovi ženi, a nitko od njih se to ne bi ni usudio. Tako, dakle, stoje odnosi između anđela i duhova i njihovih ljudskih odraza." (61, 1-3/8-9)

"Tko se zaodjene savršenom svjetlošću, toga nevidljive sile ne mogu vidjeti. Stoga mu ne mogu nanijeti nikakvu štetu. U sakramentu sjedinjenja, koji je sakrament bračne ložnice, privlači se ta svjetlost." (77, 1-3)

Opsjednutost nečistim duhovima postala je široko rasprostranjena boljka koja je prouzročila globalne međuljudske i psihološke smetnje, pa čak i duševne bolesti. Ipak, jedva da itko prepoznaje uzroke tih alarmantnih simptoma.

Tijekom mnogih stoljeća su muškarci i žene, uslijed manjka ljubavi i brige o sebi, postali izloženi najrazličitijim lošim utjecajima. Zbog ovakvog oslabljenja otvorila su se astralna i "inkarnacijska" vrata, čime je mračnim astralnim bićima pristup Zemlji višestruko omogućen. Mnogi ljudi, među ostalima i utjecajni *global players* na polju politike, ekonomije i religije pod utjecajem su tih duhova, ili su inkarnacije takvih bića. Budući da dolaze iz tamne pozadine, smatraju da je njihovo prirodno pravo vladati svijetom. Opsjednuti žele posjedovati. Oni su čak spremni napasti svjetlost, a i one koji svjetlost utjelovljuju. (Mt 10, 16-33; Lk 21, 7-19 itd.). Istodobno, Isus nas uvjerava: "Ne bojte ih se dakle. Ta ništa nije skriveno što se neće otkriti, ni tajno što se neće doznati." (Mt 10, 26)

Jedan od najvažnijih misterija kojeg treba otkriti jest božanski, oslobađajući potencijal muškaraca i žena, koji se razvija kada se sastanu u duhovnoj svijesti. Time bi bilo ukinuto prokletstvo koje već tisućljećima pritiska čovječanstvo. Ovdje smo sa samo dva primjera pokazali kako su hrabri muškarci i žene već na početku doba tame napravili korake ka prevladavanju tog raskola, a u današnje vrijeme poduzet će se mnogo daljnjih koraka u tom pravcu, među ostalima i oni koji se neće na prvi pogled prepoznati kao takvi. Ovo što slijedi je jedan, možda iznenađujući, primjer za to.

Muzička revolucija iz pedesetih godina

Kroz mnoga stoljeća, muškarci i žene otuđili su se jedni od drugih. Njihovo zajedništvo je, pomoću religijskih i svjetovnih sila, "programirano" i kontrolirano odgovarajućim društvenim pritiskom. Većina naroda nema ni duhovnu slobodu ni obrazovanje kako bi živjeli vlastitu duhovnost. Zahtijevalo se mnogo koraka u kulturnoj, muzičkoj i duhovnoj emancipaciji kako bi čovjek opet mogao pronaći "privatnu" slobodu, barem u "otvorenim" zemljama.

Promjene trendova rijetko dolaze od vladajućih sila; one dolaze od individua koje iz unutarnje inspiracije donose na svijet nove, kreativne impulse – a muzika je jedan od najintenzivnijih oblika izražavanja kreativnosti. Stoga su prijelazi iz jedne povijesne epohe u drugu uvijek praćeni, ako ne čak i inicirani, novim muzičkim stilovima. Jedan primjer za to nalazimo u pedesetim godinama 20. stoljeća, kada se društvo kroz novu muziku trajno promijenilo.

Nakon Drugog svjetskog rata mnogi mladi u odrastanju – djeca ratne generacije – nisu više bili voljni voditi život po vrijednostima "dobrograđanskog", muško–dominantnog društva. Ovo nezadovoljstvo proširilo se prije svega u SAD, jer tamo je vladalo autokratsko pobjedničko raspoloženje, dok su Europa i Japan bili izbombardirani i morali su se pomučiti za golo preživljavanje, uz hitnu potrebu ponovne izgradnje. U SAD je ratna napetost prošla, no i tamo je vladalo siromaštvo širokih razmjera; među bijelcima, a naročito među crncima. U tom *melting pot*-u bijela mladost probila je granice rasizma, a prva iskra planula je na muzičkom polju. Stapanjem *boogie*-a i *rhytm'n'blues*-a s bijelom *country* muzikom nastao je novi muzički stil, kojeg je u godinama 1953/54 razvio Bill Haley. Od 1954. taj stil se naziva *rock'n'roll*. Odrasli su bili šokirani time što su njihova djeca odjednom postala oduševljena "nigger" muzikom. Mnogi bijeli predstavnici religije započeli su ratni pohod protiv te "najnovije đavolje spletke" – svećenici, koji su deset godina ranije slavili masovna ubojstva atomskim bombama, ili u najmanju ruku šutjeli o njima.

Nova generacija probila je licemjerne fasade dogmatizma i nacionalizma, i kao "na poziv", odjednom su se mladi u cijeloj zemlji osjetili privučeni rock'n'rollu, počevši s nastupom Elvisa Presleya 1954. g. , koji je na mnoge imao uzdrmavajući inicijalni učinak. Pioniri ovog novog stila bili su talentirani mladići, koji, međutim, nisu stremili visokim virtuoznim i poetičkim uzletima, nego unutarnjoj neusiljenosti, kako bi se mogli izraziti onako kako se osjećaju. Pjevali su jednostavne tekstove o svom životu i svojim snovima. Prije svega, pjevali su pošteno o svojoj gorućoj želji: voljeti i biti voljen. Nisu se sramili ni cijelom svijetu pokazati da mogu plakati zbog ljubavnih jada li usamljenosti – što je za "jači spol" bilo nešto novo, jer su suze kod muškaraca do tada važile kao neugodna slabost.

U umjetnosti ovih mladića nije bilo ničeg intelektualnog i ničeg poetičnog u klasičnom smislu. Ono što su nesvjesno napravili bila je zamjena "lijeve polovice mozga" onom "desnom"; od glavom vođene muške polovice ("Što drugi misle?") ka intuitivnoj ženskoj polovici, čime je prizvan divlji i impulsivni potencijal u ljudima. Oni su pjevali iz "trbuha" , Elvis čak i iz kukova. I svi su mogli plesati i "izletjeti iz kože". Ono što su mladi slušatelji i slušateljice mogli iskusiti kroz ovu muziku bilo je za njih nešto posve novo, nešto što je u tom društvu dotad jedva postojalo: osjećaj ekstaze i oslobođenja.

Elvis Presley imao je devetnaest, Buddy Holly sedamnaest, a Ritchie Valens petnaest kad su počinjali, uz dva ili tri kolege muzičara, nastupati na pozornici. U tim počecima, pioniri su utjelovili istinski idealizam i bezbrižnu raspojasanost – i zabavljali se šokirajući uštogljene odrasle. Istovremeno, u srcima mladih progovorilo je nešto što je uvelike nadilazilo samu muziku i radost plesanja. Njihova karizma i utisak koji su ostavljali otkrivaju da se ovdje radilo o više nego samoj muzici. Ovdje su se "stare" duše sporazumjele da se istovremeni inkarniraju kako bi provele daljnji korak u transformaciji Zemlje. To nije bio ni prvi ni posljednji korak, no ipak jest jedan jako važan.

"Ljubav", od divljih songova, preko ljubavnih pjesama i balada do gospela, bila je glavna tema ove nove muzike, prije svega kod Elvisa Presleya (1935 - 1977). Je li on manjak ljubavi na Zemlji osjećao tako snažno zato što je u svijetu iz kojeg dolazi ljubav prirodni realitet? Da li se stoga "ovdje dolje" nikada nije zaista osjećao kod kuće, naročito u njegovim zadnjim godinama? Buddy Holly (rođ. 7. rujna 1936.) imao je dvadeset jednu, a Ritchie Valens (rođ. 13.svibnja 1941.) sedamnaest kada su 3. veljače 1959. poginuli u avionskoj

nesreći, zajedno s pilotom i još jednim pjevačem, Jiles P. Richardso-
nom, poznatim kao "The Big Booper" (rođ. 24. listopada 1930.).

Naravno, ova muzika sama po sebi nije još značila "prosvjet-
ljenje". I ne radi se o tome da se nekome ova muzika mora osobno
sviđati. Međutim, tada su se otvorila vrata kroz koja su na mnogo
načina učinila dostupnima nove putove. Sada je bilo moguće ostavi-
ti za sobom površni materijalizam i puritanizam i pronaći jedan
otvoreniji, slobodniji životni stil. Mnogi ljudi osjećali su se poraženi
ovom novom slobodom, i zašli su u drugu krajnost, dekadentni he-
donizam i nihilizam. Ali, u otvorenom polju između oba ekstrema
postojala je također i mogućnost pronalaženja "zlatnog srednjeg
puta", što je ponajprije bila (i jest) zadaća sljedećih generacija.

Danas je otvoren cijeli široki spektar: od dekadencije do tran-
scendencije. Mi, na našim širinama, imamo slobodu, a i odgovor-
nost, donijeti na Zemlju nove dimenzije svijesti, ljubavi i duhovnos-
ti, prije svega u odnosu muškarca i žene (nakon pet tisuća godina
potiskivanja). U velikim dijelovima svijeta muškarac i žena i danas
podnose kontrolu vlastite obitelji, društva i religije. Kad god se čita,
govori ili prakticira ono što ne odgovara zadanim misaonim obrasci-
ma, pa bilo to i u vlastita četiri zida, postoji opasnost da muž ili žena
ode k roditeljima, svećeniku, vođi sinagoge ili džamije, k guruu ili
predstavnicima partije (npr. u Kini) kako bi podnijeli izvještaj ili pi-
tali je li "to" dozvoljeno.

U takvim predefiniranim društvima obiteljske strukture su
uglavnom vrlo jake (jesu li i harmonične, drugo je pitanje), jer je so-
cijalno okružje određeno kolektivom. Samohrane majke su u kato-
ličkim zemljama, u islamu, judaizmu, hinduizmu, a i u komunistič-
koj Kini veliki izuzetak. Kolektiv stvara jasno definiran okvir u
kojem svaki član ima svoju poziciju i sigurnost. Međutim, okvir ta-
kođer stvara jak društveni pritisak i ograničenje, koje tek rijetki nadi-
laze. U zapadnim zemljama taj je okvir u velikoj mjeri prevladan, što
sobom nosi dezintegracije, ali i jedinstvene nove šanse. Utoliko je
važnija svijest duhovne individualnosti, jer bez nje propuštamo po-
nuđene šanse, a ono što preostaje jest gubitak orijentacije i propast:
stanje današnje "zapadne" civilizacije.

I još jednom: "Gdje su dvojica ili trojica sabrani u moje ime ..."

Kad se u ovom poglavlju naglašava harmonija božanske i zemaljske ljubavi, time se ni u kom slučaju ne želi obezvrijediti duhovnost ljudi koji su u prošlim vremenima krenuli putem "odricanja", ili njime idu u sadašnjem životu. Pri tome, stoji tvrdnja da su se mnogi prijašnji redovnici i redovnice danas ponovo inkarnirali kako bi unaprijedili svoju cjelovitost.

Jer, božanska ljubav ne isključuje ljudske odnose ljubavi i intimnosti. Božanska ljubav, upravo stoga što je bezuvjetna, ne ovisi o vanjskim okolnostima i dogmama. Ona se ne ograničava na celibatne i puritanske načine života. Kad se dvoje ljudi nađu u istinskoj ljubavi, omogućuju stvaranje energetskog polja koje je na našoj Zemlji vrlo rijetko. Ali, to je ta energija ljubavi koju majka Zemlja danas tako hitno treba. I u ovome leži zadatak duhovno probuđenih ljudi: da raspoloživu slobodu znaju ispravno upotrijebiti.

Ljudi koji sami sebe vole onakve kakvi uistinu jesu (= 'Ja jesam'-svijest), mogu i ostale voljeti onakve kakvi *oni* uistinu jesu: vječne, božanske individue. Muškarci i žene koji žive u toj svijesti osjećaju svoju unutarnju povezanost i jedinstvo s Bogom i tako prepoznaju vlastitu individualnost. Oni su cjeloviti i duhovno samostalni ljudi, jer istinska ljubav ne treba ništa i ne traži ništa.[5]

Ljubav je uvijek ista snaga, ali se otkriva u beskrajno mnogo oblika: kao ljubav prema Bogu, ljubav prema bližnjemu, ljubav prema partneru i vlastitoj djeci, ljubav prema prijateljima i, nešto drukčija, prema neprijateljski nastrojenim ljudima.

Poseban izazov i ispit zrelosti jest živjeti s jednim čovjekom zajedno, "kožu uz kožu". U većini kultura je točno zadano kako takav suživot treba izgledati. Pitanje je sad: Kako bi razvijali takav suživot kada više ne bi postojale zadane fiksne strukture, podjele uloga

---

5 Zamislite kad bi u jednom patrijarhalnom sistemu žena rekla svome mužu: "Ovdje sam, ne zato što te trebam, nego zato što te volim. *Ne trebam te. Volim te.* No upravo to znači jedinstvo u ljubavi: biti povezan, bez da se bude vezan. Jedino se ljubav množi kad se dijeli. Zato se kaže: Prava ljubav *daje.* Ona ne treba ništa i ne traži ništa.

i pravila ponašanja?

Kao što je izloženo u ovom poglavlju, ovdje yuga-dharma, duhovno zajedništvo, dobiva osobito značenje. Jer upravo nova sloboda omogućuje muškarcu i ženi da se uvijek iznova sretnu u jednom mirnom, svetom "vrijemeprostoru". Već dvije osobe dovoljne su da stvore "Krug svjetlosti". I ništa nema revolucionarnije u tami od puštanja svjetlosti unutra. Time će se i sve u vlastitom životu – ljubav i prijateljstvo, uzajamno povjerenje, obitelj, unutarnja snaga i zajednička kreativnost, intimnost, medijalnost, itd. – proširiti u nove dimenzije.

Kao duhovno zreli ljudi, danas više ne trebamo institucije i lože, kao ni tajne muškarac-žena rituale u skrivenim podrumima misterija, kako bi se klanjali "ženskom božanstvu". Mi smo danas slobodni da, bez utjecaja tajnih loža i konfesionalnih dogmi, yuga-dharmu primijenimo u svom životu, u dvoje ili u širem krugu. Jedan "Krug svjetlosti" ne isključuje mogućnost da se paralelno i s drugim ljudima ne stvori veći Krug. U konkretnom primjeru to može izgledati tako da se dva ili tri "posvećena" para okupe u četvero ili u šestero kako bi zajedno meditirali, posvetili se tišini, primili unutarnju riječ, itd. Svaka konstelacija ima svoju vlastitu, jedinstvenu kvalitetu.

Što više ljudi iskusi unutarnje posvećenje, to se više može ispuniti ono što je davno proречено: *"Ništa nije skriveno što se neće otkriti."*, pogotovo misterij božanskog potencijala žensko-muške harmonije. Ako se ovaj potencijal oživotvori, promijenit će se lice svijeta.

Već danas možemo vizualizirati tu budućnost: harmonične međuljudske odnose; odgovarajuće praćenje i školovanje djece, počevši sa svjedočenjem duhovne ljubavi (kao jednog od mnogo aspekata "sakramenta bračne ložnice"); društvo u kojem svaka generacija ima bogosvjesne muškarce i žene koji se kao roditelji i praroditelji uzajamno podupiru, i koji će političke, ekonomske i društvene pozicije napustiti kao uzori i pioniri nove epohe.

U takvoj čudesnoj atmosferi mogu se otkriti i svi drugi misteriji koje trebamo spoznati, a sam svijet postat će "bračna ložnica", spreman za vjenčanje Neba i Zemlje.

Sve ovo počinje time da se pojedini ljudi sastanu kako bi zajedno u tami stvorili otok svjetlosti i ljubavi. Kako nam povjerava Filipovo evanđelje, snagom ovog jedinstva možemo k sebi privući "savršenu svjetlost", a *"tko se zaodjene savršenom svjetlošću, toga nevidljive sile ne mogu opaziti".*

Sažetak

- Značajke prolaznosti su mladost, ljepota i zemaljska ljubav, stoga dualizam tvrdi da su to zamke "đavola", ili "maya" – sa svim posljedicama koje su već izložene ("pragmatični realizam" itd.). No, prolaznost jest "realitet" samo onda kad se čovjek identificira s linearnim vremenom – a *to* je maya!

- U svim dijelovima živi čežnja za Cjelinom. U čistom obliku to nije ništa drugo do *ljubav*, koja se može izraziti na svim nivoima: "Ljubi Boga, ljubi sve Božje dijelove, i ljubi samoga sebe, jer i ti si isto tako dio Boga". Božanska ljubav, dakle, ne isključuje, već uključuje ljudsku ljubav!

- Danas živimo u vremenu preokreta u kojem se mora dogoditi *iscjeljenje*, a ono se počelo provoditi još od početka doba tame i odvija se na najrazličitije načine, ali cilj je uvijek isti: samospoznaja, nalaženje unutarnje cjelovitosti i vanjske harmonije.

- Najraniji primjer para koji je u doba tame istupio kako bi promijenio zadani kurs bili su Ehnaton i Nefertiti. Oni su u Egiptu željeli provesti reformu kako bi iznova ukazali na božansku pozadinu tradicionalnog "mnogoboštva". Svi (pravi) bogovi, aspekti su jednog apsolutnog Boga, kojeg je Ehnaton nazvao Aton. Ova "Aton-svijest" izostala je kod većine tadašnjih svećenika koji stoga nisu nadišli koristoljubivo, ritualističko i često materijalističko – magično bogoštovanje. Unatoč Ehnatonovoj duhovnoj orijentaciji, on i Nefertiti ostali su faraoni u klasičnom smislu, sa svim legitimnim ovlastima moći i reprezentativnim ulogama. Kad je mladi faraon obznanio svoje, svećenici i njihovi saveznici reagirali su intrigama, kletvama i zavjerama. Ipak, u Ehnatonovoj pjesmi Suncu nigdje ne nalazimo ratni zov *protiv* bogova, ili dualizam u Božje ime (u smislu "nema drugih bogova osim mene"). Istinsko Apsolutno ne stoji u suprotnosti s Relativnim.

- Da božanska ljubav ne isključuje ljudsku, osobito jasno pokazuje primjer Isusa i Marije Magdalene. Ali pošto su Crkva i lože mislili drukčije, Crkva nije htjela prihvatiti Isusovu ljudsku ljubav, niti lože Isusov božanski identitet. No to što je upravo jedno visoko (ili najviše) svjetlosno biće ovog Univerzuma u svojoj zemaljskoj inkarnaciji krenulo putem ljubavi i mističnog posvećenja – sve do manifestacije svjetlosnog tijela ("uskrsnuća") – onima koji vide pokazuje koliko je *oboje* važno.

- Budući da su za praktično ostvarenje globalne transformacije ljubavi i harmonija ("jedinstvo") muškarca i žene esencijalni, to je bila glavna tema ovog poglavlja, ilustrirana s nekoliko instruktivnih primjera iz svjetske povijesti. To što danas imamo slobodu tu ljubav i harmoniju tematizirati, pa i praktično ostvariti, neovisno o diktatu i indoktrinaciji, posljedica je kulturne (i muzičke) revolucije nakon Drugog svjetskog rata. Da li i u kojem obliku "zapadna" civilizacija ovu slobodu koristi, drugo je pitanje.

- Baš kao što dijete koje ne dobiva roditeljsku ljubav trpi štetu na duši, tako ni odrastao čovjek koji ne doživi cjelovito-međuljudsku ljubav ne može postati istinski zreo i samostalan. "Cjelovite" ljude Zemlja treba hitnije nego ikad, inače će čovječanstvo zaglaviti u dogmatizmu i materijalizmu. Jedan ključ za to duhovno oslobođenje jest unutarnje posvećenje, u kojem "dvoje ili troje" u atmosferi svetosti primaju ono što su sami stvorili.

10. POGLAVLJE

Darvinizam, kreacionizam i vedska geneza

Treći dio ove knjige počinje pitanjem: Ako je duhovna individual-
nost realnost, što to za nas znači u praktičnom životu? Prvi odgovor
bio je da smo kao duhovne individue uvijek povezani s božanskim
jedinstvom, tj. Bogom i bogosvjesnim svjetlosnim bićima. Ovo je
vodilo temama "unutarnjeg posvećenja" i "božanske i zemaljske lju-
bavi".

Međutim, spoznaja da smo duhovne individue ima – uz zna-
čenje za naš osobni život – i jedno univerzalno značenje koje obu-
hvaća svaki aspekt ljudskog znanja, od prirodnih znanosti, preko is-
traživanja povijesti, sve do religije, naime: da nismo nastali putem
materijalne evolucije, ali ni djelom antropomorfnog Boga koji je pr-
vog čovjeka modelirao u glini i iz njegova rebra stvorio sljedećeg čo-
vjeka, prvu ženu.

Ipak, mi ljudi (i sva ostala živa bića) imamo porijeklo. Ako ni-
smo nastali materijalnom evolucijom, kako onda jesmo? Koji je bio
duhovni scenarij postanka života i porijekla vrsta?

Dakle, kako su ljudi došli na Zemlju? Na ovo pitanje danas za-
pravo dobivamo samo dva odgovora: jedan potječe iz tabora zna-
nosti i može se obuhvatiti pojmom "darvinizam", odnosno "teorija
evolucije". Drugi potječe iz tabora kreacionista koji zastupaju biblij-
sku teoriju stvaranja. (Pri tome su kreacionisti, već prema prigod-
nim interpretacijama Postanka, podijeljeni u različite tabore; jedan
takav tabor je islam koji također proizlazi iz biblijskog Postanka s
Adamom i Evom).

Ovdje u 10. poglavlju razmatramo prije svega ova dva temelj-
na modela objašnjenja, jer oba sadrže važne djelomične istine koje,
međutim, tek na višoj razini dobivaju svoj istinski smisao. Dakle,
prvo ćemo promotriti kako to *nije* bilo, kako bi se time otvorili za
daljnje modele objašnjenja.

Darvinizam: Život je nastao iz materije?

Kako je izloženo u 2. poglavlju, darvinistička teorija evolucije proizašla je iz materijalističkog svjetonazora. Ona tvrdi da su život i svijest produkt materije; sve u našem svijetu, pa i svi fenomeni života, daju se objasniti zakonima materije. Ako bi postojao ijedan fenomen koji se ne da objasniti, čitav bi se materijalistički svjetonazor urušio. Stoga je razumljivo da njegovi predstavnici pri svakom ukazivanju na "neobjašnjive fenomene" reagiraju vrlo iziritirano i agresivno. Nasuprot tome, rado i često tvrde da je teorija evolucije u međuvremenu dokazana, nijedan "ozbiljni znanstvenik" danas više o tome ne dvoji.

Međutim, pri kritičkom promatranju teorije evolucije pokazuje se da ona nije dokazana *ni na jednom* stupnju!

Porijeklo života: Slika svijeta evolucijske teorije polazi od jedne nedokazane pretpostavke, naime: "Na početku bijaše materija, jer ne postoji ništa osim materije". Činjenica da je svijet danas pun života mora se stoga objasniti "nastankom života iz anorganske tvari". To znači: nakon hipotetskog Velikog Praska iz pramaterije je nastalo mnoštvo galaktičkih spirala, u kojima su iz prasunaca, vrtloženjem materije, nastale planete. Jedna od tih planeta je Zemlja, koja se početno sastojala samo od užarene tvari. Kad se ova ohladila, pomoću kiše je nastalo lavino blato koje se proširilo u pramore. U tom pramoru trebale bi sada putem slučajnih anorgansko-kemijskih reakcija nastati prvi organski spojevi, a ti prvi spojevi trebali bi stvoriti prve žive jednostanične organizme.

Kao dokaz za to izvedeni su laboratorijski eksperimenti (zaključno s Miller-Urey eksperimentima 1953. g.) u kojima je bilo moguće pomoću električnog djelovanja iz anorganskih spojeva stvoriti organske, posebice aminokiseline, koje su temeljna građa proteina. Kada su objavljeni rezultati Miller-Urey eksperimenata, rečeno je da se građevni elementi života mogu umjetno proizvesti. To je ipak blef, jer aminokiseline *nisu* građevni element života, nego tek jednog temeljnog sastojka organske tvari. Organska tvar – a pogotovo živa stanica – sastoji se od puno više nego samo aminokiselina. U "najboljem" slučaju, iz takvog materijalnog procesa može nastati mrtva stanica, ali ne i živuća!

Pretpostavka da su iz slučajnih atomskih spojeva u "prajuhi" nastali živući jednostanični organizmi je dakle jedno materijalističko *vjerovanje*. Međutim, to vjerovanje nema niti teoretsku utemelje- nost, jer je pomoću statističkih izračuna vjerojatnosti odavno doka- zano da slučajni nastanak kompleksnog organskog spoja iz anorgan- ske tvari nije moguć – pritom se mora naglasiti da je organski spoj još daleko od živućeg organizma.

Materijalizam postulira jednadžbu: organsko tijelo = živo biće. Ako bi živuće tijelo zaista bilo tek (kvantno)mehanička materi- jalna struktura, znanstvenici bi morali biti u stanju stvoriti u labora- toriju npr. sjemenku. Kemijski sastojci jedne sjemenke odavno su poznati. Dakle, moralo bi biti moguće te sastojke tako umjetno sas- taviti, da iz njih nastane sjemenka sa sposobnošću klijanja. Ili još jednostavnije: prepolovimo jabuku i zamolimo cjelokupnu svjetsku znanstvenu elitu da te dvije polovice ponovo spoji. To bi naime mo- ralo biti moguće, ako je organsko tijelo samo rezultat mehaničkih funkcija materije.

Pretpostavka da su živući organizmi nastali iz materije je dak- le nedokazano (i apsurdno) vjerovanje.

Višestanični organizmi nastali su iz prvih jednostaničnih: Čak i ako uzmemo kao važeću pretpostavku da je jednostanični organi- zam nekako nastao iz materije, time još nismo riješili problem. Sta- tistika kaže da je makar i *jednokratni* nastanak kompleksne životno sposobne stanice iz organske tvari nemoguć. Pa čak da se ta nemo- gućnost i dogodila, imali bi jednu jedinu stanicu usred životu nenak- lonjenog pramora. Ta jedna stanica brzo bi opet uginula i nestala – i jedna nemoguća slučajnost nije ništa postigla. Prema darvinističkom scenariju je, međutim, pramore vrvilo jednostaničnim organizmima. Ovdje taj scenarij postaje upravo smiješan, jer bi i svi ostali morali slučajno nastati iz materije. Pa čak i ako je odjednom bilo mnoštvo jednostaničnih organizama, razvoj bi stao na tome. Jednostanični organizmi koji se dijele ostaju jednostanični – sve do danas.

Unatoč tome, materijalističko vjerovanje tvrdi da su se jed- nostanični organizmi "nekako" razvili ili spojili, pa su iz toga nastali višestanični: prvi primitivni biljni i životinjski oblici. Međutim, ne postoji niti jedan teoretski model koji bi pokazao kako se to moglo dogoditi.

Pretpostavka da su iz jednostaničnih organizama nastali višestanični također je nedokazano vjerovanje bez ikakvog temelja.

Iz primitivnih višestaničnih organizama nastali su viši oblici života: Ono što je već na relativno jednostavnoj razini jedno- i višestaničnih organizama nemoguće, bit će još više nemoguće na razini viših oblika života. Višestanični organizmi trebali su se razviti u meduze i ribe s hrskavicom, a primitivne alge u različite više biljne organizme. Ni ovdje nema teoretskog modela koji bi pokazao kako se to moglo dogoditi.

Iz amfibija su nastali reptili, iz reptila ptice i sisavci: Prema evolucijskoj teoriji, pokretačka sila evolucije je genetska promjena u malim koracima, koja se zbraja milijunima godina. Genetske promjene su, međutim, uvijek slučajni izdvojeni događaji. Pri svakom razmnožavanju jajne i sjemene stanice se spajaju i počinju se eksponencijalno dijeliti. Pri svakom dijeljenju stanice DNK se mora udvostručiti i proslijediti objema novim stanicama. Ako se kod dijeljenja dogodi greška pri kopiranju (npr. zbog radioaktivnog ili kozmičkog zračenja), genetska informacija će se oštetiti, što znači da će najmanje jedna sekvenca gena biti poremećena. Ovo je usporedivo s tekstom knjige na kompjutorskom monitoru: ako dođe majmun i slučajno dograbi tipkovnicu, koliko velika je vjerojatnost da se ispravni redoslijed slova neće greškom prekinuti? Kolika je vjerojatnost nastanka makar i jedne bolje riječi, kompliciranije rečenice? A nema kompliciranijeg teksta od genetskog koda. Vjerojatnost je ravna nuli, prije svega imajući u vidu činjenicu da se taj slučaj morao dogoditi milijunima puta.

Ipak, upravo tu nemogućnost pretpostavljaju teoretičari evolucije: kod određenih reptila došlo je do "malih promjena gena", iz čega su se polako razvili prvi sisavci. Ali, tijela reptila i sisavaca temeljito se razlikuju: jedni nesu jaja, drugi ne. Kako je "polako" i "korak po korak" do toga trebalo doći? "Netko" je ili reptil ili sisavac. Međutim, prema teoriji evolucije morali su postojati i međuprijelazi u svim varijacijama: živa bića koja su 90% reptili, a 10% sisavci, takva koja su 80% reptili, a 20% sisavci, itd. Ili se iz jednog reptilskog jaja odjednom, bez prijelaza, izlegao jedan sisavac? Sve i kad bi se tako dogodilo, teško da bi se dogodilo dvaput. Jadni abort skončao bi bez partnera, a s njim i cijela budućnost sisavaca.

Pretpostavka da su se amfibije razvile u reptile, ili reptili u sisavce, je dakle nedokazano vjerovanje, koje je skoro smiješno. Ipak, taj apsurd danas se posvuda uči i propagira, u osnovnim i visokim školama, u masmedijima, kroz stručnu literaturu i popularno-znanstvene publikacije.

Makroevolucija putem biranja gena: Biologija poznaje sistematičnu podjelu na carstvo, razred, red, porodicu, rod i vrstu, pri čemu se svaka vrsta još dijeli na rase. Tako npr. postoji vrsta "pas" i mnoge rase pasa.

Nastanak bioloških carstava (životinjskog i biljnog) i odgovarajućih klasa, razreda, redova, porodica, rodova i vrsta predstavlja *makroevoluciju*. Promjene unutar jedne vrste i posljedični nastanak rase predstavljaju *mikroevoluciju*.

Razlika između amfibija, reptila i sisavaca spada u makroevoluciju. Teoretičari evolucije, međutim, makroevoluciju uvijek ilustriraju primjerima iz mikroevolucije, npr. uzgojem psećih rasa. To bi bio primjer "evolucije pred našim očima". No i ovaj argument je blef! Kad se želi dobiti neko novo obilježje rase, npr. određena karakteristika krzna ili oblik tijela, to zahtijeva komplicirani tijek uzgoja, koji u prvim koracima uključuje i točno izračunato sparivanje, jer željeno rasno obilježje najprije ima samo *jedan* primjerak. Kada bi se taj jedan primjerak tek tako pario s drugima iste vrste, ubrzo bi novo rasno obilježje nestalo.

Postavimo ovu dilemu na razinu makroevolucije! Negdje se izlegao reptil s genetskom greškom zbog koje se npr. neki dijelovi krljušti mijenjaju u nešto nalik perju (pa tvrdi se da su ptice nastale od reptila). Taj jedan primjerak brzo bi bio odbačen, ako ne i ubijen. Čak i kad novo obilježje ne bi značilo nedostatak, kad bi dakle taj unikat našao partnera za parenje, slučajno nastala "greška" opet bi se brzo izgubila. Jer, partner unikata *nema* to obilježje, a potomci proizašli iz takve veze mogli bi se pariti samo s običnim pripadnicima vrste. Kako se novo obilježje ne bi izgubilo, čak i na razini mikroevolucije potreban je ciljani slijed uzgoja – da se i ne govori o tobožnjim promjenama na makroevolucijskoj razini.

Pretpostavka da promjene na makroevolucijskoj razini nastaju slučajnim genetskim promjenama također je nedokazano vjerovanje s izraženo komičnom komponentom – kad se ti postulirani razvojni koraci i prijelazni oblici jednom pokušaju konkretno zamisliti.

Razvoj čovjeka iz primata: Nastanak čovjeka za teoretičare evolucije predstavlja poseban problem, jer ovdje ne dolazi do promjene samo na makroevolucijskoj razini, već se pojavljuje *svijest* i *mišljenje*, kao i *ratio* i *religio*. Uobičajeno objašnjenje kaže da su primitivni hominidi razvili "višu svijest" kad je njihov mozak postao dovoljno velik za to.

Ovo materijalističko vjerovanje temelji se na dvjema dogmama: 1) slučajnim genskim promjenama čovjek je dobio veći i kompleksniji mozak, i 2) svijest je nusproizvod mozga. Na temelju ovih dogmi teoretičari evolucije onda objašnjavaju nastanak vjerovanja u onostrano i iz toga izvedene mitove i religije, čime sa svoje strane stvaraju novi (pseudoznanstveni) "mythos". On kaže sljedeće: Kad se, zbog slučajno nastalog većeg mozga, kod hominida odjednom pojavila viša svijest, rani *homo sapiens* je spoznao da mora umrijeti i smrću zauvijek nestati. Potresenost vlastitom prolaznošću navela ga je da zamišlja kako mrtvi suplemenici i parnjaci nisu naprosto mrtvi, već žive u onostranom. Ova iluzija ojačana je time što je *homo sapiens* zbog većeg mozga sad mogao i sanjati, a u snu su mu se katkad ukazivali preminuli koje je ranije poznavao. Ovo je vodilo vjerovanju primitivnog čovjeka u život poslije smrti! Iz toga su onda nastale razne ideje o onostranom i kultovi, a iz njih religije.

Tako religija u ovom materijalističkom modelu nije ništa drugo do izmišljotina ljudi – samoobmana kako bi se pronašla utjeha, jer rani čovjek još nije bio dovoljno jak i "prosvijetljen" da bi mogao podnijeti ultimativnu posljedicu "materijalističke istine", naime da je život neutješan, besmislen i bezbožan. Time se zatvara pakleni krug materijalističke argumentacije i ostavlja ljude da padnu u tome primjereni nihilistički svjetonazor.

Je li religija uistinu jeftin pokušaj pronalaženja utjehe u nemilosrdnom svijetu? Je li svijest zaista samo funkcija mozga?

Pretpostavka da je čovjek evolvirana životinja, a da je svijest produkt dovoljno velikog mozga, također je nedokazano vjerovanje koje se zasniva na materijalizmu, a počiva na gore opisanom, apsurdnom načinu razmišljanja.

Dakle, potrebno nam je objašnjenje koje izbjegava sve ove

greške u mišljenju i uzurpacije i koje je zadovoljavajuće za sve feno-
mene života koje posvuda možemo vidjeti.

Najglasnija kritika evolucije stiže iz tabora kreacionista. Ali,
kao što će se pokazati u sljedećim izlaganjima, i oni podliježu una-
prijed stvorenom mišljenju. Kao što je darvinizam materijalistički,
tako je kreacionizam dualističko-dogmatski. Naposljetku su oba ta-
bora dogmatična, svaki na svoj način, i oba su apsolutistička, progla-
šavajući važećima samo vlastite, odnosno biblijske (ili kuranske) in-
terpretacije svijeta.

Cjelovito razumijevanje praznanja

Zadovoljavajuće objašnjenje mora dakle nadići darvinizam i kreaci-
onizam, a istovremeno obuhvatiti u sebi dijelove istine iz oba tabo-
ra. Kao što će se pokazati, time ne tražimo ništa drugo nego prazna-
nje čovječanstva, onako kako su ga ljudi shvaćali prije nego su ga
krivotvorile materijalističke i pseudoreligiozne ideologije. Danas
imamo mogućnost to praznanje nazrijeti ne samo mitski, već i logič-
ki, i mito-logički ga odgonetnuti.

I darvinizam i kreacionizam sadrže važne elemente koji mogu
biti od pomoći pri traženju praznanja. Stoljećima je kršćanstvo sve
"ino"- ili "krivovjerce" krvavo progonilo. Zato je bilo potrebno preki-
nuti taj biblijsko-fundamentalistički progon, a to se dogodilo kroz
renesansu, prosvjetiteljstvo i znanstvenu revoluciju. Darvinizam je
otvorio prostor za nove perspektive i čovjek se smio opet odvažiti na
hrabro promišljanje van religijsko-dogmatskih granica. To što je čo-
vječanstvo tada skrenulo u drugu krajnost leži u prirodi stvari, jer
jedna krajnost uvijek priziva drugu. Stoga se ni danas ne smije ogra-
ničiti samo na darvinizam, već primijeniti novu slobodu za pronala-
ženje još obuhvatnijih saznanja.

Kreacionizam opet nudi najbolju kritiku darvinističkih i neo-
darvinističkih teorija i jasno pokazuje da stvaranje nije moguće bez
jedne više svijesti, bez višeg izvora "informacija", a taj izvor napos-
ljetku je Bog, u "osobnom", odnosno individualnom smislu. Naža-
lost, alternativni model kreacionizma također je vjerovanje koje po-
čiva na vrlo problematičnim temeljima.

Ako razumijemo koji su istiniti i neistiniti dijelovi oba ekstrema, vrata su otvorena za cjelovito razumijevanje praznanja.

Razne struje kreacionizma

Pojmom "biblijski kreacionizam" obuhvaćene su sve njegove struje koje nastanak Kozmosa, Zemlje i čovječanstva objašnjavaju biblijskim Postankom. Kao što je već spomenuto, i kreacionistički tabor je višestruko podijeljen. Načelno se mogu razlikovati tri sljedeće struje:

- *Young Earth* kreacionisti vjeruju da je Bog stvorio svijet u šest dana, što se prema njihovoj interpretaciji Postanka dogodilo prije 7000 godina; Bog je tad stvorio cijeli Svemir, "Nebo i Zemlju", u jednom jedinom činu stvaranja "iz Ničega". *Creatio ex nihilo*, "stvaranje iz ničega", temeljna je točka njihove vjeroispovijesti.[*]
- *Old Earth* i *Day-Age* kreacionisti vjeruju da je Bog stvorio svijet onako kako opisuje biblijski Postanak, no oni "dane" stvaranja interpretiraju kao duge stvaralačke faze (jedan dan = jedna epoha).
- *Gap* kreacionisti vjeruju da je između svakog čina stvaranja postojala duga pauza (engl. *gap*, "džep"). Ciklički razvojni periodi kroz božansko "Neka bude" postupno su doveli do kozmičke hijerarhije.

Međusobna podijeljenost kreacionista odnosi se prije svega na *Young Earth* kreacioniste koji smatraju da su drugi krivo protumačili Bibliju i ušli u kompromise s đavolskim duhom darvinizma. U skladu s tim, "Nema kompromisa" je i bojni poklič koji su *Young Earth* kreacionisti napisali na svojoj zastavi. Oni su objavili rat darvinizmu i žele da se u školama *Young Earth* kreacionizam poučava ravnopravno s njim. Obzirom na činjenicu da darvinizam ni na koji način nije dokazan, to nastojanje je razumljivo i legitimno, no nažalost je djelovalo tako da je javnost stekla dojam kako biti kritičan prema evoluciji automatski znači kako se mora vjerovati u stvaranje prije 7000 godina.

---

[*] Ovdje se može svrstati i fundamentalistički islam. Zato npr. piramide u islamskom Egiptu ne smiju biti starije od službenih 4500 godina.

U širem smislu kreacionist je svatko tko ne vjeruje u materijalistički scenarij evolucije i uvjeren je da je materiju stvorila i oblikovala apsolutna inteligencija i individualnost. *Young Earth* kreacionisti su ponajviše bili ti koji su svojom "beskompromisnošću", odnosno svojim apsolutizmom, izazvali raskol među kreacionistima i vjeru u stvaranje (neželjeno) napravili smiješnom pred javnošću. Po toj osnovi nameće se jedno kritičko razmatranje *Young Earth* kreacionizma. Dakle, kad se u sljedećem tekstu govori o "kreacionistima", to se prvenstveno odnosi na njegove predstavnike.

Je li svijet nastao prije 7000 godina?

Pretpostavka da se cijelo stvaranje dogodilo prije oko 7000 godina temelji se na tome što su, prema Bibliji, tada stvoreni Adam i Eva. Knjiga postanka navodi sve potomke Adama i Eve po imenu i trajanju života. Genealogija se da odrediti od Adama i Eve preko Noe, sve do Abrahama, a od Abrahama preko Izaka i Jakova sve do Isusa. Evanđelje po Mateju navodi liste Isusovih prethodnika koje idu unazad sve do Abrahama, a Evanđelje po Luki spominje drukčiju listu koja vodi do Adama.

Pri istraživanju biblijskih opisa stvaranja važno je znati da je u 1. Knjizi Mojsijevoj (nazvanoj "Postanak") stvaranje ljudi opisano *dva puta*.

Prvi opis nalazi se u 1. poglavlju Postanka, u okviru Izvještaja o stvaranju:

> "I reče Bog: 'Načinimo čovjeka na svoju sliku, sebi slična' [...]. Na svoju sliku stvori Bog čovjeka, na sliku Božju on ga stvori, muško i žensko stvori ih. [...] I vidje Bog sve što je učinio, i bijaše veoma dobro. Tako bude večer, pa jutro – dan šesti."
> (Post 1, 26-31)

Drugi opis nalazi se sasvim na kraju Izvještaja o stvaranju (od Post 2, 4). To je priča o stvaranju Adama i Eve; ona vodi preko pada u grijeh do Noe i Potopa:

> "Kad je Jahve, Bog, sazdao nebo i zemlju, još nije bilo nikak-

va poljskoga grmlja po zemlji, još ne bijaše niklo nikakvo poljsko bilje, jer Jahve, Bog, još ne pusti dažda na zemlju i nije bilo čovjeka da zemlju obrađuje. Ipak, voda je izvirala iz zemlje i natapala svu površinu zemaljsku. Jahve, Bog, napravi čovjeka od praha zemaljskog i u nosnice mu udahne dah života. Tako postane čovjek živa duša."
(Post 2, 2-7)

Za kreacioniste je ovaj drugi opis osvrt na 1. poglavlje Postanka, u kojem se sad detaljno opisuje kako je Bog šesti dan stvorio ljude. Međutim ovo viđenje je vrlo sporno, jer nije sasvim jasno da je drugi opis zaista samo podrobnije ponavljanje šestog dana. Prvo, iz samog biblijskog teksta to se ne vidi jasno, i drugo, daju se ustanoviti neke različitosti, pa čak i proturječja. Na primjer, u Izvještaju o stvaranju Božje ime glasi Elohim, a u opisu Adama i Eve, Jahve. Post 1 kaže da je Bog stvorio biljke trećeg dana. Ali, u Post 2 naglašeno je da u vrijeme stvaranja Adama i Eve na Zemlji još nije bilo vegetacije.

Kreacionisti ovdje odgovaraju kako to nije proturječje, jer u Post 2, 8 stoji da je Bog zasadio Rajski vrt, i tamo "nikoše svakovrsna stabla"; dakle, to nije bilo novo stvaranje nego ponovni zahvat Boga na već izvršeno stvaranje.

Na to se opet može uzvratiti da je Bog prvog dana (tumačeći doslovno) stvorio Univerzum, i u njemu samo Zemlju. Trećeg dana stoji: "Neka proklija zemlja zelenilom".

Tek četvrtog dana Bog je stvorio druga nebeska tijela, napose Sunce i Mjesec. Dakle, Zemlja je bila zelena bez Sunca i Mjeseca! Prema interpretaciji kreacionista to pokazuje da su sva nebeska tijela stvorena tek po uzoru na Zemlju; ona su svjetla na nebu, a nipošto mjesta nekog "vanzemaljskog" života. – Sunca i najveći dio galaksija bili bi u tom slučaju potpuno beskorisno stvaranje, jer njihova svjetlost uglavnom ne dopire do Zemlje.

Petog dana stvorene su ptice i vodene životinje, a Bog jasno reče: "... *neka se namnože* na *zemlji!*" Šestog dana stvorene su životinje, i tada reče Bog: *"Načinimo čovjeka ..."* Pošto nigdje nije rečeno da je Bog drugdje osim na Zemlji stvorio život, sva djela stvaranja nastala su na *Zemlji*. Dakle, šestog dana je čovjek postavljen u svijet u kojem već postoje biljke i životinje. Ali Post 2, 19 kaže da je Bog *nakon* stvaranja Adama stvorio životinje i biljke, a potom je iz "Adamovog rebra" stvorio Evu, da muškarac Adam ne bude sam.

Nešto kasnije pojavljuje se zmija i zavodi Evu. *"Uto čuju korak Jahve, Boga, koji je šetao vrtom za dnevnog povjetarca. I sakriju se [...] među stabla u vrtu"*, ali ih je Bog našao i kaznio izgonom iz raja, postavivši na ulaz u Rajski vrt stražare kerubine (Post 3, 24). Šestog dana Bog nije stvorio ni anđele ni "vanzemaljska bića", a na Zemlji su postojali samo prvi ljudi. Kerubini s "plamenim mačem" postavljeni su na ulaz u Raj kako se nijedan čovjek ne bi približio drvu znanja. Je li bilo i drugih ljudi osim Adama i Eve? Izvan Rajskog vrta zemlja je još uvijek bila jalova i neobradiva – sasvim u suprotnosti s Izvještajem o stvaranju u kojem se jasno kaže da je od trećeg dana cijela Zemlja bila zelena i bujna.

Kako bi usuglasili oba opisa, kreacionisti su morali iznijeti mnogo neprirodnih argumenata. Istovremeno tvrde da je biblijski Izvještaj o stvaranju jedinstven; sve ostale kulture imaju samo primitivna vjerska shvaćanja:

> "U Izvještaju o stvaranju nama je prenesen, uz očitovanje vjere, i cijeli spektar *prirodoznanstveno važnih činjenica*. One su tako temeljne za razumijevanje ovog svijeta, da jasno odskaču od svih nevjerničkih vjerovanja, od kozmologije i kozmogonije starih naroda, i od sadašnjih prirodofilozofskih predodžbi.'"
> (Werner Gitt: *Das biblische Zeugnis der Schöpfung*, Neuhausen-Stuttgart 1993.)

Takve jednostrane, a isto tako i neistinite tvrdnje nažalost su nužne kada se želi održavati pseudobiblijski apsolutizam. Međutim, neistinom se stvara rezonancija s dijaboličnim duhom – koja vodi zasljepljujućoj tezi o posjedovanju jedine istine. (Tko je uistinu bogosvjestan ne da se zavarati takvim apsolutizmom. Postoji velika razlika između "beskompromisnosti" i apsolutizma.)

U konačnici se prepirka kreacionista da svesti na dva temeljna pitanja vjere: Je li priča o Adamu i Evi i njihovim potomcima u doslovnom smislu i povijesno važeća? Je li priča o Adamu i Evi opisana u šestom danu stvaranja jednaka onoj opisanoj u prvom poglavlju Postanka?

Young Earth kreacionisti na oba pitanja odgovaraju kategoričnim i "beskompromisnim" Da, zbog čega također moraju vjerovati da Zemlja, Sunce i cijeli Univerzum nisu stariji od 7000 godina.

"Bibliji vjerna" interpretacija je krivotvorina

Kako će se vidjeti u sljedećem poglavlju, "biblijski" kreacionizam je izraz jednog oblika "religije" koja počiva na zapanjujućim temeljima, posebno na ideji da su oprost grijeha i spasenje mogući samo "krvlju":

> "U Poslanici Hebrejima 9, 22 stoji '... bez prolijevanja krvi nema oproštenja'. Bog je uveo smrt i krvoproliće da bi čovjek na kraju mogao biti spašen. (On je u Rajskom vrtu iz nužde ubio najmanje jednu životinju, da bi Adamu i Evi dao odjeću od krzna.) Smrti i krvoprolića nije bilo prije Adamovog pada u grijeh. Da ga je bilo, cijela poruka spasenja bila bi glupost. Bog je dao smrt iz ljubavi, kako bi umrli i odložili naša grešna tijela, i kako bi došao Isus i mogao umrijeti na križu na kojem je prolio svoju dragocjenu krv – da bi uskrsnuo od mrtvih i mi mogli biti s njim zajedno u vječnosti."
> (Ken Ham: Genesis and the Decay of the Nations, Green Forest 1991. K. Ham je jedan od vodećih propovjednika kreacionizma današnjice.)

Svojim interpretacijom Postanka kreacionisti su stavili monopol na spasenje kroz Isusa Krista, pri čemu kažu da su grijeh i smrt nastali padom u grijeh Adama i Eve, a Isus je došao kako bi čovječanstvo oslobodio ovog pragrijeha svojom žrtvom krvi; ako čovjek ne vjeruje u Postanak kako ga *oni* interpretiraju, gubi kroz Isusa ponuđeno spasenje.

Međutim, kreacionisti zastupaju poruku spasenja koja nipošto ne potječe iz same Biblije. Još važnije, Isus sasvim jasno kaže što *on* smatra najvažnijom zapovijedi, kojoj su podređene sve druge:

> "Ljubi Gospodina Boga svojega svim srcem svojim, i svom dušom svojom, i svim umom svojim. To je najveća i prva zapovijed. Druga, ovoj slična: Ljubi svoga bližnjega kao sebe samoga. O tima dvjema zapovijedima visi sav Zakon i Proroci." (Mt 27/41)

Ova Isusova izjava tako je važna i od središnjeg značaja, da je u tri od četiri Evanđelja ponovljena skoro istim riječima. Isus nigdje ne zahtijeva da čovjek bude biblijski fundamentalist – iz jednostavnog razloga – Biblija tada nije ni postojala! Kada se u jednoj apostolskoj poslanici (I Sol 2, 13) kaže kako je prenesena poruka riječ Božja, to svakako nije dopustivo isključivo i paušalno povezati s Biblijom, jer je ona sastavljena od rimske Crkve tek tri stotine godina kasnije.

Tvrdnja kako onaj tko slijedi i voli Isusa mora fundamentalistički vjerovati u Bibliju nije ništa manje do krivotvorenje njegove poruke. Isus je vrlo jasno rekao što misli o fundamentalistima i pismoznancima, a također je upozorio da će *mnogi* – ne samo nekolicina autsajdera – doći u njegovo ime. (Na toj osnovi se nameće jedno novo razlikovanje: "bibliokršćani" i "isusokršćani", gdje posljednji također vide Bibliju kao sveto pismo, ali ne u apsolutističkom smislu.)

Biblijski Izvještaj o stvaranju donosi temeljni opis Božjih motiva i metoda u odnosu na stvaranje. Posebno ukazuje na Božju individualnost bez koje se tajna stvaranja doista ne može pravilno razumjeti. Kad se Postanak čita očima koje sežu iza slova, dobije se ključ koji dopušta i druga mjesta u tekstu diferencirano razumjeti, jer nisu sve riječi neposredna riječ Božja. Neke zrcale starije pisane izvore koji vode do sumerskih predaja, ne najzadnje i do opisa "Adama" i "Eve" i "Božjeg gnjeva" koji je doveo do Potopa. Usporedba ovih izvora (u 11. poglavlju) iznijet će na svjetlo nešto iznenađujuće.

Saznanje da neka mjesta u tekstu nisu neposredna riječ Božja ne znači dakle da su beznačajna ili naprosto "krivotvorena", kako svjetovni kritičari Biblije prebrzo zaključuju. U ukupnoj perspektivi i ova mjesta imaju važno značenje koje se, međutim, može prepoznati samo pomoću navedenog ključa. Pošto oba ekstrema – navodno vjerno tumačenje Biblije i jednostrana materijalistička kritika – previđaju upravo taj ključ, u ekskursu će se istražiti koliko je utemeljeno fundamentalističko tumačenje i što stvarno znače kritičke spoznaje.

Ekskurs: Koliko je Stari zavjet povijesno relevantan?

Knjiga postanka spada u Mojsijevo Petoknjižje, a ono opet predstavlja glavni dio židovske Tore. Kako *židovski* krugovi vide Izvještaj o postanku? Tvrde li također da je sve u doslovnom smislu povijesno točno?

Godine 2001. dva vodeća biblijska arheologa – Israel Finkelstein, direktor Arheološkog instituta u Tel Avivu, i Neil Silberman, suurednik značajnog *Archeology Magazine,* – objavili su knjigu koja je izazvala senzaciju: *The Bible Unearthed – Archeology's New Vision of Ancient Israel and the Origin of It's Sacred Texts.* Ovi autori predstavili su najnovija saznanja biblijske arheologije i vrlo neortodoksne zaključke koje su izveli:

"Očito je da se mnogi događaji iz biblijskih pripovijesti nisu dogodili u opisano vrijeme ili način. Neki od najslavnijih događaja nisu se nikada zbili." (*The Bible Unearthed*)

Neki od najslavnijih događaja nisu se nikada zbili! Time se mislilo na npr. ropstvo u Egiptu, egzodus i nasilno otimanje zemlje u Kanaanu.

Cjelokupni boravak izraelskog naroda u Egiptu trajao je (prema Izl 12, 40) 430 godina, a kad se pod Mojsijem dogodio egzodus *"bilo je oko šest stotina tisuća pješaka, osim žena i djece".* (Izl 12, 37) Drugim riječima, prema biblijskom opisu Egipat je napustilo oko milijun ljudi! Međutim, u to doba Egipat je obuhvaćao najviše dva milijuna stanovnika. Kad bi se polovica stanovništva sastojala od robova stranaca, to u Egiptu ne bi ostalo bez traga. Ali, ni najmanji napis ne ukazuje na prisustvo stranog, porobljenog naroda, kao ni na njegovu seobu. Ionako bijeg iz Egipta ne bi ništa donio, jer je u vrijeme navodnog egzodusa Egipat bio na vrhuncu svoje moći i posvuda na Bliskom istoku, prije svega u zemlji Kanaan, održavao administrativna i vojna uporišta. Bijeg kroz Crveno more ne bi puno pomogao, jer je s druge strane također bila egipatska oblast.

Jedan milijun ljudi trebao je četrdeset godina lutati pustinjom:

"Zaključak da se egzodus nije dogodio u vrijeme i na način kako je to opisano u Bibliji je nepobitan ako preispitamo nalaze koje su Izraeliti tokom lutanja pustinjom trebali ostaviti za sobom na specifičnim lokacijama, i neke arheološke tragove koji bi – ako se egzodus dogodio – sigurno morali biti pronađeni. Prema biblijskom izvještaju, Izraeliti su tokom četrdeset godina lutanja proveli ukupno trideset i osam u Kadeš-Barnei. [...] Ponavljana iskopavanja i sondiranja u cijeloj oblasti nisu iznijela na svjetlost dana ni najmanje dokaze života u kasnom brončanom dobu, čak ni jednu jedinu krhotinu grnčarije koju bi za sobom mogla ostaviti grupica preplašenih izbjeglica." (Da se ne govori o velikom narodu koji je tamo trebao živjeti 38 godina.) (*isto*)

Isto tako, ne bi bilo moguće osvojiti neki grad u zemlji Kanaan, a da ne dođe do konfrontacije s egipatskom vojskom. Ipak, u Mojsijevim knjigama i Knjizi Jošuinoj nigdje se ne spominje prisustvo Egipćana. K tome, rečeno je da je Mojsijev narod bio napadnut od kralja Arada i da je naišao na otpor Amorita i stanovnika Moaba, Edoma i Amona. Međutim, arheologija je dokazala da te zemlje u 11. i 10. st. pr.n.e. još nisu postojale kao kraljevstva. Te zemlje i njihovi utvrđeni gradovi koje spominje Mojsije nastali su tek nekoliko stoljeća kasnije. (Vremensko neslaganje slično je kao kad bi se reklo da je Cortes morao ratovati s meksičkom vojskom kad je htio osvojiti Srednju Ameriku.) Očito su svi ovi izvještaji napisani tek puno kasnije nego što su ta kraljevstva i gradovi zaista postojali – ili ih već više nije bilo.

Ni opis kraljeva Davida i Salomona ne uklapa se u povijesnu sliku. Dok su u Kanaanu vladali najprostiji životni uvjeti, a zemlju naseljavali pastiri, tamo je trebalo nastati supercarstvo. Salomon je trebao imati 1000 žena, njegova palača bi bila veličanstvena, a on bi bogatstvom nadmašivao sve zemaljske kraljeve. Pri posvećenju hrama žrtvovao bi u sedam dana 22 000 volova i 120 000 ovaca (I Kr 8, 62-65). To bi značilo: 23 ovce i 4 vola po minuti – i to neprekidno 12 sati dnevno tijekom sedam dana. Kakva logistika! Koja nezamisliva količina životinja za tadašnji narod pastira! Ni od ovog "fantastičnog" sjajnog doba ne da se, skoro očekivano, pronaći ni najmanji trag:

"Ako se biblijski opis Salomonovog doba čita kritički, primijetit će se da je riječ o slici idealizirane prošlosti, jednog slavnog zlatnog doba. [...] K tome, unatoč njihovoj navodnoj moći i bogatstvu, ni David ni Salomon ne spominju se ni u jednom jedinom poznatom egipatskom ili mezopotamskom tekstu. Osim toga, u Jeruzalemu nema nikakvih arheoloških dokaza o Salomonovim čuvenim graditeljskim pothvatima. Pri iskapanjima u 19. i na početku 20. stoljeća oko Brda hrama nije identificiran niti jedan trag Salomonovog bajkovitog hrama ili palače." (*isto*)

Palača u kojoj bi tisuću žena moglo živjeti kraljevski zapravo bi morala ostaviti tragove za sobom: *"Postaje sve jasnije da riječ Božja, 'knjiga nad knjigama', krije puno varki. Jedna grupa krivotvoritelja, zvana 'deuteronomisti', pročešljala je stvarnu priču; oni su iskrivili stvarnost, odstranili neugodne činjenice i u stilu holivudskih scenarija izmislili priču o Obećanoj zemlji [...], jedan kulturno-politički krimić izveden od visokih svećenika u Jeruzalemu koji su nanovo napisali povijesne činjenice i 'svoje snove o velikoj moći projicirali u prošlost'."* Tako se očitovao *Der Spiegel* u svom uvodnom članku u broju 52/2002. U tom članku pod naslovom *"Pronalazak Boga – arheolozi na tragu Svetog pisma"* sažet je sadržaj knjige "*The Bible Unearthed*", upotpunjen drugim rezultatima istraživanja, osobito u vezi povijesnog razvoja Boga Jahve:

"Početno je Jahve bio samo jedan Bog vremena [...] 'On je bio jamstvo plodnosti, a njegov seksualni prikaz polako se potiskivao' [...] Do tada je Jahve očito bio tek grom-idol, slavljen kao jeruzalemski gradski Bog na gori Sion. Onda je postao univerzalna sila. [...] 'Bog vremena Baal slavljen je u mnogo lokalnih varijanti. Jedna od njih je Jahve.' [...] 'Samo vrlo rijetko hramska cenzura previđala je izdajnička mjesta: U Psalmu 68 Bog se naziva "vođom naroda". (Ali ne i u hrvatskom i srpskom prijevodu, prim. prev.). Taj naziv nosio je i nevjernički Bog vremena Baal."

Očito je: u Starom zavjetu su različita strujanja potekla zajedno, a urednici su ih složili u monoteističku sliku Boga. To saznanje nije zaista novo, nego naprosto potvrđuje ono što filolozi već neko vrijeme znaju. Stoga ni neke religijske institucije ne prave više od toga nikakvu tajnu.

Jedan takav primjer je novi prijevod Tore koji su 2001. g. izdali "Rabbinical Assembly", međunarodno udruženje konzervativnih rabina, i "United Synagogue of Conservative Judaism": *Etz Hayim – Torah and Commentary* (*Etz Hayim* je hebrejski izraz za "drvo života"). Ovo monumentalno djelo velikog formata (1560 stranica) je novo standardno izdanje Tore za milijune Židova, kako za osobnu upotrebu, tako i za javna čitanja u sinagogama. Neobičnost u ovom izdanju je to što, pored teksta iz Tore, sadrži 41 znanstveni članak koji su napisani od uglednih predstavnica i predstavnika judaizma, a rezimiraju najnovije stanje u istraživanjima i biblijskoj arheologiji. Objektivan i samokritičan stav ovih autora otkriva osvježavajući, ali provokativni antidogmatizam.

Budući da Tora ima temeljno značenje i za judaizam i za kršćanstvo, novo izdanje podiglo je, razumljivo, velike valove. Ovako npr. glasi jedan članak u *New York Timesu*:

"Abraham, židovski patrijarh, najvjerojatnije nije ni postojao, a isto tako ni Mojsije. Cijela priča o egzodusu, kako je ispričana u Bibliji, najvjerojatnije se nije dogodila. Isto se može reći o rušenju jerihonskih zidina. [Jerihon uopće nije imao gradske zidine!] A David je bio sve samo ne kralj koji je Jeruzalem izgradio u moćnu prijestolnicu. Prije će biti da je bio provincijski plemenski vođa čija je slava kasnije napuhana kako bi se novonastaloj naciji dala zajednička polazna točka. Takva zapanjujuća gledišta – rezultat nalaza koje su arheolozi u Izraelu i graničnim područjima iznijeli na svjetlo u zadnjih dvadeset i pet godina – široko su prihvaćena među neortodoksnim rabinima. Ali, nije napravljen nikakav pokušaj da ta gledišta postanu poznata ili da se o njima raspravlja u zajednici – sve donedavno. [...] Od jeseni [2001.], kad se *Etz Hayim* pojavio, prodan je u više od 100 000 primjeraka".
(Michael Massing: *As Rabbis Face Facts, Bible Tales Are Wilting*, 09.03.2002.)

I ovdje eksperti, židovski vjernici, pojašnjavaju da se Stari zavjet mora čitati i razumjeti diferencirano. Ako ga čovjek čita kao posve povijesni dokument, neće biti zadovoljan – jer on to i nije! Na primjer, sasvim jasno se kaže da je priča o Noi "najvjerojatnije" potekla od sumerskog *Epa o Gilgamešu* (značenje ove napomene postaje jasno kada usporedimo obje verzije).

Etz Hayim proistječe od najstarijeg danas dostupnog rukopisa

Tore, takozvanog "Lenjingradskog rukopisa" iz 1009. godine. *"Između izvornog pisanog dokumenta i najstarije kopije koju još i danas imamo postoji rupa od oko 2000 godina"*, objašnjava Benjamin Edidin Scolnic u svom članku u *Etz Hayimu*, "Modern Methods of Bible study", i dodaje:

> "Može izgledati kao da je Tora jedinstveno izvješće o izraelitskoj povijesti i zakonodavstvu iz doba patrijarha i Mojsija. Međutim, detaljno istraživanje tekstova navelo je moderne kritične naučnike na zaključak da je Tora zbirka nastala iz više izvora s različitim strujanjima literarnih tradicija, i koja je napisana i složena za trajanja biblijskog perioda (ca. 1200 - ca. 400 g. pr.n.e.) Budući da je Tora, promatrana iz ove perspektive, amalgam djela raznih autora i škola, ona sadrži mnoštvo činjeničnih nedosljednosti i proturječnih pravila, kao i razlika u stilu i rječniku, pa čak i teologiji."

Što ova dijagnoza znači za židovsku i kršćansku vjeru? Naposljetku, u jednom svetom spisu nije riječ o *povijesnoj*, nego o *duhovnoj* valjanosti sadržaja. U tom kontekstu, rabin David L. Lieber, "senior urednik" *Etz Hayima*, u uvodu piše:

> "Usuglašavajući naše vjerovanje s konzervativnim židovstvom, pokušali smo iz Tore učiti, a ne ocjenjivati je. Postoje mjesta koja izazivaju našu moralnu savjest; savjest određenu vrijednostima iz Tore. Ovdje, na primjer, spadaju stihovi o ponašanju prema neizraelitskim nacijama i oni o pravnom i društvenom položaju žena u starom Izraelu; a komentar zrcali našu nelagodu (*and the commentary reflects our discomfort*). D'rash – komentar prilazi tekstu sa strahopoštovanjem i ne pita: 'Slažemo li se s ovim dijelom teksta?', nego – jer je tekst našim precima bio svet: 'Što nas on može naučiti?'"

Pitanje "Čemu nas može naučiti određeni dio teksta?" ključ je za čitanje svih svetih tekstova s poštovanjem, a taj nam ključ može pomoći i u prepoznavanju dubljeg značenja tih tekstova. Što se tiče Tore i Starog zavjeta, mi – hvala Bogu – nismo ograničeni samo na površinsku razinu. Jedan doprinos višem razumijevanju koji puno obećava jest novo izdanje Tore, *Etz Hayim*.

B'reshit bara ...: Stvaranje iz ničega?

Biblijsko Izvješće o postanku počinje riječima:

"U početku stvori Bog nebo i zemlju. Zemlja bijaše pusta i prazna; tama se prostirala nad bezdanom i Duh Božji lebdio je nad vodama. I reče Bog: 'Neka bude svjetlost!' I bi svjetlost. I vidje Bog da je svjetlost dobra; i rastavi Bog svjetlost od tame."

Hebrejska formulacija prve rečenice glasi: *"B'reshit bara jah elohim eth ha schamajim ve eth ha eretz"*, obično prevedena kao "Na početku (*b'reshit*) stvori (*bara*) Bog (*jah elohim*) nebo (*eth ha schamajim*) i zemlju (*ve eth ha eretz*)."

Iz pojma *bara* kreacionisti su izveli svoju ideju o "stvaranju iz ničega", jer se *bara* odnosi na pra-prvo stvaranje koje samo Bog može izvesti. "Stvoriti u smislu '*bara*' može samo Bog. [...] U vezi s '*bara*' nikada nije imenovana ni jedna tvar iz koje je Bog nešto stvorio, jer '*bara*' je novo, nečuveno stvaranje, bez ičeg prethodno danog. 'Bara može izraziti samo *creatio ex nihilo* (stvaranje iz ničega)'." Ovo tvrdi čak i *Wuppertaler Studienbibel*, koja nije eksplicitno kreacionistički usmjerena.

Kad bi ova interpretacija bila ispravna, iz nje bi se moralo zaključiti da je *tama* pra-okolnost bivanja i da je Bog stvorio svjetlost *iz tame*. Kao što je već spomenuto u 7. poglavlju, to može dovesti do tumačenja da je tama istinska, prvobitna stvarnost, a svjetlost je (pomoću "Lucifera") nastala iz tame.

Međutim, hebrejski originalni tekst od početka proturječi gornjoj interpretaciji, jer počinje s dvije riječi, *b'reshit bara*. U hebrejskom jeziku svako slovo predstavlja jedan broj. B predstavlja broj 2. Sigurno nije slučajno što dvije početne riječi počinju s B. *Na početku Postanka* je 2. Time se signalizira: Ova knjiga počinje s 2. činom! Izvještaj o stvaranju ne opisuje primarno, nego *sekundarno* stvaranje. Dvostruki broj 2 sadržan je u broju 4, broju materije. Ono što Postanak opisuje nije pra-stvaranje, već prateće stvaranje *unutar* materijalnog Univerzuma.

Dakle, Postanak ne kaže: na početku bijaše tama, a svjetlost

317

nastade iz tame. Radije, kaže da je unutar već stvorenog pra-Univerzuma isprva vladala tama i da je Bog stvoritelj unio svjetlost u tu tamu. To se sve *ne događa* "iz ničega", kao što je utvrđeno i u izdanju Tore, *Etz Hayimu:*

> "Hebrejska riječ koja se prevodi kao "stvori" u Bibliji se upotrebljava samo za božansko stvaranje. Ona ukazuje na to da je stvoreni objekt jedinstven, da njegov nastanak ovisi isključivo o Bogu i da ga ljudi ne mogu reproducirati. Glagol nipošto ne znači "stvaranje iz ničega."

Kreacionisti, tvrdeći da prvo poglavlje Postanka opisuje apsolutni prapočetak, "stvaranje iz ničega", time kažu da je iz ničega najprije nastala tama. Međutim, to je pogled s točke koja se sama nalazi u tami i može se usporediti s nekim tko sjedi u tami i kaže: "Bila je tama, pusta i prazna, i bili su zidovi koji su nastali iz ničega." Ipak, Postanak kaže nešto drugo, i čini to jasnim od prvog slova.

Još jedan znakoviti pojam iz prvog poglavlja Postanka jest naziv koje se koristi za Boga, i to u neposrednoj vezi s *b'reshit bara: elohim*. Ovaj izraz označava množinu, i to u posebnom obliku, gdje imenica ženskog roda ima završetak za množinu muškog roda, i gdje predikat stoji u jednini, doslovno "Elohim stvori (ne 'stvorio je') nebo i zemlju". Dakle, *elohim* ne označava Boga u jednini, nego se odnosi na stvaralački kolektiv koji se sastoji od ženskih i muških "dualnih duša".

"Hebrejac naziva Boga 'elohim' uvijek kad misli na Boga cijelog Svemira, na Boga naroda i fizičkog svijeta." Dakle, "elohim" se uvijek definira u odnosu na materijalno stvaranje. "Elohim" nije transcendentni Bog, nego Bog stvoritelj, odnosno stvaralački kolektiv unutar Univerzuma. Onkraj tog Univerzuma nije "ništa", nego duhovni prauzrok, duhovni svijet, na čiju je sliku stvoren materijalni svijet. To je dublje značenje dvostruke primjene broja 2 odmah na početku Izvještaja. Autor Postanka očito je bio svjestan božanske perspektive koju su propustili navodno vjerni tumači Biblije.

Kvantna fizika: Osnove za novo razumijevanje stvarnosti

"Ako, međutim, otkrijemo jednu cjelovitu teoriju, ona bi na-
kon određenog vremena trebala u osnovi postati razumljiva
svima, ne samo šačici stručnjaka. Onda bi svi mi – filozofi,
prirodoslovci i laici – mogli raspravljati o pitanju zašto pos-
toji Univerzum. Kada bi našli odgovor na ovo pitanje, bio bi
to konačni trijumf ljudskog razuma – jer tada bi znali Božji
plan."

– Prof. Stephen W. Hawking,
jedan od vodećih fizičara današnjice

Prepoznavanje duhovne stvarnosti onkraj materijalne dualnosti
otvara nam novi pogled na svijet u kojem živimo. Taj pogled seže
puno dalje od slike svijeta materijalističke znanosti, pa čak i one mo-
derne kvantne fizike. Ona je doduše spoznala da materija "sama po
sebi" zapravo ne postoji, već da je materija "energija" koja je u cije-
lom svom spektru – od Univerzuma do nuklearnih struktura – pove-
zana i strukturirana holografski. To je jedna važna i ispravna spozna-
ja, no ne smije se stati na tome, jer je stvarnost puno više od pukog
"jedinstva materije". Inače bi se moralo smatrati – kao što mnogi
kvantni fizičari i rade – da su materija i svijest jedno te isto, naime
"energija"; svijest bi bila tek posebna "kvantnomehanička" forma or-
ganske materije. Kada se zapadne u ovakav nediferencirani, moder-
no-materijalistički svjetonazor, previđa se ključ za spoznaju što život
i svijest uistinu jesu. Daljnje pitanje mora glasiti: "Što je energija?"
Bez odgovora na to pitanje ne može se znati ni što je *materija*, a po-
gotovo što su svijest i život.

Jedna filozofska formula svijeta predstavljena je u ovoj knjizi:
"Individualnost". Koliko je važna obuhvatna i cjelovita utemeljenost
pojma "stvarnost" pokazuje se pri analizi raznih koncepata koji su
nastali pogrešnim, odnosno nepotpunim (jednostranim) razumije-
vanjem principa individualnosti i nedualnosti. Očito je da nije mo-
guće svjetlost definirati iz tame, jer je svjetlost stvarnost koja se u

potpunosti razlikuje od svih koncepata apstraktne ne-tame.

Baš kao što je "svjetlost" stvarnost onkraj sjene i tame, tako je i "individualnost" (individualnost Boga i svih njegovih dijelova) stvarnost koja je neovisna od svakog materijalnog oblika i uobličenja, počevši od univerzalnog jedinstva materije ("Univerzuma"), sve do pojedinih planeta sa svim vidljivim i nevidljivim što na njima postoji. Materija kao vremenom i prostorom ograničen izraz bezgranične svijesti postoji ne samo tro-, već multidimenzionalno. Život i svijest su duhovni (bez-vremeno i bez-prostorno prisutni), a materija je proistekla iz takvog prauzroka. Naposljetku sve – direktno ili indirektno – proistječe iz *apsolutnog* prauzroka, apsolutne individualnosti, čija je sjena dualnost. Sve je život i svijest ("energija"), ali nije sve materija!

Jedna "cjelovita teorija" kakvu i Stephen Hawking priželjkuje u gornjem citatu mora dakle proisteći iz stvarnosti individualnosti svijesti i energije. Darvinizam i kreacionizam ne odgovaraju ovim zahtjevima. Kao što je izloženo, tu je riječ o dvije suprotstavljene krajnosti koje mnoga pitanja ostavljaju otvorenima.

Vedska Geneza

Prvo poglavlje biblijskog Postanka nije jedini božanski izvor koji nam približava proces stvaranja. Jedno vrlo obuhvatno otkrivenje nalazi se u staroindijskim ("vedskim") sanskrtskim spisima, osobito u *Puranama*. To su "prastari" spisi (*purana* znači "staro; od prapočetnih vremena") koji također sadrže vlastitu Genezu, koja se može nazvati "vedskom Genezom".

Purane sadrže poglavlje u kojem su mito-logičkim jezikom opisani stvaranje i porijeklo čovječanstva iz viših dimenzija. Višekratno je naglašeno postojanje primarnog i sekundarnog stvaranja. Primarno stvaranje, na sanskrtu *sarga*, jest prastvaranje koje je izvršio Bog, apsolutna individualnost (Višnu, "sveprisutni"). Višnu je sveobuhvatni izvor duhovne i materijalne energije, i samo posredstvom Višnua, apsolutnoga, duhovno može paralelnim kvantnim skokom ("pra-skokom") iznjedriti nešto materijalno. U vječnom ritmu Višnu "izdiše" i udiše" bezbrojne Univerzume. Kad se u Bibliji kaže da je Bog Adamu udahnuo život, to je daleko sjećanje na božansko "disanje" u primarnom stvaranju bez kojeg ne bi bilo moguće materijalno uobličenje ni na univerzalnoj, ni na galaktičkoj i planetarnoj razini.

Sekundarno stvaranje, *visarga*, je stvaranje *unutar* pojedinačnih Univerzuma, odnosno razvijanje različitih dimenzionalnih razina i svjetova života iz "implicitnog reda" (*mahat-tattva*, "veliki red"). Jednostavno rečeno, *visarga* znači stvaranje neba i zemlje. To stvaranje odvija se kroz kozmičkog Stvoritelja zvanog Brahma (doslovno "razvijač"). Brahma je prvi "sin" Boga (Višnua) koji je stupio u materiju. On je prvo i najviše svjetlosno biće, i on, Brahma, bio je taj koji je rekao: "Neka bude svjetlost!". Jer, unutar "potencijalnog Univerzuma" (*brahma-anda*, "Brahma-jaje") zaista je "mrak" prvobitno stanje. Tek kroz božanskog medija, Brahmu, svjetlost iz duhovnog prauzroka dospijeva u tamu.

Na ovom mjestu vedske Geneze nalazi se zapanjujuća paralela s Izvještajem o stvaranju u biblijskom Postanku – u svakom slučaju, u puno podrobnijem i manje nerazumljivom obliku. Naime, opisano je kako je Brahma izvršio stvaranje u *sedam* koraka, čime je nastalo sedam dimenzionalnih razina Kozmosa. Istovremeno s tim koracima nastali su i različiti duhovni praoblici svih oblika života. Na završetku sedmog koraka stvoreni su svi živi oblici, sve dolje do fizikalno zgusnute razine Zemlje,[**] tako da su se svi mogli dalje sami množiti. Neposredni činovi stvaranja nadalje više nisu bili potrebni. Brahma počiva ...

> "Tako bude dovršeno nebo i zemlja sa svom svojom vojskom. I sedmoga dana Bog dovrši svoje djelo koje učini. I počinu u sedmi dan od svega djela koje učini." (Post 2, 1-2)

Ovim starim izvorima pridružila su se na Istoku i na Zapadu nova otkrivenja koja ukazuju na daljnje aspekte misterija stvaranja, misterija kojeg na koncu nitko ne može razumjeti u potpunosti, osim samog Boga. Svi ovi opisi stvaranja samo su modeli koji bi trebali po-

---

[**] Ako ljudi sa Zemlje pogledaju uvis kroz razne dimenzije, iz te perspektive kozmička hijerarhija završava *sedmom* razinom, "Brahinim nebom", koje je u mističnom prikazu viđeno kao čisti svijet svjetlosti, kao svijet neprekinutog polariteta, u kojem dualnost ne postoji. I poslovično "sedmo nebo" izraz je za najveće blaženstvo koje se može zamisliti: "osjećam se kao na sedmom nebu".

moći čovjeku da shvati neshvatljivo. Kada se predstavnici različitih verzija Geneze počnu međusobno boriti, to je opet novi grijeh, jer se tako čovjek otvara dijaboličnom duhu. Sva različita otkrivenja postanka ukazuju na istu apsolutnu istinu, naime na "sve-svjesnu individualnost" onkraj materijalne dualnosti, za koju postoje mnoga imena (Bog, Eloah, Višnu, Krišna, Jahve, itd.) i čiji smo svi mi dijelovi ("djeca").

Oni koji su spoznali svoju vlastitu i Božju individualnost sposobni su biti istinski beskompromisni. Prije svega, ne čine nikakve kompromise s dijaboličnim duhom ograničavajući se na jedan jedini spis ili interpretaciju. Jer, istina oslobađa ...

Sažetak

- Znanost je u međuvremenu shvatila da materija nije statička ili mehanička supstanca, već energija koja se nalazi u stalnoj mijeni. (Atomi se stalno s nečim sudaraju!) Ali, što je energija? Premda je kvantna fizika otvorila prozor u metafizičke perspektive, čime se npr. spoznao holografski ustroj materije, i ona se može protumačiti materijalistički. U tom slučaju život i svijest više ne bi bile samo mehaničke, već *kvantno*-mehaničke funkcije organske materije.
- Materijalistička teorija evolucije tvrdi da su prva živa bića nastala iz anorganske tvari, a iz njih (bakterija i jednostaničnih organizama) su slučajnim mutacijama nastali viši oblici života – biljke i životinje, naposljetku i čovjek. Prema tom viđenju čovjek je evolvirana životinja i produkt svog (slučajno razvijenog) većeg mozga.
- Jesu li fenomeni života (razumijevanje, svijest, inteligencija) zaista samo efekti organske materije? Razvija li organska materija svijest kada dosegne određeni stupanj kompleksnosti? Može li materija percipirati samu sebe?
- Jedna sjena nikad ne može spoznati svoju vlastitu pravu bit, a pogotovo ne svoje prapočelo. Isto tako, pogled ograničen na materiju ne može nikad sagledati njenu pravu bit i pozadinu.
- Svjetlost nikad nije produkt tame. Upravo tako ni svijest nije naprosto produkt samoorganizirajuće materije, kako tvrdi materijalistička teorija evolucije. Na primjer, već odavno je izračunato da je nastanak jedne životno *sposobne* stanice (što još ne znači i *živuće!*) iz slučajno nastalih fragmenata organske tvari praktički nemoguć. Da se takva kombinacija tvari dogodi ne jednom, nego mnogo puta apsolutno je nemoguće, već i prema izračunu vjerojatnosti.
- Kobna pogreška materijalizma jest jednadžba "organsko tijelo = živo

biće". To bi značilo i da je individualnost produkt materije. Individualnost je za "prosvijetljene" materijaliste i moniste dakle samo prolazni, slučajni nusproizvod apstraktne energije. Ta energija (nazvana "Univerzum", "totalitet materije", "jedinstvo", "kvantni potencijal", itd.) onda bi važila za najviše i prvobitno, a "stvarnost" iz te perspektive ne bi bila drugo do besmisleno, bezbožno i nemilosrdno djelovanje "neutralne", besvjesne kozmičke energije.

- Radikalna posljedica materijalizma, koji sebe radije naziva "znanstvenim naturalizmom", mora se sagledati iz povijesne perspektive kako bi bila razumljiva. Jer, njen razvoj počeo je u 19. st. kao protupokret crkveno-dogmatskoj doktrini. Premda je materijalizam bio koban isto koliko i dogmatizam, njegovim razvojem izborilo se za određenu slobodu duha, što je omogućilo širenje duhovnog horizonta.
- Primjer *Young Earth* kreacionista pokazao je kako ideja da su oprost grijeha i spasenje mogući samo "krvlju" vodi odgovarajućoj interpretaciji Postanka i Isusa. Odakle ova ideja dolazi? (To će biti tema u sljedećem poglavlju.)
- Biblijski kreacionizam stvara dojam da je jedina alternativa darvinizmu vjerovanje u Izvještaj o stvaranju i Adama i Evu. Zbog toga su mnogi ljudi zazirali od bilo kakve kritike evolucije, a braniteljima darvinizma, uz pomoć *Young Earth* kreacionista, bilo je lako ismijati kritiku evolucije i odbiti zapravo relevantne argumente. Dakle, kreacionisti su neposredno puno potpomogli zagovaratelje materijalizma, što zapravo i ne iznenađuje, jer u borbi ekstrema – Premalo i Previše – oba tabora uvijek zastupaju samo poluistine.
- Kreacionisti su sačuvali sjećanje na Potop: tektonska slika Zemlje nije nastala postepeno kroz milijune godina, kako tvrdi materijalistički obojena gradacija i aktualizacija. Sporadične megakatastrofe pri kojima se oslobađa nezamisliva sila prirode ponekad preoblikuju zemlju tako temeljito da nastane "novi svijet", kako to naziva indijanska predaja. Prijelaz u naš sadašnji "Četvrti svijet" morao je biti tako prevratnički da su poneki pomislili kako je taj novi svijet nastao prije 7000 godina iz ničega.
- Sve kulture i tradicije raspolažu duhovnim uvidima i otkrivenjima. Navedeni primjer vedske Geneze pomaže boljem razumijevanju biblijskog Postanka. Ona, prema vlastitom iskazu, tumači *sekundarno* stvaranje (svojim početnim dvostrukim B = 2), jer je samo na toj razini vladao prvobitni mrak, promatrajući s materijalne strane. To je stvaralačko djelo Brahme, prvog bića "rođenog" u materiji. (Prema vedskoj Genezi, dakle, prvo živo biće u materiji nije bila bakterija, nego Brahma!)
- Individualnost se nalazi iznad materije i oblikuje je. Iza svakog materijalnog stvaranja stoji individualnost (= svijest, volja i cilj). Individual-

nost je, kao duhovna stvarnost, vječna – kako u apstraktnome, tako i u relativnome. Stvaranje materijalnog svijeta događa se zajedničkim djelovanjem apsolutne i relativne individualnosti, odnosno kroz božanski inspirirani i vođeni stvaralački kolektiv. U 1. poglavlju biblijskog Postanka to je izraženo množinom "elohim". Epizoda s rajskim vrtom usred neobradive zemlje odnosi se – sa slojevitom simbolikom – na jednu kasniju fazu stvaranja u kojoj već postoji pali elohim. "Zmija" i "Gospodin", koji kasnije u gnjevu želi razoriti vlastito stvaranje skupa sa svim ljudima i životinjama, mogu se interpretirati i monoteistički i "mitski" (vidi sljedeće poglavlje).

11. POGLAVLJE

Duga pretpovijest sadašnjeg vremena preokreta

U svom životnom vijeku Zemlja prolazi kroz različite vrijemeprostorne okolnosti (yuge), jer se "tijekom vremena" ne mijenja samo "vrijeme", već i "prostor". To se u prošlosti već više puta dogodilo i opet će se dogoditi, i to u ne tako dalekoj budućnosti, kako nam otkrivaju najrazličitiji izvori.

U sadašnje vrijeme mnogi međusobno isprepleteni vremenski ciklusi ulaze u rijetku *zajedničku* završnu točku. Različiti ciklusi Zemlje, kao i lunarni, solarni i galaktički ciklusi, teku uglavnom u međusobno neujednačenom ritmu. Tek nakon mnogo individualnih protoka – i nakon vrlo dugog vremenskog perioda – ovi ciklusi se susreću u vremenskoj točki koja za sve istovremeno znači i završetak i novi početak: zajednička sinkronizacija. Kad dođe do takve "nulte točke", potencijalno se može ponoviti *trenutak prapočetka*! Jer, u tom trenutku su svi "satovi" počeli teći istovremeno, svaki s drugačijom jedinicom vremena i, u skladu s tadašnjim relacijama, drugačijom brzinom.

Dakle, ono što predstoji je vrijemeprostorna točka kozmičko-zemaljske sinkronizacije koja je jedinstvena u ljudskom pamćenju. Moderna astronomija ne prepoznaje realitet te sferne i cikličke harmonije. Ono što nas o tome informira jest glas jedne stare visokorazvijene kulture, poruka naroda koji je sebe nazivao "čuvari vremena": Maje.

I zaista, istraživanja su pokazala da su Maje posjedovale zapanjujuće astronomsko znanje. Tako su npr. vrijeme potrebno da se Zemlja okrene oko Sunca mogli izračunati s preciznošću od četiri decimale, i to u doba kad se u Europi još vjerovalo da je Zemlja ravna ploča. Također, mogli su izračunati Sunčeve pomrčine stoljećima unaprijed. Poznavali su različite jedinice vremena i imali kalendar u kojem su mogli sinkronizirati sve ove cikluse: prirodni ciklus od 260 (13 x 20) dana; Zemlja-Sunce ciklus od 365,2421 dan; 13 Mjesečevih ciklusa zemaljske godine; 52-godišnji ciklus (52 g. potrebne su da se 260- i 365-dnevni ciklusi nađu u zajedničkoj početnoj konstelaciji), itd.

Pored ovih ciklusa, utvrđenima visokim astronomskim spoznajama, Maje su opisale i cikluse koji nemaju očitih astronomskih značajki. Nova ispitivanja pokazala su da Maje nisu brojile samo astronomske faktore, nego i *energetske* cikluse našeg Sunčevog sustava, osobito Sunčeve promjene magnetskog polja! Jer ove su promjene ciklične i imaju neposredan utjecaj na Zemlju. One određuju tijek određenih zemaljskih ciklusa i u velikim, ali izračunljivim razmacima uzrokuju katastrofe, transformacije i obrtanje zemaljskih magnetnih polja.

Primjeri za takve energetsko-astronomske izračune su Baktun-ciklus od 144 000 dana (394,52 g.) i Dugo brojanje od 13 baktuna (oko 5125 g.). Ono što zapanjuje jest to što se kraj sadašnjeg Dugog brojanja točno poklapa s navedenom kozmičko-zemaljskom točkom sinkronizacije! Ona je opet definirana i astronomskim konstelacijama, između ostalog podudaranjem zalaska Sunca s izlaskom Oriona, kombiniranim sa sinkronizacijom Venere i Plejada. Ta konstelacija javlja se tek svakog 13-og baktun ciklusa – sljedeći put pri *zimskom solsticiju 2012. godine.*

To je značajna vremenska točka u kojoj se ujedinjuju najrazličitiji kozmičko-zemaljski ciklusi, "vjenčanje" Neba i Zemlje. Maje kažu da će njihov kalendar završiti kad dođe kraj vremenu kakvog poznajemo. Dakle, danas se nalazimo u "finišu" različitih vremenskih ciklusa. Mi smo u posljednjim godinama 13-og baktuna, a također i u posljednjim godinama astronomskog precesijskog kruga, "sideričke godine" od 26 000 zemaljskih godina.

Međutim, ključni datum 21.12.2012. ne kaže da će se dogoditi nekakvo čudo ili katastrofa, upravo kao što početak proljeća (21. ožujka) ne znači da će se taj dan odjednom rastopiti sav snijeg i preko noći izrasti cvijeće na livadi. Ipak, taj datum obilježava važnu zemaljsku konstantu, naime izjednačavanje dana i noći (samo na taj datum dan i noć traju jednako dugo *na cijeloj Zemlji*). Datum 2012/2013 signalizira nam da živimo u odlučujućoj fazi koja će završiti u točki preokreta globalne povijesti. *"A o onom danu i času nitko ne zna, pa ni anđeli nebeski, ni Sin, nego samo Otac. Kao u dane Noine, tako će biti i Dolazak Sina čovječjega."* (Mt 24, 36-37).

Nadolazećom sinkronizacijom otvorit će se multidimenzionalni vremenski prozor, a čovječanstvo će se ponovo suočiti sa svojom mitološkom prošlošću. Ono što se danas događa na Zemlji ima dugu pretpovijest, kako individualnu tako i kolektivnu, koja seže unazad sve do događaja koji su u povijesti Zemlje i čovječanstva označili posljednju točku preokreta. Ti događaji ostavili su otiske u podsvijesti mnogih ljudi, a sada ponovo izlaze na površinu kako bi se neutralizirali i razriješili. Sve rane moraju se zacijeliti – i sva nedjela oprostiti. Kad ljudi mogu oprostiti jedni drugima i sami sebi, time pripremaju teren za prijelaz u sljedeći veliki odsjek vremena, za vrijeme "novog neba" i "nove Zemlje". Sve razumjeti znači sve oprostiti.

Mitološka prošlost bavi se u prvoj liniji pitanjem našeg porijekla, jer u porijeklu se razotkriva smisao i cilj našeg bivanja na Zemlji. Sad kad znamo kako to *nije* bilo, pitanje možemo postaviti još jednom: Kako su ljudi došli na Zemlju? Koji je bio duhovni scenarij početka života i porijekla vrsta, scenarij onkraj darvinizma i kreacionizma?

Istinska evolucija: Devolucija, odnosno involucija

Svaki izvještaj o stvaranju u svojoj biti ukazuje na istu temeljnu istinu: da "niže" uvijek proizlazi iz nečeg višeg (nasuprot materijalističkoj teoriji evolucije koja tvrdi da su viši, kompleksni oblici života proizašli iz jednostavnih, primitivnih oblika, a ovi iz materije). Posvuda na svijetu vidimo da je ono nižeg reda proizašlo i vođeno od višeg. A ono što se ovdje u mikrokozmosu događa pred našim očima, događa se i u makrokozmosu, jer ovo je *multidimenzionalni* Kozmos.

Vedska Geneza pokazuje da sve u Kozmosu prvobitno proizlazi iz najviše finosupstancijalne dimenzije, "Brahminog svijeta", i postupno se sve više zgušnjava na svakoj sljedećoj donjoj dimenzionalnoj razini. Iz trodimenzionalne perspektive, tijekom prve faze stvaranja Univerzum je zaista bio "prazan" i "taman", jer još ništa trodimenzionalno nije bilo stvoreno. Prve faze stvaranja s odgovarajućim svjetovima svjetlosti odigrale su se u višim ("duhovnim") dimenzijama. Duhovnom snagom Brahme i (od njega stvorenih i opunomoćenih) stvaralačkih bića nastalo je svih sedam dimenzionalnih razina, sa zemaljsko-fizikalnom kao posljednjom.

Sukcesivno zgušnjavanje drugog dimenzionalnog svijeta iz prvog, trećeg iz drugog, sve do sedmog, zemaljskog, iz šestog, može se nazvati "kozmičko-descedentnom evolucijom" (devolucijom).

Pojam "evolucija" naprosto znači da nešto proizlazi iz nečega, i to je univerzalni stvaralački princip.[1] Ono što je u ovoj knjizi kritički rasvijetljeno i odbačeno jest teorija jedne *materijalističke* evolucije. Involucija[2] je isto tako "evolucija", ali ne ona materijalistički definirana, već metafizička, interdimenzionalna.

Budući da se pojam "devolucija" sreće i u materijalističkoj teoriji evolucije i tu ima posve drukčije značenje (devolucija = degenerativni evolucijski tijek; obrnuta "evolucija"), pojam "involucija" je vjerojatno adekvatniji, prije svega jer se u duhovno-znanstvenim krugovima već upotrebljava u sličnom smislu. Prema gornjoj definiciji, devolucija i involucija bili bi sinonimi.[3]

Scenarij stvaranja koji proizlazi iz perspektive "interdimenzionalno-hijerarhijske evolucije" odgovara najstarijem i najnovijem znanju čovječanstva. On u sebi objedinjuje dijelove istine kreacionističkih i darvinističkih objašnjenja i odgovara prirodnim, još i danas djelotvornim i posvuda vidljivim životnim principima.

Opisi stvaranja svih religioznih i metafizičkih škola ukazuju na involuciju, pa i onda kad se detalji njihovih formulacija razlikuju. Jer, svaka škola ima svoj vlastiti izvor, perspektivu i gledište, kao i vlastite tradicijske i kulturne karakteristike. Kod škola inspiriranih božanskim Izvorom razlike su uvijek samo u relativnome. Stoga dijabolični duh ljude koji slijede božanski pravac pokušava fiksirati na relativno i stvoriti raskol na temelju tih prividnih razlika.

Kad u ovome što slijedi skiciram scenarij stvaranja iz perspektive kozmičke involucije, pokušavam to činiti što općenitije kako bi poradio na onome što je zajedničko raznim religioznim i metafizičkim školama. Pri tome se orijentiram prije svega na indijske, indijan-

---

1 **Evolucija**: stupnjevani razvojni tijek, postupni napredak razvoja; lat. *evolutio*, "odmatanje (role knjige)", od *evolvere*, "odmatati; razmatati; pojašnjavati".

2 **Involucija**: od lat. *involvere*, "umotati; uviti; pokriti", ovdje "zgušnjavanje; sukcesivno omatanje, ulazak duha u materiju", što vodi do nastanka fizičkog tijela na stupnju najviše gustoće, gdje je moguća *inkarnacija*.

3 **Devolucija**: od lat. "otkotrljati: spustiti; skotrljati; prijeći na; spasti"; ovdje "silazni, postupno zgušnjavajući stvaralački razvoj; slijed proizlaženja jedne dimenzije iz prethodne više".

ske i biblijske izvore, a također i na "nova otkrivenja", dobro znajući da se sve (iz neke druge perspektive) moglo odvijati i drukčije.

Od manifestacije do inkarnacije

Jednom je postojalo vrijeme u kojem se Zemlja još nalazila potpuno u svjetlosti. Zemlja je bila "Raj". Na sanskrtu se to prvo doba naziva Satya-yuga, "yuga istinitosti", jer tada na Zemlji još nije bilo laži. Satya-yuga je isto što i "Prvi svijet" o kojem govore američki prastanovnici.

Razlika između svake yuge toliko je ogromna da nije pretjerano govoriti o različitim "svjetovima". Svaki prelazak iz jedne yuge u drugu povezan je s globalnim previranjima, tako da Zemlja poslije svakog prijelaza izgleda potpuno drukčije nego prije. Budući da su makro- i mikrokozmos povezani, svi kozmički ciklusi i podciklusi odražavaju se na Zemlju – od kratkih, fraktalnih vremenskih jedinica do yuga.

Na svom putu kroz vrijeme i prostor, Zemlja postupno dospijeva u granično područje svjetlosti i tame. Ili, kako bi se to opisalo iz perspektive svjetlosti: prve sjene padaju na Zemlju, bačene od bića koja Zemlji ne pripadaju (jer se ona sama nalazi u svjetlosti). U početku su sjene bile samo tangencijalne, no jednom dosegnuvši Zemlju brzo su rasle.

U ranoj fazi satya-yuge zemaljska svjetlosna bića boravila su u paralelnim dimenzijama,[4] u interakciji s fizičkom razinom samo kroz stvaralačke impulse na energetskoj razini. Tijekom vremena, neka od tih svjetlosnih bića odlučila su fizički živjeti na Zemlji i stoga uzeti odgovarajuće fizičko tijelo. Napravili su to "paranormalnim" zgušnjavanjem svojih visokodimenzionalnih tijela. *"I reče Bog: Načinimo čovjeka na svoju sliku, sebi slična ..."* (Post 1, 26; ne zamijeniti s Post 2, 7)

Dakle, prvi ljudi u trodimenzionalnim (fizičkim) tijelima nisu bili primitivni potomci životinjskih primata, nego samomanifestira-

---

4 Prije nego su se pojavili fizički ljudi Zemlja je, dakle, već bila naseljena inteligentnim oblicima života, ali ti su "ljudi" bili iz viših dimenzija. (Zemlja je i danas povezana s mnogim paralelnim dimenzijama, s astralnim, elementalnim i vilinskim svjetovima, sve do Brahminog svijeta).

na svjetlosna bića koja su se pojavila na Zemlji kao ljudski "arhetipovi". Ponašali su se u savršenom skladu s voljom Stvoritelja, i to je u procesu stvaranja Zemlje bio prirodni sljedeći korak. *"I vidje Bog sve što je učinio, i bijaše veoma dobro. Tako bude večer, pa jutro – dan šesti."* (Post 1, 31)

U ranoj fazi svoje "zemaljske misije" svjetlosna bića pojavila su se samomanifestacijom pod vodstvom "Elohima"; pri čemu su zgusnuli svoja visokodimenzionalna tijela, odnosno prilagodili ih zemaljskom stupnju frekvencije. U kasnijoj fazi došli su "na svijet" putem inkarnacije (rođenja), pri čemu su sve više zaboravljali raniju egzistenciju u višim svjetovima. I to je također imalo svoj duboki temelj i služilo je božanskom cilju. Time su poveli sljedeći razvojni korak – koji još do danas nije završen!

Što su više rani ljudi ulazili u zemaljski život, to su više potpadali pod sferu utjecaja sila tame. Došlo je do napada i zloupotrebe. Povijest čovječanstva počinje: "mitska", povijesna, moderna.

Mitološka povijest čovječanstva (1. dio): Raj i što je zmija tamo htjela

U dalekoj ("mitskoj") prošlosti ljudi su raspolagali mentalnim i nadosjetilnim sposobnostima koje danas nazivamo "paranormalnima". Energetski centri (čakre) njihovih eteričnih i finosupstancijalnih tijela bili su potpuno aktivni, a njihov duševni fokus svjesno je usmjeravan od strane duhovnog sebstva (atma). Oni su bili samomanifestirana ili inkarnirana svjetlosna bića i živjeli su u unutarnjoj povezanosti sa svjetlosnim i zvjezdanim bićima koja su, u skladu s čistom rezonancijom tih izvornih ljudi, štitila Zemlju. Zemlja je s adamičnom vrstom bila Raj u harmoniji s božanskim Elohimom.

Međutim, vremenom se u tom raju pojavila "zmija". Izvorni ljudi nisu bili zemaljskog porijekla, a ni sile "zmije". One su bile agresivne i imperijalističke, ali su se također najprije morale priviknuti na fizičke uvjete na Zemlji. To su učinili uz pomoćna tehnička sredstva, jer su raspolagali takvom nezemaljskom tehnologijom koja bi čak i u našim modernim razmjerima izgledala kao *science fiction*. Posjedovanje komplicirane tehnologije, međutim, ne znači i da su bili duhovno napredni. Naprotiv, bila su to bića koja su odabrala put odvraćanja od Boga. Mogu se nazvati palim Elohimom. Obzirom na mentalitet, nisu vidjeli "ništa pogrešno" u svojoj želji da opljačkaju zemaljske resurse – i stanovnike. I tako je Zemlja postala cilj njihovih operacija.

Tek kad se prije oko 10 000 godina dogodio veliki globalni "blackout", Potop, sile tame opet su napustile Zemlju, ali ne dobrovoljno. Morale su pobjeći jer im je moć prirode uništila sva zemaljska uporišta, kako je dojmljivo opisano u sumerskom Epu o Gilgamešu. Nakon tog reza, po odluci solarnih i galaktičkih svjetlosnih bića, silama tame više nije bilo dozvoljeno vratiti se na Zemlju sa svojom nadmoćnom tehnologijom. Počela je nova runda, s novim pravilima i izmijenjenim okolnostima, u skladu s tada nadolazećom Kali-yugom.

Međutim, prijašnji gospodari zadržali su pravo postupanja po svojoj slobodnoj volji, a njihovo htijenje ostalo je nepromijenjeno unatoč izmijenjenim vanjskim okolnostima: htjeli su opet povećati svoj utjecaj na Zemlji, i to do potpunog preuzimanja moći. Ali razumjeli su da se neće smjeti služiti istim sredstvima kao prije. Morali su stoga smisliti novu taktiku.

A ono što su smislili bilo je paklenski genijalno: umjesto prisiljavanja ljudi da im služe, iznašli su metodu čiji je učinak bio da im podređeni služe *dobrovoljno*. Tako je žetva životne energije mogla biti još izdašnija nego prije, jer tijek energije više nije bio ometan odbojnošću zbog prisilnog žrtvovanja. Kad ljudi surađuju dobrovoljno, više nema razloga za prisiljavanje.

Bogovi tame morali su dakle samo otkriti što izaziva najsnažniji oblik "dobrovoljnog" dotoka energije. Što ljude više od bilo čega drugog tjera na sudjelovanje u igri moći i nekritičko predavanje sebe vođama? Odgovor je glasio: s jedne strane *strah*, s druge *obožavanje*. A ovo dvoje daju se dobro kombinirati. Obožavanje i vjera utemeljeni na nesvjesnom ili potisnutom strahu rezultiraju *fanatizmom* i *dogmatizmom*. To je suprotnost Istini koja oslobađa.

Prije oko pet tisuća godina, nakon što su se ljudi oporavili od globalne kataklizme, kasnije posljepotopne generacije opet su bile spremne uspostaviti vlastite strukture moći i vojne snage. Na taj način su neki zemaljski vladari ušli u rezonanciju s onim nevidljivim silama koje su samo čekale da se netko podesi na njihovu valnu duljinu. Odredili su svoje "kontakt osobe" i finosupstancijalno ih zaposjeli. Tako je to najednom počelo, onako kako su i zamislili. Zaposjedanje je utjecalo na psihička i astralna svojstva ljudi, što je također djelovalo i na genetsku strukturu i, posljedično, na njihova grubosupstancijalno-materijalna tijela. Metoda manipulacije bila je efektivno psihosomatska.

Akcijama ovakve vrste pripremali su teren za svoj sljedeći korak: naime, kako bi se i sami mogli inkarnirati! Kad bi im bilo moguće pojaviti se kao ljudi među ljudima, brzo bi prisvojili vladajuće pozicije kao kraljevi i visoki svećenici. Ili bi najprije stvorili strukture koje bi im omogućile takve pozicije. Budući da su bili agenti dualnosti, počeli su propovijedati svoje vlastite doktrine koje su – u ime Boga – poticale strah i "obožavanje". Ispričali su podređenima da je Potop bio kazna za čovječanstvo, proizašla iz Božjeg gnjeva jer su ljudi propuštali njega, Gospoda Boga, častiti žrtvama krvi i pokornošću. "Dakle, ako ne želite biti još jednom kažnjeni morate umilostiviti Boga tako što ćete mu se dobrovoljno pokoravati!"

Na različitim mjestima diljem svijeta ti svećenici i bogo-kraljevi tvrdili su čak da pokornost Bogu znači i dobrovoljno žrtvovanje krvi. Logika je bila jednostavna: katastrofa je odnijela živote skoro svih ljudi; dakle, bolje dobrovoljno žrtvovati nekoliko životinja i/ili ljudi, nego da Božji gnjev opet ubije sve ljude; bolje nekolicina nego svi. U bibliokršćanskoj formulaciji ta logika dosegla je vrhunac u dogmi da je *sam Bog* izveo žrtvovanje čovjeka, naime svog vlastitog sina, kako bi čovječanstvo oslobodio tereta daljnjeg žrtvovanja. U ovome – strahu od "Boga" i "kazne" – leži razlog što u mnogim religijama "krv" ima tako važnu ulogu.

Kako su na početku Kali-yuge takvi "Božji izaslanici" propovijedali na svim kontinentima i u svim tradicijama, ljudi su se počeli međusobno mrziti i sukobljavati. Odjednom su svi mislili da su baš oni jedini koji posjeduju istinu i "Božju naklonost". To je bila savršena propaganda, i "to" je djelovalo ...

Ostalo je poznata povijest.

Tragovi u sumerskim mitovima

Velika katastrofa, Potop, bio je događaj koji su propagandistički izopačili svećenici koji su služili kao agenti bogova. I sami "bogovi" morali su bježeći napustiti Zemlju, ali su poslije taj događaj prikazali kao demonstraciju moći u kažnjavanju čovječanstva. Pošto je Potop bio, i još jest, jedna od ključnih točki u "religioznoj" propagandi straha, poneki kritičari čak smatraju da je cijela priča o potopu izmišljena – iako nemaju uvjerljiv argument. Međutim, kreacionističko istraživanje na području geologije i paleontologije može jasno pokazati da je Zemlja puna tragova jedne takve katastrofe. Ti tragovi upadaju u oči čim se skinu naočale darvinističko-aktualističke interpretacije geologije. K tome, praktički sve stare tradicije poznaju izvještaj o Potopu. Ovdje u 11. poglavlju, za našu analizu relevantne su paralele između biblijskog i sumerskog prikaza.

Nema sumnje da su opisi Potopa iz tekstova pisanih klinastim pismom, osobito Ep o Gilgamešu, stariji od biblijskog Izvještaja. Kao u poglavljima Postanka (od 6. do 9.) i u tekstovima pisanima klinastim pismom opisuje se pretpovijest Potopa, sam Potop i njegov završetak; u oba slučaja preživjela je samo jedna obitelj, zahvaljujući prethodnom božanskom upozorenju.

Prema sumerskim tekstovima, Potop se odigrao u okviru jednog arhaičnog konflikta između Enlila i Enkija, a oba su bila vođe vanzemaljskih Anunakija.[5] Kako bi stupili na Zemlju, ti Anunakiji upotrijebili su dimenzionalna vrata na Bliskom Istoku. Zašto su došli na Zemlju?

Sumerski tekstovi jasno kažu: da bi stvorili robove-radnike. (Budući da su tekstovi pisani klinastim pismom propagandistički, prijašnje, tj. izvorno stanovništvo Zemlje opisali su primitivnima "kao životinje" i time sugerirali da su ti životinjski ljudi mogli postati inteligentni, produktivni i civilizirani samo zahvaljujući intervenciji Anunakija.)

Glavna uporišna točka ovih kolonizatora nalazila se u geografskom području koji će se kasnije zvati Sumer i Babilon (najvećim dijelom u današnjem Iraku). Ali njihovo polje djelovanja pružalo se či-

5 Doslovno: "ono koji su s neba (*Anu*) došli (na) Zemlju (*Ki*)".

tavim Bliskim Istokom sve do Libanona, gdje se još i danas nalaze neki od malobrojnih sačuvanih ostataka njihove pretpotopne namjenske gradnje: u današnjem području Baalbek sagradili su veliku terasastu ravan u čije su potporne zidove ugradili ogromne kamene blokove; izdvajaju se tri savršeno klesana ogromna kvadra od kojih je svaki 20m dug, 4m širok i 3,6m visok; procijenjena težina: oko 800 tona!

Tekstovi pisani klinastim pismom izvještavaju da su Anunaki u trenutku Potopa još bili prisutni na Zemlji i da su odlučili pustiti da globalna katastrofa uništi sve ljude. Međutim, Enki je upozorio jednog čovjeka koji mu je bio omiljen i dao mu uputstvo kako sagraditi brod siguran od potopa. Drugi su bogovi pobjesnili shvativši da je mali dio čovječanstva preživio, ali ih je Enki umirio govoreći da su preživjeli opet spremni da im prinesu žrtve. U Devetoj ploči Epa o Gilgamešu preživjeli se zove Utnapištim, a u starim sumerskim tekstovima Ziusudra. Drugo ime za boga Enkija jest Ea.

U svojoj knjizi *Middle Eastern Mythology*, standardnom djelu na tu temu, prof. Samuel Henry Hooke piše:

> "Centralni motiv mita (o Potopu) jest da su bogovi odlučili uništiti čovječanstvo [...]. Već odavno je poznato da se biblijska priča o potopu odnosi na babilonski mit [...]. Međutim, tek 1914. g., kad je američki učenjak Arno Poebel objavio fragmente sumerskih tekstova pisanih klinastim pismom, saznalo se da je babilonski prikaz mita temeljen na ranijoj, sumerskoj verziji koja jasno odgovara mitu o Potopu. [...] U osnovi, sumerska verzija priče o Potopu kaže sljedeće: na mjestu gdje fragment počinje pojavljuje se bog koji obznanjuje namjeru da spasi čovječanstvo od uništenja, premda su bogovi odlučili prepustiti ljude tom uništenju. Razlog takvoj odluci nije poznat. Enki je bog koji je poduzeo korake za spas čovječanstva. Poučio je Ziusudru, skromnog kralja Sippara, što mu je činiti kako bi preživio Potop.

U staroj sumerskoj verziji kraj potopa opisan je kako slijedi (iz knjige prof. Hookea):

> "Ziusudra otvori vrata velikog broda.
> Junak Utu (Sunce, koje je pobijedilo potopske oblake)
> unio je svoje zrake u divovski brod.

Ziusudra, kralj, baci se pred Utua.
Kralj ubije vola, zakolje ovcu.
[lom fragmenta]
Ziusudra se baci pred Anua i Enlila.
Bili su Ziusudrom zadovoljni,
Dali su da živi kao Bog [...]"

U Epu o Gilgamešu opisano je kako su Anunaki morali radi Potopa napustiti Zemlju i kako su pri tome naricali nad svojim gubicima:[6]

"Kad je jutro osvanulo,
podiže se crno oblačje kao gavrani.
Bješnjeli su svi zli dusi,
svjetlost se pretvorila u tamu.
Južni vjetar je tutnjao,
vode su bučeći hujale
i već dostigle planine,
sručile se na sve ljude.
Brat brata nije više prepoznavao.
I sami se bogovi uplašiše potopa,
pobjegoše i popeše se na Anuov Brijeg bogova.
Šćućureni kao psi gurahu se među sobom.
Ištar viče kao žena u teškom porođaju,
zavija lijepi glas divne boginje:
'Lijepa zemlja prošlih vremena postala je blato,
jer sam ja loše savjetovala
u Skupštini bogova!
Kako sam samo mogla u Skupštini bogova
dati tako lošu zapovijest?
Kako sam samo mogla uništiti sve svoje ljude?
Kao u metežu bitke odnijela ih je poplava.
Zar sam zato dala da se ljudi rađaju
da sada kao riblje leglo ispunjavaju more!?'
I svi bogovi plaču s njom,
pognuti sjede bogovi i plaču."

Prema izjavi Anunaki-žene Ištar, također zvane i Inana, ona je bila ta koja je stvorila ljude i pokajala se što je podržala druge bogove u uništenju "svih njenih ljudi". U istom dahu govori o ljudima koje je *ona* stvorila i koji su onda trebali na njenu zapovijed biti uništeni. Parale-

---

6 Prema srpskom prijevodu Stanislava Prepreka, *Gilgameš: sumersko-babilonski ep*, Sarajevo, Veselin Masleša, 1985., prim. prev.

le s "Bogom" iz Biblije koji je Adama napravio iz blata, potom odredio njegovo uništenje i zažalio obzirom na neočekivano nasilan potop, frapantne su.

U tom smislu, znakovito je i kako Ep o Gilgamešu opisuje kraj Potopa:

"Lađa je plovila prema brdu Nisir.
Nasjela je i čvrsto ostala na njemu.
Šest dana držao je brijeg lađu
i nije joj više dao da se zaljulja. [...]
Uzeh gavrana i pustih ga.
Gavran odletje,
vidje kako voda presušuje,
čeprka, ždere i grakće
i ne vrati se više.
Tada sam ih sve pustio van,
na sve četiri strane
i prinio jagnje kao žrtvu,
žrtveno zrnevlje prosuo sam na vrhu brda,
spalio sam cedrovo drvo i mirtu.
Bogovi su udisali miris.
Ugodno se dizao miris bogovima u nosnice
Kao muhe skupili su se nad žrtvom.[...]
Veliki Enlil dođe i ugleda lađu,
tada se Enlil rasrdi,
razljuti se na bogove:
'Koje je to živo biće izbjeglo propast?
Po mojoj kazni nije trebao ostati živ
nijedan čovjek!':

[Ipak, Ea je smekšao Enlila ...]

Ea uđe u lađu, uzme me za ruke,
izvede sa ženom na kopno,
zapovjedi joj da klekne pred mene,
stupi pred nas,
položi na nas ruke
i blagoslovi nas:
'Do sada je Utnapištim bio smrtan čovjek,
sad neka bude sa svojom ženom jednak nama ...'"

Za usporedbu pročitajmo verziju iz Knjige Postanka:

"... sedmoga mjeseca, sedamnaestog dana u mjesecu korablja se zaustavi na brdima Ararata. Vode su neprestano opadale do desetog mjeseca, a prvoga dana desetog mjeseca pokažu se brdski vrhunci. Kad je izminulo četrdeset dana, Noa otvori prozor što ga je načinio na korablji; ispusti gavrana, a gavran svejednako odlijetaše i dolijetaše dok se vode sa zemlje nisu isušile. [...] I Noa iziđe, a s njime sinovi njegovi, žena njegova i žene sinova njegovih. [...] I podiže Noa žrtvenik Jahvi; uze od svih čistih životinja i od svih čistih ptica i prinese na žrtveniku žrtve paljenice. Jahve omirisa miris ugodni pa reče u sebi: 'Nikad više neću zemlju u propast strovaliti zbog čovjeka ...'." (Post 8,4-7; 18-21)

Zašto je "Jahve" bio tako bijesan da je čovječanstvo bez upozorenja htio pustiti da strada u Potopu? Biblija navodi zapanjujući razlog:

"Kad su se ljudi počeli širiti po zemlji i kćeri im se narodile, opaze sinovi Božji da su kćeri ljudske pristale, pa ih uzimahu sebi za žene koje su god htjeli. Onda Jahve reče: 'Neće moj duh u čovjeku ostati dovijeka; čovjek je tjelesan, pa neka mu vijek bude stotinu dvadeset godina'. U ona su vremena – a i kasnije – na zemlji bili Nefili, kad su Božji sinovi općili s ljudskim kćerima pa im one rađale djecu. To su oni od starine po snazi glasoviti ljudi. Vidje Jahve kako je čovjekova pokvarenost na zemlji velika i kako je svaka pomisao u njegovoj pameti uvijek samo zloća. Jahve se pokaja i u svom srcu ražalosti što je načinio čovjeka na zemlji." (Post 6,1-6)

Razotkrivajuće mjesto u Starom zavjetu je zagonetno i već se interpretiralo na raznorazne načine. Tko su "sinovi Božji"? Tko je "Jahve"? Tko su "Nefili"?[7]

Izdanje Tore *Etz Hayim* smjestilo je ovaj pasaž pod naslov *"Celestial-terrestrial intermarriage"*! Tamo se nalazi sljedeći komentar:

---

7 Hebrejski naziv za "sinove Božje" glasi *b'nei elohim*, doslovno: ""sinovi Elohima". *Harper Collins Study Bible* objašnjava ovo mjesto: "Sinovi Božji – koji su u kasnijim epohama viđeni kao anđeli-otpadnici – nalikuju mnogim figurama stare mitologije, koji nisu raspoznavali granicu između Neba i Zemlje. [...] *Nephilim* je riječ koja vjerojatno dolazi od hebrejskog korijena riječi koja znači 'pali'".

"Legende o vezama između bogova i zemaljskih žena ili između božica i muškaraca, koje su vodile začeću "polubogova", vrlo su raširene u nevjerničkoj mitologiji i predstavljaju čestu temu. Verzija koju nalazimo ovdje bila je vrlo komprimirana forma onog što je jednom bila vrlo poznata i opširnija priča. Ovdje sadržana verzija komentira stare mitove s izraelitskim shvaćanjem da potomstvo iz takvih neprirodnih veza može imati herojski format, ali da im nedostaju božanske osobine."

Za razliku od bibliokršćana koji tvrde da je Stari zavjet homogeni diktat neposredne Božje riječi, ovdje židovski komentatori neuvijeno priznaju da ovo mjesto (i još neka druga) u Bibliji, odnosno Tori potječe iz ranije, "nevjerničke" mitologije. Oni ovo mjesto ni ne pokušavaju prodiskutirati. Očito je: ovdje se radi o *"intermarriage"*, spolnom povezivanju između zemaljskih i nezemaljskih bića u dalekoj, pretpotopskoj prošlosti (odnosno u drugoj yugi).

Daljnji element iz "nevjerničke mitologije" jest jedan koji važi za tako tipično biblijski da se još jedva raspoznaje kao "nevjernički", naime priča o Adamu i Evi. Prikaz Boga koji je ljude načinio od gline tipično je egipatski. Bog Hnum modelirao je fizička i eterična tijela ljudi, a božica Heket učinila je zemaljska tijela sposobnima za život dodijelivši im Ankh, znak života.

Iza tog naizgled primitivnog prikaza krije se visoko mistično znanje: zajedničkim djelovanjem dualnih svjetlosnih bića ljudsko tijelo je, po uzoru na njihovo, zgusnuto iz trodimenzionalne materije, kao što lončar koncentriranim djelovanjem zemlju uobličuje u posudu. Ovo prvobitno shvaćanje može se naći i u biblijskoj verziji, a *Etz Hayim*-komentar ne skriva da imamo pred sobom stari, vanbiblijski element: *"Ovo je odraz starih bliskoistočnih poetskih tradicija u kojima se na ovaj način opisuje božanski čin stvaranja čovječanstva."*

Ali, biblijska verzija sadrži i elemente koji se ne uklapaju u izvorno značenje. Uočljiva je formulacija u Post 2, 21: *"Tada Jahve, Bog, pusti tvrd san na čovjeka te on zaspa, pa mu izvadi jedno rebro, a mjesto zatvori mesom."* Pojam koji se ovdje prevodi kao "rebro" na hebrejskom glasi ZL, a izgovara se *zela*. Dakle, ovdje je Adamu uzeta *zela*, i to nakon što je stavljen u "tvrd san". Ovdje korištena hebrejska riječ *tardemah* pojavljuje se u Starom zavjetu samo šest puta, i to uvijek onda kad se radi o od Elohima ili Jahve umjetno izazvanom snu. *Etz Hayim*-komentar daje zapanjujuću primjedbu: *"Hebrejska riječ tardemah primjenjuje se za od Boga izazvani san. Ovdje taj san ima funkciju da čovjeka učini neosjetljivim na bol od kirurškog zahvata i nesvjesnim da je Bog na djelu.* (Here it has the function of rendering the man insensible to the pain of surgical procedure and oblivious to God at work.)"

S ovim informacijama prikupljenima iz Biblije i babilonskih i sumerskih tekstova – imajući na umu pozadinu mitološke povijesti čovječanstva – da se izvesti diferencirana procjena Starog zavjeta. Je li taj spis zaista tek jedna knjiga "puna obmana", sastavljena od "grupe krivotvoritelja zvanih deuteronomisti", kako se kaže u ranije navedenom citatu iz *Der Spiegela?* Je li sve samo djelo visokih svećenika koji su krivotvorili povijesne činjenice kako bi "snove o velikoj moći" projicirali u prošlost?

Tajna Starog zavjeta

Zamislimo tadašnju situaciju: nalazimo se u stoljećima nakon serije globalnih katastrofa koje je tek vrlo malo ljudi preživjelo. Svećenici i ostali glasnogovornici tvrde da su te katastrofe bile Božja kazna jer ljudi više nisu bili "pokorni" i nisu prinosili žrtve krvi. Nastala je totalna vladavina muškaraca, a svećenici, kao Božji zastupnici, uveli su (opet?) žrtvu krvi.[8]

Tko ovu novu strukturu moći bude kritizirao (= "vrijeđao Boga"), ili na drugi način zapadne u nemilost, bit će smaknut ili žrtvovan. Svakoga može zadesiti Božji gnjev. Muškarci su imali moć da daju pogubiti druge ljude, pa čak i "vlastitu" ženu.

Sve ovo dovelo je do širenja *straha.* A određene sile živjele su od toga. U ono vrijeme, onaj tko bi makar poželio mijenjati počela, imao je protiv sebe vladajuću strukturu moći i rezonanciju cijelog doba – i morao je *dugoročno planirati.* U tome leži tajna Starog zavjeta ...

---

8   Tada je počelo doba tame, Kali-yuga. Povijesna je činjenica da je žrtva krvi do prije par stoljeća bila nešto sasvim normalno u cijelom svijetu: u Indiji, Kini, Americi, Europi, Africi i na Bliskom Istoku. Žrtvovane su životinje, ponegdje i ljudi, često djeca (prvorođenci). Povjesničari su to naprosto uzeli na znanje, a istraživanje uzroka prepustili su "mitolozima".

Iz magije znamo da krv nosi *Od-Kraft*.[9] Tu energiju danas možemo čak i izmjeriti, i učiniti je vidljivom pomoću Kirlianove fotografije. Postoje negativna astralna i druga bića tame koja su se zbog svog materijalističkog mentaliteta odvratili od Boga, Izvora, pa stoga energiju moraju pribavljati iz drugih izvora, uglavnom od fizički inkarniranih bića. Sa svojim astralnim tijelima ne mogu uzimati fizičku hranu, niti priuštiti sebi kakvo drugo fizičko zadovoljenje. No, oni mogu apsorbirati Od-Kraft, a to im najlakše uspijeva sa *slobodno dostupnom* krvi! Stoga svako prolijevanje krvi – na oltarima, bojnim poljima, u klaonicama – posredno ili neposredno služi ovim bićima, te ga ona, ili njihovi predstavnici, često i potiču.

Pored vampirske žetve životne energije, ona se može crpiti i u živućem obliku, naime onda kada *potreseni* ljudi svoju svijest usmjere na njima kompatibilnu frekvenciju. Takva potresenost nastaje ponajprije iz straha, i povođenja za magičnim, fanatičnim i/ili dogmatičnim obožavanjem.

Kakav "opčinjavajući" učinak ima takvo povođenje pokazuje cjelokupna poznata povijest. Što se tiče Bliskog Istoka, postojbine triju svjetskih religija, istraživanja su pokazala da su se tamo kroz sva stoljeća prije Isusovog doba (a i kasnije) poštovali najrazličitiji Bogovi, prije svega oni koji su zahtijevali krv. Nekoliko primjera nalazi se u već spomenutom članku iz *Der Spiegela*:

> "Prije svega je u Ugaritu, 400 km sjeverno od Jeruzalema, 'izašla na vidjelo mračna prošlost izraelskih religija', kako je to izrazio francuski inženjer A. Caquot. Otkriveni su ritualni tekstovi i zlatne statue. Jedan nalaz prikazuje čovječuljka s bradom. To je mudri starac i nebeski otac "El" – praoblik Boga. [...] Feničani, neumorni trgovci, žrtvovali su djecu [...]

U tom kontekstu, naročito je neobično jedno zagonetno, čak i među stručnjacima jedva poznato svetište. Ono se nalazi na cesti 443 koja sjeverno od Jeruzalema vodi prema Ramotu. Lokacija se službeno zove 'Nebi Samuel' [... i obuhvaća velike] štale za žrtvenu stoku. U prethodnom (i samo na hebrejskom jeziku postojećem) izvješću sa

---

9 Karl von Reichenbach, njemački filozof i učenjak iz 19. st., "univerzalnu kozmičku energiju" koju zrače sva bića (ljudi, životinje, biljke), kristali i magneti nazvao je "Od-Kraft". Ta energija predstavlja "primarnu matricu materije" (prim. prev.)

iskapanja stoji da su tu izraelska plemena prizivala s neba kišu i vršila druge 'značajne religiozne rituale'. Kaže se da se mjesto koristilo već 'u 2. stoljeću prije Krista'. Kakvog li otkrića! Na niti deset kilometara udaljenosti od Jeruzalema, na brijegu i skoro na vidiku velikog Jahvinog svetišta, tamo su se i u helenističko doba još uvijek izvodili poganski rituali.

Svećenici su svoje podređene držali u strahu i zabludi i uvijek tvrdili da će se Bog ili Bogovi ljutiti ako im se ne žrtvuje krv. Premda su Baalovi i Jahvini svećenici bili u neprijateljstvu, i jedni i drugi zastupali su ideju o Bogu koji želi krvnu žrtvu. Jedva da se itko usuđivao proturječiti svećenicima. Da čak ni ljudske žrtve nisu bile ništa neuobičajeno, pokazuje epizoda iz Starog zavjeta u kojoj Bog od legendarnog Abrahama zahtijeva da mu žrtvuje svog prvorođenog (i jedinog) sina Izaka. Kao što se vidi u opisu iz 22. poglavlja Postanka, Abraham uopće nije bio iznenađen tim zahtjevom, niti zgrožen time što bi trebao ubiti *svog vlastitog sina*. Nepomućen i priseban, odveo je sina, koji ništa nije slutio, na žrtveno mjesto, a tamo je morao lagati čak i vlastitim kmetovima kako bi prikrio o kakvom se prinošenju žrtve radi.

> "Tada reče Abraham slugama svojim: 'Ostanite ovdje s magarcem a ja i dječak poći ćemo tamo, da se poklonimo, pa ćemo se opet vratiti k vama'." (Post 22, 5)

(Sve se dobro završilo, jer se u zadnjoj sekundi pojavio "anđeo Gospodnji" i obustavio "kušnju".)

U tom krvavom scenariju tek sporadično pojavljivali su se neustrašivi pojedinci koji su izazivali svećenike i kritizirali krvavo praznovjerje, propovijedajući da je Bog nešto sasvim različito od sile koja zahtijeva žrtvu krvi. Ti pojedinci danas su poznati kao praoci i proroci, kao Enok, Melkizedek, Salomon, Izaija, Jeremija, Ezekijel, Danijel, itd. Svi oni bili su tako iznimne individue da su ostali živi u sjećanju svog naroda. Stoga ih svećenici nisu mogli izostaviti pri kasnijem sastavljanju svojih spisa i kronika. Ali, opisi i predaje koje danas o njima nalazimo u Bibliji umnogome više nisu povijesni i biografski. Ipak, poneka mjesta u tekstu još daju naslutiti koliko su žestoko ovi proroci napadali svećenike i njihove krvave rituale:

"Što će mi mnoštvo žrtava vaših?" – govori Jahve. – "Sit sam ovnujskih paljenica i pretiline gojne teladi. I krv mi se ogadi bikova, janjaca i jaradi [...] Kad na molitvu ruke širite, ja od vas oči odvraćam. Molitve samo množite, ja vas ne slušam. Ruke su vam u krvi ogrezle, operite se, očistite. Uklonite mi s očiju djela opaka, prestanite zlo činiti!" (Iz 1, 11; 15-17)

"To sve je moja ruka načinila i sve je moje" – riječ je Jahvina. "Ali na koga svoj pogled svraćam? Na siromaha i čovjeka duha ponizna koji od moje riječi dršće. Protiv krivog žrtvovanja. Ima ih koji kolju bika, ali i ljude ubijaju; žrtvuju ovcu, ali i psu vrat lome. Netko prinosi žrtvu, ali i krv svinjsku; prinose kad, ali i časte i kipove. Kao što oni izabraše svoje putove i duši im se mile gnusobe njihove" (Iz 66, 2-3)

"Ovako govori Jahve nad Vojskama, Bog Izraelov: "Paljenicama dometnite još i klanice, i jedite meso. Ja ništa ne rekoh ocima vašim o paljenicama i klanicama, niti im što o tom zapovjedih kad ih izvedoh iz zemlje egipatske. A oni ne poslušaše, uho svoje ne prignuše, već pođoše po savjetu i okorjelosti zloga srca svojega; okrenuše mi leđa, a ne lice.[Izabrali su put odvraćenosti od Boga]. (Jr 7, 21-24)

"Bibliokršćani" ovdje većinom kažu da se teške riječi proroka odnose na Baalove, ali ne i na Jahvine svećenike. No, danas znamo da u to vrijeme razlika nije bila toliko jasna; čak je u određenim područjima Jahve bilo drugo ime za Baala. Proroci su kritizirali i Baalove i Jahvine svećenike zbog njihovih crnomagijskih krvavih rituala, i Jahvini svećenici svakako su se osjećali prozvanima. Svećenstvo je čak i pogubilo nekoliko proroka. Ne bez razloga, Isus farizeje naziva "ubojicama proroka" (Mt 23, 29-34).

Kroz cijelu pretkršćansku povijest proteže se borba između svećenika koji su zagovarali krv i strah, i proroka koji su željeli prenijeti jedno više razumijevanje Boga. Pisari i svećenici koji su primili od proroka više razumijevanje Boga našli su se nasuprot premoći tradicionalnih svećenika i morali su u rastuću zbirku spisa pokušati proturiti što je moguće više sjemenki istinske bogosvijesti, a da ostali svećenici to ne primijete. Tako je nastala mješavina – "amalgam", kako kaže *Etz Hayim* –raznoraznih sadržaja.

Danas Stari Zavjet sadrži posvuda razasute sjemenke duhovnosti, kao i izvještaje o autentičnim mističnim doživljajima proroka (ekstaze, kontakti sa svjetlosnim bićima i primanje odgovarajućih poruka), uglavljene u simboličke i povijesne izvještaje koji su prožeti umetanjima svećenika. U takva umetanja spadaju mržnjom ispunjene tirade protiv "neprijatelja" i protiv svih inovjeraca (npr. ozloglašeni stihovi pri kraju inače inspirativnog Psalma 139), kao i mnoga ritualistička pravila, posebno u 3. i 4. Knjizi Mojsijevoj gdje se opisuju i zapovijedaju različite varijante žrtvovanja krvi.

Kad je Stari zavjet u 4. i 3. stoljeću poprimao svoj konačni oblik, urednici su preuzeli legende i povijesne priče, iščitali svećenička umetanja i ubacili razne ključeve koji će pažljivom čitaču u budućnosti ukazati na istinsku poruku. Činili su to s jedne strane svjesnim korištenjem preuveličavanja i proturječja, a s druge uvođenjem "izdajničkih" ključnih pasaža i duhovnih poruka, u čijem svjetlu se odmah raspoznaje što je božansko otkrivenje, a što samopredstavljanje, tj. ogoljivanje sila tame koje su se također koristile Božjim imenom. U Starom zavjetu sadržani su svi ovi slojevi informacija: od božanskih otkrivenja do otvorenog izlaganja planova lažnih bogova. Potreban je samo ključ razlikovanja kako bi mogli prepoznati gdje – unatoč istom Božjem imenu – govori istinski božanski Izvor, a gdje "slika iz ogledala".

Urednici Starog zavjeta nesumnjivo su bili visokointeligentni, proročki dalekovidni i božanski inspirirani ljudi. Poznavali su kako kabalističku praznanost,[10] tako i stare sumerske, babilonske i hebrejske predaje. S takvim znanjem, imali su veliku odgovornost prema nadolazećim generacijama i prema cijelom čovječanstvu. Tako su stvorili djelo koje preko dvije tisuće godina fascinira i dira milijarde ljudi. Svi ti ljudi osjećaju da Sveto pismo sadrži duboke i vječne – a i eksplozivne – istine.

Zbirka sramnih "obmana" nikada ne bi mogla imati takav trajan učinak i snagu. (Kad bi se prijeporni Biblijski kod zaista nalazio u

10 Kabala: gnostičko-metafizički sistem formulacije svijeta koji barata riječima i brojevima, jer u hebrejskom jeziku svako slovo ima brojčanu vrijednost. Kodovi i skrivene poruke postavljeni su u numerološke, gematrijske i brojčano-simboličke konstrukcije. Kabala ezoterijsko-teološki opisuje stupnjeve manifestacije iz Nevidljivog (Ain Soph) u vidljive aspekte božanske prisutnosti u kreaciji (predstavljene kao deset Sephirota kabalističkog Drva života.) (gematrija /prema Klaiću/: "objašnjavanje i tumačenje tajanstvenog značenja pojedinih riječi u vezi s nekim brojevima, osobito u kabali." prim. prev.)

Starom zavjetu, to bi bilo dodatno dokumentirano, obzirom na ge-
nijalnost i vidovitost onih koji su tekstu dali konačan oblik.)

"On odgovori: 'Idi Daniele: jer do posljednjega vremena os-
taju zatvorene i zapečaćene ove riječi!'" (Dn 12,9)

Upravo činjenica da mnogi opisi *nisu* povijesni ukazuje na više zna-
čenje tih tekstova. Stari zavjet nije koncipiran kao svjetovni povijes-
ni dokument (kao što tvrde "bibliokršćani"), već kao "Sveto pismo",
tj. kao pismo koje na višeslojan način posreduje božansko znanje i
Božju riječ. Time su urednici uspjeli predstaviti obje strane istine –
svjetlost i tamu: s jedne strane božanske i mistične sadržaje, a s dru-
ge, tamne istine o lažnim bogovima koji su se izdavali za Boga. Stoga
su u Starom zavjetu obje strane prezentirane istim Božjim imenima,
zajedno sa skrivenim ključevima koji otkrivaju kako se mogu pre-
poznati i razlikovati različite razine značenja.

Što se tamne istine tiče, urednici su poznavali "poganske" iz-
vještaje o Anunakijima i znali su vrlo dobro tko je i u posljepotopno
vrijeme zahtijevao strah i prolijevanje krvi. Slijedeći neustrašive pro-
roke koji su te sile nazvali po imenu, urednici su morali pokušati
održati na životu zabranjeno znanje o pravom identitetu lažnih bo-
gova. U tu svrhu, imenima Jahve i Elohim baratali su na proturječne
načine, te su preuzeli sumerski izvještaj o Edenu i Anunakijima i ko-
dirali informacije u monoteističkoj preformulaciji. Istovremeno,
proširili su poznatu metaforu "čovjeka od blata" detaljem "rebra"
(*zela*) i ubacili razotkrivajući dio o *b'nei elohim* i Nefilima, i to na nu-
merološki višeznačno mjesto, Postanak 6, 1-6, u kontekstu koji jas-
no kazuje da postoji božanski, ali i pali Elohim. Već sa dvostrukim 2
na početku Postanka odali su da se tu opisuje stvaranje potencijalne
dualnosti, popraćeno manifestiranom dualnošću od 2. poglavlja
postanka nadalje.

Za Stari zavjet od ključne je važnosti priča o egzilu u Egiptu,
koja kao "povijesni roman" u sebi krije višeslojna značenja. Cijela
priča o egzodusu, koja se proteže od 2. do 5. Knjige Mojsijeve, poči-
nje jednom naizgled sporednom epizodom, naime željom poroblje-
nog naroda da prinesu žrtvu svome Bogu. Fiktivni Mojsije zatražio
je od faraona da pusti narod kako bi mogao održati žrtveno slavlje.
Dok se faraon kolebao došlo je do pošasti gamadi, te je popustio i

napravio ustupak: "Idite, žrtvujte Bogu svojemu ovdje u zemlji!" Na to su urednici pripisali Mojsiju lukav odgovor:

> "To ne možemo činiti, jer prinosimo Gospodu, Bogu svoje-
> mu, žrtve, koje su Egipćanima nečiste. Kad bismo pred oči-
> ma Egipćana prinosili žrtve, koje su njima mrske, ne bi li nas
> na mjestu kamenovali?"

Samo zato što narod nije želio žrtvene rituale izvesti u Egiptu, nakon "430 godina Egipta" došlo je do eskalacije, i egzodusa kao posljedice. Tim detaljem urednici su otkrili bit svećeničkog Boga koji je zahtijevao žrtvu koja je čak i Egipćanima, slugama Bogova, bila "nečista". Scena podsjeća na epizodu s Abrahamom koji je također pred drugima (u njegovom slučaju pred vlastitim kmetovima) morao kriti kakvu će vrstu žrtvovanja izvesti.

"Egipat", kao tradicionalni neprijatelj, za urednike je bio idealan, nesumnjiv simbol za ono što su zapravo željeli izraziti. Njihova namjera nije bila sotonizirati Egipat kao zemlju. Znali su da njihov narod tamo nikada nije bio u ropstvu. "Egipat" je za njih simbol za stanje straha i porobljenosti od strane lažnih bogova (i vlastitog ega, koji tim bogovima ponajprije i nudi manevarski prostor). U priči o egzodusu nije, dakle, riječ o vanjskoj, već o unutarnjoj porobljenosti, od koje na ovaj ili onaj način pati cijelo čovječanstvo. I svaki čovjek mora jednom proći kroz egzodus iz "Egipta", što prije svega povlači za sobom prolazak kroz "Crveno more" i "boravak u pustinji" simboličnih 40 godina. Mojsije, koji je svih 40 godina prednjačio, "Obećanu zemlju" vidio je tek izdaleka, i umro prije nego je uspio u nju kročiti. Onkraj mnogih umetanja lažnih bogova, priča o egzodusu predstavlja opis puta posvećenja koji vodi od "Egipta" do "Obećane zemlje", gdje putem ego mora umrijeti u pustinji. Tom putu pripadaju i "umetanja" (napadi, iskušenja, potresanja) lažnih bogova. Stoga ih urednici nisu trebali uklanjati, a ne bi ni smjeli, jer bi takvo veliko brisanje sigurno bilo upadljivo.

Cijela priča o egzodusu u znaku je jednog centralnog događaja koji se zbio *prije* egzodusa, također u pustinji. Opisano je kako je Mojsije u samoći doživio Božje otkrivenje – bez kulta, bez žrtve, bez svećenika. Bio je to Bog koji nema ništa zajedničko sa krvožednim Bogom svećenika. Bog se otkrio kao Yhwh i nazvao se "Ja jesam koji jesam" (Izl 3, 14): to je Bog van vremena, glas vječne prisutnosti, koji se može otkriti svakom čovjeku u svako vrijeme. Yhwh hoće da se narod oslobodi porobljenosti lažnih bogova. U čemu se izražava ta poroblenost postaje jasno kad se promotri deset zapovjedi koje je Bog dao kako bi se ljudi oslobodili vlasti lažnih bogova. Očito, te samorazumljivosti ljudima koji su bili u vlasti "bogova" nisu se podrazumijevale: Nemaj drugih bogova osim Boga! Ne zlorabi ime Božje! Ne ubij, ne ukradi, ne laži! Ne poželi tuđu ženu! Poštuj oca i majku! Drži se dana odmora! Poštuj tuđe vlasništvo!

K tome, Stari zavjet sadrži i duhovne sjemenke, kao npr. mjesto koje je i Isus kasnije citirao, i to kao centralnu zapovijed u kojoj su sadržane sve ostale:

> "Zato ljubi Jahvu, Boga svoga, svim srcem svojim, svom dušom svojom i svom snagom svojom!" (Pnz 6, 5)
> "Ljubi bližnjega svojega kao sebe samoga." (Lev 19, 18)

Otkrivenje Yhwh zasigurno je bilo vrlo utjecajno, jer kao što je kasnije zloupotrijebljeno Isusovo ime, tako je i Božje ime Yhwh višestruko zloupotrijebljeno. Tako se u Starom zavjetu mogu naći brojna mjesta gdje "Jahve" krši vlastite zapovjedi i daje naputke koji se direktno suprotstavljaju tim zapovijedima, na primjer kada Mojsije u službi Boga vodi osvetnički pohod na Midjance i zapovijeda svojim ljudima:

> "Zato sada pobijte svu djecu mušku i sve žene udate. A sve mlade djevojke, koje još nijesu udate, ostavite za sebe na životu." (Br 31, 17-18)

Propašću sumerske i babilonske kulture nestale su i pisane zabilješke o "Anunakijima". Samo još nekoliko posvećenika sačuvalo je znanje o njihovom postojanju, a još ih je manje znalo o njihovim tajnim planovima za čovječanstvo. Ipak, tajno znanje nije nikada bilo izgubljeno, jer su ga ovlašteni pisari konzervirali u novom i kodiranom obliku, koji je, doduše, odstupao od povijesne istinitosti, ali je zato ukazivao na više istine. Dok su "povijesni" tekstovi pisani klinastim pismom više od dvije tisuće godina ležali zaboravljeni pod pijeskom, kamenjem i pepelom, kodirana i teološki obogaćena verzija proširila se cijelim svijetom, preko Biblije koja će postati najvećim "bestsellerom" u svjetskoj povijesti. Skriveno znanje sačuvalo se na najjavnijem mjestu!

U Starom zavjetu nalazimo i informacije o programu krive identifikacije, i o tome kako čovjek može takvu identifikaciju prepoznati i prevladati. Tko poznaje tajnu kabalističku znanost i hebrejski jezik, u tim tekstovima može – u svjetlu ovdje opisane perspektive – pronaći važne i uvijek aktualne informacije. Jer, dnevna događanja i danas se odvijaju pod zastavom "starih bogova". Jedino što se promijenilo jesu metode ratovanja. Razne kršćanske, židovske i islamske frakcije grade dijelom paktirajuće, dijelom neprijateljske tabore u globalnoj borbi za moć, a svi se osjećaju vođeni Pismom koje za sebe kaže da počiva na nezemaljskim izvorima. Stoga postaje sve važnije da se danas ponovo prepozna pravi smisao svih tih religija, prije svega od strane samih sljedbenika.

U "sivo pradoba" dogodile su se, dakle, stvari koje trajno utječu i na naše sadašnje doba. Upravo ta prošlost žestoko je osporavana, kako s materijalističke, tako i s kreacionističke strane. Koliko god ove dvije strane izvana izgledale različite, obje se slažu da prethistorijske visoke kulture nisu postojale. Darvinistička strana negira Potop i tvrdi da su svi raniji ljudi bili primitivni. Dolazeći sa suprotne strane, kreacionistički tabor (u ime kršćanstva i islama) također tvrdi da u dalekoj prošlosti nije bilo visokorazvijenih kultura. "Bilo je ništa", kažu, i to baš *ništa*, a iz tog Ništa Bog je stvorio sve prije 7000 godina.

Kakvu veliku tajnu krije "sivo pradoba", kad su se morala mobilizirati dva suprotstavljena tabora kako bi unijela raskol u čovječanstvo i s jedne strane "znanstvenim", a s druge "religijskim" sredstvima tvrdili jedno te isto, naime nepostojanje tog "sivog pradoba".

Monoteizam i teizam u Starom zavjetu

Danas znamo da se egzodus oko milijun ljudi i posljedično nasilno osvajanje Kanaana nikada nisu dogodili. Te nevjerojatne priče urednici Starog zavjeta preuzeli su iz svećeničke tradicije, a djelomice čak i sami napisali, odnosno uvećali napadnim veličanjem nasilja, kako bi kasnije čitatelje upozorili na postojanje ljudi koji ratove, pljačke i silovanja izvode "u Božje ime". Konačna verzija ukupnog teksta iz vlastitog unutarnjeg konteksta pokazuje da sile koje spadaju u tu kategoriju postupaju direktno protiv zapovijedi primljenih od Boga – i time otkrivaju da Bog nije isti Bog, pa i ako se koristi isto ime.

Stil koji su odabrali urednici kako bi ukupni tekst preformulirali na monoteistički jezik služi za više ciljeva istovremeno: s jedne strane za kamuflažu i kodiranje, a s druge za posredovanje duhovne perspektive, naime za spoznaju da svi opisi imaju i jedno više značenje. Oni ilustriraju nevidljive uzroke iza svih vidljivih događaja; sve što se na Zemlji događa izraz je procesa u višim hijerarhijama; sve se događa "Božjom rukom", a "Bog" može imati razna značenja. Naposljetku, monoteistički jezik ukazuje na teistički pogled, kojim je moguće iza svega – pozitivnog i negativnog – prepoznati božanski smisao. Što taj božanski, apsolutni smisao jest, Stari zavjet nagovještava od početka do kraja. "Neka bude svjetlost", kaže Elohim na početku Postanka, "i vidje Bog, da je svjetlost bila dobra". A na samom kraju Starog zavjeta Bog govori: "A vama, koji smjerno častite ime moje, ogranut će sunce spasenja, što krije zdravlje pod krilima svojim".

Urednici Starog zavjeta slikovitim i patrijarhalnim jezikom posredovali su nacionalistički monoteizam, ali i mnogo više od toga – *duhovni teizam*. Starozavjetni jezik modernom uhu može na mnogo načina zvučati nerazumljivo ili tvrdo, no upravo njegova živopisnost omogućila je predočenje jasnog značenja teističkog razumijevanja Boga. Mi smo djeca Božja, a kao takvi smo – kao i Bog – individualni, što znači da imamo slobodnu volju, a s njom i samoodgovornost. Mi smo odgovorni za ono što činimo, i za sva naša djela žanjemo odgovarajuće reakcije kroz "Božje zakone".

Bog hoće da njegova djeca svjesno žive u jedinstvu s Cjelinom, a to jedinstvo jest bezuvjetna, čista ljubav. Tko Božju volju negira ili ignorira nije u jedinstvu, nego u dualnosti. On više ne živi "u Bogu", već zapada u "ruke Gospodnje", što znači da podliježe Zakonu, a taj je nemilosrdan. "Energija", u skladu sa svojim unutarnjim zakonima, djeluje automatski i ne poznaje milost. Milost ne dolazi ni od "energije", ni od zakonitosti stvaranja, već od Stvoritelja. Milost i ljubav postoje samo u individualnosti, a ne u dualnosti, niti u nekom apstraktnom jedinstvu.

Činjenica da stvarnost jest jedinstvo i ljubav ne znači da je sve jedno i istoznačno. Kada zasja svjetlost, oslobađa se svjetlo (Šehina) u tami. "Usamljeno" svjetlo opet se spaja u jedinstvo apsolutne svjetlosti. Pri tome ono što je tama biva raspršeno i "uništeno". "Ništa" preostaje od tame, a to je za one koji se povode za nekim oblikom tame prijeteće i zastrašujuće. I tako dugo dok je u čovjeku "straha" ("straha od Boga; bogobojaznosti"), on nije povezan s Bogom, već s bogovima nesvjetlosti, ili im u najmanju ruku nudi manevarski prostor ("rezonanciju").

Iz ovog "svjetlogleda" (orig. *Licht-Sicht*), posljednji odlomci Starog zavjeta čine se vrlo aktualnima:

> Vi ipak pitate: "Što smo između sebe govorili protiv tebe?" Govorili ste: "Zaludu je Bogu služiti i kakva je korist što njegove čuvamo propise i žalosni hodimo pred Jahvom nad vojskama. Odsad ćemo sretnim zvati oholice: napreduju oni koji zlo čine, i premda Boga iskušavaju, izvuku se!" Ali kad se razgovaraju oni koji se Boga boje, Jahve pazi, sluša ih, i to se pred njim piše u knjigu spomenicu u korist onih koji se boje Jahve i štuju ime njegovo. Moji će biti, moja stečevina – govori Jahve nad vojskama. U dan koji spremam bit ću im milostiv kao što je milostiv otac sinu koji mu služi. I tada ćete opet razlikovati pravednika od grešnika, onoga koji služi Bogu od onoga koji mu ne služi. Jer evo dan dolazi poput peći užaren; oholi i zlikovci bit će kao strnjika: dan koji se bliži spalit će ih – govori Jahve nad vojskama – da im neće ostati ni korijena ni grančice. A vama koji se imena moga bojite sunce pravde će ogranuti sa zdravljem u zrakama, i vi ćete izlaziti poskakujući kao telad na pašu ... (Mal 3, 14-20)

Kad proroci govore o "Božjem gnjevu" i "moći Gospodina", time žele izraziti da zakoni stvaranja nikada nisu odvojeni od iza njih djelujućeg Boga. Bog kao apsolutni individuum ima svijest, volju i ljubav, i može stoga osjetiti i "ne-volju". Bogu nije svejedno kada sile tame muče Zemlju, ili progone onoga koji mu je odan. Čak i kada se pojavi sumnja, prije ili kasnije uvijek se pokaže da se "isplati" biti i ostati u Božjoj svjetlosti.

Mitološka povijest čovječanstva (2. dio): Zašto uopće postoje ljudi

Kao što je spomenuto u članku "Od manifestacije do inkarnacije", do nastanka čovjeka došlo je nakon što su svjetlosna bića odlučila uzeti zemaljska tijela. Kao fizički odraz viših dimenzija, Zemlja je već bila snabdjevena trodimenzionalnim krajolikom sa biljkama i životinjama, ali ljudske prisutnosti tada je bilo samo u višim dimenzijama.

Zemlja, kao planetarno biće, jest bogosvjesna božica, i kao takva je znala da je po završetku određenog ciklusa planetima predodređen prijelaz u višu frekvencijsku razinu, što uključuje i transformaciju njene zgusnute materije. Također je znala da prijelaz omogućuje samo duhovna snaga, i to ne neki proizvoljni duhovni napor, već najčišća božanska svijest: bezuvjetna ljubav. Stoga je Zemlja htjela da se svjetlosna bića takve najviše frekvencije svijesti spuste u njen svijet, kako bi osvijetlila cjelokupno zemaljsko postojanje i omogućila "uzdizanje". Svjetlosna bića božanske hijerarhije bila su svjesna da će stvaranje fizičkog čovječanstva privući i bića iz svjetova ne-svjetlosti, no ipak su znali da će naposljetku cilj stvaranja, zahvaljujući Božjoj pomoći, biti ispunjen. Isto tako, znali su da će se u jednom trenutku čak i najviše svjetlosno biće pojaviti na Zemlji ...

Drugim riječima, prije nego što je uopće išta tamno stiglo na Zemlju, već je postojao plan za prevladavanje i oslobađanje od tame. Ključ je bio i jest ljubav – svijest koja održava živim jedinstvo dijelova i Cjeline, zraka svjetlosti i Izvora. Ljubav je prirodna svijest u svjetovima svjetlosti, a kad bi ta ljubav zaživjela u najgušćoj materiji, bilo bi to savršenstvo kakvog u tom obliku nikad prije nije bilo. Najčišća svjetlost u najgušćoj materiji proizvela bi najviše čudo stvaranja: transformaciju ne-svjetlosti u svjetlost.

Bića odvraćena od Boga koja su zapala u odvojenost od svjetlosti ne mogu se prisiliti da se vrate natrag u svjetlost. Samo najčišća, bezuvjetna ljubav koja odolijeva čak i najnasilnijim nasrtajima tame njima može predočiti stvarnost svjetlosti, jer bića tame nisu u stanju sama od sebe prepoznati da onkraj tame postoji i druga stvarnost, a pogotovo ne da *njihova* "stvarnost" nije ništa drugo do iluzija koja može nastati samo na temelju paklenskog kruga samozavaravanja.

Prema namjeri stvaranja, Zemlja bi trebala – kao relejna stanica svjetlosti – biti mjesto ljubavi i milosrđa, gdje čak i najtamnije sile dobivaju novu mogućnost da koriste svoju slobodnu volju. Jer, tako dugo dok su u tami, oni mogu birati samo unutar tame, a to nije istinska sloboda. Tek onda kad se nudi i svjetlost, bića tame uopće imaju *mogućnost* izbora. Hoće li tada izabrati svjetlost, drugo je pitanje. Ali, na bića svjetlosti nema nikakvog utjecaja ono što su "drugi" izabrali. Ona im žele samo ponuditi mogućnost da se odluče za svjetlost. Jer svjetlost je uvijek prisutna, pa i kad joj se nešto postavi nasuprot. Čim od Boga odvraćene sile otvore i najmanji procjep, svjetlost je spremna zračiti u tamu: to je unutarnja priroda svjetlosti. Isto tako, Elohim (Bog i bogosvjesna bića) uvijek su spremni pustiti svoju ljubav da zrači. To je njihova milost – koja se najviše otkriva na području Zemlje, jer ovdje svjetlost neposredno kontaktira s tamom.

Samo prava ljubav u stanju je sile tame dotaknuti u njihovoj najdubljoj nutrini i otvoriti im oči za mogućnost da postoji snaga koja je jača od njihove. Čak i ako početno reagiraju bijesom, mržnjom i frustracijom, ipak su – unatoč negativnoj reakciji – stupili u kontakt sa svjetlošću, samim time što žive na Zemlji.

Manifestacija najviše ljubavi u svijetu najgušće materije istovremeno je i neophodnost i čin milosti. To je bio i jest Božji plan iza stvaranja Zemlje i čovječanstva.

Zemlja je *područje slobodne volje*, kako za bića svjetlosti, tako i za bića ne-svjetlosti. Svi mogu raditi ono što hoće (doduše s odgovarajućim posljedicama, ali one dolaze tek *nakon* što se učini ono što se hoće; to je relativna sloboda na Zemlji). Bića svjetlosti žele služiti božanskom cilju, a bića tame služe drugim ciljevima.

Tako su bića svjetlosti započela važnu – i opasnu – misiju. Bilo je to kao uranjanje u more prepuno morskih pasa ...

Mitološka povijest čovječanstva (3. dio): Praljudi, civilizacije i put kroz materiju

Poziv Majke Zemlje nije ostao bez odgovora. U njenom prapovijesnom krajoliku trebali su se pojaviti ljudi koji će svojom prisutnošću stvorili početne duhovne impulse za daleku budućnost – za kraj velikog ciklusa koji je tada započeo. Tako se i dogodilo.

Prethodnici adamičnih svjetlosnih bića projicirali su se u svijet fizičke materije, zadržavši svijest o svom višem identitetu. Bio je to prvi korak u eksperimentu osvjetljavanja najgušće materije najvišom ljubavlju. I to je zaista bio eksperiment (u najvišem božanskom smislu), jer je ta stvaralačka misija predstavljala nešto sasvim novo, do tada nepostojeće, barem ne u ovom Univerzumu. Stoga se nije moglo pozvati na ranija iskustva. Stvaranje ljudi bio je zadatak i odgovornost svjetlosnih bića (Elohim). Kako će pojedinačno to ostvariti, bilo je prepušteno njihovoj vlastitoj kreativnosti.

Prvi ljudi još uvijek nisu živjeli u najgušćoj materiji, već u rajskim uvjetima, neposredno svjesni svog porijekla iz viših svjetova. Sljedeći korak sastojao se od življenja u čistoj ljubavi, bez podrške, odnosno "sigurnosne mreže" znanja o porijeklu. Jer relativno je lako živjeti u ljubavi znajući: "Ja sam zapravo anđeo, i u svakom trenutku mogu se vratiti u svijet svjetlosti."

Naravno, ti prvi ljudi nisu bili "lijenčine u Raju". Položili su ispit življenja u svijesti vječne sadašnjosti, u apsolutnoj unutarnjoj ravnoteži. Za svakog čovjeka koji ne živi u takvom unutarnjem bezvremenom miru, tadašnja nebeska Zemlja bila bi pakleno dosadna. Tamo se "nije događalo ništa". Klima je bila stalno idealna. Čak ni pribavljanje hrane nije nudilo malo "promjene", jer sve je raslo u izobilju, a mnogi su ionako živjeli od "prane".

Sljedeći korak zahtijevao je, dakle, blijeđenje znanja o vlastitom prijašnjem životu. Da bi se to postiglo, svjetlosna bića nisu više birala put direktne manifestacije, već put inkarnacije. Počeli su se manifestirati u muškim i ženskim tijelima kako bi omogućili reprodukciju spolnim putem. "Tako stvori Bog čovjeka na sliku svoju, na sliku Božju stvori ga, muško i žensko stvori ih."

Teorija relativnosti iz duhovnog kuta

$$E = mc^2$$

Einsteinovo fizikalno objašnjenje:
"Energija je masa (materija) umnožena brzinom svjetlosti na kvadrat. (brzina svjetlosti puta brzina svjetlosti)"

Mito-logičko objašnjenje:
Energija je svijest dvaju svjetlosnih bića projicirana na materiju.
Najviša energija nastaje kada se dva svjetlosna bića uzajamno umnažaju u materiji, tj. njihova se ljubav potencira kroz uzajamnost.

> Božansko stvaranje uvijek nastaje jedinstvenom suradnjom dvaju dvojnih duša u univerzalnoj harmoniji. Stvaranje se događa kroz "energiju", a "energija je svijest dvaju svjetlosnih bića projicirana na materiju." Kako gore, tako i dolje. Kako u duhovnom, tako i u fizikalnom. U praktičnoj primjeni: "Gdje su dvojica ili trojica sabrana u moje ime, tu sam i ja među njima." (Mt 18, 20)

Bog je, kao apsolutna individualnost, jedinstvo dvojnosti, tj. jedinstvo dva apsolutna dvojstva, stoga taj princip dolazi do izražaja i u relativnome. I jer je Bog dualno jedinstvo, to su također i njegovi "dijelovi".

Polaritet muško/žensko sadržan je, dakle, i u apsolutnome, kao i princip dvojnih duša. To se prije svega pokazuje na razini viših bića svjetlosti. Božansko stvaranje uvijek nastaje jedinstvenom suradnjom dviju dvojnih duša. Stvaranje se odvija kroz "energiju", a "energija je svijest dvaju svjetlosnih bića projicirana na materiju ($E = mc^2$)"! Kako gore, tako i dolje. Kako u duhovnom, tako i u fizikalnom.

Kada su ljudi postali muškarci i žene, zemaljska svjetlosna bića mogla su pružiti priliku drugim svjetlosnim bićima da rođenjem "dođu na svijet".[11] Biti rođen nosilo je sa sobom zaborav o prijašnjem životu, što je za sljedeće inkarnirane generacije predstavljalo veliki rizik, ali isto tako i novi izazov. Na osnovi zaborava, mogli su živjeti u intenzivnijoj zemaljskoj prisutnosti: naprosto ovdje i sada, na Zemlji, u fizičkom tijelu, bez ikakve zemaljske ili nebeske identifi-

---

11 Dakle, nastanak spolova ovdje se ne vidi kao kazna, niti kao luciferski upliv, kako to govore izvjesni okultni i duhovno-znanstveni krugovi. "Podjela" na muškarca i ženu bio je čin ljubavi, kako bi se ljudima upravo prividnim zaboravom otvorila vrata za jednu još višu upotpunjenost. "Tako stvori Bog čovjeka na sliku svoju, na sliku Božju stvori ga, muško i žensko stvori ih. I Bog ih blagoslovi ..." (Post 1, 27-28). Dvostruka tvrdnja i prividno ponavljanje već izrečenog, da bi se tek u trećem dijelu reklo da je Bog stvorio ljude kao "muškarca i ženu", nije slučajna ili besmislena formulacija, nego nagovještaj da se nastanak ljudi kao muškarca i žene odvijao u stupnjevima. Kad se kaže da je Elohim stvorio čovjeka, to ne označava zanatsko stvaranje iz "blata", nego samomanifestaciju određenih svjetlosnih bića u fizičkom tijelu, pri čemu je fizičko tijelo građeno po uzoru na viša svjetlosna tijela (Adam Kadmon, Merkaba). To se odvijalo u suglasju s božanskom Elohim – hijerarhijom i Tvorcem. Iz zemaljske perspektive zaista je izgledalo kao da je Elohim – kolektiv čovjeka prema svojoj slici napravio iz Ništa.

kacije.

Ta situacija može se usporediti s dobrovoljnim boravkom u džungli. Kći bogatog čovjeka odlučila je otići urođenicima usred džungle. Ona tamo može učiti i pomagati, i ostati koliko želi, ali uvijek znajući: Ja sam kći bogatog oca i kući imam pun bankovni konto. Boravak u džungli dobija sasvim drugačiji intenzitet kada mlada žena odluči ukinuti račun na banci i odreći se novca, pa čak i nasljedstva. Pretpostavimo da je zaboravila odakle je zapravo došla: tek onda bi se mogla potpuno uključiti u život u džungli. Upravo to napravila su svjetlosna bića. Postali su muškarac i žena i donosili djecu na svijet. Zaboravili su svoje porijeklo i živjeli su "bezpovijesno" samo u sadašnjosti. Njihova svijest ljubavi postala je *bivanje u ljubavi*, u davanju bez zadrške, slobodno i prizemljeno.

Ali onda, odjednom, tamne sjene nadvile su se nad zemaljskim Rajem. "Morski psi" su se pojavili ...

Promatrajući s materijalne strane, svijest prvobitnih ljudi stvorila je duhovnu energiju bez presedana – a neka druga bića tu su "energiju" htjela iskoristiti za sebe, u sklopu iskorištavanja zemaljskih resursa. Oni su željeli kolonizirati Zemlju tehničkim sredstvima, i napravili su prve korake. Izgradili su uporišta, poticali napredak i tijekom stoljeća podigli vlastitu civilizaciju. Promatrali su zagonetna ljudska bića koja su, u njihovim očima, besmisleno i neproduktivno "sjedili okolo", ne čineći "ništa".

Kada je za kolonizatore sazrelo vrijeme, izvršili su veliki upad. Koristeći fizičko nasilje grabili su i otimali naivne rane ljude, i podvrgavali ih mentalnom i genetičkom programiranju. Naposljetku, ljudi su bili bića s jedne strane "jednaka bogovima", a s druge udomaćena na Zemlji, dakle posjedovala su Zemlji kompatibilnu fiziku. Takva tijela, s odgovarajućom genetskom strukturom, bila su rezultat božanskog stvaralačkog djela. Budući da su ne-svijetla bića mogla samo kopirati i oponašati, kako bi manipulirali otete trebali su im "arhetipski" ljudi kao "prototipi", da bi u svojoj zemaljskoj misiji postigli nove "prodore".

Tako su se, dakle, inkarnirana svjetlosna bića (koja više nisu znala da to jesu) konfrontirala sa silama tame. Kao ljudi, reagirali su na različite načine. Neki su sačuvali svoju čistu svijest. Ali drugi su se dali isprovocirati i svoju su čistu svijest izgubili:

- Jedni su se vidjeli kao žrtve i zapali u samosažaljenje; osjećali su "nemoć" u pogledu materijalne premoći;
- drugi su se prepirali s Bogom i sudbinom; počeli su prezirati sami sebe i promatrati svoja fizička tijela s mržnjom;
- treći su se bojali "moćnika" i postali su preplašeni robovi, odnosno građani;
- neki su počeli mrziti sile tame i kovati planove kako da ih pobijede;
- neki su, opet, pobjegli na drugu stranu i postali kolaboracionisti, ili iz straha ili iz fascinacije, jer su po prvi put vidjeli jednu moć koja se služi fizičkim nasiljem i voljom ega – i s time (prividno) ima više uspjeha od onih koji su djelovali iz duhovnog i iz božanske ljubavi.

Na taj način počela je zemaljska karma prvobitnih ljudi. Zapali su – kao žrtve ili kao oni koji su prešli na drugu stranu – u borbe moći, postavši time – pasivno ili aktivno – dio lanaca postupanja, koji već dugo traje.

Ali, nisu svi prvobitni ljudi potpali pod vlast palih Elohima. Oni koji nisu bili porobljeni i izmanipulirani započeli su osnivanje vlastite civilizacije kako bi uspostavili ravnotežu civilizacija. Reaktivirali su prijašnje znanje o svom porijeklu i telepatski se povezali sa braćom i sestrama iz viših dimenzija kako bi dobili podršku. (Počelo je doba Lemurije, Mu i Atlantide.)

Ostali prvobitni ljudi zadržali su svoj "primitivni" način života i ostali "urođenici".

Ali, u protoku mnogih tisućljeća, nitko nije mogao ostati nedotaknut. Čovječanstvo su pogađale kataklizme, i naredne generacije našle su se u situacijama u kojima se postojanje reduciralo na golo preživljavanje. Životni uvjeti, a velikim dijelom i ljudi, bili su zaista primitivni – a ta primitivnost donijela je strah i potpuni zaborav praznanja svojih predaka. Ono što je preostalo bilo je uglavnom praznovjerje i animistička magija. Atmosferu straha potpirivali su oni koji su od toga profitirali. Širio se prikriveni, a sve više rastući i otvoreni materijalizam, i vodio konfliktima, rivalstvu i brutalnosti, iskorištavanju i grubosti, otuđenju muškarca i žene – a prije svega sveprisutnoj ego-identifikaciji (identifikaciji s materijalnim ideologijama, predodžbama i stvarima).

Dugo vremena ljudi su komunicirali telepatski i živjeli "paranormalno", bez civilizacije, čak bez izgovorene riječi. Ako negovorno razumijevanje štima, ono je uvijek najbolje. Riječi brzo postaju uzrok smutnje, nerazumijevanja i manipulacije. To se pokazalo i u povijesti čovječanstva, ponajviše kad su se pojavile i *pisane* riječi. Posvuda na Zemlji i u isto vrijeme, narodi su izumili (ili dobili) sustave pisanja, tako da se sve moglo zapisati. Ljudi su zaboravili ono što su nekada znali i trebalo im je pismo, a osobito "Sveta pisma". Ali ona su bila samo pomoćno sredstvo, koje se moglo na mnoge načine zloupotrijebiti i krivotvoriti.

Krug se zatvara ...

... i otvara se u spiralu. Sve je počelo manifestacijom i inkarnacijom svjetlosnih bića. Onda je došao samoizabrani zaborav, zatim konfrontacija s lažnim bogovima koji su se mjestimice čak izdavali za Boga. Ipak, izvorni cilj ostao je nepromijenjen: donijeti ljubav i svjetlost u najgušću materiju. Što su teže okolnosti, to je istinitija i moćnija ljubav koja ne podliježe utjecajima. Onda kad je tama najgušća, božanska ljubav može se otkriti u svojoj najvećoj snazi, i to tako da može izazvati čak i globalnu transformaciju.

A to je današnja situacija.

Na početku 21. stoljeća nalazimo se u jednoj atmosferi koja je gušća nego ikad. U isto vrijeme, šanse koje se nude čak su i veće nego u rajsko pradoba kad su se ljudi počeli fizički inkarnirati. Stoga je većina prvobitnih ljudi još uvijek (odnosno opet) ovdje kako bi odgovorili zemaljskom izazovu na njegovom samom kraju, u konfrontaciji s najdubljom tamom koja je stvorena od onih koji se "zmajem, Sotonom ili đavolom nazvahu".

Sve, pa i negativno, ima svoj smisao.

Sve intenzivnije vrijeme preokreta nosi sa sobom mnoge izazove. Sadašnje stanje svijeta budi dojam da još nismo dosegli najmračniju točku obmane i razaranja. Prije nego se neka točka na kotaču ponovo počne uzdizati, mora proći najniži dio. I upravo kad je na najnižem dijelu dolazi do prevrata, i opet ide naviše. Ako je taj kotač avionski, to "naviše" može biti čak i kvantni skok, naime onda, kad avion uzlijeće.

Naš sadašnji život nije tek jedan u nizu u dugom inkarnacijskom lancu, već je, u ovom zemaljskom ciklusu, najvjerojatnije posljednji u kojem sve ranije tajne nauke i inicijacije možemo (i "moramo") praktično primijeniti.

Tko to ostvari ovdje i sada, ostvario se!

Time se ispunja ono što je započeto ljudskim bivanjem na Zemlji u rajska vremena.

Nije me ni najmanje potreslo kad su me (nakon dolaska u logor) okrenuli licem prema zidu i urlali svoja pitanja:"Zovete se? Ime i očevo ime? ... Godina rođenja? ..."

Moje ime! ... Ja sam zvjezdani šetač! Moje tijelo je okovano, ali nad mojom dušom nemate nikakvu moć. – Aleksandar Solženjicin, "Arhipelag GULAG"

Sažetak

• Budući da je materija proistekla iz duhovnog (= beskonačnog) pratemelja, ona je u manifestiranom stanju "beskrajno promjenjiva", premda ograničena vremenom i prostorom. Vrijeme i prostor su također promjenjivi faktori, što znači da se "tijekom vremena" na Zemlji mijenjaju prostorno-vremenski odnosi, što opet upućuje na ciklički tijek "vrijemeprostornih" doba (yuga). Kao što prostor i vrijeme – na vertikalnoj liniji – egzistiraju istovremeno u različitim dimenzijama (prostorno-vremenskim jedinicama), tako su isto – na horizontalnim linijama – velika vremenska razdoblja zasebne jedinice. U prošlosti su se zemaljske prilike već više puta promijenile, i promijenit će se opet u ne tako dalekoj budućnosti.

• U sadašnjoj fazi, na koja već odavno ukazuju brojna proročanstva, različiti ciklusi i podciklusi protječu zajedno, kako to proizlazi prije svega iz majanskog kalendara. Tim susretom različitih ciklusa zemaljska prostorno-vremenska spirala postaje vrtlog, čiji se centar sada približava Zemlji. U unutrašnjosti vrtloga strujanje će se sve više intenzivirati, što će pobuditi dojam da vrijeme prolazi sve brže. Kad se različiti ciklusi susretnu u zajedničkoj ("nultoj") točki, prema majanskom kalendaru vrijeme će se završiti. U tom smislu, Maje spominju "kraj vremena".

• Nigdje u prirodi ne može se ustvrditi da se dogodila materijalistička evolucija, tj. da je život nastao iz materije ili da je viša organska struktura proistekla iz neke "niže". Posvuda vidimo da ono "višeg" reda stvara jednostavnije forme, npr. stablo stvara sjemenku. Kemijski gledano, sjemenka se sastoji od tek nekoliko jednostavnih elemenata, no ipak ju je iz samih elemenata nemoguće stvoriti. Isto tako, stvaranje živućeg svijeta uvijek proizlazi iz jednog višeg reda. Naposljetku sve nastaje iz apsolutnog pratemelja koji se nalazi onkraj vremena i prostora. Univerzalni princip stvaranja "duh prožima materiju" (= "onkraj polariteta/ dualnosti jest individualnost") izražava se u "kozmičko-descedentnoj evoluciji" (devoluciji), odnosno u "interdimenzionalno-hijerarhijskoj evoluciji" (involuciji").

- "Involucija je konkretna alternativa materijalističkoj teoriji evolucije. Ona opisuje kako princip "duh iznad materije" može pojasniti i porijeklo ljudi: duhovna bića iz viših dimenzija došla su u materiju najprije samomanifestacijom, a potom fizičkom inkarnacijom. Zemlja potječe iz sljedeće više paralelne dimenzije. To znači: u skladu s energetskim datostima ("in-formacijama") te više dimenzije iz fizikalne materije formiran je odgovarajući zemaljski živući svijet. Slika je stvorila odraz. (Tako stvori Bog čovjeka na sliku svoju ...)

- Mitološka povijest čovječanstva uključuje postojanje paralelnih svjetova i objašnjava zemaljsko porijeklo i sudbinu ljudi u tom višem kontekstu. Ono što se događa na Zemlji ima svoje uzroke i u nevidljivim svjetovima: iz njih se inkarniraju mnoge duše koje imaju veliki utjecaj na Zemlju. Iz svjetova svjetlosti došli su prvi ljudi da bi služili božanskom stvaranju i pripremili sljedeće zemaljske razvojne korake. Jedinstvena "energija" koja je zračila iz ovih ljudi privukla je pozornost palih Elohima koji su – u skladu sa svojim mentalitetom i potrebama – tu energiju htjeli iskoristiti za sebe. Počeli su vršiti utjecaj na čovječanstvo kako bi njegovu svijest, životnu energiju i radnu snagu iskoristili za svoje ciljeve.

- Prastanovnici kažu da su živjeli još "prije vremena", jer njihovo sjećanje seže do ranijeg doba u kojem su ljudi živjeli u harmoniji s prirodnim tijekom prostora i vremena. Prije oko sedam tisuća godina većina ljudi izgubila je vezu s četvrtom dimenzijom – jedinicom prostora i vremena – i stoga više nisu bili "kompatibilni" s paralelnim svjetovima svjetlosti. Više funkcije čakri i svjetlosnog tijela su prigušene, a usmjerenje svijesti i mentalno i genetički upravljeno je prema vanjskoj, materijalnoj egzistenciji, što je trajno utjecalo na rezonanciju ljudi. To je opet otvorilo "inkarnacijska" vrata k Zemlji. Pojavili su se neljudski ljudi ...

- Sjećanje na "mitove o bogovima" održalo se živim kod svih starih naroda. Poneki su ta sjećanja očuvali i u pisanom obliku, naročito kulture Bliskog i Srednjeg Istoka. Važne informacije iz sumerskih i babilonskih izvora dospjele su u hebrejske spise i tako su sačuvane i nakon zalaska tih ranijih kultura. Dok su patrijarhalni svećenici Potop prezentirali kao Božju kaznu i na toj osnovi zahtijevali krvne žrtve i slijepu poslušnost kako bi spriječili Božji gnjev, proroci i bogosvjesni svećenici prepoznali su istinski duh iza tih prijetećih poruka. Međutim, oni su imali protiv sebe vladajuće strukture, kao i cjelokupnu rezonanciju tadašnjeg doba, i stoga kratko- i srednjoročno nisu mogli izvršiti nikakve promjene. Kao urednici Starog zavjeta, ipak su imali mogućnost različite spise složiti zajedno na način koji će važne sadržaje dugoročno sačuvati. To su napravili koristeći se kodiranjem i monoteističkom formulacijom kako ne bi kod moćnih svećenika i njihovih moćnih pokrovitelja pobudili sumnju, a istovremeno uputili na više istine – kako božanske, tako i one tamne.

- Kao i svako pismo, tako se i Stari zavjet može pogrešno razumjeti (što se vrlo često događalo i dijelom još uvijek događa). Urednici, koji su živjeli u teška vremena i pod opasnim okolnostima, nadali su se da će kasniji čitatelji prepoznati zapravo očita proturječja i iz njih izvesti pravu poruku. Tko želi, može se pozvati i na tekstove koji veličaju nasilje – i tako samo otkriti svoj vlastiti mentalitet. Jer, ponad svih poziva na rat i žrtvovanje krvi stoji savez Yhwh i Mojsija, čije zapovijedi zabranjuju (i razotkrivaju) upravo takva, od "Boga" tražena djelovanja.

- Tekstovi koji su kasnije ušli u Toru i biblijski Stari zavjet postigli su da tajne predaje, zagubljene u drugim kulturama, postanu opće dobro, doduše u kodiranoj i višeslojnoj formi koja sadrži i svećenička iskrivljenja – koja su također važna jer pokazuju kakve plodove nose *lažni* bogovi. Istovremeno otkrivaju i njihove planove. Kroz sva tisućljeća, ovi tekstovi sačuvali su znanje o Potopu i o djelovanju palih Elohima prije i poslije njega, i u budućnosti (koja je danas sadašnjost). Isto tako, iz ovih izvora doznajemo da ljudi prvobitno nisu bili primitivni i da je kasnije došlo do degeneracije, čak i genetske, koja je, između ostalog, dovela do skraćenja životnog vijeka. (Kad se danas u praastronautskim krugovima govori o "bogovima" kao našim stvoriteljima, moramo se zapitati nisu li tu manipulatori zamijenjeni za kreatore.)

- Iznad svih razina Starog zavjeta stoji savez Boga (Yhwh) i ljudi koji počiva na deset zapovijedi. Taj Bog kaže da čovjek ne smije ubijati, lagati ni krasti i – u prvoj zapovijedi – ne treba imati druge bogove osim njega samog. Dakle, kad svećenici zahtijevaju žrtvu krvi i tvrde da Bog hoće rat, suprotstavljaju se toj prvoj zapovijedi i slijede nekog "Boga" koji nije Bog istinskog Mojsija.

- Sekularni kritičari kršćanstva danas mogu lako dokazati da Stari zavjet nije povijesno točan. Dokle god se bibliokršćani budu neuviđavno držali svog fundamentalističkog stajališta, neće se biti u stanju suočiti sa opravdanim prigovorima. Jer, Stari zavjet urednici *nisu* koncipirali kao povijesni dokument, premda sadrži mnoge povijesne reference. Ne želeći upoznati tajnu Starog zavjeta, bibliokršćani se odnose nepravedno prema vlastitom Svetom pismu jer ga izdaju za nešto što on nije i ne želi biti.

- Zemlja je područje slobodne volje u kojem borave i bića koja nisu nesebična. Tko se kreće u tom području, prihvaća "pravila igre" karme, naime da može činiti sve (do jednog određenog stupnja) ono što želi. To znači da svaki čovjek i svako drugo biće može započeti novi lanac reakcija. Čovjek na Zemlji i "nevin" može biti napadnut od drugih: opljačkam, prevaren, ubijen, porobljen, itd. Kušnja koja se tu postavlja jest da li se i u kolikoj mjeri zapada u dualnost. To su se pitala i svjetlosna bića kad su se konfrontirala s negativnim i dijaboličnim. Nekadašnjim zadiranjem tamne strane otpočela je zemaljska karma svjetlosnih bića i u većini slučajeva nastavila se do sadašnjeg doba, a danas – na kraju ciklusa – i na vanjskom planu stvara se situacija u kojoj se sve nedovršeno može ispuniti. Ono što je nekad započelo danas se može i treba završiti: kroz ljubav i oprost, odnosno kroz uvid i korekciju.

- Svjetlosna bića koja se postala prvobitni ljudi došla se na Zemlju kako bi "uzemljenjem" božanske svijesti poveli globalnu transformaciju. Budući da se takva transformacija događa snagom čiste ljubavi, moguće je čak i tamu transformirati u svjetlost, pri čemu se milošću te ljubavi i od Boga odvraćenim bićima opet nudi mogućnost da razviju viši pogled na stvarnost. Zemlja je mjesto slobodne volje, a time i mjesto odluke, jer se Zemlja nalazi u graničnom području svjetova svjetlosti i svjetova tame. Stoga ovdje žive kako inkarnirani anđeli, tako i inkarnirani "đavoli". Bića tame ovdje mogu ponovo ući u svjetlost, a svjetlosna bića mogu se ovdje konačno ostvariti. Tko unatoč destruktivnim i dijaboličnim spletkama ne zapadne u dualnost, već ostane u božanskoj ljubavi – tj. nikada ne izgubi jasnu sposobnost razlikovanja i nikada ne sudi – u najdublji mrak donosi najsjajniju svjetlost. Zato je upravo sada, "zahvaljujući" teškim prilikama, moguće živjeti ljubav u njenoj najvećoj snazi. A ta snaga jest ona koja stvara transformaciju.

- "Prodor u svjetlost – novo doba": Taj se prodor u prvom redu mora dogoditi na osobnoj razini, kod svakog čovjeka zasebno (to je bila tema 8. i 9. poglavlja). Što više ljudi probudi svoju individualnu bogosvijest, to će konkretnije biti "novo doba", "peti svijet", "peta dimenzija" (poglavlja 10. i 11.).

DODATAK

Prvorođeni sin Božji[1]

Isusov identitet iz vedskog kuta

Uvijek iznova mi postavljaju pitanje: "Govore li vedski (staroindijski) sanskrtski spisi nešto i o Isusu? Opisuju li ga? Navješćuju li ga?"

Jedna napomena: Isus se u vedskim spisima ne spominje iz jednostavnog razloga – jer su napisani puno prije pojave Isusa. Glasine o mjestima u tekstu gdje se opisuje Isusov boravak u Indiji su neodržive i proizlaze iz dubioznih prijevoda.

Pojava Isusa nije, doduše, direktno naviještena, ali pomnije istraživanje donosi na svjetlo nešto iznenađujuće. To zapravo ne treba biti iznenađujuće, jer se božanska otkrivenja nadopunjuju. Dijabolično ("razdvajajuće, raskolničko") stupa na scenu kad ljudi zbog apsolutizacije vlastitih uvjerenja nisu u stanju uvidjeti više međuodnose.

Upravo u sadašnjem vremenu "preokreta" i "kraja", u kojem se mnogi ljudi posvuda na Zemlji zbog svoje nesigurnosti još čvršće drže starih okvira zastarjelih predodžbi, potrebno je propitati ucrtane granice i, u idealnom slučaju, prevladati ih. Ili kao što je jedan mudrac jednom rekao: *Zidovi koji su podignuti između nas ne sežu do neba.*

---

1 Ovo je tekst koji sam napisao za objavljivanje u časopisima (*Wegbegleiter* 5/2001, i *Auflaerungsarbeit* 12/2003) i ovdje je izdan u prerađenom obliku. Karakter članka je ipak zadržan, zajedno sa spominjanjem pojedinih točaka koje su u ovoj knjizi opširnije razrađene. Na temelju toga ovdje se može uvesti tema koja je već naznačena u knjizi, naime jedna "interreligiozna" spoznaja koja može poslužiti razumijevanju zajedničke univerzalne pozadine današnjih svjetskih religija.

Isus i individualno majstorstvo

Za mnoge bibliokršćane pitanje Isusovog identiteta je razriješeno: Isus je Bog. No, što znači "Bog"? Isus je doduše rekao: *"Ja i Otac jedno smo"* (Iv 10, 30), ali nikada nije rekao: "Ja sam Otac". Očito, unatoč jedinstvu postoji i individualna različitost.

Znakovito je ono što je Isus osobno rekao o sebi i svojim učenicima i nasljednicima:

> "Može li slijepac slijepca voditi? Neće li obojica u jamu upasti? Nije učenik nad učiteljem. Pa i tko je posve doučen, bit će samo kao njegov učitelj." (Lk 6, 39-40)

> "Da, vi ste sa mnom ustrajali u mojim kušnjama. Ja vam stoga u baštinu predajem kraljevstvo što ga je meni predao moj Otac: da jedete i pijete za mojim stolom u kraljevstvu mojemu ..." (Lk 22, 28-30)

> "Zaista, zaista, kažem vam: Tko vjeruje u mene , činit će djela koja ja činim; i veća od njih će činiti jer ja odlazim Ocu. I što god zaištete u moje ime, učinit ću, da se proslavi Otac u Sinu. Ako me što zaištete u moje ime, učinit ću." (Iv 14, 12-14)

Kad se danas u "ezoteriji" i medijalnim porukama (od bića iz duhovnog svijeta koja su dosegla ovo, od Isusa traženo majstorstvo) ukazuje na visoki duhovni potencijal čovjeka, bibliokršćanski krugovi to paušalno odbacuju. Budući da ono u što su dosad vjerovali drže za jedno i jedino, takve riječi ne mogu vidjeti drukčije nego kao đavolsku prijetnju i zavođenje. No i sam Isus očekivao je od ljudi majstorstvo u prevladavanju ega i punu spoznaju vlastitih potencijala ("bit će *kao* njegov učitelj", "činit će djela koja ja činim; i veća od njih će činiti ...").

Još provokativniji je Isusov proglas: *"Ja rekoh: bogovi ste! Ako bogovima nazva one kojima je riječ Božja upravljena ..."* (Iv 10, 34-35)

Mi trebamo biti majstori i bogovi! Ova perspektiva u kršćanskim je krugovima posve potisnuta. Budući da većina religijskih svećenika i učitelja ovu "Istinu koja oslobađa" nije (ili jest nepotpuno) prenijela ljudima, Duh Božji opunomoćio je druge izvore da proslijede istinu svima koji žele čuti. Jer upravo danas ljudi moraju postići individualno majstorstvo, ako nadolazeću nevolju žele preživjeti bez oštećenja duše.

Dakle, sasvim je moguće da duhovni izvori otkrivaju učenja i da Isusove riječi, izrečene prije više od dvije tisuće godina, dalje razrađuju i postavljaju u viši kontekst: Što znači majstorstvo? Kako ga možemo postići? Ono nije luciferska drskost, niti oholost, nego naprosto jedna od mogućnosti ispunjenja znakovitih riječi: *"Tko vjeruje u mene, činit će djela koja ja činim; i veća od njih će činiti ..."* Kriterij je jasno izrečen: *"Tko vjeruje u mene"*. Velika je razlika u djeluje li čovjek iz božanske vjere ili na temelju samovolje i motivacije ega.

Isus govori o "jednoti s Bogom"

Gore navedeni citati koji se suprotstavljaju apsolutiziranju Isusa ni na jedan način ne umanjuju njegov značaj. Apsolutiziranje znači tvrđenje da je Isus Bog (bibliokršćanski put), i da su svi koji u to ne vjeruju izgubljeni. Takve tvrdnje uglavnom se podupiru sljedećim Isusovim izjavama: *"Ja i Otac jedno smo"* (Iv 10, 30) i *"Ja sam Put i Istina i Život: nitko ne dolazi Ocu osim po meni"*. (Iv 14, 6)

Kad Isus kaže *"Ja i Otac jedno smo"*, govori upravo da on *nije* Otac. No, on je ipak jedno s Ocem, jer je s njim vječno i nedjeljivo povezan u ljubavi: *"jer siđoh s neba ne da vršim svoju volju, nego volju onoga koji me posla"*. (Iv 6, 38)

Isus u svom vlastitom učenju nedvosmisleno govori da on nije Otac, tj. Apsolutni Bog, naročito od 12. do 17. poglavlja Evanđelja po Ivanu:

"Tko u mene vjeruje, ne vjeruje u mene, nego u onoga koji me posla; i tko vidi mene, vidi onoga koji me posla." (Iv 12, 44-45)

"Jer nisam ja zborio sam od sebe, nego onaj koji me posla – Otac – on mi dade zapovijed što da kažem, što da zborim." (12, 49)

"Odlazim i vraćam se k vama [...] jer Otac je veći od mene."
(14, 28)

"Ja sam istinski trs, a Otac moj – vinogradar [...] Ja sam trs, vi
loze." (15, 1/5)

"Oče sveti, sačuvaj ih u svom imenu koje si mi dao: da budu
jedno kao i mi." (17, 11)

"... da svi budu jedno kao što ti, Oče, u meni i ja u tebi, neka i
oni u nama budu da svijet uzvjeruje da si me ti poslao. I slavu
koju si ti dao meni ja dadoh njima: da budu jedno, kao što
smo mi jedno ..." (17, 21-22)

Ono što je Isus ovdje naznačio u samo par rečenica, danas se iz raz-
nih izvora dalje razrađuje u gotovo neograničenom izobilju. Sasvim
je prihvatljivo da postoje osobe koje su već postigle tu jednotu i da
sada (kao "uzašli majstori") svoja iskustva i uvide žele podijeliti s
nama, i to je reakcija ljubavi kakva je našoj "starijoj" braći i sestrama
prirodna.

Treba napomenuti da se uvijek trebamo čuvati prevara i imi-
tacija. Prepoznaju se po tome što potkopavaju i truju upravo tu jed-
notu u ljubavi (jednotu s Bogom, sa samim sobom, i sa svim drugim
ljudima). Prepoznat ćemo ih po njihovim djelima, pa i kada govore
o "Bogu", "Ljubavi" i "Miru".

"Put i Istina i Život"

Isus kaže da je on Put, Istina i Život, i da nitko ne dolazi Ocu osim
po njemu. Zašto? Jer je Isus došao od Oca i pokazuje put k njemu.

Ključno pitanje jest: što znači "po meni"? Hvala Bogu, na to
pitanje odgovara sam Isus: *"Ako me ljubite, zapovijedi ćete moje čuva-*
ti [...] Tko ima moje zapovijedi i čuva ih, taj me ljubi [...] Ako me tko
ljubi čuvat će moju riječ pa će i Otac moj ljubiti njega i k njemu ćemo
doći i kod njega se nastaniti." (Iv 14, 15/21/23)

Dakle, jedini put koji vodi k Bogu jest onaj koji pokazuje Isus,
i tim putem se ide kada se slijede njegove riječi. Koja je najviša uputa
koja u sebi sadrži sve ostale, Isus je jasno izrekao:

"Ljubi gospodina Boga svojega svim srcem svojim, i svom dušom svojom, i svim umom svojim. To je najveća i prva zapovijed. Druga, ovoj slična: Ljubi svoga bližnjega kao sebe samoga. O tim dvjema zapovijedima visi sav Zakon i Proroci." (Mt 22, 37-40)

Oni koji ovu centralnu zapovijed prime k srcu i po njoj žive ispunjaju Isusovu najveću, zapravo jedinu želju, iskazujući mu tako istinsku ljubav.

Čovjek ne može Boga i druge ljude istinski voljeti ako ne voli sebe, i ne može istinski voljeti sebe ako ne voli Boga i ostale ljude (kao Božje "dijelove"). Postoje izvori čiji je zadatak govoriti prije svega o tome što "voljeti sebe samoga" znači u božanskom smislu. Drugi više govore o ljubavi prema stvaranju i svim stvorenjima, neki opet više o ljubavi prema Bogu i prevladavanju iluzija ega. Svi ovi glasovi ne smiju se razdvajati ili apsolutizirati, već – simbolički govoreći – vidjeti kao zrake svjetlosti koje u neizmjernom broju izlaze iz Sunca. Zrake putuju u različitim pravcima, jedne prema Merkuru, druge prema Veneri, ili Zemlji, Mjesecu, itd. Premda se zrake svjetlosti mogu vidjeti u različitim okruženjima, one naposljetku nisu različite, nego uvijek tek aspekti istog Sunca.

To opet znači da Isusove upute, posebno apsolutno ključna funkcija ljubavi, ne sadrži samo Biblija. One se mogu naći u Božjim otkrivenjima svih kultura, u svim razdobljima, i u svakoj religiji svijeta postoje ljudi koji u toj ljubavi žive. Oni su se potpuno predali putu koji je pokazao Isus, premda možda to ne čine neposredno u njegovo ime. Isus kaže: *"Tko ima moje zapovijedi i čuva ih, taj me ljubi"*.

"Ja sam Put i Istina i Život: nitko ne dolazi Ocu osim po meni. Da ste upoznali mene, i Oca biste moga upoznali. Od sada ga i poznajete i vidjeli ste ga." (Iv 14, 6-7)

Biblijske naznake Isusovog identiteta

"Vi me zovete Učiteljem i Gospodinom. Pravo velite jer to i jesam!" (Iv 13, 13) kad danas neki zemaljski ili medijalni glas Isusa naziva "samo" velikim majstorom, u tome nema ništa pogrešno, jer je Isus i

sam rekao: *"Pravo velite jer to i jesam!"*

Isus je neosporno djelovao kao gospodin i učitelj svojih učenika, i time ispunio ulogu koja se na hebrejskom naziva rabbi, a na sanskrtu guru. I zaista su ga apostoli, a i ostali ljudi zvali rabbi. No, među svim guruima i rabbijima Isus zauzima jedinstvenu poziciju, kao što proizlazi iz spisa, ali i iz njegovog djelovanja koje je utjecalo na cijeli svijet.

Isus sam daje nekoliko naznaka o svojoj duhovnoj poziciji unutar Kozmosa:

"Dana mi je sva vlast na nebu i na zemlji!" (Mt 28,18)

"Zaista, zaista, kažem vam: prije negoli Abraham posta, *Ja jesam!*" (Iv 8, 58)

"A sada ti, Oče, proslavi mene kod sebe onom slavom koju imadoh kod tebe prije negoli je svijeta bilo." (Iv 17, 5)

"Ja sam svjetlost koja je iznad svih stvari. Ja sam Sve. Sve iz mene potječe i Sve u mene uvire." (Tomino evanđelje 77a)

Ovaj viši Isusov identitet navijestili su i proroci, npr. Mihej (5, 1): *"A ti, Betleheme-Efrato, među krajevima Judinim najmanji, iz tebe će mi izaći onaj, koji će biti vladalac u Izraelu. Njegov je početak iz davne davnine, iz dana vječnosti".*

Isto su prepoznali i apostoli, nakon što su Isusa poslije raspeća mogli vidjeti i čuti u njegovom "obogotvorenom" obliku. Ono što su izrekli u svojim Poslanicama odgovara Isusovom samootkrivenju i iskazima starih proroka:

"On je slika Boga nevidljivoga, Prvorođenac svakog stvorenja. Ta u njemu je sve stvoreno na nebesima i na zemlji, vidljivo i nevidljivo, [...] – sve je po njemu i za njega stvoreno: on je prije svega i sve stoji u njemu." (Kol 1, 15-17)

"Više puta i na više načina Bog nekoć govoraše ocima po prorocima; konačno, u ove dane, progovori nama u Sinu. Njega postavi baštinikom Svega; Njega po kome sazda svjetove. On, koji je odsjaj Slave i otisak Bića njegova te sve nosi snagom riječi svoje ..." (Heb 1, 1-3)

Tko je "prvorođenac svakog stvorenja"?

Sva vlast na nebu i na zemlji; slava prije negoli je svijeta bilo; Prvorođenac svakog stvorenja; Sin, po kome je Bog sazdao svjetove – ove formulacije upućuju na Isusov viši identitet. On je i iz kršćanskog pogleda jedna inkarnacija, i to u prvobitnom značenju riječi: jedno visoko ili više božansko biće koje se "pretvorilo u meso" ("tijelom postade").

Imajući u vidu vedski opis stvaranja, iz citiranih biblijskih naznaka lako se može spoznati kakvo jedinstveno biće se na Zemlji inkarniralo kao Isus. Kako bih to ovdje predstavio, moram iskoračiti nešto dalje.

Vedski izvori otkrivaju da je Kraljevstvo Božje, apsolutno bivanje, za nas ljude nezamisliva *vječna sadašnjost*. Vječnost nije beskrajno dugo vrijeme, već upravo bivanje onkraj vremena, bezvremenost. "Beskrajno dugo vrijeme" i "vječnost", "bezvremenost", na sanskrtu se jasno razlikuju, i za njih postoje dva poznata standardna izraza: *kala* i *sat*. Oni koji su (zloupotrebom slobodne volje) izgubili jednotu s Božjim bivanjem, padaju iz vječnosti u vrijeme, tj. Iz kraljevstva Sat u područje Kala.

Bezvremena vječnost zrcali se u materiji u obliku beskrajnih protoka vremena (kala), pri čemu nastaje beskrajno, ali u sebi ograničeno stvaranje. Odnos materijalnog i duhovnog isti je kao odnos sjene i svjetlosti.

Bog kao suština jedinstva jest "apsolutna individualnost", što je Isus izrazio time što nije govorio samo o "Bogu" (Jahvi), već je uglavnom koristio izraz "Otac". Naravno, Bog nije samo Otac, nego i Majka, i nije samo "Prastvoritelj", kao što otac i majka nisu samo začetnici djeteta, nego prije svega oni koji vole i koji su voljeni. Na sličan način su ti aspekti sadržani u Bogu, i to apsolutno bivanje kao Voleći i Voljeni jest prauzrok svakog stvaranja. Tu se nalazi bezvremeno ujedinjenje muškog i ženskog pra-aspekta , koji je "jedinstvo dvojstva" u ljubavi. (Božje ime u ovom najvišem aspektu ljubavi na sanskrtu glasi *Radha-Krishna.*)

Kad Bog stvara, čini to u ulogama Majka – Otac bogova, na sanskrtu zvanih Shri-Višnu, odnosno Shakti-Shiva. Iz Otac-Majka Boga proistječe beskrajno stvaranje unutar vremena i prostora: Shri-

Višnu "udiše" i "izdiše" Univerzume. Kada jedan Univerzum promotrimo u tom praobliku, on je tek potencijalno jedinstvo materije u kojem još ne postoje nikakve forme. Biblijski tekst (Post 1, 2) taj praoblik naziva *tohu va-bohu*, uglavnom prevedeno kao "pusto i prazno". U prijevodima Tore isto se mjesto (ispravnije) prevodi pojmovima "neoblikovano i prazno".

Kako bi nastalo stvaranje unutar Univerzuma, apsolutna individualnost (Otac-Majka Bog) proširuje se na "trećeg", a to je "prvorođeni Sin Božji". On je prvo i najviše svjetlosno biće cjelokupnog stvaranja, i kroz njega dolazi svjetlost i pokret u potencijalnu materiju, čime "stvaranje" može početi.

Prvi Sin Božji na najvišoj, prvobitnoj dimenzionalnoj razini na sanskrtu se naziva *Brahma*. Brahma doslovno znači "onaj koji razvija, proširuje, transformira", izvedeno iz korijena glagola *brih*, "rasti, povećavati, razvijati". Dakle, Brahma je "veliki (u Univerzumu sveobuhvatni) transformator", koji iz božanske praenergije "Oca" omogućuje nastajanje sedmostupanjskog stvaranja.

Brahmino ime na Zapadu je poznato uglavnom u relaciji s takozvanim "indijskim Trojstvom" Brahma-Višnu-Shiva. (Ovdje bi se otišlo predaleko opisujući još i Shivinu ulogu.) Brahma je neposredni Sin Božji kroz kojeg nastaje cjelokupno stvaranje u Univerzumu, on je najviši, *praprvi* demijurg Univerzuma, govoreći jezikom grčkih škola, i *pantokrator*, "svevladar", što je i u kršćanskoj tradiciji izraz koji se uvijek neposredno odnosi na "Sina": *Christos Pantokrator*.

Brahma je kako Sin, tako i Otac, jer on je otac Univerzuma, kroz kojeg su u stvaranju nastala sva živa bića, počevši s "arhanđelima". U tom smislu, nije pogrešno označiti Brahmu ili Christosa Pantokratora kao Boga, jer pojam "Bog" ima mnogo aspekata, između ostalih i onaj najvišeg stvoritelja, kao i prastvoritelja ("Bog Otac", Višnu), i univerzalnog stvoritelja (Brahma).

Otkrivenje ovog prauzroka živućeg Univerzuma ne ograničava se samo na vedske izvore, već se spominje i u kršćanskim novim otkrivenjima. Jedna vrlo jasna paralela nalazi se u knjizi Johannesa Grebera, *Der Verkehr mit dem Geisterwelt Gottes*:

"[Postoji] sedam Sinova Božjih. Sve postojeće bivanje u svijetu, osim prvostvorenog Sina Božjeg; nije neposredno Božje stvaranje, već je oživotvoreno kroz prvorođenog Sina kojem je Bog dodijelio stvaralačku snagu".

Brahmina inkarnacija na Zemlji

Brahma, kao najviši stvoritelj (*"u njemu je sve stvoreno na nebesima i na zemlji"*), može se pojaviti i kao inkarnacija u vlastitom stvaranju. Pri tome se uvijek inkarnira unutar različitih vrijemeprostornih svjetova u kojima se treba odigrati nova etapa stvaranja, jer samo on ima moć i ovlast da to učini.

Kao što danas znamo, i Zemlja se nalazi pred novom etapom stvaranja. Vedsko Otkrivenje također jasno ukazuje na jednu takvu etapu, ne govoreći direktno gdje i kako će se Brahma inkarnirati. Međutim, postoji proročanstvo da se Brahma neće pojaviti unutar vedske kulture, već u kulturi *mesojeda*, što je tada, u vremenu nastanka proročanstva, u Indiji bilo jedva zamislivo: kako će jednom postojati kulture u kojima ubijanje i jedenje životinja spada u svakidašnjicu, pa čak i u religiju.

Kao što se prvorođeni Sin Božji u najvišoj dimenziji bivanja naziva Brahma, tako i na hijerarhijski "nižim" dimenzijama ima druga odgovarajuća imena. Na našoj zemaljskoj razini, otprije dvije tisuće godina poznat je kao Yehoshua, Jeshua, Isus, krist, Mesija, Spasitelj, Pantokrator, itd. Kad već i na Zemlji ima mnogo imena, onda ih pogotovo ima u višim dimenzijama.

Jedno Isusovo ime iz viših dimenzija koje je preko medijalnih otkrivenja postalo poznato i na Zemlji glasi *Sananda*. To ime postoji i u sanskrtskom jeziku, sa značenjem "blaženi" (lat. *beatus*). Baš kao što Isus na Zemlji ima titule kao Krist i Pantokrator, tako i Sananda, među ostalima, nosi naslov "Kumara" – što je također poznata sanskrtska riječ i znači "prvi sin; princ; očev baštinik". Istu naznaku nalazimo i u Bibliji (Heb 1, 2): *"[...] konačno, u ove dane, progovori [Bog] nama u Sinu. Njega postavi baštinikom svega; Njega po kome sazda svjetove."*

S bibliokršćanstvom prožetog stanovišta, ove perspektive su neželjene i nailaze na odbijanje. Čovjek se boji ovih stranih imena i ideja jer se prividno tako puno razlikuju od uobičajenog i poznatog. Kad je Isus svojim učenicima rekao kako im ima još *mnogo* toga reći, oni – a pogotovo njihovi nasljednici – nisu mogli ni zamisliti što sve uključuje to "mnogo": *"Još vam mnogo imam kazati, ali sada ne može-te nositi. No kada dođe on – Duh Istine – upućivat će vas u svu istinu ..."* (Iv 16, 12-13)

Isusov značaj u vremenu preokreta

Tek nakon što se, zahvaljujući naznakama u Novom zavjetu, spozna Isusov unutarnji identitet kao prvorođenog Sina Božjeg, može se razumjeti i njegova jedinstvena pozicija. On je, kao najviše svjetlosno biće Univerzuma, sašao u najdublju, najgušću materiju i svojim uskrsnućem i "uzašašćem" (manifestacijom svjetlosnog tijela) napravio prodor kroz trodimenzionalnu krutost i tako pokrenuo pojačanje vibracija i transformaciju zgusnute materije. Sve što se događa u materiji stavila su u pokret svjesna bića, a to vrijedi i za vrijeme preokreta i transformaciju. Budući da se radi o dalekosežnom stvaralačkom događaju, sam univerzalni stvoritelj bio je taj koji ga je morao povesti i napraviti prvi korak.

> "On, koji je odsjaj Slave i otisak Bića njegova te sve nosi snagom riječi svoje, pošto očisti grijehe, sjede zdesna Veličanstvu u visinama; postade toliko moćniji od anđela koliko je uzvišenije nego oni baštinio ime." (Heb 1, 3-4)

"Grijeh" od kojeg je Isus oslobodio čovječanstvo jest odvojenost od Boga, koja je prouzročena i poticana od strane sotonskih sila. "Odvojenost" znači tamu, a ona opstaje toliko dugo dok se ne otvore bar *jedna* vrata prema svjetlosti. Kad se to dogodi svjetlost struji u tamu, a ljudi u tami mogu odjednom spoznati da žive iza zidova koji blokiraju svjetlost.

U skladu s voljom i u službi Boga, Isus je otvorio vrata koja ljudima otkrivaju više, pa i najviše ciljeve: *"Evo otvorio sam pred tobom vrata koja nitko zatvoriti ne može."* (Otk 3, 8)

Imajući u vidu odlučujući značaj Isusa, inkarniranog Boga – stvoritelja, ne iznenađuje što su sile tame od samog početka nasrtale na njega i pokušavale kroz institucije, lažno učenje, relativiziranje i apsolutiziranje njegov nauk učiniti nedjelotvornim. Oni znaju da nitko ne može zatvoriti vrata koja je on otvorio. Ali oni mogu ljude zaslijepiti i odvratiti, tako da ne primijete da su vrata otvorena. Onda vrata doduše ostaju otvorena, ali nitko kroz njih ne prolazi.

Međutim, taj je plan osuđen na propast. Jer, već je mnogo ljudi prošlo kroz ta vrata, mnogo ih prolazi danas, a drugi će ih slijediti.

Smrtni pokrov i svjetlosno tijelo: Primjer involucijske meta-biofizike

U 11. poglavlju opisana je teorija involucije koja govori da se stvaranje čovjeka odvijalo putem fizičke samomanifestacije svjetlosnih bića. Svjetlosna bića iz viših dimenzija zgusnula su svoja tijela u skladu s vibracijskom razinom zemaljsko-fizikalne materije i na taj način postala prvi ljudi. Kad se kaže da je Elohim stvorio ljude na svoju sliku kao muškarca i ženu, tu je Elohim pojam u množini koji se odnosi na jedinstvo svjetlosnih bića i stvaralačkog Boga, iz kojeg je nastalo svako stvaranje. *"I slavu koju si ti dao meni ja dadoh njima: da budu jedno kao što smo mi jedno ..."* (Iv 17, 22)

Svjetlosna bića koja su se fizički manifestirala znala su da će se u jednoj točki razvoja na Zemlji pojaviti čak i najviše biće svjetlosti. Ono što je o tome naznačeno u 11. poglavlju, bit će ovdje – u nastavku članka "Prvorođeni Sin Božji" – pobliže rasvijetljeno.

Inkarnacija najvišeg svjetlosnog bića

Budući da je Isus inkarnacija najvišeg svjetlosnog bića, ne treba čuditi što njegovo djelovanje nije bilo suženo unutar granica zemaljske fizike. O tome svjedoče njegova mnoga čudesna djela, a prije svega događaji oko njegove fizičke smrti. Da se takva djela nisu dogodila, jedva da bi ga se itko sjećao, ili bi u najboljem slučaju ostao čudnovata marginalna figura židovske povijesti – ponajprije stoga što je javno djelovao samo tri godine. Nitko se ne bi na njega pozivao, niti bi ga itko želio slijediti. Sljedbenike uvijek imaju samo moćne i utjecajne osobnosti. Tko bi se pozivao na neki beznačajni ili nezgrapni lik?

To što je Isus danas najpoznatija osoba ljudske povijesti (cjelokupna povijest dijeli se na vrijeme "prije" i "poslije" Krista!) ne počiva na tome što je rimska Crkva grandioznom propagandom od njega napravila vodeću figuru. Upravo obrnuto: *Zato* što je Isus ostavio tako jedinstven utisak, postao je "tema" za tako mnogo ljudi. Čovjek može u njega vjerovati ili ga ismijavati, može ga ignorirati, zloupotrebljavati ili odbacivati, mrziti ili voljeti. U svakom slučaju: svi znaju za njega, govore o njemu, i ne mogu ga "zaobići".

Središnja sporna točka u svim diskusijama o Isusu jesu njegova čudesna djela, posebice uskrsnuće. Čak i u kršćanskim krugovima mnogi teolozi dvoje o mogućnosti uskrsnuća. Ljudi žele vjerovati samo u ono što je logično, "razumno" i "prirodno". Sve nadnaravno i "nelogično" označuje se kao nerazumno i stoga se odbacuje – a prije svega uskrsnuće.

Ne postoji fizikalni zakon kojim bi se objasnio taj fenomen, i u cjelokupnoj poznatoj ljudskoj povijesti niti jedan čovjek nije "ustao iz mrtvih", da se i ne govori o ponovnom (meta)fizičkom pojavljivanju. Ipak, svi očevici iz tadašnjeg doba govore upravo o takvom fenomenu: Isus je prolazio kroz zidove ili zatvorena vrata, najednom bi se pojavio među ljudima. Unatoč njegovom tijelu iz viših dimenzija mogli su ga vidjeti i dodirnuti, čak je s njima zajedno mogao i jesti. Ali on više nije bio potčinjen trodimenzionalnim zakonima.

To su bili događaji koji su preplašenim i sumnjičavim apostolima ulili hrabrost, snagu i uvjerenost, toliko da su odjednom bili spremni otići u svijet i riskirati svoje živote.

Učinak koji je Isus imao i još uvijek ima na ljude, najznačajnija je indicija da su izjave očevidaca i mistika odgovarali istini, naime da se "prvorođeni Sin Božji" po kome su stvoreni "nebo i zemlja" pojavio na Zemlji kako bi poveo sljedeću – i zaključnu – fazu sadašnjeg doba.

Uskrsnuće s aspekta involucije

Isusovo uskrsnuće očitovalo se tako što je njegov grob tri dana nakon raspeća bio prazan. To znači da je pokopana osoba fizički nestala. Ili je truplo bilo ukradeno, ili je osoba bila samo prividno mrtva, vratila se u život i oslobodila vlastitom snagom. To su dva jedina "logična" objašnjenja. Treće bi bilo cijelu priču označiti kao izmišljenu.

Ali, svi ovi pokušaji objašnjenja ne uzimaju u obzir Isusov jedinstveni učinak, i svjesno osporavaju njegovo božansko porijeklo. S aspekta involucije, koja polazi od multidimenzionalnosti Kozmosa, ne moramo se ograničiti na takva materijalističko-logička razmišljanja. Možemo ozbiljno uzeti izjave očevidaca i ne moramo Isusovu izvanrednu poziciju racionalizirati teorijama zavjere.[2]

Teorija involucije ne govori samo da su ljudi nastali samomanifestacijom svjetlosnih bića. Ona govori da je moguće i obrnuto, naime – kvantni skok od fizičkog ka svjetlosnom tijelu. To bi se dogodilo kad bi u čovjeka inkarnirano svjetlosno biće svoje fizičko tijelo opet podesilo na višu vibraciju, odnosno poništilo zemaljsko-fizikalnu zgusnutost. Obrnuti proces samomanifestacije znači "demanifestaciju" jednaku fizičkoj "pretvorbi", odnosno "transformaciji". Promatrajući sa zemaljske strane, transformirani, odnosno uskrsli čovjek bi odjednom nestao, tj. postao nevidljiv. Sa svoje strane, nevidljivi čovjek mogao bi se, uz odgovarajuće majstorstvo, bilo kad opet učiniti vidljivim modulirajući "vibracijsku frekvenciju" svjetlosnog tijela snagom svijesti. Ako je netko sposoban za "kvantni skok" uskrsnuća (obrnutu involuciju), onda također vlada i modulacijom međukoraka. Naravno, ovdje se više ne radi o uobičajenoj fizici, već o metafizici, odnosno meta-biofizici, jer biofizika doslovno znači "fizika života", i ne odnosi se samo na izražavanje kemijskih i fizikalnih procesa u živućem tijelu.

Budući da ovaj prikaz može zvučati nevjerojatno i nategnuto, podsjetimo se da su i teorije materijalističke evolucije nevjerojatne, toliko da su nevjerodostojne. Jer, ne postoji niti jedan teoretski model koji bi objasnio kako su akumuliranim genetskim promjenama postupno iz amfibija nastali reptili, iz reptila sisavci, a iz primata ljudi. Tome nasuprot, teorija involucije nudi jedan zadovoljavajući model objašnjenja, za koji se posvuda u prirodi mogu vidjeti posredni dokazi. "Paranormalni" događaji, kao npr. čudesna iscjeljenja i materijalizacije, mogu stvarnost interdimenzionalne povezanosti čak dovesti direktno pred naše oči. Tako je teorija involucije i pri znanstveno-objektivnom promatranju još uvijek vjerodostojnija od materijalističke evolucije.

---

2 "Najveća zavjera u posljednjih 2000 godina!" Tako glasi formulacija na poleđinskom tekstu ložinog romana *Sakrileg*, koju autor Dan Brown sličnim riječima više puta ponavlja u knjizi.

373

Značenje uskrsnuća

Involucijski model objašnjenja može također konkretno predočiti i značenje uskrsnuća. Promotrimo ovdje još jednom involucijsku povijest čovječanstva:

Čovjek je nastao dobrovoljnom, božanskom ljubavlju inspiriranom samomanifestacijom svjetlosnih bića. Tako je bilo na *početku* ("I vidje Bog da je dobro"), no nije tako ostalo zauvijek. U jednoj određenoj točki uništena je rajska harmonija. Preko "zmije" i "pada u grijeh" čovječanstvo je prikovano za trodimenzionalnost i privučeno varci materijalne identifikacije (maya, "grijeh"), zbog čega se više nije postavljalo pitanje "Tko i što sam ja uistinu?" K tome, nakon "pada u grijeh" među ljudima su se inkarnirala mnoga bića koja nisu bila čista, nego pala bića svjetlosti. Njihovim utjecajem ljudi su se još više odvojili od svoje iskonske svijesti.

Ljudi koji jesu inkarnirana svjetlosna bića (*"čija su imena zapisana u knjizi života"*; Otk 3, 5; 13, 8) željeli su nebesku ljubav manifestirati na Zemlji kako bi snagom te svijesti omogućili i poduprli njenu višu vibraciju. Budući da je to bio kozmički stvaralački čin, sam kozmički stvoritelj ("prvorođeni Sin Božji") bio je taj koji je morao započeti taj novi ciklus stvaranja. I tako se pojavio on, kozmički Krist, kao čovjek među ljudima, kao stvoreno u svom vlastitom stvaranju. *"... jer siđoh s neba ne da vršim svoju volju, nego volju onoga koji me posla."* (Iv 6, 38)

O tome kako možemo prepoznati Božju volju već je bilo riječi u ovoj knjizi. Bog želi Božansku ljubav (= stvarnost, jedinstvo), a to je bila i Isusova želja. Usidrenje Božanske ljubavi na Zemlji – a ne raspeće – bila je Božja volja i Božji plan. Kako bi se to ostvarilo, sam kozmički stvoritelj morao se spustiti u fizičku zgusnutost svog stvaranja i prihvatiti život prema tamošnjim pravilima, posebice datost dualnosti. Premda on u nikome nije gledao neprijatelja, drugi su vidjeli neprijatelja u *njemu*. Najsjajnija svjetlost u najdubljoj tami neumitno je morala isprovocirati agresiju nesvjetlosnih sila, ali je Isus u svim poniženjima i mučenjima, sve do smrti, ostao nepoljuljan u svojoj bezuvjetnoj ljubavi. Da su nesvjetlosne sile uspjele slomiti Isusovu volju i ljubav, došlo bi do kozmičke katastrofe, jer bi tako najčišća ljubav bila uništena. Jer, samo najčišća ljubav može preobraziti najdublju tamu.

Iz tog razloga, Isusovom križnom putu i raspeću pripada odlučujuće značenje – ali ne zato što je "Bog" žrtvovao svog vlastitog sina, i "prolijevanjem krvi" oslobodio ljude njihovih grijeha. Spasenje nije došlo ljudima kroz Isusovo raspeće, već kroz Isusovu ljubav i postojanost, čime je *unatoč* raspeću i smrtnim mukama ostao nepoljuljan u jedinstvu s Božjim planom i Božjom voljom: *"Oče, u ruke tvoje predajem duh svoj."* (Lk 23, 46)

"Isus na križu" znači trijumf božanske ljubavi nad silama tame. On je bio predan njihovim rukama i prošao kroz njihov pakao, bez odstupanja od svoje ljubavi. Zato je na križu mogao reći: *"Dovršeno je!"* (Iv 19, 30)

Ljubav, koju je Isus (u toj ekstremnoj situaciji) donio u zemaljsku materiju kao novu stvaralačku dimenziju, stvorila je energetsko polje u kojem mu je – uz pomoć Elohima[3] – bilo moguće vibracijsku frekvenciju svog tijela podizati toliko visoko dok se ne dogodi kvantni skok u svjetlosno tijelo. On to nije napravio u tihoj meditaciji koja putem samadhi-yoge vodi fizičkoj transformaciji i "pretvorbi". Napravio je to pod najtežim okolnostima: mučen, razapet i fizički mrtav!

Ono što su svjetlosna bića napravila pri stvaranju ljudi, sada je najviše svjetlosno biće poduzelo u obrnutom pravcu, iz najdublje tame. *"Evo, otvorio sam pred tobom vrata koja nitko zatvoriti ne može."* (Otk 3, 8) On je otvorio vrata k "spasenju", povratak u svjetlost, tamo, odakle smo "mi" i došli:

"Naša je pak domovina na nebesima, odakle iščekujemo Spasitelja, Gospodina našega Isusa Krista: snagom kojom ima moć sve sebi podložiti on će preobraziti ovo naše bijedno tijelo i suobličiti ga tijelu svomu slavnomu."

Ova zapanjujuća izjava – da će jednom ljudi zadobiti tijelo uzašašća kao Isusovo – moglo bi potjecati iz kakvog New Age kanaliziranja. Međutim, ona se nalazi u Poslanici apostola Pavla Filipljanima (3, 20-21).

Misao o reverziji involucije, tj. ponovnoj manifestaciji prvobitnog svjetlosnog tijela, očito nije ništa novo. U Otkrivenju (11,

3 "Ili zar misliš da ja ne mogu zamoliti Oca svojega i eto umah uza me više od dvanaest legija anđela?" (Mt 26, 53)

12) kaže se da će "dva svjedoka" uzaći na nebo, baš kao i Isus. Tu naviještenu transformaciju Zemlje i čovječanstva poveo je sam inkarnirani kozmički stvoritelj, i pratio ju je do današnjeg dana. *"I evo, ja sam s vama u sve dane – do svršetka svijeta."* (Zaključna rečenica Evanđelja po Mateju)

Ako je kozmički stvoritelj uistinu napravio takvo epohalno djelo, ne bi bilo iznenađujuće da je za njim ostao konkretan, fizikalan trag. I vjerojatno jest ...

Torinski pokrov

Milijuni ljudi u Torinskome pokrovu vide autentični Isusov otisak, i vjerojatno imaju pravo. Nepristrano promatranje, koje nije ograničeno samo na "logično" i "danas poznato", iznosi na vidjelo mnoge činjenice, i to takve da moderni čovjek mora u najmanju ruku priznati kako je riječ o neriješenoj zagonetki.

Postojanje ovog smrtnog pokrova neprekinuto je dokumentirano od 1357.g. Tada je izloženo u zavjetnoj crkvi u gradu Lirey (Champagne, Francuska). Ali, unatrag do prvih stoljeća poslije Krista mogu se naći tragovi koji upućuju na smrtni pokrov koji se dijelom "vjerojatno", dijelom praktički sa sigurnošću odnose na onaj što se od 1578. g. nalazi u Torinu.

Dakle, postoji otisak na platnu koji je star najmanje sedamsto godina, pa ipak se ni najmodernijim tehničkim sredstvima ne može utvrditi kako je ta slika nastala.

Promotrimo najvažnije činjenice:

- Pokrov je 4,16m dug i 1,06m širok. Tkan je na neuobičajen način. Sačinjen je od lanenih niti. Također sadrži nešto tragova pamuka vrste *Gossypum herbaceum*, čije je postojanje na Orjentu datira iz 7. st. prije Krista. Ti tragovi daju se objasniti time što je na tkalačkom stanu prije lanenog tkano pamučno platno.
- Slika jasno pokazuje prednju i stražnju stranu tijela muškarca starog tridesetak godina. Slika nije napravljena bojom, niti ima tragova pigmenata boja ili drugih supstanci (npr. kiselina). Nastala je tako što su niti na najgornjem sloju pokrova

izblijedjele. Ta izblijedjelost ni na jednom mjestu ne prodire u unutrašnjost tkanja.

- Prikazana osoba pokazuje tragove upravo onakvih ozljeda kakve su Isusu nanijete prije i tokom raspeća. Slika na pokrovu je tako točna i diferencirana da se pri pomnom istraživanju mogu raspoznati čak i fini detalji, npr. tragovi bičevanja po cijelom tijelu, kontuzije na ramenima i lopaticama (od nošenja križa), ubodi trnja na čelu i glavi i otekline na licu, da se i ne govori o jasnim ranama na zapešćima, stopalima i na desnoj strani prsiju. Kod otvorenih rana, na platnu se nalaze i tragovi krvi. Krv je bila vrlo gusta, što pokazuje da je raspeti znojenjem izgubio puno tjelesne tekućine.

- Radiometrijska datiranja pokrova prilično su besmislena, budući da je nekoliko puta pri požarima bio izložen dimu i visokim temperaturama – što potpuno iskrivljuje rezultate C-14 datiranja. Znakovito je istraživanje koje je švicarski prirodoznanstvenik, kriminolog i istraživač mikrotragova, prof. Max Frei proveo 1973. g. On je ispitao prašinu iz niti Torinskog pokrova i pri tome otkrio 59 različitih vrsta peludi, među njima 13 vrsta peludi biljaka koje potječu isključivo iz Palestine. Pojedine vrste peludi potječu od biljaka koje danas na Bliskom Istoku više ne postoje. No, prof. Frei je u 2000 godina starim sedimentnim naslagama Genezaretskog jezera pronašao iste tragove peludi. Dvadeset vrsta peludi nađene su na visoravnima oko Edesse, ali ne u Palestini, niti u zapadnoj Europi. Druge vrste peludi su tipično zapadnoeuropske i mogu se čak konkretno odrediti na Francusku (Savoy). Analizom različitih vrsta peludi moguće je odrediti sljedeća mjesta u kojima se čuvao pokrov: Jeruzalem – Aleppo – Hieropolis – Edessa[4] – Konstantinopolj – Akko – Cipar – Francuska.

<hr/>

4 Sirijski povjesničar Euagrios (536-593) u svom izvještaju o perzijskoj opsadi Edesse 544. g. opsuje kako je tamošnji biskup Eulalios imao san u kojem mu je pokazano gdje je njegov prethodnik sakrio pokrov. Pronašao ga je, pokorena Edessa čudesno je spašena, i nakon primirja s Perzijcima 545. g. pokrov je izložen u novoposvećenoj crkvi. Nazivali su ga *acheiropoeton*, "nenapravljeno ljudskom rukom", i *theoteuktos*, "od Boga napravljeno". Pokrov je u Edessu donio Addai, sin apostola Tadeja. Kad su Rimljani 212. g. zaposjeli Edessu, vođa tadašnjih kršćana sakrio je pokrov u jednu nišu na gradskim zidinama i zazidao ga. U tamošnjoj kršćanskoj zajednici ostalo je živo sjećanje da je Edessa jednom bila u posjedu pokrova, ali nitko nije znao gdje je skriven.

Prema tome, pokrov bi svakako mogao biti star dvije tisuće godina, iza sebe ima dug put koji je započeo u Jeruzalemu, pokazuje sliku čovjeka koji bi lako mogao biti Isus, a ta slika nastala je na neobjašnjiv način. Svi dosadašnji pokušaji da se svim raspoloživim metodama otisne na tkaninu takva slika s istom kvalitetom bili su neuspješni, i samo su pokazali kako slika *nije* nastala.

Putem kompjutorske analize, u posljednjim desetljećima je utvrđeno kako slika ima ne samo karakteristike foto-negativa, nego i strukturu trodimenzionalne perspektive.

Do ovog otkrića došli su američki fizičari J. Jackson i E. Jumper, koji su pripadali znanstvenoj istraživačkoj grupi *The Shroud of Turin Research Project* (STURP), i koji su 1973. rezultate svojih pionirskih istraživanja iznijeli u javnost. Dokazali su da slika na smrtnom pokrovu nije nastala biokemijskim otiskivanjem, nego *zračenjem*, tj. svjetlosnim bljeskom. To zračenje energije moralo je proizaći iz samog tijela, jer se slika pokazuje samo na unutarnjoj strani pokrova. Izračuni pokazuju da je taj zračeći bljesak trajao samo dvije tisućinke sekunde. Dijapozitiv pokrova ubačen je u VP8 analizator slike i na ekranu se pojavio trodimenzionalni reljef lica.

Veliko je pitanje *kakva* vrsta zračenja je proizvela sliku, jer elektromagnetska i radioaktivna zračenja prolaze kroz materiju ne ostavljajući vidljivi trag. (Na pokrovu nema nikakvih tragova radioaktivnog zračenja.)

Daljnji koncept objašnjenja nudi američki fizičar Joachim Andrew Sacco. Neposrednim ispitivanjem pokrova došao je do zaključka da nastanak slike vodi trag do nepoznatog biofizikalnog izvora zračenja (vidi intervju u nastavku). On kaže da bi svjetlosni bljesak morao otisnuti tijelo i *postrance* (što kod pokrova nije slučaj), i da ni neuobičajeno zračenje još uvijek ne objašnjava što se dogodilo s tijelom. J. A. Sacco nudi objašnjenje i za tu posljednju zagonetku. Pri tome se pak s fizike premješta direktno u područje metafizike, odnosno meta-biofizike.

Čudo je što pokrov uopće danas postoji

Pokrov za sobom ima uzbudljivu priču. Morao je biti skrivan, a onda opet transportiran. Morao je biti sklanjan na sigurno od neprijateljskih muslimanskih osvajača. Tri puta je umalo uništen u požaru.

Pokrov na četiri mjesta pokazuje trag vatre u obliku slova L, s četiri rupe. Taj trag prikazao je Albrecht Dürer na jednom crtežu iz 1516. g., a može se vidjeti i na jednoj minijaturi na pergamentu (Codex Pray) koja je nastala oko 1150. g. Dakle, pokrov je morao biti izložen vatri već prije 1150. g., što usput dokazuje da je star najmanje tisuću godina. (Time su pobijene teorije da je pokrov produkt ili imitacija iz kasnog srednjeg vijeka.)

Katastrofalni požar dogodio se 4. prosinca 1532., dok je pokrov bio izložen u crkvi u Chamberyju. Pokrov se nalazio u srebrnom kovčegu kod oltara, željeznim rešetkama odvojen od ostatka crkve. Po izbijanju požara koji je odmah zahvatio oltar, jedan kovač imenom Guillaume Poussod raširio je užarene rešetke golim rukama, na taj ih način žrtvujući. Samo zahvaljujući njemu spasilačka ekipa uspjela se probiti do oltara u zadnjoj sekundi. Srebrni kovčeg već se bio rastopio na jednom uglu i moralo ga se najprije ohladiti vodom. Tragovi vode i drugi tragovi vatre potječu iz tog slučaja.

1. listopada 1972. g. nepoznati počinitelj je provalio u torinsku crkvu i podmetnuo požar kod oltarske škrinje u kojoj je bio pohranjen pokrov. Azbestni sloj na unutarnjoj strani škrinje spriječio je uništenje pokrova.

12. travnja 1997. g. požar, najvjerojatnije opet podmetnut, zahvatio je katedralu u kojoj se čuva pokrov. Požar je izbio na četiri mjesta istovremeno, a vatrogasci su stigli tek nakon pola sata, kad je crkva bila već sva u plamenu. Vatrogasac Mario Trematore zaslužan je što pokrov ovaj put nije konačno uništen. Poslušavši jedan unutarnji glas, spoznao je da se pokrov još može spasiti. Uz pomoć svojih kolega probio se kroz vatru do spremnika u kojem je bio pokrov, i morao je čekićem razbijati pancirno staklo kako bi ga spasio.

Nakon toga u Italiji je objavljena knjiga torinskog autora Renza Baschere pod naslovom *La profezie della santa Sindone – L'ultimo incendio annuncia l'Anticristo?* ("Proročanstva o svetom pokrovu – je li posljednji požar najava Antikrista?").

U njoj autor istražuje izvještaje hodočasnika iz 16. i 17. st. Koji su pri molitvi pred pokrovom čuli unutarnje glasove. Posebno začuđujući su proročki stihovi koje je francuski hodočasnik Gerard ili Gerald zapisao pred pokrovom 1575. g. U tim stihovima nalik Nostradamusovima kodiranim je riječima skicirana sudbina čovječanstva. Između ostalog, spominje se veliki požar u katedrali u kojoj se čuva pokrov, i to u doba kada pape budu imali *dva* imena, što je tada još bilo nezamislivo.

U to doba, kaže Gerardovo proroštvo dalje, doći će do odlučujućeg suočenja sotonskih i božanskih sila u cijelom svijetu, ali ponajprije u Rimu.

Kako je nastala slika na pokrovu?

Izvadak iz intervjua kojeg je dao fizičar Joachim Andrew Sacco iz Bevery Hillsa koji je, istražujući samrtni pokrov, o nastanku slike postavio tezu vrijednu pažnje. (Intervju, koji je vodio Christof Gaspari, objavljen je u časopisima Die Furche *u srpnju 1995. g., i* Vision 2000 *u travnju 1995. g.)*

Ima li novih saznanja o Torinskom platnu?

[...] Neke stvari na pokrovu vide se samo pomoću ultraljubičastog svjetla. K tome, slika je trodimenzionalno kodirana. Nije je moguće reproducirati fotografskim metodama. Čak su i razni umjetnici pozvani da naslikaju sliku koja sadrži iste informacije kao pokrov. Nemoguće. Osim toga, na petama ima prašine i prljavštine vidljivih samo mikroskopom, a ispitivanje je pokazalo da potječu iz Jeruzalema (odnosno da sadrži vrste peludi koji postoje samo u tom okružju).

Dakle, slika nije iz srednjeg vijeka?

Tada bi čovjek već u to doba morao znati kako nastaje foto negativ. Osim toga, na svim srednjovjekovnim prikazima raspeća čavli prolaze kroz dlanove. Ali, na pokrovu prolaze kroz članke. Nadalje, na pokrovu vidimo ozljedu na desnoj strani, iz koje je isteklo puno krvi. To je važno. Jer, na lijevoj strani, kod srca, u umrlom nema krvi. Ona se koncentrira na desnu stranu. Tragovi krvi točno se poklapaju s ljudskom anatomijom. Ali to se još prije sto godina nije ni znalo! Danas raspolažemo objašnjenjem koje zadovoljava sva otvorena pitanja.

Kako je to moguće?

Znanstvenici su pomoću kompjutorske simulacije dokazali da je tijelo u pokrovu prošlo kroz proces koji ga je prostorno prerasporedio. Struktura njegovih atoma se iznova ustrojila. U tom tijelu dogodio se jedan "super-poredak". Pri tome je izračeno mnogo energije, i tako je nastala slika na pokrovu.

To što kažete zvuči prilično fantastično. Možete li to pobliže objasniti?

Ovi zaključci temelje se na ključnim zapažanjima. Spomenut ću neka od njih: Oslikala se samo prednja i stražnja strana tijela. Nedostaju otisci strana tijela. Ali, ako je neka sila djelovala od tijela, morala je zračiti posvuda. Tako je bilo jasno: sila teže morala je tu igrati ulogu. I još nešto: Slika je sasvim slabo otisnuta, promjene postoje samo na najpovršnijim sloju niti. One nigdje ne dopiru dublje od par mikrona. Zahvaljujući najnovijim spoznajama kvantne mehanike moguće je razviti model predodžbe o događaju koji je u skladu sa svim spomenutim zapažanjima. Prema toj teoriji, u tijelu se izvršila jedna vrlo nevjerojatna, ali na temelju fizikalnih zakona zamisliva konfiguracija subatomskih čestica, kojom se daju objasniti sva ova zapažanja.

Preustroj subatomskih čestica u tijelu?

Da. Kada taj proces krene – a mi ne znamo zašto se to događa –, više se ne može zaustaviti. On vodi prijelazu u jedan "super-poredak". Pri tom procesu zrači se energija od više stotina Joulea po kvadratnom centimetru.

Nije li teorija o novom ustroju vrlo upitna?

Svi dosadašnji paradoksi mogu se objasniti ovim: Novi ustroj čestica doveo je do toga da je pokrov ravnomjerno izložen energiji iz zračećeg tijela.

Iz tijela?

Da. To se u potpunosti poklapa sa zakonima fizike, a što ima za posljedicu to da su oni dijelovi pokrova koji su bili u dodiru s tijelom primili više zračenja nego drugi. Osim toga, objašnjava zašto je slika na prednjoj strani jasnija nego na stražnjoj. Također, i činjenica da ne vidimo ništa od bočnih strana tijela postaje isto tako razumljiva kao i savršen trodimenzionalni otisak.

I pri tome je nastao "super-poredak"?

Da. U dosad mjerljivom Univerzumu, znamo da sve naginje kaosu. Tako kaže drugi zakon termodinamike. U okolnostima "super-poretka" takva sklonost neredu ne postoji. Pokrov stoga ima značajke koje upućuju na stanje onkraj vremena i prostora.

Koji je vaš osobni stav prema ovim rezultatima?

Znanstvenici s kojima sam surađivao – četrdesetak istraživača, koji se od 1978.g. bave ovom tematikom: liječnici, hematolozi, fizičari, inženjeri s različitih polja, arheolozi, povjesničari, itd. – i koji su se bavili ovim kompleksom pitanja, odredili su se kao i ja: došli su do uvjerenja da se uskrsnuće zaista dogodilo. Naprosto, pred sobom imamo dokaze za to. Tako govore činjenice.

Jesu li istraživači koji rade na pokrovu vjernici?

Neki od njih su mi ispričali da im se dogodilo isto što i mnogim kolegama: Na početku istraživanja mislili su da će brzo moći dokazati kako se radi o prijevari. Ali, čim su se pobliže pozabavili tematikom, morali su promijeniti mišljenje. Mnogi od istraživača doživjeli su tijekom svog rada duboko preobraćenje.

Kraj

O AUTORU

Armin Risi (rođ. 1962.), filozof, predavač i autor. Pohađao je Latinsku gimnaziju u Luzernu (Švicarska), 1980-ih bio je jedan od vodećih šahovskih juniora u Švicarskoj.

1981. istupio je iz gimnazije neposredno pred maturu ("Iz protesta protiv pravca u kojem se kreće današnje društvo").

Od 1981. do 1998. kao redovnik studirao je sanskrtska djela u vedskim samostanima u Europi i Indiji; tijekom tog vremena uglavnom radi kao prevoditelj, surađivao je na prijevodu dvadeset dva djela sanskrtske literature (s engleskog na njemački).

Od 1995. nastupa u javnosti; bio je predavač na svjetskim kongresima "Dialog mit dem Universum" (Düsseldorf 1995 i 1999); na kongresima "Para-Phänomene" u Zürichu (1996, 1997, 1998, 2000 i 2006); na svjetskom kongresu "Verbotene Archäologie" u Berlinu (1998); na ezoterijskim seminarima "Lebenskraft" u Zürichu (2003, 2004, 2005, 2006, 2008, 2009).

Od 1998. živi kao slobodni pisac, predavač i duhovni savjetnik.

2005. poduzeo je istraživačko putovanje u Gizu, uz pristup zabranjenim podzemnim objektima (Ozirisova kripta u Gizi i Monolitna kripta u Sakkari).

2006. osnovao je internetsku platformu (*science-of-involution.org*).

Od 2007: Dharma-savjetovanje na temelju analize dlana. (introvision.ch)

2009: osnivanje Internetske platforme *theistic-network.org*

Bibliografija

1988: *Vegetarisch leben – Die Notwendigkeit einer fleischlosen Ernährung* (na njemačkom govornom području jedna od najzastupljenijih knjiga o vegetarijanskoj prehrani)

1992: *Völkerwanderung* (epska galerija)

1992: *Der Kampf mit dem Wertlosen – Lyrische Meditationen* (lirske meditacije – 700 pjesama i epigrama)

1995: *Da ich ein Dichter war – Reinkarnation: Gedanken, Gedichte und eine Begegnung mit Hölderlin*

1995: *Gott und die Götter - "Der multidimensionale Kosmos, Band 1"* ("Bog i bogovi", prva knjiga iz trilogije "Multidimenzionalni Kozmos", prijevod na srpski jezik u tijeku)

Od 1995: Brojni članci u literarnim, ezoterijskim i granično-znanstvenim časopisima.

1996: Koautor s Wernerom E. Risijem: *Die Kanada-Auswanderung – Zeitreise ins Kali-yuga* (*Ein zukunftschau-riger Roman*, 280 S.).

1997: Tom Smith/Savitri Braeucker: *Mutter Erde wehrt sich – Über die Heilung des Planeten* (Übersetzung der Texte von Tom Smith und Einleitung von Armin Risi)

1998: *Unsichtbare Welten* (*"Der multidimensionale Kosmos, Band 2"*; Sachbuch)

1998: Armin Risis poetischer Beitrag Die Karawane wird in die Gedicht-t-Anthologie "Ausgewählte Werke Bd. 1" der Nationalbibliothek des deutschsprachigen Gedichtes (München) aufgenommen.

1999: *Machtwechsel auf der Erde – Die Pläne der Mächtigen, globale Entscheidungen und die Wendezeit* (*"Der multidimensionale Kosmos, Band 3"*; Sachbuch).

2000: Risijevo poetsko djelo *"Sehnsuche"* uvršteno je u pjesničku antologiju "Ausgewählte Werke Bd. 3" ("Izabrana djela, 3. tom" Nacionalne biblioteke pjesama na njemačkom jeziku, München)

2001: von Tom H. Smith: *Das kosmische Erbe – Einweihung in die Geheimnisse unserer Her- und Zukunft* (Übersetzung und Kommentare von Armin Risi)

2002: Risijevo poetsko djelo *"Morgengrauen"* uvršteno je u pjesničku antologiju "Ausgewählte Werke Bd. 4" ("Izabrana djela, 4. tom" Nacionalne biblioteke pjesama na njemačkom jeziku, München)

Siječanj, 2004: *TranscEnding the Global Power Game – Hidden Agendas, Divine Intervention and the New Earth*

Rujan, 2004: *Licht wirft keinen Schatten – Ein spirituell-philosophisches Handbuch* (*Svjetlost ne stvara sjenu – Duhovno-filozofski priručnik*, hrvatski prijevod 2012.)

Prosinac, 2004: *Die Giza-Mauer und das Vermächtnis der alten Hochkultu-*

ren

2006: U potpunosti prerađeno izdanje knjige *Machtwechsel auf der Erde* (Govinda-Verlag)

Ožujak, 2007: *Machtwechsel auf der Erde – Die Pläne der Mächtigen, globale Entscheidungen und die Wendezeit*, Taschenbuchausgabe im Heyne-Verlag

Svibanj, 2007: Risijevo poetsko djelo *"Friede ist langweilig"* uvršteno je u pjesničku antologiju "Ausgewählte Werke Bd. 10" ("Izabrana djela, 10. tom" Nacionalne biblioteke pjesama na njemačkom jeziku, München)

Studeni, 2007: *Gott und die Götter – Das Mysterienwissen der vedischen Hochkultur* (u potpunosti prerađeno novo izdanje knjige iz 1995)

Prosinac, 2007: *"Die Osiris-Krypta von Gizeh"* in: Tagungsband zum One-Day-Meeting der Forschungsgesellschaft für Archäologie, Astronautik und SETI, München 2007, Ancient Mail Verlag, S. 63–79

Svibanj, 2008: *Unsichtbare Welten – Kosmische Hierarchien und die Bedeutung des menschlichen Lebens* (u potpunosti prerađeno novo izdanje knjige iz 1998)

Lipanj, 2008: *"Unterirdische Rätsel in Ägypten – Alles ein Werk der Pharaonen?"; "Pyramiden – Wirklich alles schon geklärt?" "Monolithe und Göttermythen – Forschungsreise nach Borneo"* in: Brisante Archäologie - Geschichte ohne Dogma (Kopp-Verlag)

Rujan, 2009: *Der radikale Mittelweg – Überwindung von Atheismus und Monotheismus, Das Buch zum aktuellen Paradigmenwechsel* ("Radikalni srednji put – prevladavanje ateizma i monoteizma; Knjiga o aktualnoj smjeni paradigmi" – u pripremi izdanje na hrvatskom jeziku)

Siječanj, 2011: *Ganzheitliche Spiritualität – Der Schlüssel zur neuen Zeit und Einheit im Licht der Ganzheit – Orientierung im Labyrinth von Religion, Erleuchtung und New Age*

Indeks pojmova

Ostali naslovi iz biblioteke Oslobađanje:

- Denis Kotlar: *Mala studija o nevidljivim ljudskim i neljudskim entitetima i utjecajima* (Zadar, 2011., ISBN 978 9535698906)

- Rebecca Nottingham: *Četvrti put i ezoterijsko kršćanstvo – Uvod u učenje G. I. Gurđijeva* (prijevod s engleskog: Ivana Beker, Zadar, 2012., ISBN 978 9535698937)

U pripremi:

- Armin Risi: *Radikalni srednji put – Prevladavanje ateizma i monoteizma – Smjena paradigmi* (prijevod s njemačkog: Ivana Beker)

CIP-Katalogizacija u publikaciji
Znanstvena knjižnica Zadar

UDK 141.33
     133

RISI, Armin

   Svjetlost ne stvara sjenu : duhovno-filozofski pri-
ručnik / Armin Risi ; s njemačkog prevela Ivana Be-
ker ; <pripremio za tisak Denis Kotlar>. - 1. izd. -
Zadar : D. Kotlar, 2012. (<S. l.> : Createspace.com).
- 394 str. ; 22 cm. – (Biblioteka Oslobađanje ; knj. 3)

Kazalo. - Bio-bibliografska bilješka o autoru i autoro-
va slika: str. 383-394.

ISBN 978-953-56989-5-1

1. Kotlar, Denis

140204055

www.ingramcontent.com/pod-product-compliance
Lightning Source LLC
LaVergne TN
LVHW091246080426
835510LV00007B/137